“十二五”江苏省重点图书出版规划项目

中国新型城镇化问题与对策研究丛书

丛书主编　顾朝林

中国新型城镇化战略及其推进策略

STRATEGIES AND TACTICS OF NEW URBANIZATION IN CHINA

吴殿廷　杨春志　钱宏胜　著

东南大学出版社
SOUTHEAST UNIVERSITY PRESS
南京·2014

内容提要

协调推进城镇化是我国的重大战略，本书在总结国内外城镇化发展经验教训的基础上，分析了传统城镇化面临的问题，考察了影响新型城镇化的因素，剖析了新型城镇化的内涵、特征、理论基础和主要类型，探索了我国四大板块(东部沿海地区、西部大开发地区、东北振兴地区和中部崛起地区)、民族地区、边境地区、资源枯竭地区和“大城小乡”、“小城大乡”地区新型城镇化的主要目标和推进策略。

本书可供政府部门、城市规划、区域规划、区域经济决策者使用，也可供大专院校相关专业师生阅读。

图书在版编目(CIP)数据

中国新型城镇化战略及其推进策略/ 吴殿廷等著.
—南京：东南大学出版社，2014.5 (2014.11重印)
(中国新型城镇化问题与对策研究丛书/顾朝林主编)
ISBN 978-7-5641-4894-2

Ⅰ.①中… Ⅱ.①吴… Ⅲ.①城市化—研究—中国
Ⅳ.①F299.21

中国版本图书馆 CIP 数据核字(2014)第 077569 号

书　　名：中国新型城镇化战略及其推进策略
著　　者：吴殿廷　杨春志　钱宏胜
责任编辑：孙惠玉　徐步政　　　编辑邮箱：894456253@qq.com
文字编辑：陈　佳

出版发行：东南大学出版社
社　　址：南京市四牌楼 2 号　　　邮　　编：210096
网　　址：http://www.seupress.com
出 版 人：江建中

印　　刷：兴化印刷有限责任公司
排　　版：南京新洲制版有限公司
开　　本：787mm×1092mm　1/16　　印张：15.75　　字数：345 千
版　　次：2014 年 5 月第 1 版　　2014 年 11 月第 2 次印刷
书　　号：ISBN 978-7-5641-4894-2
定　　价：49.00 元

经　　销：全国各地新华书店
发行热线：025-83790519　83791830

代前言：新型城镇化救中国？

所谓新型城镇化，就是以科学发展观为指导，以人的全面发展为目的的城镇化，是遵循客观规律，全面、协调、可持续发展的城镇化，是与工业化、信息化和农业现代化协调发展的城镇化！

2001年北京论坛上，诺贝尔经济学奖获得者斯蒂格利茨（Stiglitz）曾经预言，中国的城市化与美国的高科技发展将是深刻影响21世纪人类发展的两大课题。李克强总理也曾在多个场合反复强调，中国未来几十年最大的发展潜力在城镇化。由此可以认为，新型城镇化是我国当前最大的战略，一定程度上甚至可以说，新型城镇化救中国。

从现代化的途径看，工业化和城镇化是任何国家或地区实现现代化的根本途径。但是，在中国，传统工业化已经走到尽头——资源、环境瓶颈难以彻底解决，新型工业化虽然能够一定程度上减缓资源环境的约束，但也遭遇新的困难——产能过剩！传统城镇化可以促进内需的扩大，但也难以为继——不公平、不协调、不可持续性越来越明显。耕地保护与城镇化建设用地之间的矛盾，提高城镇化率与农民进城落户积极性下降的矛盾，大城市过度拥挤与小城镇、小城市吸引力不足的矛盾……都难以解决。

从国家战略演变看，一般国家从起飞到实现现代化大体经历过如下三大战略的逐步演变，即“进口替代→出口导向→海外投资”。对于中国目前来说，进口替代战略基本过时；出口导向战略正遭遇贸易保护主义，且中国的劳动力优势正在丧失，其他优势尚待建立；海外投资能力还很有限，并受到传统大国的挤压。维持中国经济持续快速发展，这三大战略哪一个都靠不住。

从生产要素的比较优势及其配置看，资源、劳动力、资本、技术四大要素，中国目前都不具有绝对优势，但每个要素都有一定的比较优势，因此，仅靠其中的一两个要素很难维持较高的经济增长，必须把四大要素紧密地结合起来，这就需要通过城镇化来实现。

从中国现实需求和可能看，客观上，中国正处在城镇化高速发展时期，提高城镇化是必然趋势；主观上，地方财政严重依赖房地产，不搞好城镇化，地方政府将面临破产的威胁。而且从中国大政府小社会的治理结构看，不论是传统工业化还是新型工业化，政府都难有作为，而在推进新型城镇化中却可以大有可为。新型城镇化是扩内需、稳增长、保就业的最佳途径，是维持中国经济持续高速发展的根本措施。虽然我们不能说“只有新型城镇化才能救中国”，但若没有新型城镇化，中国的经济社会发展将遭遇严重困难。

当然，中国很大，各地区自然条件、历史文化和经济基础差别很大，在中国推进新型城镇化不能一个模式。要充分发挥中心城市和一般城市、大城市和中小城市及小城镇在产业集聚、人口集居、人地协调方面的独特作用，积极建设城市群，努力促进城乡一体和区域协调发展。

有鉴于此，在学习和借鉴国内外大量研究成果的基础上，我们提出了本书的主要论点，设计了全书的框架结构，组织人力撰写完成了这部书稿。

本书还得到了北京师范大学地理学与遥感科学学院及经济与资源研究院、中国城市科学研究会及《城市发展研究》编辑部和平顶山学院的大力支持。特此说明和致谢。

还要特别感谢的是东南大学出版社，特别是徐步政老师、孙惠玉老师，他们热心学术出版事业，无私奉献精神和严谨认真的态度，令我们感动。借本书出版之际，特向他们说一声谢谢！也祝出版社事业兴旺，成果倍出。

吴殿廷

2014年于北京师范大学

目录

1 新型城镇化战略提出的背景和过程[①]

21 世纪是一个新的城市世纪，现在世界人口的一半以上居住在城市，并继续保持快速上升的势头，发展中国家城市人口增长更为迅猛。这个历史性变革不仅在于人们如何生活，而且在于他们生活在哪里。作为世界上最大的发展中国家，中国城市化进程及其实施的城市化战略越来越受到国际社会的广泛关注。中国的城市化与美国的高科技发展将是深刻影响 21 世纪人类发展的两大课题[②]。

1.1 我国城镇化进程的简要回顾

人类生产和生活方式由乡村型向城市型转化的历史过程，表现为乡村人口向城市人口转化以及城市不断发展和完善的过程。城镇化也是城镇文明形成和扩散的过程，它伴随着工业化、现代化的进步过程。在这个过程中，人口逐渐向城镇转移，就业逐渐倾向非农产业，社会生产率逐渐提高，人均收入水平明显改善。

新中国成立以来，特别是 1952 年开始进入"一五"计划以来，中国的城镇化，经过曲折艰难发展历程，逐渐进入正常轨道，并在国家经济社会发展中发挥着越来越重要的作用，详见表 1-1。60 多年的历程，大体可以划分为 6 个阶段。

1.1.1 1949—1957 年城市化起步发展阶段

1949 年 3 月，中国共产党七届二中全会明确指出："从现在起，开始了由乡村到城市并由城市领导乡村的时期。党的工作重心由乡村转移到了城市。"1952 年，毛泽东等人在《一九五三年至一九五七年计划轮廓（草案）》及其总说明，以及《关于编制 1953 年计划及长期计划纲要的指示》等文件中明确指出，"工业建设以重工业为主，轻工业为辅"，"五年建设的中心环节是重工业"。

此阶段的主要特点是：实施重工业优先发展战略，优先发展资源型城市。效果是：城市数量由 1949 年的 69 座增长到 1957 年的 176 座；城镇人口由 5 765 万人上升到 9 949 万人，城市化率由 10.64％上升到 15.39％。

1.1.2 1958—1965 年城市化曲折发展阶段

1958—1960 年城镇数量和城市化率迅速提高。1958 年 5 月，中共八大二次会议正式通过了"鼓足干劲、力争上游、多快好省地建设社会主义"的总路线，并提出使中国在主要工业产品产量方面 10 年内超过英国，15 年内赶上美国（即所谓的"超英赶美"）。会后，全国各条战线掀起了"大跃进"、"全民大炼钢铁"和"人民公社化"运动的高潮。

---

① 本章由吴殿廷执笔完成。

② 诺贝尔经济奖获得者斯蒂格利茨（Stiglitz）2001 年 7 月在世界银行中国代表处发言。

表 1-1　1952 年以来我国城镇化的基本情况

年份	年末总人口(万人)	城镇人口(万人)	城镇化率(%)	工业化率(%)	非农比率(%)	非农就业比(%)	人均 GDP(元/人)
1952	57 482	7 162	12.46	17.64	50.50	16.46	119
1955	61 465	8 285	13.48	21.01	46.26	16.73	150
1960	66 207	13 076	19.75	39.00	23.38	34.25	218
1965	72 538	13 042	17.98	31.85	37.94	18.40	240
1970	82 992	14 424	17.38	36.76	35.22	19.23	329
1975	92 420	16 030	17.34	41.53	32.40	22.83	381
1980	98 705	19 140	19.39	43.9	69.8	31.3	463
1985	105 851	25 094	23.71	38.3	71.6	37.6	858
1990	114 333	30 195	26.41	36.7	72.9	39.9	1 644
1995	121 121	35 174	29.04	41.0	80.0	47.8	5 046
2000	126 743	45 906	36.22	40.4	84.9	50.0	7 858
2005	130 756	56 212	42.99	41.8	87.9	55.2	14 185
2010	134 091	66 978	49.95	40.0	89.9	63.3	30 015
2011	134 735	69 079	51.27	39.9	90.0	65.2	35 181

注：① 1981 年及以前数据为户籍统计数；1982、1990、2000、2010 年数据为当年人口普查数据推算数；其余年份数据为年度人口抽样调查推算数据。

② 总人口和按性别分人口中包括现役军人，按城乡分人口中现役军人计入城镇人口。

这些运动使中国工业化盲目地快速发展。1961—1965 年由于严重的自然灾害、城乡经济的衰退和调整方针的实施，城镇数量和城市化率急剧下降。

这一阶段的主要特点是：盲目加快工业化，特别是重工业化，严格限制城市人口。后果是：城市数量由 1958 年的 176 座增长到 1960 年的 208 座，之后到 1965 年下降到 171 座；城镇人口由 1958 年的 10 271 万人，上升到 1960 年的 13 076 万人，之后到 1963 年下降到 11 646 万人；城市化率由 1958 年的 16.25% 上升到 1960 年的 19.75%，之后到 1965 年下降为 17.98%。

1.1.3　1966—1978 年城市化停滞发展阶段

1966 年开始的“文化大革命”造成了国民经济的长期徘徊不前。大批干部、专业技术人员、青年学生以至城市居民在“不在城里吃闲饭”的口号带动下，被动员“上山下乡”，接受贫下中农再教育，另有大批干部被强制性地迁往农村(走“五七”道路)，仅中央、国务院所属各部委及豫、赣、鄂、辽、吉、黑等18个省共创办“五七”干校106所，下放的干部、家属达10余万人①。城市化进程则因此受阻。

此阶段的特点是：政治运动成为社会活动中心，工农业生产停滞不前。结果是：整整13年间，城市数量由1966年的175座仅增长到1978年的193座；城镇人口由13 313万人上升到17 245万人，城市化率基本没有任何变化，平均在17.00%左右。

1.1.4 1979—1984年城市化恢复发展阶段

1978年十一届三中全会拉开农村经济体制改革序幕，约2 000万“上山下乡”的知识青年和下放干部返城，高考的全面恢复和迅速发展也使得一批农村学生进入城市。城乡集市贸易的开放和迅速发展，使得大量农民进入城市和小城镇，出现大量城镇暂住人口。这个时期开始崛起的乡镇企业也促进了小城镇的发展。政府采取了一系列政策，如提高城市维护和建设费用等，从此结束了城市建设多年徘徊的局面。

此阶段的特点是：农村体制改革和工业化推动城市化发展，呈现“先进城后建城”特征。后果是：城市数量由1979年的203座增长到1984年的300座；城镇人口由19 495万人上升到24 017万人，城市化率由1979年的18.96%上升到1984年的23.01%。

1.1.5 1985—1991年城市化稳步发展阶段

1984年5月，中共中央和国务院决定进一步开放天津、上海、大连、秦皇岛、烟台、青岛、连云港、南通、宁波、温州、福州、广州、湛江和北海14个沿海港口城市。中国农民创造了“离土不离乡、进厂不进城”的农村工业化模式之后，又形成了“离土又离乡、进厂又进城”的小城镇化模式。但是，这一阶段农民进城还存在很多限制和障碍，并未进入快速发展阶段。

此阶段的特点是：乡镇企业和城市改革双重推动城市化，这个阶段以发展新城镇为主，沿海地区出现了大量新兴的小城镇。结果是：城市数量由1985年的324座增长到1991年的479座；城镇人口由25 094万人上升到31 203万人，城市化率由23.71%上升到26.94%。建制镇的数量由1985年的9 140个上升到1991年的12 455个。

1.1.6 1992—2010年城市化快速发展阶段

1992年，中共中央、国务院又决定对五个长江沿岸城市，东北、西南和西北地区13个边境市、县，11个内陆地区省会(首府)城市实行沿海开放城市的政策。党的十四大报告指出，要继续办好经济特区、沿海开放城市和沿海经济开放区。

1993年10月，建设部召开全国村镇建设工作会议，确定了以小城镇建设为重点的村镇建设工作方针，提出了到20世纪末中国小城镇建设发展目标。1998年10月，中共十五届三中全会通过了《中共中央关于农业和农村工作若干重大问题的决定》，提出“发展小城镇是带动农村经济和社会发展的一个大战略”，进一步提升了发展小城镇

---

① 百度知道. http://zhidao.baidu.com/link?url=w3H4HIeo5MB4iNNLi77WL-is-QiZc-i37lM9YElKsv-1m6lxzlYaMtEi4lt41FLEDYcfWRLe6tkmp16fjTOK8ka

的重要地位。充分认识小城镇发展战略的优势和劣势后,中共十六大提出“坚持大中小城市和小城镇协调发展,走中国特色城镇化道路”,中国城市化进入到一个新的发展阶段。同时对于农村剩余劳动力,国家采取鼓励和支持农民向城市流动,推进户籍制度改革,放宽中小城市落户条件,使在城镇稳定就业和居住的农民有序转变为城镇居民。

这一时期的特点是:建立社会主义市场经济体制的改革推动城镇化,大中小城市和小城镇协调发展的新政策,鼓励和支持农民进城务工,城市化进程进入快速推进、全面发展的新阶段。结果是:城市数量由 1992 年的 517 座增长到 2010 年的 661 座;城镇人口由 32 175 万人上升到 66 978 万人,城市化率由 27.46%上升到 49.95%,建制镇的数量由 14 539 个上升到 19 410 个。

1.1.7 2011 年至今,新型城镇化阶段

2011 年以后,特别是党的十八大以来,党中央国务院特别重视城镇化问题,提出了新型城镇化战略,强调要走以城乡统筹、城乡一体、产城互动、节约集约、生态宜居、和谐发展的城镇化道路,要坚持大中小城市、小城镇、新型农村社区协调发展、互促共进,不以牺牲农业和粮食、生态和环境为代价,着眼农民,涵盖农村,实现城乡基础设施一体化和公共服务均等化,促进经济社会发展,实现共同富裕。

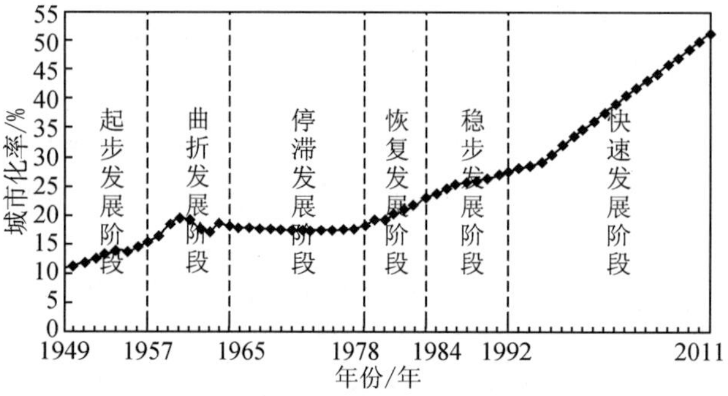

图 1-1 中国城市化进程示意图

综上,如果将各个时期的城市化发展水平取平均,则可以得到中国各阶段城市化发展水平,如图 1-1 和表 1-2 所示。

表 1-2 中国各阶段城市化发展水平

城市化发展阶段	平均城镇人口(万人)	平均城镇化率(%)	平均市数量(座)	平均城镇数量(座)
起步发展阶段(1949—1957)	7 691.44	12.95	152.33	—
曲折发展阶段(1958—1965)	12 283.38	18.03	185.88	—
停滞发展阶段(1966—1978)	15 085.46	17.47	180.92	—
恢复发展阶段(1979—1984)	20 292.50	20.71	245.33	3 424.83
稳步发展阶段(1985—1991)	28 390.43	25.24	398.50	10 747.13
快速发展阶段(1992—2010)	48 245.63	37.75	645.21	18 823.32
新型城镇化发展阶段(2011 年至今)	70 131	51.27	655	19 683

1.2 传统城镇化模式所面临的巨大挑战

从 1978 年到 2011 年，城镇人口从 1.51 亿人增加到 7.01 亿人，城镇化率从 17.47%提升到 51.27%，虽然从表面上看，中国城镇化建设已经达到世界平均水平，但背后潜藏的诸多矛盾、问题也日益凸显。

1.2.1 城镇化质量不高，根基不稳

目前中国城镇化率统计是以常住人口计算，按照这样的算法已经突破了 50%，但如果按照城镇户籍的人数，按照政府提供的教育、医疗、社会保障等公共服务水平来说，中国的城镇化率大概只有 35%～36%。官方统计的数据包括了在城镇打工的 2.6 亿的农民工，但这些人中，真正在城市购房的还不足 1%；大约有 1.59 亿在城市工作半年以上的农民工及其家属处于“半市民化”状态。

中国的城镇化目前走到一个关键时期，就是要进入到从数量增长向质量提升的转折时期。今后中国的城镇化速度不会像前几年那样快，即每年提高 1.3～1.5 个百分点。城镇化的速度要逐渐慢下来，可能会降到每年 0.8～1.0 个百分点。这是因为，城镇化自身是有规律的，即诺索姆曲线规律。城镇化率从 30%到 70%过程中，是快速发展阶段，但在这个阶段内，又可以划分成几个时期，即从 30%到 50%是加快发展时期，从 50%到 70%是减缓发展时期。我们现在是 52%左右，已经跨过拐点。目前要兼顾城镇化的质量和速度，质量方面因为问题多，更需要加强。

1.2.2 土地制度和户籍制度是主要障碍

要保证中国城市化质量和稳定发展、持续发展，现在面临很多难题。制度上、经济上、基础设施建设上、管理上都有很多问题。

首先是受户籍的限制。目前处于“半市民化”状态的农民工，享受不到城市的教育、医疗、社保、住房等服务，官方统计的超过 50%城镇化率实际上是半截子的城镇化，户籍制度背后反映的是城乡差距、地区差距和工农差距。如果户籍制度改革能较快到位，将为实现中共十八大提出的收入倍增目标提供良好的机遇，会推动中国经济继续高速增长 10 年甚至 20 年，否则，则会进一步拉大城乡差距，带来更大的社会矛盾。

中国实行城乡二元户籍管理已经 50 多年了，由于上世纪 80 年代未能同步推进户籍制度改革，现在积累的矛盾和问题已经十分严重，当务之急是能够把攻坚的改革和阻力较小的改革分头推进，比如，目前举家迁徙到城镇的外来农村人口就有 4 000 万人，如果能够先让这批人真正市民化，这样，既可以减少城市户籍制度改革压力，也会彻底解决长期积累的矛盾。

其次是土地和住房制度的制约。现行的土地制度是推进新型城镇化建设的最大障碍。由于城乡差距很大，农民工在城市买不起房子，很多人挤在一块，住的是“老鼠窝”、“鸽子笼”，而他们老家的房子无人居住，耕地荒芜，村子都变成了“空心村”，这是对土地资源的极大浪费。土地改革应该尽快破除政府垄断征地，实行同地同权同利，

让农村的集体建设用地能够真正入市。

最突出的就是房价。高房价实际上是一把双刃剑——高房价成就了高地价，高地价在城市来说是增加了政府的财政收入，增加了城市建设的资本供给，但同时排斥了低收入群体，排斥了数以亿计的农民工。中国城市化可持续发展实际上就是农民工能不能在城里住得下，活得好。住得下就得有房，活得好就得有足够的支出能力。北京的高房价最为严重，200 万也只能在五环外买一个小小的房子，对广大的农民工来说，月收入即使达到一万块钱，想买这样的房子也买不起。因此，他们就住不下来，不能安心地成为城市居民，家里的地就不能放下，家里的房子还要盖，将来上岁数了就回农村生活。这样的话，中国的新型城镇化就无法推进，不管是质量还是数量都是个问题。高房价是目前城镇化的一个瓶颈。

另外是医疗保险和养老制度的一体化问题，进城以后没有失业保险，没有医疗保险，没有养老金，农村的土地也就不可能放弃，土地产权的改革，土地经营制度的改革也因此无法实现。搞好制度设计实际上也是新型城镇化中很关键的难题。

1.2.3 资源环境瓶颈越来越严重

中国的国土面积很大，但是真正适合人口居住以及水资源丰富的地区非常少，适宜度Ⅰ类的宜居性土地只占国土面积的不到 20%，而且这些土地与复种指数非常高的优质高产耕地区位正好是重叠的，也就是说城镇建设用地与需保护的耕地必须在同一张规划图上加以严格区分和约束。中国的人均耕地现在只有 1.4 亩，仅为世界平均水平的 40%，但是中国每年因各种原因减少的耕地数量巨大，因为中国现在正处在城镇化的成长期，每年有 1 500 万的农民进城，是历史上城镇面积扩展最快的时期。中国的人均淡水资源，不仅数量少，而且分布非常不均匀，如华北地区的人口占全国的 1/3，但水资源只占全国的 6%。我们的人口密度是其他大国的几十倍，但人均耕地只有其他大国的 1/10，人均水资源只有 1/10，人均森林面积只有几分之一。中国实际上是用全球 7%的耕地，7%的淡水资源，4%的煤矿、矿产资源，4%的石油资源，2%的天然气资源来支撑占全球 21%人口的城镇化和工业化①。全国 600 多座城市，400 多座缺水，西北地区、华北地区几乎所有城市都严重缺水。

2009 年中国二氧化碳排放总量 7 687 百万吨，占世界总排放量的 24%；人均排放 5.8 吨，超过世界平均水平(4.7 吨)23%；万美元 GDP 能耗 7.68 吨标准油，是世界平均水平(2.97)的 2.59 倍②。中国的江河湖库，只有少数几个没有遭受污染，昆明滇池污染、太湖蓝藻事件、北京雾霾天气，都与传统城镇化、工业化脱不了干系。传统的城乡建设和经济发展方式确实已经走到了尽头。

1.3 新型城镇化战略的酝酿和提出

从 2003 年党的十六大开始，中央逐渐将新型城镇化的思路明晰，从“走中国特色

---

① 仇保兴.中国的新型城镇化之路[J].中国发展观察，2010(4)：56-58

② 世界银行 WDI 数据库。

城镇化道路”到新型城镇化全面指导“十二五”规划，新型城镇化的理论探索经历了四个阶段①。

1.3.1 十六大提出走“中国特色城镇化道路”

中国共产党第十六次全国代表大会明确提出，要坚持大、中、小城市和小城镇协调发展，走中国特色的城镇化道路。

2002年10月，党的第十六次代表大会在北京召开，当时城镇化率达到37.7%，全国城镇化发展迅猛。在此背景下，十六大报告提出“走中国特色城镇化道路”，新型城镇化的讨论开始在全国逐渐掀起高潮。

十六大报告指出，农村富余劳动力向非农产业和城镇转移，是工业化和现代化的必然趋势。要逐步提高城镇化水平，坚持大、中、小城市和小城镇协调发展，走中国特色的城镇化道路。发展小城镇要以现有的县城和有条件的建制镇为基础，科学规划，合理布局，同发展乡镇企业和农村服务业结合起来。消除不利于城镇化发展的体制和政策障碍，引导农村劳动力合理有序流动。

十六大报告首次将新型城镇化——“走中国特色城镇化道路”明确提出，并将大、中、小城市和小城镇协调发展作为其初步内涵。

1.3.2 十六届五中全会胡锦涛总书记提出“四化”

2005年10月十六届五中全会通过的《中共中央关于制定国民经济和社会发展第十一个五年规划的建议》第一次使用“工业化、城镇化、市场化、国际化”概念，相对于上世纪70年代的“四化”（工业、农业、国防和科技现代化），以及党的十五大报告提出的“实现工业化和经济的社会化、市场化、现代化”的“四化”，新“四化”更科学、可行。随后，“十一五”规划中，开始出现对新型城镇化的专门论述。

2007年2月，温家宝在长江三角洲地区经济社会发展座谈会上强调“统筹城乡发展，努力改变城乡二元结构，扎实推进农村建设，是优化产业布局，走新型城镇化道路，充分发挥中心城市作用”，该讲话将新型城镇化建设提到了统筹城乡建设的高度。

1.3.3 十七大确立“五化”，利用科学发展观推进新型城镇化

2007年10月，十七大报告提出，“立足社会主义初级阶段这个最大的实际，科学分析我国全面参与经济全球化的新机遇新挑战，全面认识工业化、信息化、城镇化、市场化、国际化深入发展的新形势新任务，深刻把握我国发展面临的新课题新矛盾，更加自觉地走科学发展道路，奋力开拓中国特色社会主义更为广阔的发展前景”。新型城镇化列入“新五化”范畴，全国新型城镇化建设进入崭新阶段。十七大明确提出了新型城镇化的内涵，提出了新型城镇化的指导思想和建设路径，在新型城镇化的提出和发展的道路上达到了理论的集大成。

2007年11月至2008年3月，在各省贯彻落实党的十七大报告活动中，都将新型城镇化作为重要内容。在此基础上，住房和城乡建设部将信息城镇化的概念向全国推

① 刘杰武.新型城镇化提出的历程研究[J].建工论坛，2012(32)：58-59

广。2009 年 9 月，住建部强调“探索和发展新型城镇化建设模式是建设领域落实十七大精神、统筹经济社会发展、人与自然和谐发展的重要途径”。

2010 年 10 月，住建部副部长仇保兴专程到全国市长研修学院讲授了《新型城镇化：从概念到行动——如何应对我国面临的危机与挑战》，他提出六大转型推动新型城镇化建设，提出了“城市优先发展到城乡互补协调发展、高耗能的城镇化到低耗能的城镇化、数量增长型到质量提高型、高环境冲击型到低环境冲击型、放任式机动化到集约式机动化、少数人先富的城镇化到社会和谐的城镇化”等六方面内容①。

这一时期，部分地区已经开始将新型城镇化作为本地区的一大战略加以实施。2009 年 10 月 31 日，中共山东省委、山东省人民政府就颁布了《关于大力推进新型城镇化的意见》(鲁发〔2009〕21 号)。湖北省省委省政府于 2010 年出台了《关于加快推进新型城镇化的意见》，提出要深入贯彻科学发展观，全面落实党的十七大，十七届三中、四中、五中全会精神和中央关于促进中部地区崛起发展战略，坚持新型工业化、农业现代化、新型城镇化协调推进，按照构建促进中部地区崛起重要战略支点的要求，实施“两圈一带”发展战略，推动全省城镇化向注重内涵提升转变，向注重经济社会协调发展转变，向注重城乡统筹发展转变。以特大城市、大城市为龙头，以加快中小城市和中心镇提质扩容为重点，走资源节约、环境友好、经济高效、文明和谐、城镇布局科学、城乡互促共进、区域协调发展的新型城镇化道路。

党的十八大报告进一步指出，要坚持走中国特色新型工业化、信息化、城镇化、农业现代化道路，推动信息化和工业化深度融合、工业化和城镇化良性互动、城镇化和农业现代化相互协调，促进工业化、信息化、城镇化、农业现代化同步发展。

1.3.4 新型城镇化战略深入指导“十二五”规划

2011 年制定的国民经济和社会发展第十二个五年规划，提出坚持走中国特色的城镇化道路，科学制定城镇化发展规划，促进城镇化健康发展。自此开始，新型城镇化战略开始全面指导全国的城乡建设。

其后，在各省的“十二五”规划中，均提出以新型城镇化为指导，全面建设小康社会，新型城镇化建设在各地区全面展开。郑州市人民政府出台了《关于支持新型城镇化建设的指导意见(试行)》(郑政文〔2012〕244 号)，提出要加快郑州都市区新型城镇化建设，在中原经济区建设中挑大梁、走前头，把郑州建设成为中原经济区核心增长区、全国重要的区域性中心城市、最佳宜居环境城市，率先走出一条以新型城镇化为引领，不以牺牲农业和粮食、生态和环境为代价的“三化”协调科学发展之路。

2012 年 2 月 2 日，河南省南阳市委市政府提出了《关于加快南阳市新型城镇化建设的指导意见》，强调要加快新型城镇化，通过城市功能完善促进二三产业集聚发展，推进新型工业化进程；通过农村人口转移促进土地流转和规模经营，加快新型农业现代化进程，努力走出一条以新型城镇化为引领的“新三化”(新型城镇化、新型工业化和新型农业现代化)协调发展的路子②。新疆哈密地区出台了《关于加快推进地区新型

---

① 仇保兴. 论五个统筹与城镇体系规划[J]. 城市规划，2004(1)：8-16

② 河南省南阳市政府网[EB/OL]. http://www.docin.com/p-549833742.html

城镇化建设的意见》，提出要全面贯彻落实科学发展观，围绕“生态立区、工业强区、科教兴区、南园北牧、增收富民”发展战略，顺应各族人民过上更好生活的新期待，以规划为龙头，以现代文化为引领，以资源开发可持续、生态环境可持续为根本要求，以构建布局合理、特色鲜明、优势互补、支撑功能强大的城市格局为目标，以体现现代文明、历史文化、地域特色于一体的城镇建设规划为依据，以发展优势产业、培育新的经济增长点为抓手，以基础设施和公共服务设施建设为切入点，以体制机制改革创新为根本动力，注重和突出产业支撑，增强城镇聚集辐射功能，提高城镇承载能力和增加就业，建大建强中心城市，建精建优特色城市，积极发展农村小城镇群，全面提高地区新型城镇化建设的整体水平，在全疆率先实现新型城镇化①。

综上所述，从中国特色社会主义道路到中国特色城镇化道路，再到新型城镇化战略，从因地制宜到中国城镇化新模式，这就是中国特色城镇化理论提出的逻辑背景。十八大提出“新型城镇化”，是在未来城镇化发展方向上释放出了“转型”的“新信号”。

---

① 哈密地区住房和城乡建设局．关于加快推进地区新型城镇化建设的意见．[EB/OL]．http://www.hami.gov.cn/10180/10520/17443/2012/134776.htm

2　新型城镇化的内涵、特征和意义[①]

2001年诺贝尔经济学奖得主、美国哥伦比亚大学教授斯蒂格利茨(Stiglitz)认为，影响21世纪进程的有两件大事：一是美国的高科技，二是中国的城市化。随着全球化的不断深入，经济的持续增长，中国逐渐成长为一个备受世界关注的经济大国，而城市化的发展是促进中国经济飞速增长的一个重要内驱力。中国城市化经过60多年的风雨兼程，经历了起步、曲折、停滞、恢复和稳步发展阶段，目前进入快速发展的新阶段。中国的城市化取得了辉煌的成就，在改善人民生活、推动经济发展、加快现代化进程等方面发挥着巨大的作用。同时我们也应该看到，中国是世界上人口最多的国家，这使得中国在资源、环境、就业等方面遇到的问题尤为突出，甚至相比于其他国家更为严重。中国是世界上最大的发展中国家，虽然拥有后发优势、劳动力充足价廉的比较优势，但同时存在资本短缺、技术和管理落后、人均资源占有量低、劳动力素质不高、国际竞争力不强等方面的劣势。借鉴发达国家和发展中国家城市化发展的经验和教训，展望未来城市化发展前景，立足国家发展战略高度审视中国城市化进程，可以发现：

传统的城市化道路是城市化滞后于工业化、土地城市化快于人口城市化的非规整的城市化道路，因而是不科学的；

传统的城市化道路是以牺牲农村、农业、农民的经济利益来片面强调城市发展，不能兼顾效率和公平的非协调的城市化道路，因而是不协调的城市化；

传统的城市化道路是盲目地追求城市发展的数量和规模，而以破坏生态环境为代价的非持续的城市化道路，因而是不可持续的；

传统的城市化道路是以生产要素的大量投入而不是投入少、产值高、依靠科技拉动经济增长的非集约的城市化道路，因而是不合理的。

2011年中国城市化率首次突破50%，这意味着城镇人口超过农村人口，这意味着城市化进入快速发展阶段，这必将引起深刻的社会变革。城市的空间结构、产业定位、城市规划、城市能级和城市管理等都将面临新的发展里程。为此，我们必须十分重视中国城市化发展中存在的众多问题，以新的视角、新的思维来提出未来城市化发展战略，走新型城市化发展道路。中国未来城市化发展战略将在城市之间坚持大、中、小城市与小城镇协调发展；城乡之间统筹城乡一体化；城市内部发展现代农业、新型工业、现代服务业；同时面对风云变幻的国内外形势实施创新城市战略[②]。

2.1　西方发达国家的城镇化战略

2.1.1　英国城市化发展模式和主要经验

英国是西欧国家城市化的典型代表，其城市化发展是典型的工业主导下的同步、

① 本章由吴殿廷执笔完成。

② 牛文元.中国新型城市化报告[M].北京：科学出版社，2012：序言

集中型城市化模式。英国城市化经历了一个漫长的发展期，城市化率从1801年的32%到1999年的83%就用了接近200年的时间。

从18世纪中后期到19世纪中期的近100年的时间里，英国城市人口比例从20%提升到51%，从而使英国成为世界上第一个高度城市化的国家，实现了城市化与农村现代化的同步发展。1760年英国工业革命开始后，以蒸汽机为动力的农业机械化设备的出现进一步推进了农业技术革命，促进了英国农业生产力的发展。18世纪中期的英国农村出现了大批剩余劳动力并向城市转移，英国的城市化进程由此加快。“圈地运动”则引发了农业生产组织方式的改变，大农场的建立、农业生产的规模化进一步提高了农畜产品的生产效率，并释放出大量的农村剩余劳动力，满足了毛纺织工业对原料和劳动力的双向需求。而城市工业化的推进带动了农业生产工具和农民生活质量的改善，促进了农村现代化①。

英国是第一个实现城市化的国家，也是第一个面临城市人口急剧膨胀、住房短缺、贫民窟密布、公共卫生设施匮乏、环境污染、犯罪率居高不下等“城市病”的国家。从19世纪30年代开始，英国政府开始关注这些问题，并设置了济贫法委员会、工厂视察员办公室、卫生总局、地方政府委员会等机构，专职负责解决上述问题。1868年、1875年先后两次颁布了《工人住宅法》，解决贫民窟问题，拆毁贫民窟后，由政府兴建了商店、公园、仓库、车站和剧院等设施。此外，通过制定并颁布《十小时工作日法案》、《雇主责任法》等，改善了工人阶级状况。到20世纪初英国基本解决了“城市病”问题。

1）英国城市化的典型特征

（1）城市化发展速度快，城市化率高

英国用了近100年时间就实现了城市化，成为世界上第一个实现城市化的国家。城市化是伴随着工业化推进的，工业革命起源于英国，在19世纪，英国领先其他国家进入工业革命，大量的农村人口聚集到城市从事工业生产，工业化促进了英国的人口聚集，推动了英国城市化发展。在1840年，中国还处于鸦片战争时期，清政府羸弱，资本主义、工业化等尚未在中国萌芽的时候，英国城市化率已经达到48.3%，到1901年，英国的城市化率达到78.0%，已完成了城市化发展，直到2009年，英国城市化率为90%。近110年，城市化率才增长12%，表明英国早已进入城市化稳定阶段(表2-1)。

表2-1　英国城市化进程(1801—1901)

年份(年)	1801	1841	1851	1861	1871	1881	1891	1901
城市化率(%)	33.8	48.3	54.0	58.7	65.2	70.0	74.1	78.0

（2）城市化与工业化、人口流动同步进行

英国工业革命从根本上动摇了传统的物质生产结构。这场工业革命在城市中发生，因而城市被称为工业革命的摇篮；反过来，在城市发生的工业革命又极大地促进了城市的发展。工业化强化了地域分工，促使工业在地域上集中，并促进了商品交换，出现了一大批以工业和商业经济职能为主的新城市。所以，在英国，工业化过程也就是

① 尚娟.中国特色城镇化道路[M].北京:科学出版社,2013:5-12

城市化过程，两者互为因果，并行发展。

工业革命开始后，由于资源布局的影响，英国经济中心由南向北转移，新的工业城市在北部和西部兴起，人口也发生了相应的流动。英国的人口流动主要有三种形式：一是地区间人口流动。这主要是因为工业的发展吸引了大量的劳动力，使人口不断地向工商业城市集中。二是农村劳动力向城市短距离和波浪式地流动。这种人口流动在工业化初期尤为突出，即使到了铁路时代，远距离迁移逐渐增多，特别是向大城市迁移，但短距离流动仍是主要形式。三是农村剩余劳动力向国外流动。英国农村剩余劳动力除了流向本国非农产业外，还有相当大一部分流向国外，特别是美国。这样，英国的农村剩余劳动力不仅为本国的城市化提供了前提，也加速了他国的城市化。

（3）城市网络系统形成较早，并确立了区域城市化和城市群的发展态势

英国国土面积小，河流和运河纵横，公路和铁路密如蛛网，便利的交通把全国大中小各类城市联合起来。某一地区城市发展的相对集中，形成城市密集性地区，由于各区域间具有不同的地理、历史、经济、文化和政治背景，因而呈现出有差异的区域性发展态势，即区域城市化。农村人口的大量转移，使城市由小变大，由少变多，促使新城市诞生，导致城市群出现（表 2-2）。

表 2-2　英国主要大城市人口的增长（1801—1851）（单位：千人）

城市	1801 年	1811 年	1821 年	1831 年	1841 年	1851 年
大伦敦	1 117	1 327	1 600	1 907	2 239	2 635
伯明翰	71	83	102	144	183	233
曼彻斯特	75	89	126	132	235	303
利物浦	82	104	138	202	285	376
格拉斯哥	77	101	147	202	275	343
布拉德福德	13	16	26	44	67	104
利兹	53	63	84	123	152	172
谢菲尔德	46	53	65	92	111	135

与欧洲其他大国相比，英国农业过早衰退，农业占国民收入总的比例不高。随着城市化的发展，英国农业生产量停滞不前，英国消费的粮食、肉类和农业原料越来越多地靠国外提供。1852—1859 年，英国国内小麦消费量的 26.5%靠进口供应；1868—1875 年，进口供应的比重增至 48%以上；1910 年，粮食自给率只有 35.69%，棉花全部靠进口；英国以前是大量出口羊毛的国家，而在 1850—1854 年，平均每年进口羊毛达 4 322.08 万千克，到 1870—1874 年，更增至 13 937.8 万千克。

（4）城市化初始阶段所需要的资金，主要依靠对其他农业国的掠夺

例如，东印度公司在印度经常采用掠夺手段获得相当于商品价值 20 倍的暴利。1757—1815 年，英国仅从印度掠夺的财富就达 10 亿英镑；18 世纪 80 年代，利物浦每年从奴隶贸易中获得的纯利高达 30 万英镑①。

---

①　赵煦.英国城市化的核心动力：工业革命与工业化[J].中州学刊，2008(2)：138-141

2）英国城市化发展模式与中国城镇化的比较及其启示

从人口和土地等资源的国情上来看，中国与西欧国家有很大的相似性：人口密度高，土地资源紧张。尽管英国、荷兰和法国三个国家的人口密度都很高，荷兰甚至是中国的2倍以上，但三个国家的人均农业用地面积都远超过中国。一方面是由于国土构成上存在差异，西欧国家的土地构成以平原为主，可利用率高，中国的土地构成复杂，不适宜利用的土地比重过高。另一方面，在土地资源的压力下，西欧国家在城市化后期都非常重视农业空间的保护，农业用地在总国土面积当中所占的比重都非常高。经过1976—1991年的发展，三个国家的农田占全国土地的比例几乎没有大的变化，说明城市扩展的同时农田总量基本没有缩减，这主要是由于大多数扩张发生在森林草场，较少占用开垦了的农田①。

与西欧国家的早期城镇化相比，中国城镇化最大的不同在于所面临的全球环境的差异。西欧的城市化是在工业革命和全球殖民主义的条件下发展的，其城市化道路建立在对全球资源环境的掠夺基础之上，其早期的发展也是高投入、高消耗、高污染的粗放发展模式，忽视资源环境成本而追求经济增长的最大化。但当这种城市化发展带来了较为严重的环境、资源问题后，他们又凭借工业化带来的资本积累进行治理，或借助其跨国投资优势将“污染工业”转移至发展中国家。

当前，全球城市化所处的背景已经发生重大变化，中国不可能再沿袭西欧国家早期的城市化道路，先污染再治理的模式在中国这样一个人口大国是不现实的，也是难以持续的。但西欧国家采取的集中型城市化道路，以及在城市化过程中对本国土地资源的保护等措施是值得我们借鉴和学习的。作为一个发展中国家，要应对资源环境的刚性约束，中国必须转变经济发展模式，走出一条既能推进经济发展，又能实现保护资源环境、符合可持续发展战略要求的城镇化道路。

2.1.2 德国城市化发展模式和主要经验

德国是高度发达的工业国家，经济实力居欧洲首位，1997年GNP为23 195亿美元，仅次于美国和日本，为世界第三大经济强国。德国位于欧洲中部，面积为357 020.22平方公里，有8 226.4万人口（2009年年底），其中城市人口比重为87%，城市化水平高，大城市数量少，中小城市高度繁荣。德国是一个后起的资本主义国家，国民经济虽然因为第一、第二次世界大战战败跌入低谷，但在战后能够迅速崛起，创造世界经济奇迹，其中原因值得我们深思②。

1）德国城市化的典型特征

（1）德国模式属于紧凑型城市化模式

紧凑型城市化是区别于高度集中的特大城市化以及过分分散的中小城市化的一种模式。该模式试图建立城市结构相对集中、土地资源集约利用、城市分布有序的中小城市化。欧洲部分国家土地资源数量在日本与美国之间，城市以中小城市为主，走的就是紧凑型城市化模式，尤以德国最为著名。2001年，德国的非农业就业人口高达

① 戴为民.国内外城市化问题研究综述[J].特区经济，2007(5)：266-268

② 张文祥.德国社会保障制度及其对我国的启示与借鉴[J].河北经贸大学学报，1998(6)：75-79

96%，城市化水平高达95%以上。德国的小城市战略促进了城市化的快速发展。德国紧凑的中小城市模式在避免城市过度扩张、大城市病泛滥及土地的低效利用等方面取得了重要成果，对于我们具有一定的借鉴意义。但这种城市化模式在推进过程中也产生了一些问题。德国以注重公平、均衡、民主著称，这些观念深刻影响到其法律制定和行政执行，但是容易遇到过度强调民主和公平而导致效率低下、成本上升的问题。同时，德国强调公平与共同富裕，数量众多的中小城市平等享受产业政策优惠和投资，造成全国投资分散，投资效益不高，产业布局不集中，难以形成大规模的产业集群，竞争力得不到提升等问题。但城市化的速度快、水平高，整体注重协调发展，发达的区域交通，良好的供电、供水等基础设施为城市均衡发展创造了条件①。

(2) 德国城市化发展的进程及特点

德国城市化的进程分为以下阶段：

① 1815—1840年是城市化兴起的准备阶段。

② 1840—1871年是德国城市化迅速发展的阶段。

③ 1871年帝国建立至第一次世界大战之前是德国城市化的第三阶段。

④ 1914—1949年是德国城市化发展的起伏阶段。

⑤ 1949—1990年德国争取统一的时间里，是德国城市化迅速发展阶段，这期间德国国民经济进入“高速发展”时期，城市化水平也得以飞速发展。因此这一阶段是德国城市化的飞速发展时期。经济上已经有了很大的发展，同时特别注重城镇的整体规划，其中很重要的表现是使城市中心区的职能更加适应新形势的需要。德国城市的中心功能的变化，促使城市总面积扩大，原来住在中心区的居民纷纷迁居到其他区域，包括城市郊区和新兴的卫星城。例如在杜塞多夫市和不莱梅市，都有许多人迁居到卫星城。卫星城的增加与完善，可以看作新一轮的城市化热潮。

⑥ 1990年10月东德和西德实现了统一，德国的负担也从此加重，并且多方面的发展也处于摸索之中，德国的经济并没有明显的变化，1998年的城市化水平与1988年城市化水平的86%相比仅增加了一个百分点；2002年德国的城市化水平达到了87.9%。

2) 德国城市化发展模式与中国城镇化的比较及其启示

通过对德国城市化的分析，我们可以得出：德国城市化发展的经验对于中国城镇化的发展，有很好的启示作用。主要有以下三点：

(1) 注重大、中、小城市协调发展

德国城市发展遵循一条规则：既要考虑市场竞争的原则，也要顾及社会公共利益的需要。德国由联邦、联邦州、地方政府（市县、社区）三级政府构架。宪法规定由联邦、州和地方乡镇三级共同承担城市建设发展的任务，注重城市的统一规划和协调发展。德国的城市发展，是以中心城市为依托，建构大、中、小城市协调发展的合理体系，从而避免了“城市病”的出现，使城市与自然和谐共处。同时也充分发挥了中心城市的经济文化辐射与集聚效应，形成雁阵式的发展。城市化过程中，各类城市相对协调发展，布局较为合理。大城市人口增长很快，小城市也不落后。

① 尚娟.中国特色城镇化道路[M].北京：科学出版社，2013：64-65

因此在中国城镇化进程中，应该根据实际情况，尤其注意城市与城市之间协调发展。城镇化是一个经济布局、就业岗位和人口居住空间三位一体的问题，要根据不同区域的资源和环境承载能力及现有发展水平，具体地确定城镇化推进的具体区域、发展方针和城市规模的大小。在中国人口稠密、经济发达的地区，可以学习德国的经验，注重发展中小城市，加强城市之间的交通网络建设，使数量众多、相距不远的小城市构成联系紧密、相互促进的城市群落，建构城乡一体的城镇体系。在城镇化水平较低、人口相对分散、城镇密度偏低、经济相对落后的地区要重点发展大、中城市，积聚人气，形成中心城市，强化大城市的辐射带动作用，实施相对大城市化的战略。

(2) 强调城乡统筹协调发展

城市化的实质在于现代化，即在于社会生产方式、生活方式、价值观念的现代化，而不仅仅是人口在地域空间单纯的移动问题，也不仅仅是居住区向城市的汇集，更重要的是乡村传统封闭的文化向城市现代开放的文化的转变和人们的生产方式、生活方式向城市的存在方式和运行方式的发展。

德国城市化过程既有大量农业人口向城市集聚的过程，也有很多就地转化的城市化过程。由于拥有十分发达的公路交通网络和便捷的城乡公交系统，许多人居住、生活在小城市，而工作在其他地方，因而形成"分散化的集中型"的城市布局，大大减少了人口大量转移和高度集聚对中心城市形成的压力。生产方式的转变带来生活方式的转变。目前，居住在小城市中的居民与在大城市的生活无异，同样，生活在小镇上的农民与城市居民并无二致。一位教授在课堂上说：当时他出生的小镇，以前大部分是农民，而现在 1 000 户居民中，只有 4 户是农民。在施瓦本哈尔县的一个农业合作社中，其农家的生活已与城市居民一样，生产方式也转变为大生产的农业化。

因此，我们应该充分认识到城市化发展的实质内容，不仅仅是人口从农村向城市的移动，最根本的是城市建设要重内质，不要一味追求规模。德国的城市化建设，其规划和产业政策的重点均以中小城市为主，适应市场经济规律，实现城乡协调发展，占其城市总量 90%以上的中小城市，虽然规模不大，但功能突出、基础设施齐全，且很现代化。我们不能片面地把城市化理解为建高楼大厦和标志性建筑物，城市化的真实内涵应当是人民生活质量、生存环境的实质性提高和城乡经济的协调发展。

(3) 加强市民对城市规划建设的参与

德国在城市发展过程中，注重城市建设中的公众参与。公民参与城市规划的根本目的一方面是为了确保公民的合法权利，另一方面则是最大限度地增强城市规划方案的科学性、合理性、可操作性。公民参与城市建设，通过规划城市的再开发，消除原有城市的缺陷，对城市的良性发展起到了不可替代的重要推动作用，不仅促进了城市物质文明的建设，而且在科学完善的方法指导下，德国的城市规划与城市建设兼顾到社会效率与公平，为城市的长久发展奠定了基础。因此，我们也应注重公民参与城镇建设与规划。对于战略上的城镇整体规划，应该由决策者、专业部门、专业学者来共同制定；对于贴近市民的详细规划，要注重听取群众的意见，让群众充分地参与其中，让群众参与规划，参与监督，参与管理①。

① 黄柯可. 英美法德俄城市化特点及出现的问题(续)[J]. 中州学刊，1994(2)：39-44

综上，德国城市化发展的经验值得我们借鉴，同时德国城市化中产生的问题，我们也需认真思考，避免产生同样的问题。总体上，中国目前处于城镇化加速发展阶段，但是城镇化水平地区间差距很大，发展不均衡。中国城镇化、城市现代化水平与发达国家的差距，以及省内发展水平的不平衡，决定了我们决不能照搬国外的经验。中国城镇化发展必须依据中国的国情，借鉴先进国家的经验，总结他国的教训，通过自身的努力，使中国城镇化发展更加顺畅，更加稳健，更加迅速。

2.1.3　美国城市化发展模式和主要经验

以美国为代表的城市化发展模式属于自由放任式城市化道路，即实现城市化靠充分运用市场机制“看不见的手”，引导人们由农村向城市转移。当“城市病”日趋严重之后，人口又开始自愿地向社区和小城市分散。这种模式与美国的市场经济模式即消费者导向型模式紧密相关①。

美国是一个在不断移民基础上建立起来的城市化国家，其城市化进程脉络清晰完整，带有一定“原型”特征，同时又具有明显的阶段性特点，大致可分为三个阶段：

第一阶段：从建国到 20 世纪 20 年代。美国 19 世纪初才开始工业化进程，19 世纪中期起工业化进程加速，其工业发达地区也成为城市化发展最快的地区。1920 年，美国近半数人口在城市居住，已进入城市时代。

第二阶段：20 世纪 20—70 年代。其中 50—70 年代是美国城市化进程最为迅猛的阶段，该时期城市化有两大特点：一是郊区化现象出现，郊区化在很大程度上是罗斯福新政大规模推动公共工程建设的结果，高速公路的建设带动人口从中心城市向郊区迁移，促使城市向郊区蔓延，由此出现了城市向大都市区的转化；二是城市化发展的重点逐渐转向早先经济较为落后的西部和南部，大批新的城市中心在新兴高科技行业以及国防工业的支撑下崛起。

第三阶段：20 世纪 70 年代至今。美国郊区化进程更加迅速，部分地区甚至出现逆城市化现象，即城市人口向农村迁移。伴随郊区化进程，大都市区的数量不断增加。1990 年，美国人口在百万以上的大都市区数量达 40 个，其人口占总人口的 51.5%，美国成为一个以大型都市区为主的国家。

美国的郊区化不是一种孤立的现象，伴随人口郊区化，先后出现了制造业、零售业、个人服务业和办公的郊区化。大量的就业岗位迁到郊区，形成现代化的中心区。中心城市由于受到周边郊区的有力挑战，人口不断减少，而产业的转移又造成中心城市自身功能的衰落。20 世纪 70 年代，由郊区化导致的中心城市财政危机、失业、种族骚乱和贫困等问题持续恶化，衰落的中心城市成为美国社会问题的中心，造成很大的社会压力。从 80 年代起，一些老工业城市针对旧城衰落采取许多振兴对策，部分城市如纽约通过现代服务业的发展或旧城的再开发，吸引中产阶级从郊区回迁中心城区，使中心城区经济重新焕发生机，这种现象被称为“再城市化”或“中产阶级化”。不过，人们对“中产阶级化”也有争议，反对者认为旧城改造往往以少数民族或低收入阶层居住区为对象，这些弱势群体成为中心城区“中产阶级化”的牺牲品。

---

① 尚娟. 中国特色城镇化道路[M]. 北京：科学出版社，2013：65-68

1）美国蔓延型城市化的典型特征

与欧洲国家所经历的漫长城市化进程相比，美国的城市化进程显得迅速而激进。从1890年起，仅用了30年时间，美国城市化水平就从30%提高到了51.2%。美国城市化的特征包括：美国的城市化动力主要是内生型的，高质量城市化进程与农业现代化密切相关。城市化进程中实施的农业现代化政策使其城市化过程不断获得农村剩余人口的支持，促进了工业化进程，为城市化进程的良性发展提供了保障，城市化过程经历了由集中到分散的过程。

都市蔓延和无序扩张是美国20世纪最重要的城市地理空间变化方式。美国的蔓延型城市化是在经济高速增长和家庭所有权、政府补贴、高速公路建设、郊区基础设施的投资高速增长等因素的驱动下形成的。二战后，随着家庭汽车的普及和居民可支配收入的增长，郊外的田园生活模式逐渐由富有阶层向中产阶层延伸并随之普及。1956年至1970年早期，美国4.3万英里（约6.92万公里）的州际高速公路、快速公路以及大量的环路成为都市蔓延的关键。此外，郊区大量边缘城市的出现顺应并助长了蔓延的发展。1970年以来，在美国最大的30个中心城市中，仅11个城市人口有所增长，巴尔的摩和波士顿等中心城市在都市地区人口增长的情况下城市人口还有所减少。道格拉斯(Douglas Poiter)指出，1977—1997年美国39个人口最稠密的大都市地区中，中心城市人口增长不到100万，而郊区增长3 000万。现在4/5的美国人生活在273个大都市地区内（每个大都市地区拥有一个至少5万人的中心城市）。与之相对应，乡村地区尤其是大都市边缘地带人口的绝对数量和相对数量都呈现出快速增长的趋势。

都市蔓延形成了分散扩张的城市空间形态，原来城市与乡村各处一方的平衡格局被打破，城市建设用地快速向郊外纵深农业地区渗透，造成了城乡在经济、社会等方面的冲突。郊区的发展占用了大量的土地，包括森林、湿地、野外游乐场所与农田。由于基础设施的大量投资和重复建设，1950—2000年，美国城市用地从5.9万平方公里增加到23.9万平方公里（表2-3），增加面积相当于1950年城市用地的3倍，快于全国人口和城市人口的增长。美国总人口和城市人口分别只比1950年增加了86%和116%，而城市用地占全国土地面积的比重却由1950年的0.659%上升到2000年的2.6%，增长的大部分是郊区用地。50年间，农业用地共减少了104.6万平方公里。

表2-3　1950—2000年美国城市用地、农业和其他用地的变化

年份（年）	城市用地（万平方公里）	农业用地（万平方公里）	其他用地（万平方公里）	人口（万人）	城市人口（万人）	城市化率（%）
1950	5.9	486.2	423.3	15 132	10 124	66.9
1960	10.4	475.6	429.5	17 932	13 030	72.7
1970	14.0	445.8	455.7	20 330	15 465	76.1
1980	19.1	420.2	476.1	22 654	16 990	75.0
1990	22.6	399.2	493.7	24 872	19 169	77.1
2000	23.9	381.6	510.0	28 142	21 868	77.7
1950—2000增加	18.0	−104.6	86.7	13 010	11 744	10.8

城市的过分蔓延加大了城市基础设施的配套成本，使聚集经济效益下降，并促使中心城市衰退。20 世纪 90 年代中后期以来，城市蔓延及其引发的社会经济影响逐步得到关注，并开始反思其城市化模式，提出了一系列对策，主要包括交通导向型开发模式、城市增长边界、棕地再开发等，但目前的收效还不明显①。

2）美国城市化发展模式与中国城镇化的比较及启示

（1）人口总量差异

由于人口基数大，中国的城镇化水平每提高一步，由农村进入城镇的居民数量都是巨大的，将给就业岗位、设施供给等方面的配套建设带来巨大的压力。中国城镇化水平每年提高 1 个百分点，全国每年增加城镇居民数达 1 300 多万，即需要安排城镇就业岗位近千万个。而美国在 1980—1990 年，城市化水平提高了 1.3 个百分点，城市只新增 200 万人口。在庞大的人口基数下，中国城镇化需解决的问题要复杂得多。中国人口分别是美国、英国和日本的 4.438 倍、22.321 倍、10.877 倍，这意味着当中国城镇化率提高 1%时，所转移的人口数量可以使美国城市化率提高 4.44%，日本城市化率提高 10.88%，英国城市化率甚至提高 22.32%。人口基数大的国情使中国在城镇化的进程中农村人口转移的压力非常巨大，通过数据可以看出，中国与美、英、日等国家相比，城镇化进程中有更大的人口转移压力。

（2）资源条件差异

美国是一个土地大国，人少地多，资源丰富。中国是一个资源短缺的国家，尤其是水资源、耕地资源人均占有量小，生态环境脆弱区多，对中国城镇化进程具有明显约束作用。水资源短缺，且水资源分布严重不平衡，全国多年平均水资源总量为 28 124 亿立方米，人均 2 340 立方米，仅为世界平均值的 1/4；土地资源紧张，人均土地和人均农业用地分别仅为美国的 22.3%和 7.3%，同时还存在着土地资源分布不平衡，尤其是与水资源在空间分布上不匹配的问题。美国在 1950—2000 年的 50 年时间内因为城市蔓延等因素就造成农业用地共计减少了 104.6 万平方公里，而仅这部分减少的农业用地就相当于中国目前耕地总量的 80.4%。美国的人均土地达到 48.8 亩②，是中国的 4.48 倍；人均农业用地是 20.3 亩，而中国仅仅为 1.48 亩，美国约是中国的 13.72 倍；美国人均城镇用地也约是中国的 10.38 倍。如果按照美国的发展方式，中国达到美国的人均城镇面积，那么中国城镇面积将扩大 10 倍，这对于中国有限的国土面积来说是难以承受的③。

（3）社会制度和价值理念因素

政府干预程度的差异对城镇化发展有较大的影响。中国城镇化过程是政府调控与市场相结合，对人口和城镇的空间布局采取一系列强有力的政策措施，对城镇化发展起着较大的作用。美国作为一个地方自治的纯市场化国家，城市的发展更多地靠市场的力量来配置。还有价值理念的差异，传统上所推崇的“美国梦”，以每个家庭都有独立花园住宅及小汽车为目标，这种生活方式和城市蔓延有着直接关系。

---

① 王军.国际典型城市化模式与我国的比较及其启示[J].江苏城市规划，2009(4)：43-46

② 1 亩≈666.667 平方米。

③ 白国强.美国郊区城市化及其衍生的区域问题[J].城市问题，2004(4)：65-68

总的来说，美国的蔓延型城市化，既有其自身的历史和物质原因，也有着深刻的社会制度和价值文化方面的根源。随着中国城镇化的快速发展，在美国城市化过程中出现的郊区化现象在中国个别地区已经显现，中国应当吸取美国蔓延型城市化的教训，在城市发展中控制城市低密度无序扩张。在刚性约束条件下，人口、资源、环境条件决定了中国只能走以城市群为主体形态的集中型城镇化模式。

2.2 拉美国家的城镇化战略

2.2.1 巴西城市化发展模式和主要经验

1）巴西城市化的典型特征

（1）巴西城市化历程

① 19世纪以前巴西城市化的雏形阶段

1500年4月22日，葡萄牙航海家卡布拉尔发现巴西，16世纪30年代，巴西沦为葡萄牙殖民地。巴西最早的城市所承担的职能主要是商品的集散，因此城市不仅要位于农作物产区，还要便于与港口联系，兼顾保卫海岸安全的军事功能。18世纪时，大批采金者和黑奴涌入内地矿区，内地城市从此诞生并开始发展。例如，戈亚斯城原名叫比拉沃阿，直至1935年之前，是戈亚斯州的首府。另外，欧鲁普雷图（原名维拉里卡）、马托格罗索州的库亚巴，以及圣保罗州的坎皮纳斯等，都是在18世纪矿业兴起的时代建立的内地城市。可以说，这一时期国家出口导向和趋于分散经济的城市化表现出来的是低水平的城市首位度。

② 19世纪巴西城市化的发展进程

1807年，拿破仑入侵葡萄牙。1808年，葡萄牙王室迁到巴西里约热内卢，巴西成了葡萄牙帝国的中心，城市的职能以政治权力中心为主。19世纪中叶之后，咖啡经济的繁荣和铁路的修建，使城市化得到了强有力的推动和强大的物资支撑，如1832—1896年兴起的阿拉拉夸镇、里贝朗普雷图、包鲁等。这一时期，城市化表现为传统城市的扩展及其贸易与政治作用的加强。19世纪后期，大规模欧洲移民的进入促进了巴西城市化的发展。这些城市中移民一般占全城人口的30%～50%，他们控制了零售业和一些工业（如建筑业），并推动了面向地方市场的消费品生产。总的来说，20世纪之前巴西的城市化是没有工业化的传统城市的扩张。

③ 20世纪巴西城市化的快速发展

20世纪30年代，巴西工业化的开始促进了中心城市的发展。20世纪50—70年代的30年间，城市化飞速发展，形成了一定的城市规模体系。20世纪70年代中期之后，政府的干预引起了区域的收敛，工业集中和城市化之间的相关性降低了。总之，20世纪后，巴西城市化的主要动因是工业化，工业化的发展带动了城市化的步伐，工业化与城市化互相影响，互相促进。在这一时期，城市不再是传统城市的延伸，而是工业生产的中心，重要的新的经济增长点[①]。

① 张宝宇. 巴西城市化问题刍议[J]. 拉丁美洲研究，1999(2)：49-54

（2）巴西城市化过程中的主要问题

第一，城市化过程中区域经济差异明显。巴西城市主要集中在东南部的沿海地区，区域城市化水平差异很大。虽然政府在20世纪70年代后采取了一系列的经济一体化政策，但是仍然没有改变这种局面。1940—1980年，人口超过2万人的城市中，城市人口在东南部的份额由64%降低到59%，北部由3%增加到4%，东北部由21%下降到19%，南部由12%上升到13%，中西部由零上升到5%。

第二，过度城市化问题。过度城市化带来的首先是城市人口的过度膨胀，1950—1970年，城市人口以每年大约5%的速度增长，乡村的人口增长还不到2%。1970年之后，城市人口的增长有所下降，但仍然大于2%，而乡村人口却呈现出负增长。其次是城市失业问题严重，在巴西城市化进程中，城市经济发展所创造的就业机会远远满足不了不断扩张的城市人口的就业需求。再次是收入分配两极分化。最后是城市环境恶化，由于城市规划的滞后和人口的迅速膨胀，城市环境遭到严重破坏，现在的圣保罗已成为世界第四大受污染严重的城市。

第三，贫民窟问题突出。巴西形成贫民窟的主要原因有以下几个方面：一是土地占有严重不平等，大量农民没有土地；二是过度城市化带来的城市人口的急剧膨胀，农村人口大量转移进城市；三是城市规划、建房用地、基础设施、社区发展没有考虑低收入人群的要求；四是公共政策不够完善，如巴西的税收体制是根据各州工资标准确定税收，按税收贡献向各地返还，使地区差距拉大。

2）巴西城市化发展模式与中国城镇化的比较及其启示

（1）大力推进城市化的同时要注重城乡统筹发展

城市化是伴随着工业化和经济发展而出现的一种现象，它给人们的生活、工作、休闲等带来了便利，也为国家经济的发展提供了必要的支撑。中国的城镇化水平自改革开放以来取得了显著的成绩，城镇化水平有了很大提高，初步形成了大、中、小城市有机结合的城镇体系。

在快速推进城镇化的过程中要注重城乡统筹发展。巴西在城市化过程中片面强调城市的扩张而忽略农村的发展，导致了城乡之间的巨大差距，形成明显的二元经济结构。从国际上看，城市化水平高的国家农业也相应较为发达（如美国），农业部门生产率的提高是城市化顺利进行的基础。因此，中国应该吸取巴西城市化的经验教训，通过改善农业的生产条件和农村的生活环境，提高农民的收入水平和社会福利水平，消除城乡经济机会的不平等现象，实现城乡协调和可持续发展。

（2）合理把握城市化进度，坚持大、中、小城市和小城镇协调发展

就城市化水平而言，巴西属于高度城市化国家，城市化水平同发达国家之间的差距已经很小。而就工业化水平和社会经济发展水平而言，巴西则远远落后于发达国家。因此，巴西城市化相对于工业化和整个社会经济发展水平而言是过度的。由于人口过多集中在圣保罗、里约热内卢等少数大城市，巴西产生了严重的城市问题（如贫民窟、环境恶化等）。巴西人口研究协会主席乔治·马丁曾指出，广大发展中国家必须从巴西城市化进程中吸取的教训之一是要避免外来人口过于集中。因为外来人口过于集中而使大城市出现“贫民窟”，是巴西在城市化过程中经历的最惨痛教训。

与巴西不同，中国的城镇化滞后于工业化，现在正处在城镇化加速阶段。吸取巴西的经验教训，中国应该加快小城镇的发展，积极发挥大城市的作用。

大城市可以以其大规模和高能量带动较大的区域协调运转；小城镇是基础，它接近农村，有利于接纳城市的能量向乡村辐射，也利于集中乡村的要素向城市输送；中等城市是纽带，起着承上启下的作用。目前，中国的大、中、小城市的发展严重失衡。国外有人形象地说，中国的大城市像欧洲，小城镇和农村像非洲。中国第六次人口普查数据显示，居住在乡村的人口为 674 149 546 人，占全国总人口的 50.32%，这些人不可能全部进入大城市，否则，会引发大城市人口过度膨胀而带来“城市病”。由此可见，中小城市和小城镇是中国当前城镇化过程中的薄弱环节。大、中、小城市的协调发展不仅能够在一定程度上防止城镇人口的膨胀，同时，还能促进落后地区的城镇化发展，缩小区际的城镇化水平差距。

(3) 加快制度创新，改善农村人口迁入城镇后的生活状况

城镇化作为伴随社会经济增长和结构变迁而出现的社会现象，与制度安排其变迁密切相关。在现代市场经济条件下，市场主导的城镇化在怎样的体制框架中运行，直接影响着城镇化的进程。在中国当前的形势下，要加快农村人口向城镇的转移，加快中西部地区的城镇化进程；要进行户籍制度的创新，放宽农民进城定居的条件，打破城乡分割的户籍管理制度，逐步向城乡一元化的户籍管理制度过渡；改革现行的土地制度，完善土地的征用和使用制度，完善社会保障制度。当前由于附着了太多利益的户籍制度仍在发挥作用，没有城镇户口就不能平等享受养老保险、医疗保险、失业保险等社会保障待遇，这些结构性的制度安排使农民工处于城镇社会的底层而成为边缘群体，也正是这种边缘性的社会地位使其难以享受社会保障权益。虽然中国在 1998 年就颁布了城镇职工养老、医疗保险的相关法律，但关于农民工的社会保障问题却没有相应的立法。由于缺乏相应的法律保障，农民工的社会保障待遇难以得到强制性实现。而且农民工自身社会保障意识较差，对于用人单位和自身参保持无所谓态度，这些观念客观上阻碍了农民工社会保障制度问题的解决。除此之外，近几年国家和政府集中精力与财力加强城镇社会保障改革与建设，以确保经济体制改革的顺利进行，但城镇职工养老保险、失业保险等仍旧陷入资金困境。当城镇社会保障制度运行受到资金限制时，若再将庞大的农民工群体考虑在制度范围内，必然要面临更为严重的资金困难。但是，城镇化是一个国家工业化进程中人口、资本不断从农村向城镇集中的过程，种种原因使农民工至今尚未纳入城镇社会保障体系之中，加上其他因素，农民工仍然处于流动状态，从而严重阻碍了中国城镇化水平的进一步提高。因此，提高城镇化水平最重要的实际措施之一就是建立面向农民工的社会保障制度，使其能够平等地享受到医疗、教育、养老等方面的社会保障待遇，真正从农村进入城镇①。

2.2.2 拉美国家城市化发展模式和主要经验

拉美的现代城市化进程始于 19 世纪末期，属于过度城市化。过度城市化是指城市化速度超过工业化速度，城市化水平与经济发展水平严重脱节的城市化模式。这种

① 李瑞林，李正升. 巴西城市化模式的分析及启示[J]. 城市问题，2006(4)：93-98

城市化不是建立在工农业充分发展的基础上，而是城市人口过度增长，城市却不能为其提供必要的就业机会和生活条件，从而导致一系列严重的“城市病”，危害经济和社会的健康发展①。

1900年，整个拉美地区城市化率为25%，到20世纪30年代，大多数拉美国家先后进入工业化发展阶段，城市化进程也开始加速，1945年城市化率达到39%。20世纪50年代，一些拉美国家推行“进口替代”战略，伴随着工业以及服务业的迅速发展，农村剩余劳动力涌入城市，形成以中心城市为核心的大都市区。但自60年代之后，由于遭受严重的经济衰退，加上政府不重视农业，大量破产农民涌入城市，该地区城市人口由5 400万迅速增加到1990年的3.14亿，占总人口比例的71.4%，阿根廷、智利和乌拉圭等国的城市化率甚至超过80%。虽然从人口城市化水平来看，拉美地区同西方发达国家相差不大，但拉美的经济发展水平却远远低于后者。总体而言，拉美的城市化是建立在农村经济持续恶化、普通农民大量破产基础之上的。这里的农村大庄园制度导致土地兼并现象十分严重，大量农民在破产并丧失发展空间后，不得不进入城市寻找新的生存机会。但由于拉美主要国家自20世纪60年代之后，工业和整个经济的增长缓慢，甚至不时爆发经济危机，城市就业机会严重不足；而农民缺乏工业技能，加上工业化水平提高对劳动力的需求相对减少，导致大多数新进城市者为了生计只能从事一些属于第三产业的非正规行业，如饮食、家政服务、沿街销售等。这种没有以经济同步发展作为基础的城市化，必然导致城市“病态”发展，人口拥挤、住房短缺、贫富悬殊、毒品及暴力犯罪、环境污染等问题接踵而来。因此，拉美的城市化被称为“过度城市化”②。

1）拉美国家城市化的典型特征

拉美国家的城市化是在外来资本主导下的发展，以墨西哥城、里约热内卢以及布宜诺斯艾利斯等为代表，其基本特征为以下几点。

第一，工业化发展滞后于城市化，工业化对城市化进程的推动力不足。到2000年，拉美城市人口的比重已占地区总人口的78%，但工业人口的比重却不超过35%。

第二，严重的两极分化。贫困人口占到总人口的40%以上，其中60.9%以上居住在城市特别是超大城市中。城市中既有先进的科学技术、现代化的产业、高档住宅和相应的现代化设施，同时也存在着原始手工作坊式的生产、缺少最基本公共设施的贫民居住区、被边缘化到城乡结合部的大量贫民窟。

第三，城市资源与环境承载力达到极限，造成严重的社会问题。教育、卫生、文化等资源主要被富人占有，穷人很少能享受这个时代的文明生活③。

2）拉美国家城市化发展模式与中国城镇化的比较及其启示

与拉美的过度城市化相比，中国的城镇化在与工业化的关系、城镇化道路选择和城乡关系等方面有着显著差别。

第一，城市化与工业化的关系。拉美是超前于工业化发展的城市化，而中国的城

---

① 张惟英，齐艳芬.拉美国家过度城市化政策的失误分析[J].中国特色社会主义研究，2011(1)：71-76

② 宁越敏，李健.城市化进程与经济社会发展相协调——国外的经验与启示[J].求是，2005(6)：61-63

③ 吕军.试论墨西哥的城市化进程[J].拉丁美洲研究，1999(5)：28-33

镇化与工业化发展也不是完全匹配的，城镇化发展在一定程度上要滞后于工业化，存在着一定量的“隐性”城镇化现象。

第二，城市化道路的选择。拉美的城市化一直以特大城市为主，中国的城镇化在经过以小城镇主导的阶段后，目前走的是“以大带小”、大中小城市和小城镇协调发展的城镇化道路。

第三，城乡关系。拉美国家的城市化建立在剥夺农民、割裂城乡联系的基础上。中国的城乡关系也存在着二元结构，过去也是通过牺牲农村和农业来完成工业化和城镇发展的原始积累，后来随着一系列问题的出现，逐步认识到城乡关系的协调是城镇化能够健康运行的基础，目前这种局面正在逐步扭转，逐步转变为城乡统筹发展的城镇化①。

2.3 东亚国家的城镇化战略

2.3.1 日本城市化发展模式和主要经验

日本是一个城市高度发达的国家，其城市化水平在亚洲国家中处于领先地位，可以与西方发达国家相媲美。日本高度发达的城市化水平对当代中国的城镇化也有着重要的启示。当代中国正处于经济飞速发展时期，在城镇化发展中日本的很多经验教训值得总结和借鉴②。

1）日本城市化的典型特征

（1）日本城市化进程

日本在第二次世界大战后的30年左右的时间内完成了欧美发达国家用了100多年时间才完成的城市化进程。20世纪初日本城市化率为12%，1955年城市化率上升到56%，1975年为76%，1997年为79%。日本的城市化起步于20世纪20年代，发展于第二次世界大战后高速增长时期，此后进入成熟阶段，经历了“分散→集中→分散→再集中”的标准S形曲线过程，可以把日本的城市化进程划分为四个阶段：战前阶段，大多数日本人都居住在农村，以种地为生；战时阶段，战争使日本城市人口增加，日本走上城市化的道路；战后阶段，日本成为城市人口占主导的国家；经济恢复发展阶段，大城市的人口达到饱和，人们开始转移到三大都市周边的区域性城市中去。由此，三大都市圈就开始逐渐形成③。

（2）日本城市化进程的特点

日本城市化进程中有以下几个特点：

第一，经济增长方式决定了超高度集中的城市发展模式。日本走的是一条大城市主导型的城市化道路。在城市化进程中首先是少数中心城市获得了优先的集中发展，这些城市在各个领域都发挥着重要的作用。以东京为例，大东京都市圈内政治、经济、

---

① 王梦奎.关于统筹城乡发展和统筹区域发展[J].管理世界，2004(4)：1-5

② 尚娟.中国特色城镇化道路[M].北京：科学出版社，2013：75-77

③ 郭斌，李伟.日本和印度的城镇化发展模式探析[J].首都经贸大学学报，2011(5)：23-27

商业、金融和媒体机构大量集中，大公司总部基地云集于此。事实上，日本的这种发展模式是由经济增长方式决定的，因为经济活动的区域布局必然选择空间压缩式的格局，在城市化进程中就表现为超高度的集中发展模式。

第二，在高度集聚的城市化后出现了郊区城市化与市中心的再城市化现象。工业化带来了人口的大转移，也带来了城市人口的过分集中。然而城市总是有一定的容纳限度的。因此随着交通的迅速发展以及交通手段的多样化，城市化进入全方位的郊区城市化阶段，最典型的就是核心城市的衰落，即城市的空洞化，这给地区的税收、文化娱乐生活以及公共服务设施等带来了众多问题，这样，各大都市的中心区又开始了再城市化运动。

第三，先片面发展经济而后再综合治理。自明治维新后，日本走上了一条片面发展工业而忽视市民生活环境的畸形发展道路，由此带来了环境污染，造成了公害病、交通拥挤等问题。20 世纪 70 年代，日本政府开始着手治理这些城市问题，经过近 30 年的努力，这些问题已经得到了基本解决，但是治理前所遭受的损失和治理所付出的代价却是惊人的。

第四，自上而下的城市发展道路。日本城市的发展与欧美城市发展最不同的一点在于城市不是由商品经济发展的需要自然促成的，而是出于政治上的考虑，即在统治者的推动下形成。在日本的城市中很少有凭借市民的热情造就的城市，即日本是依靠政府的行政权力发展城市的。

(3) 日本城市发展的动力机制

日本城市化以非均衡发展模式为主，即选择有发展潜力的城市和地区作为突破口，进行密集投资，进而促进周围地区的快速发展①。

日本走的是混合型城市化模式，以制造业产生与发展为开端的工业化是日本城市化的最初动力。第三产业特别是信息产业向中心城市集聚导致了城市的再度膨胀，使日本步入所谓“再城市化”阶段。作为依托于第二产业发展的第三产业，反作用于前者，成为带动城市发展与城市化水平不断提高的加速力。

进入 20 世纪 70 年代后，第三产业取代第二产业成为城市化水平进一步提高的主要动力。

① 日本城市化的公共投资与财政金融政策支持系统。日本政府扩大公共投资在城市发展中起到了重要作用。日本政府积极运用财政金融政策推动城市发展。一是通过历年的财政投资贷款，推动城市建设。据统计，1953—2000 年，日本的财政投资贷款规模已由 38 亿日元增至 374 660 亿日元，48 年内增加约 9 858 倍。这些财政投资贷款用于住宅建设、市政建设和市区的再开发等事业，对城市发展起了积极的推进作用。二是采取财政补贴等优惠措施，促进新兴产业城市的开发。三是设置专门的金融机构，对一些边远地区的城市发展提供贷款支持。

② 日本城市化的交通现代化支持系统。在日本城市迅速发展与壮大过程中，交通发展起到了决定性的作用。日本后来的新干线与全国高速公路网的开通，既强化了城市间的联系，也带动了地区工业与经济的发展。交通系统的发展，使城市容量扩大、

---

① 沈悦. 日本的城市化及对我国的启示[J]. 现代日本经济，2004(1)：60-64

城市间的迅速交流得以实现，最终改变了城市的社会、经济和空间结构。

③ 日本城市化的外部支持系统。外资及技术的引进加快了日本城市化的进程。全球化浪潮下，日本承办了一个个国际性的会议和活动，成为日本城市化的强劲动力。例如，1964 年日本东京承办第十八届奥运会，日本政府倾其国力扩建了城市，改进了交通网点，兴建了基础设施，将东京建设成为世界级的都市。又如 20 世纪 70 年代大阪世博会的召开对关西地区的城市发展起到了积极的作用。

2）日本城市化发展模式与中国城镇化的比较及其启示

以上对日本的城市化进程、城市化进程的特点以及城市发展的动力机制进行了分析，实际上日本的城市化依然存在着许多问题，这些经验和教训对中国目前的城镇经济发展和城镇化进程等有很重要的启示。总结起来可以概括为以下几个方面：

第一，在城镇发展中要注意城镇的定位。中国正处于经济的飞速发展时期，但还是存在着环境污染、住房、失业等问题，这说明经济增长不可能解决城镇的所有问题，也不等于城镇的健康发展。因此，城镇的定位应当首先立足于居民的安居乐业，通过城镇的整合机制来处理好经济发展和城镇发展的关系，形成城镇发展方向的共识。

第二，防止城镇化过程中的"马太效应"。日本的城市化进程中一个重大问题就是城市结构呈现出不平衡发展的局面。随着东京大都市圈的不断发展，其获得的资源越来越多，而农村和中小城市获得的资源则不断减少，造成边远地区竞争力的不断下降。中国的城镇发展必须防止这种局面的出现，进一步加大中小城市的城镇化力度，以分担大城市过于集中的各种功能，促进城市间的均衡发展。

第三，大力促进城镇公共交通网络的发展。从日本的经验来看，在城市中普及私家汽车的做法并不是明智之举。据统计，1990 年作为上下班交通手段的私家汽车利用率在东京、大阪、名古屋等城市分别只有 7%、12% 和 29%，在城市中心区域利用率就更低，而且城市越大，私家汽车的利用率就越低。中国的大城市也面临着城市交通方式的选择问题，实践表明，盲目修建更多的高架桥和环路并不是最理想的解决方案，城市交通问题的根本解决方法在于开发公共交通工具，尤其是轨道交通。

第四，土地的合理利用。相对日本来说中国的土地不存在私有制的问题，但是同样面临着房地产价格飞速上涨的压力，存在土地的不合理利用现象。因此，各级政府必须对土地用途进行严格的控制，采取各种强有力的措施防止局部房地产过热现象的出现，促进土地的合理利用。

第五，处理好城镇化与农村发展的关系。日本在城市化的中期，农业资源大量流向城市，农业生产出现了一定程度的萎缩。我们要吸取这一教训，协调好城镇化与农业发展的关系，确保农业用地和农业生产的发展，促进农业生产的现代化和城镇化的发展。

第六，统筹规划，走可持续发展的城镇化道路。日本在城市化过程中，基本上是"先发展，后治理"，从而酿成了众多严重的城市问题。中国的城镇化正处于加速发展时期，必须吸取这些教训，做到统筹安排，走可持续发展的城镇化道路①。

---

① 张杨，郑秋红，俞慰刚. 试论日本城市化的动力机制和整合机制[J/OL]. 兰州大学中国特色城镇化研究中心，2006[2013-08-25]. http://cache.baiducontent.com/c? m

2.3.2 韩国城市化发展模式和主要经验

韩国是中国的近邻，第二次世界大战以后，其经济得到了飞速的发展，城市化也取得了令人刮目的发展。对韩国城市化进程的研究也取得了瞩目的成就，如高贤锡的《关于韩国城市化特性研究》、孙颖的《面向全球一体化的韩国空间政策》以及赵利济等的《韩国经济腾飞的政策剖析》等，这些论著对韩国的城市化发展从政策等角度进行了卓有成效的研究。在这些研究的基础上，我们可以从城市发展的动力机制和整合机制的角度分析韩国城市化过程中的经验教训，以促进中国城镇化发展①。

1）韩国城市化的典型特征

（1）韩国城市化进程

第一阶段：城市化史前阶段（1876—1947 年）。据统计，韩国 1944 年的城市化率仅为 13%，而美国在 1940 年，城市化率已为 56%。所以，当时的韩国还是典型的农业经济社会，谈不上城市化。第二阶段：城市化起步阶段（1948—1960 年）。李承晚政府时期，城市人口有了大幅度的增长，尽管政府采取了一些限制措施，但是韩国城市人口依然增长很快。第三阶段：城市化加速发展时期（1961—1987 年）。这时期又分为两个阶段：前一阶段为朴正熙政府时期（1961—1979 年），这是韩国经济政策由发展轻工业向发展重工业转变的时期；后一阶段是全斗焕政府时期（1980—1987 年），据统计，截至 1985 年，韩国的城市化率已达到了 77.39%。第四阶段：城市化平稳发展时期（1988 年至今）。1991 年，韩国农业在 GDP 中的比重只占 8%，从过去的农业占统治地位的"70%年代"（国土的 70%为山地，国民的 70%是农民）过渡到非农业部门产值占 GDP 的 90%以上的工业化国家时代。到 1990 年，韩国城市化率已达 82.79%，进入了高度城市化时代②。

（2）韩国城市化发展的动力

城市化的快速发展，需要一定的外部条件和内在因素的推动。从宏观角度讲，韩国城市化是在市场和政府的共同作用下飞速发展的。经济规律首先对城市化起决定作用，基础设施则影响了城市的体系结构，政府的政策既作用于经济发展，又作用于城市化的进程。

（3）韩国城市化快速发展动力机制

经济活动方式对城市化模式有决定性作用。韩国用了 30 年左右的时间完成了城市化的高速发展，这种高速发展是和工业化进程及经济的高速增长相一致的。这种高效的经济增长方式，必然要求优化配置资源，实现生产要素按照市场规则自由流动，同时也促使企业在生产布局、劳动力的就业结构等方面发生根本性的变化。高度集中的工业布局有利于发挥集聚效应，也要求生产要素向城市高度集中。韩国政府实行的外向型经济发展战略，决定了工业及人口向沿海港口城市集中。与欧美国家相比，韩国的经济增长是时间上"压缩型"的，即在相对短的时间内完成同样的工业化过程，这种

---

① 尚娟. 中国特色城镇化道路[M]. 北京：科学出版社，2013：78-81

② 吴伟，许美婷，俞慰刚. 韩国城市化道路的分析与思考[J/OL]. 兰州大学中国特色城镇化研究中心，2006[2013-08-25]. http://cache.baiducontent.com/c? m

时间上的压缩性直接导致了空间上的压缩性。为了在尽可能短的时间内获得尽可能快的经济增长，必然要以经济效益为首要原则来衡量经济活动的区位选择，而空间集中式的格局可以获得很高的规模效益，从而决定了城市发展空间的高度集中模式。另外，外向型的经济战略又决定了产业活动向沿海港口城市高度集聚。因而，韩国的城市发展均体现出既迅猛又集中的特点。

发展中小城市基础设施也起着重要作用。进入 20 世纪 80 年代，以汉城（现称为首尔）为中心的首都圈出现了人口分散。首都圈边缘地区迅速增长，吸纳了大量从饱和的中心城区分散出来的人口和经济活动。1990 年，汉城区人口净迁出 9.1 万人。为遏制首都人口过度集中，实现经济社会均衡发展，韩国早在 70 年代初即制定了“建设卫星城市，积极分散人口”的方针。当时制订了第一个国土综合开发计划（1972—1981 年）：在汉城周边地区建设 10 座卫星城市，改善周边地区的城市基础设施。80 年代初，韩国又制订了第二个国土综合开发计划（1982—1991 年）：在继续推进卫星城计划的同时，进一步加强地方据点城市基础设施的建设，积极诱导人口逐渐向地方分散。仅 1993 年，汉城迁出人口就达到 79 万人。由此可见，无论在城市集聚时期还是分散时期，先进的基础设施都是推动城市化快速发展的重要力量。

韩国政府与韩国的政治制度对城市化模式具有引导作用。第一，韩国虽然是市场经济型国家，但政府在经济活动中的作用始终左右着发展的时空结构，区域经济开发和规划很大程度上是受行政计划控制的。第二，在韩国政治制度中，中央集权的特征比较明显，这也是城市高度集中发展的主要因素。作为这种制度的象征，国家的首都在全国经济、政治、文化生活中发挥着卓越的作用，在城市体系中居于突出的地位。这在一定程度上削弱了一般城市的竞争能力，从而制约着全国城市的体系结构。

2）韩国城市化发展模式与中国城镇化的比较及启示

韩国用了 40 多年的时间，从一个贫穷落后的农业国家发展成一个富裕先进的城市国家，取得了很大的成绩，但是也还存在着不少问题。韩国在城市化的过程中，既有经验也有教训，至少有以下几个方面值得我们借鉴。

（1）加强城市规划，有步骤地发展新城市与中小城市

韩国为了解决大城市的人口聚集问题而建设了不少应急型新城市。但这些应急型城市因为其超短期性且没有进行长远的规划出现了一系列的问题。这些应急型城市因为建立在首都圈及京釜轴周边，大量就业机会就涌向这些新城市，随之而来的还有交通问题，这些新城市都有通向大城市的交通设施，如高速公路和地铁，而中小城市却没有这样良好的基础设施，大量人口迁往新城市，妨碍了中小城市的发展，社会矛盾也因此激增。同时，应急型城市也面临着居住环境日益恶化、城市开发过度引起“过密居住”、绿地空间及文化休闲空间不足等问题。

因此，以韩国为鉴，中国现在正在落实西部大开发等城镇发展战略，应该对中国中小城市的发展和新城市的建设做长远的规划，制定和完善各种政策及措施，使大城市周边的新城市与中小城市得到均衡发展。

（2）加紧完善老城区和中小城市基础设施

韩国高水平的交通、通信基础设施大多分布在大城市及其周边的新城市，而中小城市的基础设施则水准较低。大城市中心城区与新城市占据着大多数高水平的基础

设施资源，使得大量的人口涌向这些城市，而老城区及中小城市得不到有利的发展。而中国大城市的老城区及中小城市的基础设施也存在着同样的问题，由于得不到有效的整治，严重地阻碍了它们的发展。中国应加紧完善老城区和中小城市的基础设施。

(3) 适当加强政府政策引导和行政的干预

韩国是市场经济型国家，但政府在经济活动中的作用始终左右着发展的时空结构，区域经济开发和规划很大程度上是受行政计划控制的。改革开放以来，中国实行的是市场经济制度，这种经济制度使中国在这20多年中取得了快速的发展。但在城镇化发展过程中，却也出现了不少城市问题，如交通堵塞、环境污染、房价高涨、各自为政等，造成大量的物资资源和人力资源的浪费。因此，在城镇化进程中，在坚持有地方特色和市场经济的基础上，在城镇规划方面、基础设施建设方面等，有必要提倡适当加强政府政策引导和行政干预，加强"一盘棋"的思想，以便更有效地推进有中国特色的社会主义城镇化道路。

2.4 国外城镇化经验教训对我国的启示

2.4.1 城市化的典型模式

从城市化与工业化相互关系看，世界城市化发展可分成同步城市化、过度城市化和滞后城市化三种模式①。

同步城市化是指工业化与城市化协调发展、相互促进。城市化是以工业化为主要推动力，工业化为城市化提供了必要的物质技术条件、城市化的发展促使人口聚集，增加城市数量，扩大城市规模，提高工业生产和城市的规模经济效应，反过来又有力地促进了工业化发展。比如欧美等发达国家的城市化模式。

过度城市化是指城市化水平明显大于工业化发展水平。大量农村人口涌入少数大、中城市，城市建设的步伐赶不上人口城市化的速度，城市不能为居民提供就业机会和必要的生活条件，造成严重的"城市病"，在大城市中形成了大量的贫民窟。比如印度、巴西、墨西哥等发展中国家的城市化模式。

滞后城市化是城市化水平落后于工业化发展水平。政府为了避免城乡对立和"城市病"的发生，采取了种种措施限制城市化的发展。还引发了诸如工业乡土化、农业副业化、离农人口"两栖化"、小城镇发展无序化、生态环境恶化等"农村病"现象。滞后的城市化，既不利于工业现代化，也不利于农业现代化和居民生活的现代化。比如印度尼西亚等南亚、东南亚国家的城市化模式。

在这三种模式中只有工业化和城市化协调发展的同步城市化才是一个国家城市化发展的最优模式，才能保证工业化与城市化的相互促进、协调发展。

2.4.2 典型国家城市化的主要经验

考察国外典型国家在推进城市化方面的主要成功经验，可以得到如下几点②：

---

① 牛文元. 中国新型城市化报告2012[M]. 北京：科学出版社，2012：7

② 尚娟. 中国特色城镇化道路[M]. 北京：科学出版社，2013：87-94

1）在强调市场作用的同时，要充分发挥政府的宏观调控作用

发达国家城市化的历史表明，城市化是市场和政府共同作用的结果。充分发挥市场作用绝不意味着政府的不作为和完全退出，因为市场调节本身存在着盲目性和滞后性，导致市场失灵的现象时有发生。一些国家存在的种种“城市病”就是市场失灵的突出表现。同时，城市发展本身在一定程度上就意味着公共基础设施建设的增加、完善和扩大，这需要政府从中进行合理的组织、规划与引导。因此，城市化进程绝不能单纯地依靠市场调节，政府必须辅之以科学有效的宏观调控。

美国和日本虽然都是市场经济国家，但在整个城市化过程中从国土利用规划、工业发展规划等的制订，到规划的贯彻执行等，都可以见到政府在城市发展中的作用和影响。

美国政府对城市化的大规模直接干预主要表现在罗斯福新政期间和新政之后，主要是通过以工代赈、干预城市化、建立政府专门机构——公共工程局、实现再城市化、兴建基础设施促进区域城市化等方式来实现的。在新政期间，中央和地方政府拿出了132 亿美元，用以工代赈的方式利用大批廉价劳动力，大规模建设城市公益福利设施和许多私人资本不愿资助的具有远期效益的工程项目。1933 年 6 月成立的公共工程局和 1935 年 5 月成立的工程进展署，则开展了许多大型的、永久性的基础设施建设，包括公路、给水和排水系统、煤气厂、发电站、学校、法庭、县政府办公大楼、医院、监狱、水坝、运河大堤和防洪工程、桥梁、高架路、船坞、隧道、水利和灌溉工程的建筑以及开垦荒地。据统计，仅工程进展署就建设了 12.2 万幢公用房屋，66.4 万英里公路，7.7 万座桥梁，285 个机场，1 600 所学校，2 万个体育馆、美术馆和医院，开辟了 20 万英亩国有公园，以及许多游乐场所、水库和遍布全国的几十万个厕所，极大地改善了城市基础设施和生态环境。1933—1939 年，公共工程局帮助建设了美国新教育设施的 70%，县政府办公大楼、市政厅和污水处理厂的 65%，医院和公共卫生设施的 35%，公路、桥梁、地铁等公共交通设施的 10%。

日本政府对城市化的干预主要表现在国土开发和城市发展规划两个方面。

在国土开发方面，二战后日本开始了大规模的国土整治计划，对国土开发利用进行全面规划，以提高土地资源的利用效率并合理安排产业布局，保障城市化的有序、高效进行。先后制定并实施的有关国土开发与城市发展的法律，共分为 9 大类，近 220 件。设置了专门负责国土整治的机构——国土厅，制定了被称为“国土开发宪法”的《国土综合开发法》。后来，为保证《国土综合开发法》的顺利实施，日本政府又根据各地的特殊条件，分别制定了《北海道开发法》、《东北开发促进法》、《九州地方开发促进法》、《四国地方开发促进法》等一系列法律法规。在城市发展规划方面，日本政府先后制订了多层次、多种类型的城市发展计划，以确保政府规划乃至城市化进程的顺利实施。城市发展计划分为全国计划、大城市圈发展计划和地方城市开发计划等三大类 14 小类，共有 200 余项计划，如《全国综合开发计划》、《国土利用计划》、《大都市圈整备计划》及《地方城市开发建设计划》等，明确提出了城市发展的方向、目标和主要内容。

2）根据国情特点选择适合本国的城市化道路

英国、美国、德国、日本等发达国家城市化发展的实践表明：任何一个国家城市化

发展模式的选择都是本国政治、经济、文化和社会发展水平等多种因素综合作用的结果，其城市化的发展必须要根据本国的国情特点选择适合本国的发展道路。

在城市化发展模式和发展道路的选择上，首先必须要正确认识本国在世界城市化进程中所处的历史地位和国别特点，从而准确、合理地确定城市化发展战略；其次必须要从国家的人口状况和经济社会发展实际出发，正确分析城市化发展所面临的阶段性特征和区域发展实际情况，做到统筹兼顾、适当安排，使国家的城市化进程与经济社会发展实际相符合，与人民生活水平相适应。

在城市化发展中，城市不是越大越好、越集中越好、越多越好。城市过少、过大、过于集中，容易产生"城市病"；城市过多、过小、过于分散，就会影响集聚效益和规模效益。因此，城市发展布局必须坚持集中与分散相结合的原则，大、中、小城市结构适当、搭配合理。只有这样，才能在经济社会发展的基础上不断推进城市化进程。

3）城市化要建立在产业发展的基础上

产业革命和现代大工业是城市化的动力源和物质技术前提，只有产业发展到一定程度，才可以吸纳大量劳动力，才会吸引人口在城市集聚，才能推进城市化。

总的来说，没有工业化就没有城市化，但工业化发展到一定阶段以后，对城市化的促进作用渐趋减弱，而服务业等第三产业的兴起，将会继续推动城市化向纵深发展。工业化是城市化的核心动力，但城市化发展的后续拉动力，则主要来自于第三产业。如果说工业化发展带来的是城市化外延式的、量的扩张，即城市规模的扩大和城市数量的增多，那么第三产业发展所带来的则是城市化内涵型的、质的发展，即城市软硬件设施的完善、城市功能的健全和人民生活水平的提高。

美国、日本等发达国家在工业化过程中，除重视工业产业的发展和升级换代外，也非常重视服务业等第三产业的发展。其第三产业就业从工业化较早阶段开始就呈现出与第二产业同步增长或比第二产业就业优先增长的趋势。在城市化初期，第三产业在城市化发展中所担负的主要是工业化的辅助和补充作用；当工业化的分工和集聚达到一定程度后，尤其是工业化的中后期，社会上的企业与个人对第三产业开始有越来越大的需求，企业社会化大生产要求城市提供更多更好的生产性配套服务，如通信、电子、科技等，而人民生活水平的提高则要求城市生活、娱乐、休闲设施的完善，要求城市提供更多的消费性配套服务，这些都极大地推动和促进了第三产业的发展、壮大。而第三产业的发展和壮大在强化了城市对农村剩余劳动力吸引力的同时，也为他们提供了更多的就业机会，从而进一步加速了农村剩余劳动力的转移，并引导他们走进城市，加速了城市化，由此第三产业也就成为城市化向纵深、更高质量发展的主导产业和强劲的后续动力。

4）注重城乡一体化协调发展

一个国家在实施城市化发展过程中，首先必须合理确定和正确处理城市发展与乡村发展之间的关系。实践证明，当城乡之间能够协调发展、实现了一体化发展时，就会促进和推动城市化的良性、纵深发展，反之最终则必然阻碍和延缓城市化的发展。

在此，发达国家在城市化发展中所采取的城乡一体化的发展战略和发展模式为我们提供了可供借鉴的经验。美国在推进城市化过程中建立起了以"国际性大都市→全国性中心城市→区域性中心城市→小城市和中心镇等"为主体构成的多层次的城乡协调发展体系。依托大城市的辐射影响和带动作用，着力发展众多的小城市和中心镇，逐步形成大规模的城市连绵群，从而完全打破了区域间的封闭和阻隔状态，突破了原有城乡界限，使得城市与郊区、城市与乡村的差异逐渐消失。在全国50个州，3 043个县(郡)，35 153个市、镇(村)，基本实现了城乡一体化发展的格局。

与美国所采取的发展模式不同，日本是一方面通过制定相关的产业支持和鼓励政策推动和引导城市工业逐渐向农村区域扩散，从而在农村一定区域内形成新的产业集聚，带动城乡经济与社会结构的加速融合与发展，建设新城，从而实现农村村民的就近就地转移和就地城市化；另一方面把处于同一地域空间的城市和农村作为统一的整体，由中央政府和地方政府统一规划管理，并适时根据实际需要，进行统一调整。同时，各城市的城市建设规划也不再仅仅局限于城市内，而是扩展到周围的农村地带。

2.4.3 典型国家城市化的主要教训

1) 缺乏有效发展规划，影响城市化健康发展

在城市化进程中，搞好城市发展规划是至关重要的。大到一个国家，小到一个城市，好的城市发展战略和发展规划不仅能起到事半功倍，促进城市化健康、协调、快速发展的效果，而且能够有效节约城市用地，避免重复建设，提高资金利用率，防止产业结构雷同，制止和减少环境污染和生态破坏。

美国、日本作为高度城市化和现代化的发达国家，它们的城市发展规划所走过的路，所经历的主要教训，对于城镇化快速发展中的中国，在今后的城市发展战略和发展规划，尤其是大城市的发展战略和发展规划方面，无疑提供了非常宝贵的经验和启示。美国国土辽阔，人均土地占有面积是中国的4倍多，丰裕的土地资源导致了美国在很长时期内对其城市发展缺乏有效规划，采取了一种自由“蔓延式”的城市发展模式(Urban Sprawl)。蔓延式的城市发展模式是指在服务和城市就业核心区以外的一种低密度、青蛙跳跃式的空间发展模式。

这种模式将居住与就业、购物、娱乐、教育等分离，因而要求通过小汽车来实现空间移动。从社会经济的可持续发展的角度而言，蔓延式的城市发展是一种不负责任的城市发展模式，它会带走内城社区的税基，破坏农地和空地，增加城市成本(交通和环境)；同时，蔓延式的城市发展也是一种低效的城市发展模式，短期看来它可以实现城市化水平的快速提高，但从长期来看它必将给城市的可持续发展造成巨大的压力。第一，造成了土地浪费和大量农田、湿地和森林的毁坏。在1982—1992年，美国全国平均每小时失去农地45.7英亩①，每年失去农地约40万亩。尽管美国的城市人口不多，但是城市面积却很大，并且其城市化所占土地增幅大大高于其人口的增长速度。例如，芝加哥1985—2000年的15年间城市用地扩大了40%，而城市人口只从270万增加到290万，仅仅增长7.4%。第二，加剧了城市空心化。从1970年起，美国郊区人口就超过了中心城区人口。许多城市老城区破败，设施得不到更新，商业服务、文化教育、休闲娱乐的优势得不到很好发挥，市中心经济空洞化，呈现出颓败的景象。在20世纪后期出现的这种“蔓延式”的城市发展模式，是美国在其城市化进入加速发展

① 1英亩≈4 046.856平方米。

期以后缺乏有效规划的一种集中体现。

当前，中国正处在城镇化加速发展期，也同样存在着对城市发展缺乏有效的规划和治理以及摊大饼式的无序发展等问题。我们必须从美国这种“蔓延式”的城市化发展中汲取经验和教训。最根本的是要立足于中国的现实国情和发展实际，明确思路，开阔视野，借鉴先进经验，吸取惨痛教训，把理论与实践、共性问题与个性问题紧密结合起来，设计好、制订好、管理好中国的城市发展。

2）防止城市病

城市化在为经济社会发展、人类进步做出重大贡献的同时，也给人类社会带来了许多问题与挑战，其中最为突出的就是城市病。对城市病问题，不同的专家、学者有不同的观点和看法，但一般认为，所谓城市病是指在城市发展过程中，伴随着人口和生产集聚程度的提高而出现的城市基础设施、自然资源、生态环境等与城市发展不相协调的一系列问题。

英国是世界城市化的肇始国，不仅首先开始和实现了城市化，同时也是世界上第一个受到“城市病”影响和较为成功地治理城市病的国家。由于英国一味追求工业的发展和财富的积累，忽视人口、资源与环境的协调发展，因此在城市化发展的后期，英国原来隐性存在的“城市病”，逐渐地显现出来。

（1）人口膨胀，住房短缺

伦敦在 1801 年只有大约 100 万人口，主要集中在距离市中心大约 3.2 公里半径的范围内；到了 1851 年人口增长了 1 倍，达到了 200 万，但半径只扩展了 1.6 公里，城市人口密度极高。并且，人口密度的增长导致了城市住房短缺，居住条件恶化，形成了众多的贫民窟。其中，在伦敦仅万人聚居的贫民窟就有 20 个以上；曼彻斯特市内有 2 万人居住在地下室里，占工人总数的 12%；在利物浦每 6 人中就有 1 人住在地窖里，百姓的平均寿命仅为 29 岁。

（2）环境污染，生态恶化

1952 年 12 月 5—9 日伦敦发生了震惊世界的烟雾事件——严重的空气污染事件，这次事件造成多达 12 000 人因为空气污染而死亡。据史料记载，12 月 5—8 日的 4 天里，伦敦市死亡人数达 4 000 人。根据事后统计，在发生烟雾事件的一周中，48 岁以上人群死亡率为平时的 3 倍；1 岁以下人群的死亡率为平时的 2 倍。一周内，伦敦市因支气管炎死亡 704 人，因冠心病死亡 281 人，因心脏衰竭死亡 244 人，因结核病死亡 77 人，分别为前一周的 9.5 倍、2.4 倍、2.8 倍和 5.5 倍，此外肺炎、肺癌、流行性感冒等呼吸系统疾病的发病率也有显著增加。12 月 9 日之后，由于天气变化，毒雾逐渐消散，但在此之后的两个月内，又有近 8 000 人因为烟雾事件而死于呼吸系统疾病。此后的 1956 年、1957 年和 1962 年又连续发生了多达 12 次严重的烟雾事件。

（3）交通拥挤，出行困难

据统计，英国在 1920 年只有 18.7 万辆私人小汽车，1939 年则猛增到 203.4 万辆，1950 年为 230 万辆，1960 年为 550 辆，1973 年则达到了 1 350 万辆，1920—1973 年的半个世纪内私人汽车拥有量是原来的 72 倍，迅猛的发展，使得城市交通不堪重负。与英国同为发达国家的美国，约有 2.9 亿人口，其机动车拥有量约为 1.8 亿辆，汽车的普及虽然带来了便利，但也使交通堵塞成为美国城市的一大顽症。据美国交通部门统计，美国城市因堵车使人们每月在公路上多停留 36 个小时。

（4）道德沦丧，犯罪率高

正如 1835 年托克维克论及曼彻斯特市时所说，“从这污秽的阴沟里流出人类最伟大的工业溪流，肥沃了整个世界；从这肮脏的下水道中流出了纯正的金子。人性在这里获得了最为充分的发展，也达到了最为野蛮的状态，文明在这创造了奇迹，而文明人在这儿却几乎变成了野蛮人”。据统计，1819 年苏格兰因刑事罪被捕的案件只有 89 件，而 1837 年则达到了 3 176 件，1842 年更是高达 4 189 件。

中国在城镇化进程中，虽然由于城乡二元结构的限制尚未出现严重的“城市病”，但随着城乡一体化的推进及原有城乡壁垒的消除，城市问题也必然日益突出。如何妥善解决这些问题，避免重复走发达国家走过的老路，是摆在我们面前的一项十分重要而紧迫的任务。造成“城市病”的主要原因是城市发展缺乏合理规划和有效的城市管理，因此防止“城市病”也必须以此为切入点。最根本最可行的路径，就是要以科学的城市规划预防“城市病”，以科学的城市管理医治“城市病”。

总体而言，城镇化的快速推进伴生的各种经济社会问题是难以避免的，如农村发展滞后、城镇住宅和基础设施供应短缺等。为使城镇化进程得以稳妥进行，我们国家应采取多种措施来预防此类问题。

3）协调城市与农村的发展关系

从许多发展中国家包括拉美国家的城市化进程来看，政府往往更加重视城市的发展，而忽略了作为社会另一部分的农村的发展。发展政策的倾斜，使得大部分农村地区相对处于贫困状态，各项基础设施的建设严重不足。当农民在农村没有出路的时候，唯一的出路就是进城。但由于城市不能提供更多的就业机会，城镇贫困、失业、犯罪、环境恶化等问题就不可避免地暴发了。

日本在处理城市与农村发展关系方面较为成功。日本政府比较注意农村、农业的发展问题，制定了大量法律促进农村发展，如为扶持山区农村及人口稀疏地区的经济发展，制定了《过疏地域对策特别措施法》、《山区振兴法》等；为促进农村工商业的发展，制定《向农村地区引入工业促进法》、《关于促进地方中心及小都市地区建设及产业业务设施重新布局的法律》等。同时，日本政府也比较重视对农村、农业的多样化投资。中央政府主要对建设项目进行财政拨款及贷款，地方政府除财政拨款外还可发行地方债券进行农村公共设施建设。

农村基础设施的改善，加强了城市间、城乡间的联系，为实现城乡一体化提供了可能，而农村发展也为城市产业和人口的扩散开辟了道路。由此，日本农村发生了很大的变化，农业不再是农村的支配产业，到 1980 年，农村从事第三产业的比例高达 42%，小城市得到了较快发展①。

4）改善城市居住状况，防止产生贫民区

在城市化的高速发展阶段，城市人口的迅速增长必然导致住宅和基础设施供应短缺，而财富分配不均使得问题更加严重。早在 19 世纪，欧洲国家的城市中就普遍存在

---

① 曾艳红. 国外典型大都市区发展对我国大都市区建设的启示[J]. 地域研究与开发，1998(1)：40-44

贫民区现象。为解决城市贫民问题，西方国家曾采取多种措施。例如，早期解决住房的措施主要是兴建工人居住区，其后欧美各国开始制定更为完善的针对城市贫困者的住房政策。美国自20世纪30年代开始注重政府的宏观经济调控，其中由联邦政府发起的"新政"和"城市更新"两项运动的一个重要内容，就是要解决城市下层居民住房问题进而治理中心城市。

从"新政"来看，涉及城市的政策除进行以工代赈的大型社会工程建设外，还推出两项直接影响城市生活的重大举措。一是拟定"绿带建镇计划"，在郊区选择廉价土地，建造新社区供城市贫民区居民迁居，再将原贫民区清除，改建为公园等公用设施和绿带。二是创建两个新的政府机构，即房主贷款公司和联邦住房管理署。前者主要为城市居民提供住房贷款，消除住户因付不起分期贷款而被取消住房抵押权的现象；后者是联邦政府干预乃至管理城市住房的常设机构。这两项运动对解决美国城市住房紧张以及增加就业等，都起到了积极的作用。

相对来说，发展中国家城市贫民区问题更为严重，而韩国解决该问题的经验较为成功。1960—1990年是韩国城市化高速增长期，城市化水平年均上升1个百分点，但同时农村人口大量进城导致城市贫民区的出现。韩国政府先后采取清理工程、有选择合法化以及自我发展工程等措施，处理城市低收入者居住区、非法聚集居住区的问题。1983年引入了联合重建计划，制定最低住房标准，承认居民在社区及社区发展中的民主权利，鼓励居民参与社区建设，同时还鼓励非政府组织、房地产开发商参与社区建设，通过政府引导、组织各方参与社区建设，实施有效的市政管理，使国家、社区以及社区居民、企业等多方受益。

2.5 中国新型城镇化的本质内涵及主要特征

2002年，中国共产党第十六次全国代表大会明确提出，要坚持大、中、小城市和小城镇协调发展，走中国特色的城镇化道路。此后，学术界和政界掀起了关于中国城镇化道路的研究热潮。中国特色的城镇化就是新型城镇化，但到目前为止，关于新型城镇化的内涵和本质特征尚未达成共识。

2.5.1 国内学者关于新型城镇化内涵的探索

孙久文等认为，新型城镇化是以科学发展观为指导，实现从速度型向"又好又快"的质量型转变，走集约型城镇化道路。一是以"统筹城乡综合配套改革"为基本的制度建设方向；二是以区域协调带动城乡协调，建立和完善城市群规划体系；三是制定适合主体功能区发展的城市发展政策；四是转变"移民就业"的大规模人口流动模式①。彭红碧、杨峰认为，新型城镇化是以工业化和信息化为主要动力，资源节约、环境友好、经济高效、文化繁荣、城乡统筹、社会和谐，大、中、小城市和小城镇协调发展、个性鲜明的健康城镇化②。牛文元认为，中国特色的城镇化应该更加注重城乡一体化、均等化，更

① 孙久文，叶振宇. 走中国特色城镇化道路的若干问题探讨[J]. 中州学刊，2009(3)：50-54

② 彭红碧，杨峰. 新型城镇化道路的科学内涵[J]. 经济研究，2010(4)：75-78

加注重集约发展、和谐发展，提升农民和新增城镇居民的生存条件和生活质量，转变经济发展方式，实现资源节约、环境友好、大中小城镇协调发展①。

仇保兴则强调，和传统城镇化相比，新型城镇化从城市优先发展的城镇化转向城乡互补协调发展的城镇化；从高能耗的城镇化转向低能耗的城镇化；从数量增长型的城镇化转向质量提高型的城镇化；从高环境冲击型的城镇化转向低环境冲击型的城镇化；从放任式机动化的城镇化转向集约式机动化的城镇化；从少数人先富的城镇化转向社会和谐的城镇化②。王如松提出，新型城镇化的"新"，是指观念更新、体制革新、技术创新和文化复新，是新型工业化、区域城镇化、社会信息化和农业现代化的生态发育过程。"型"指转型，包括产业经济、城市交通、建设用地等方面的转型，环境保护也要从末端治理向"污染防治—清洁生产—生态产业—生态基础设施—生态政区"五同步的生态文明建设转型③。魏后凯提出，要采用集约、智能、绿色、低碳的发展方式，高度关注农民市民化，着力解决城乡和城市内部"双二元结构"；新型城镇化是人本城镇化、市场城镇化、文明城镇化、特色城镇化、绿色城镇化、城乡统筹城镇化、集群城镇化和智慧城镇化等的统一④。李铁从城乡关系的角度揭示新型城镇化的特点，那就是实现城镇化从数量型增长到质量型提升的转变，也就是说要解决农民工进城后公共服务均等化和定居落户难的问题⑤。

倪鹏飞认为，新型城镇化的目标是建设城乡一体化的城市中国，即以科学发展观为指导方针，坚持"全面、协调、可持续推进"的原则，以人口城镇化为核心内容，以信息化、农业产业化和新型工业化为动力，以"内涵增长"为发展方式，以"政府引导、市场运作"为机制保障，走可持续发展道路，建设城乡一体的城市中国⑥。尚娟强调，中国特色的城镇化要坚持以人为本，以统筹协调为原则，以新型工业化为动力，通过市场推动和政府导向相结合，推动中国城市现代化、集群化、生态化，全面提升中国城镇质量⑦。胡际权认为，新型城镇化体现以人为本、全面协调可持续发展的科学理念，以发展集约型经济与构建和谐社会为目标，以市场机制为主导，大中小城市规模适度，布局合理，结构协调，网络体系完善，与新型工业化、信息化和农业现代化互动，产业支撑力强，就业机会充分，生态环境优美，城乡一体的城镇化发展道路⑧。

百度百科将新型城镇化概括为：新型城镇化是以城乡统筹、城乡一体、产城互动、节约集约、生态宜居、和谐发展为基本特征的城镇化，是大中小城市、小城镇、新型农村社区协调发展、互促共进的城镇化。新型城镇化的核心在于不以牺牲农业和粮食、生态和环境为代价，着眼农民，涵盖农村，实现城乡基础设施一体化和公共服务均等化，促进经济社会发展，实现共同富裕⑨。

---

① 牛文元. 中国特色城市化报告 2012[M]. 北京：科学出版社，2012：12，262

② 仇保兴. 新型城镇化：从概念到行动[J]. 行政管理改革，2012(11)：11-18

③ 中科院专家. 新型城镇化生态要优先[N]. 人民日报，2013-01-05

④ 魏后凯. 多角度聚焦"走新型城镇化道路"[N]. 社会科学报，2013-06-20(1)

⑤ 李铁. 推进新型城镇化的制度性变革[N]. 解放日报，2013-04-10(11)

⑥ 倪鹏飞. 新型城镇化的基本模式、具体路径与推进对策[J]. 江海学刊，2013(1)：87-95

⑦ 尚娟. 中国特色城镇化道路[M]. 北京：科学出版社，2013：5

⑧ 胡际权. 中国新型城镇化发展研究[D]：[博士论文]. 杨凌：西北农林科技大学，2012

⑨ 百度百科. 新型城镇化[EB/OL]. http://wenku.baidu.com/view/1e0868cdd5bbfd0a795673d8.html

2.5.2 新型城镇化的本质内涵

总结国内外城镇化的经验教训，结合国内专家学者及政府文件关于新型城镇化的论述，本书将新型城镇化的科学内涵界定为：新型城镇化是以人为本，不断提高城乡居民生活质量的城镇化；是城乡统筹、城乡一体、产城互动的城镇化；是节约集约、生态宜居、和谐发展的城镇化；是大中小城市、小城镇、新型农村社区协调发展、互促共进的城镇化。

1）新型城镇化是以科学发展观为指导，以人的全面发展为目的的城镇化

以人的全面发展为目的，就是强调和维护人在城镇化进程中的主体地位，使民生不断得到改善，加快发展各项社会事业，推进基本公共服务均等化，切实保障共鸣的就业权、居住权、受教育权、政治参与及社会保障权，共享改革发展的成果，以公民各项权益的切实保障促进人的全面发展。

2）新型城镇化是民生得到保障和改善、人民幸福指数不断上升、能够安居乐业的城镇化

推进新型城镇化，必须大力发展产业，吸纳城镇劳动力，解决就业和生存问题。加快住房、教育、医疗、社会保障等相关配套制度改革，让进城务工人员在劳动报酬、子女求学、公共卫生、住房租购以及社会保障方面能够得到保障和改善。

3）新型城镇化是遵循客观规律，全面、协调、可持续发展的城镇化

新型城镇化建设中，要因地制宜，积极稳妥地推进，要将城镇建设、市场建设、工业园区建设和交通路网建设结合起来，提高城镇的集聚效应和综合承载力，实现以人为本、经济繁荣、生产发展、生态良好、社会稳定、和谐发展的城镇化。

新型城镇化，必须走经济高效、环境友好、城乡统筹、社会和谐的民生型城镇化发展新路，城市发展朝着清洁型、生态型和宜居型方向发展，城镇定居的人有工作，有稳定收入和生活来源，人民群众生活舒适度和幸福指数不断上升。

4）新型城镇化是以工业化、信息化和农业现代化协调发展的城镇化

新型城镇化和新型工业化二者之间的关系是相互促进的。就像太极图中的黑鱼和白鱼一样，二者相互促进、相互融合，单纯强调其中的一个方面，或过分发展其中的一个方面，都是不合适的。比如新型城镇化如果过分地发展，就会像拉美国家一样造成社会不稳定，实际是不可持续的。因此要积极稳妥地推进城镇化而不是要搞大跃进式的城镇化。

中国的工业化虽然规模很大，在世界上也号称是世界工厂，但是工业化的质量不高，工业产品的竞争力不高，工业产品的品牌化还有待加强，因此不能单纯地强调城镇化的优先发展，工业化，特别是新型工业化也必须加强。反过来说，如果我们过分强调工业化而忽视城镇化，那就会像回到改革开放前一样，其中的教训是惨痛的。

新型城镇化必须以信息化为引擎，以工业化为动力，以农业产业化为基础，使农业现代化和城镇化协调发展，构建与经济发展水平相适应，布局合理、结构协调的城市化格局和产业结构。

2.5.3 新型城镇化的主要特点

新型城镇化的本质是用科学发展观来统领城镇化建设。新型城镇化是在传统城

镇化遭遇障碍的背景下提出来的，因此，要认识新型城镇化的特点，就必须与传统城镇化相比较才能把握。这种比较，可以从不同角度展开，详见表 2-4。

表 2-4 新旧城镇化模式的对比

	旧城镇化	新型城镇化
城镇化的目的	以城为本，产业非农化，土地非农化，高楼大厦	以人为本，提高城镇居民的生活质量，让农村转移人口获得同样的幸福感受
质与量关系	重数量、重规模、重速度	重质量、重结构、重效益
资源利用	粗放，土地城镇化远远快于人口城镇化	循环利用，精明增长，土地城镇化与人口城镇化速度比小于 1.2∶1
城乡关系	城乡分离，重城轻乡，优先发展城镇	统筹城乡协调发展，城乡一体化，城乡差距缩小，基本公共服务均等化
城镇体系建设	或强调中小城市、小城镇优先发展，或强调优先发展大城市	大中小城市和小城镇统筹协调发展；特色发展，充分发挥城市群的作用，重点推进城市群建设
与环境关系	高污染、高排放、高碳、高冲击；大广场、大马路、大公园以及高档政府办公楼	低污染、低排放、低碳；生态建筑，节能环保
产城关系	产城分离，但力争互促	产城融合互动
城镇居民关系	大院经济，纵向联系为主，少数人先富	邻里和谐，社区建设，和谐社会
持续性	不协调、不可持续	协调、可持续

2.6 我国当前实施新型城镇化的特殊意义

2012 年 11 月 28 日，李克强在会见世界银行行长金墉时指出，中国已进入中等收入国家行列，但发展还很不平衡，尤其是城乡差距量大面广。差距就是潜力，中国未来几十年最大的发展潜力在城镇化①。

从工业革命以来的人类发展史看，一国要实现现代化，在推进工业化的同时必须同步推进城市化。现代化既是经济结构转型的过程，也是社会结构转型的过程。到本世纪中叶，中国要基本实现现代化，建成富强民主文明和谐的社会主义现代化强国，必须坚定不移、积极稳妥地推进城镇化②。新型城镇化是中国目前的最大战略，也是改革发展的最大红利。

---

① 李克强. 未来几十年最大发展潜力在城镇化[N]. 上海证券报，2012-11-30

② 徐宪平. 面向未来的中国城镇化道路[J]. 求是，2012(5)：37-39

2.6.1 城镇化是中国现代化的必由之路

城镇化事关中国现代化建设全局，是转变发展方式、扩大国内需求的战略重点，是推动区域协调发展的重要动力，也是解决农业、农村、农民问题的重要途径。

城镇化是雄厚的内需潜力不断释放的过程，实施扩大内需战略必须以城镇化为依托。中国城镇化正处于深入发展阶段，蕴含着巨大的内需空间。据有关预测，到 2030 年中国城镇化率将达到 65%左右，这意味着有 3 亿农村人口进入城镇工作、生活，这将带来消费观念和生活方式的深刻变化，带来城镇消费群体的迅速扩大。目前城市居民人均生活消费支出是农村居民的 3.6 倍，将 3 亿农村居民转为城市居民，按现在城乡居民实际消费水平计算，中国居民生活消费支出将新增 3.5 万亿元，占目前居民消费总量的 26.3%。同时，满足人们进城需要的城市基础设施、公共服务设施和住宅建设等，更具有广阔的增长空间，将为扩大内需提供最强大、最持久的内生动力。

城镇化是生产要素在区域空间合理积聚的过程，促进区域协调发展必须以城镇化为载体。近现代以来经济发展的一个普遍规律是，沿海国家的经济发展，多从该国沿海地区开始，然后沿着内河向内地延伸。中国也在经历类似情况，改革开放 30 多年来，环渤海、长三角、珠三角等地区率先开放发展，在形成外向型经济格局的同时，也形成了人口经济集聚程度较高的城市群，有力地带动了东部沿海地区的快速发展。而处于内陆的中西部地区发展相对滞后。2010 年东部地区城镇化率平均达到 60%，而中部、西部地区城镇化率平均只有 45%和 41%。在中西部地区一些资源环境承载能力较强的区域，加快培育发展新的城市群，促进经济增长和市场空间由东向西、由南向北梯次拓展，是推动区域协调发展的重要途径。

城镇化是农村人口生产生活方式发生转换的过程，破解城乡二元结构矛盾必须以城镇化发展和新农村建设双轮驱动为支撑。农村人口过多、农业水土资源紧缺，使土地规模经营难以推行，传统生产方式难以改变，这是“三农”问题的根源。中国人均耕地资源仅 0.09 公顷，不到世界平均水平的 40%；人均水资源仅 2 090 立方米，约为世界平均水平的 28%。破除这一矛盾必须超越农业和农村的层面，坚持以工促农、以城带乡的方针，在工业化、城镇化深入发展中同步推进农业现代化。随着农村人口逐步向城市转移，农村居民人均资源占有量会相应增加，农业生产效率和商品化率可以得到提高，有利于提升农业生产规模化、市场化水平，促进现代农业发展，从根本上增加农民收入，有力推动新农村建设。

2.6.2 中国城镇化步入转型发展新阶段

改革开放以来，中国城镇化经历了一个起点低、速度快的历程，取得了显著成效，突出表现在三个方面：

一是城镇人口迅速增加，城市化率大幅提高。1978 年到 2011 年，城镇人口从 1.72 亿人增加到 6.9 亿人，城镇化率从 17.92%提升到 51.27%，达到世界平均水平。

二是城市数量和规模不断扩大，形成若干具有国际影响力的城市群。1978 年至 2010 年，城市数量从 193 个增加到 657 个。环渤海、长三角、珠三角三大城市群以不足 4%的国土面积，集聚了 18%左右的人口，创造了 40%左右的国内生产总值，成为参与国际经济合作与竞争的主要平台。

三是市政公用设施服务能力明显提升，人居环境逐步改善。“十一五”期间，城市道路长度从24.7万公里增加到29万公里，城市公交专用道从无到有，建成投产3 726公里。城市污水处理率从52%提高到82.3%，人均住房面积从26.1平方米提高到31.6平方米。市政公用设施服务能力的大幅提升，扩大了城市人口容量，提高了城市现代化水平。

在中国城镇化取得巨大成就的同时，我们也清醒地认识到，前进道路中还面临着诸多困难和挑战，主要是以下四个方面：

城市发展可持续性的挑战。土地、水、能源等是城市发展的重要物质基础，而中国人均资源能源都相对匮乏。同时，城镇化的低密度化倾向比较严重，城镇空间增长快于城镇人口增长。城镇化进程中占用国土空间过多，耕地减少过多过快，不仅威胁到国家粮食安全，也威胁到国家生态环境安全。

城镇化空间布局的挑战。中国城镇化水平呈现明显的东高西低特征，东部一些地区人口资源矛盾加剧，中西部许多地区的潜力还没有得到充分发挥。城市群数量不足与质量不高并存，中小城市潜力还没有得到充分发挥，小城镇数量多、规模偏小，集聚产业和人口能力有限。城镇空间分布和规模结构不合理，导致人口大规模流动、资源大跨度调运，既增加了社会成本，也加剧了人口资源环境间的矛盾。

城市公共服务供给能力的挑战。由于城市教育、医疗、社会保障、保障性住房等公共服务供给能力薄弱，大量进入城市的农民工并没有享受到与城市居民平等的公共服务。2011年有1.59亿在城市工作半年以上的农民工及其家属，他们已经成为产业工人的主体，却不能完全融入城市生活，处于“半市民化”状态，长此下去，容易引发社会矛盾。

城市治理能力的挑战。随着人口向城市快速集中，城市配套设施建设与管理服务水平却难以适应，未能同步提升。近年来一些城市出现的交通拥堵、住房紧张、环境污染、事故灾害等问题，对城市治理能力形成新的挑战。同时，从规划、建设和运营等环节创新城市基础设施管理模式，也对城市政府提出新的要求。

面对这些新情况、新问题，我们对中国未来城镇化的总体判断是：中国城镇化已进入质量与速度并重发展的新阶段，其基本态势是：

第一，城镇化仍将处于较快发展阶段。按照城市化发展规律，城市化率在30%～70%的区间是快速发展阶段，目前中国仍处于这个阶段。城镇化持续快速发展将推动中国经济持续快速增长，而伴随经济持续快速增长，城镇化进程也将不断向前深入发展，特别是扩大内需战略和区域发展战略的深入推进，将会进一步激发城镇化内在潜力，增强城镇化发展动力。

第二，城镇化发展模式亟待转型。中国城镇化率已经突破50%，这是城乡社会结构发生历史性转折的重大标志。同时城镇化发展的外部条件和内在动力正在发生深刻变化，传统速度型城镇化发展模式越来越难以为继。随着农民生活水平的提高，主要依靠廉价农村剩余劳动力供给推动城镇化快速发展的模式越来越难以持续；随着资源环境瓶颈制约日益加剧，主要依靠大量消耗土地资源推动城镇化快速发展的模式越来越难以持续；随着公共服务供求矛盾日益凸显，主要依靠低成本公共服务推动城镇化快速发展的模式也越来越难以持续。城镇化发展由速度扩张向质量提升转型势在必行。

第三，城镇化转型发展条件日趋成熟。中国城镇经济实力、基础设施和服务功能不断增强，城镇从外延扩张转向品质提升的物质基础已经具备。基本公共服务制度不断健全，农村转移人口市民化面对的社会福利阻力正在逐步弱化。基础设施特别是交通设施网络不断完善，城镇化布局和形态优化的基础条件日臻完备。同时，近些年中国在一些地方开展的统筹城乡综合配套改革试点，为破除城镇化发展的制度障碍积累了丰富经验。

2.6.3 公平共享、集约高效是保证城镇化可持续的必由之路

中国城镇化的长期性、艰巨性和复杂性，要求我们必须从实际出发，遵循城镇化发展规律，积极稳妥地走出一条公平共享、集约高效、可持续的中国特色城镇化道路。公平共享，就是要坚持以人为本、统筹兼顾，稳步推进农村转移人口市民化，促进基本公共服务均等化，使城乡居民共享城镇化发展成果。集约高效，就是要坚持合理布局、以大带小，培育壮大城镇群，使城镇化的布局和形态与资源环境承载能力相匹配。可持续，就是要坚持节地节能、生态环保，提高城镇综合承载能力，加快建设绿色低碳、和谐宜居的新型城镇。

优化城镇化布局和形态。以大城市为依托，以中小城市为重点，逐步形成辐射作用大的城市群，促进大中小城市和小城镇协调发展。加快构建"两横三纵"城镇化战略格局，优化提升京津冀、长三角和珠三角城市群，逐步打造东部地区更具国际竞争力的城市群；在中西部资源环境承载能力较强的地区，培育壮大若干城市群；积极挖掘现有中小城市发展潜力，优先发展区位优势明显、基础条件较好的中小城市；有重点地发展小城镇，把有条件的东部地区中心镇、中西部地区县城和重要边境口岸逐步发展成为中小城市。围绕城镇化战略格局，完善综合交通运输网络，统筹推进铁路、公路、水运、航空、输油气管道和城市交通基础设施建设，发挥其对城镇化发展的支撑和引导作用。

推进基本公共服务均等化。中国现行的户籍制度，造成了传统意义上的城乡二元结构，又产生了在城镇化进程中原居民与新居民(即农村转移人口)之间新的二元结构。打破这种二元结构，需要统筹推进户籍制度改革和基本公共服务均等化。既要逐步把有稳定劳动关系并在城市居住一定年限的农民工及其家属转为城市居民，更要加快建立健全符合国情、比较完整、覆盖城乡、可持续的基本公共服务体系，逐步剥离附加于户籍制度上的不公平福利制度，逐步缩小城乡间人民生活水平和公共服务差距，促进农村转移人口在劳动报酬、劳动保护、子女教育、社会保障、医疗服务、住房租购等方面与城市居民享有同等待遇，为在全国范围内实行居住证制度奠定基础。

提高城镇可持续发展能力。建设集约紧凑、绿色低碳、和谐宜居、富有特色的现代化城镇，完善城镇功能，增强综合承载能力。引导城镇经济转型升级，提高就业吸纳能力；优先发展城镇公共交通，提高公交出行比例；健全城镇公共服务体系，提高教育、医疗、社保、住房等保障水平；构建社区综合管理和服务平台，提高社区自治和服务功能；推动绿色消费模式，发展节能节水产品、节能环保汽车和节能省地型住宅，提高能源资源利用效率；更新城镇管理理念，创新城镇管理方式，完善城镇治理结构，提高城镇管理的科学性和有效性，实现城镇可持续发展。

3　新型城镇化的理论基础[①]

3.1　田园城市和城市化理论

3.1.1　田园城市理论

田园城市理论(Garden Cities)，也称为花园城市或田园都市，是埃比尼泽·霍华德提出的一种将人类社区包围于田地或花园的区域之中，平衡住宅、工业和农业区域的比例的一种城市规划理念[②]。

田园城市是为健康、生活以及产业而设计的城市，它的规模能足以提供丰富的社会生活，但不应超过这一程度；四周要有永久性农业地带围绕，城市的土地归公众所有，由一委员会受托掌管。

田园城市的概念最早由英国的埃比尼泽·霍华德爵士于1898年在其著作《明日的田园城市》中提出。此后于1899年成立了一个花园城市协会，在1903年和1920年建立了两个试验性质的花园城市：列曲沃斯花园城市和威尔温花园城市。两个城市虽然没有完全体现埃比尼泽·霍华德爵士的设计思想，但是直到今天两个城市都仍然是健康和持续发展的社区。

霍华德设想的田园城市包括城市和乡村两个部分。城市四周为农业用地所围绕；城市居民经常就近得到新鲜农产品的供应；农产品有最近的市场，但市场不只限于当地。田园城市的居民生活于此，工作于此。所有的土地归全体居民集体所有，使用土地必须缴付租金。城市的收入全部来自租金；在土地上进行建设、聚居而获得的增值仍归集体所有。城市的规模必须加以限制，使每户居民都能极为方便地接近乡村自然空间(图3-1)。

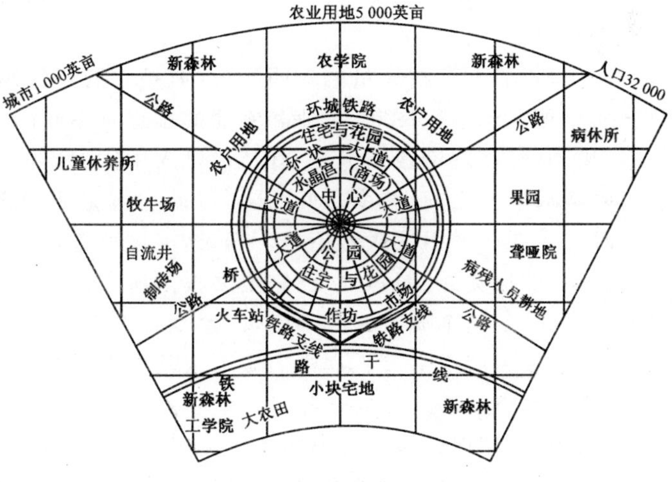

图3-1　霍华德的田园城市

① 本章由吴殿廷执笔完成。

② 李德华.城市规划原理[M].4版.北京：中国建筑工业出版社，2010

霍华德对他的理想城市作了具体的规划，并绘成简图。他建议田园城市占地为6 000 英亩(1 英亩＝0.405 公顷)。城市居中，占地 1 000 英亩；四周的农业用地占5 000 英亩，除耕地、牧场、果园、森林外，还包括农业学院、疗养院等。农业用地是保留的绿带，永远不得改作他用。在这 6 000 英亩土地上，居住 32 000 人，其中 30 000 人住在城市，2 000 人散居在乡间。城市人口超过了规定数量，则应建设另一个新的城市。田园城市的平面为圆形，半径约 1 240 码(1 码＝0.914 4 米)。中央是一个面积约 145 英亩的公园，有 6 条主干道路从中心向外辐射，把城市分成 6 个区。城市的最外圈地区建设各类工厂、仓库、市场，一面对着最外层的环形道路，另一面是环状的铁路支线，交通运输十分方便。霍华德提出，为减少城市的烟尘污染，必须以电为动力源，城市垃圾应用于农业。

霍华德还设想，若干个田园城市围绕中心城市，构成城市组群，他称之为“无贫民窟无烟尘的城市群”。中心城市的规模略大些，建议人口为 58 000 人，面积也相应增大。城市之间用铁路联系。

田园城市理论是一种城市建设和社会改革理论，倡议建立一种兼具城市和乡村优点的田园城市，用城乡一体的新社会结构形态来取代城乡分离的旧社会结构形态。作为 19 世纪末 20 世纪初西方重要的社会改良学说，田园城市理论的诞生有着深刻的社会和时代背景，深刻地影响着西方现代城市规划学的产生和发展。此后美国、加拿大、澳大利亚、阿根廷、德国建立了一批花园城市。田园城市理论对现代城市规划思想起了重要的启蒙作用，对后来出现的一些城市规划理论，如“有机疏散”论、卫星城镇的理论颇有影响。20 世纪 40 年代以后，在一些重要的城市规划方案和城市规划法规中也反映了霍华德的思想。花园城市思想被英国规划师派崔克・杰地斯实践到以色列城市特拉维夫的建设上。

埃比尼泽・霍华德爵士的继任者弗列德瑞克・欧斯朋爵士将这种设计延伸到区域规划领域。

今天，世界上存在大量的花园城市，但是它们仅仅作为居民区来设计，这与埃比尼泽・霍华德爵士平衡住宅、工业和农业的思想是不同的。

“田园城市”理论在上世纪 50 年代进入中国时，与消灭“三大差别”的社会动员相合，即“消灭工农之间、城乡之间、脑力劳动与体力劳动之间的严重差别”。而在那时，这一理论正在西方引发激烈论争。当时，美国西部的一批高度“田园化”的新兴城市，如洛杉矶、菲尼克斯、图森等，已完全失去了城市的密度，“大马路＋独幢住宅＋花园”的扩张模式，使整个城市如同郊区，以致没有一个明确的市中心概念，中小商业纷纷败落，小汽车成为城市主宰。这样的城市因其在土地及能源上的高耗费而招致社会各界炮轰，主张城市紧凑发展的呼吁日益强烈。

“田园城市”理论未在中国制造出美国式横向蔓延的“郊区城市”，但这一理论的变种——上世纪 20 年代由法国建筑师勒・柯布西耶提出的“梦幻之城”，倒是在中国梦幻成真。它正是主张城市向空中发展，通过集中建设塔式高楼，将大片土地辟作花园绿地，以大马路、高架桥满足小汽车之需——这已是当下中国城市的“千城一面”，不折不扣的“空中花园”。

3.1.2 城市化理论

1）城镇的地位和作用

城镇特别是较大的城市，都成为一定范围内的区域中心，包括管理中心、信息中心、交通中心、经济中心、金融中心和科技文化中心，起着区域发展的组织带动作用和管理服务作用等。

城镇是区域人口的重要居住场所。随着社会、经济的发展，居住在城镇的人口在区域人口中所占的比例将越来越大，城镇的生活、消费功能越来越重要。

城镇是区域非农产业的主要集聚地。根据产业结构演变规律，第二、第三产业（非农农业）在区域产业结构中所占的比例将越来越大，而这些产业主要集中在城镇尤其是大中城市。城镇也因此成为区域劳动力就业的主要场所。

城镇是区域经济增长的主要承担者。一般情况下，第二、第三产业的增长速度都快于农业，因此，第二产业、第三产业是区域经济增长的主要贡献者。而第二产业特别是第三产业，在城镇的集聚是明显的。从这个意义上说，城镇是区域经济增长的主要承担者。

城镇是区域进步的发动机。现代的经济发展越来越依赖于科技进步和产业创新。而科技进步和产业创新大部分发生在城镇，尤其是大城市、中心城市。城镇既是区域的教育、科技服务中心，也是区域人流、物流、信息流、金融流的聚散中心，是科技进步和产业创新的主要承担者，成为区域进步的发动机。

城镇是区域对外交流的窗口。城镇依托良好的区位条件、便捷的交通和通讯条件，以及相对优越的投资环境，成为区域开展对外交流与合作、进行对外开放的窗口。

2）城镇化是客观的必然趋势

（1）城镇化是经济发展到一定程度时的必然产物

城镇化是农村聚落变化为城镇的过程。加拿大城市史专家吉尔伯特·斯蒂尔特（Gilbert A. Stelter）把城镇化归纳为由浅入深的三个层面：人口/社会生态城市化、结构城市化和行为城市化。但因第三个层面很难直观地描述出来，所以城镇化的研究主要集中在以下三个方面的变化。一是城镇地域扩大，农业用地不断转变为城镇用地；二是农民由专业农户转为非农户，农业劳动力逐渐转移到城镇中的二、三产业；三是城镇人口增加，城镇人口比重逐步提高。

最早在渔猎与采集为主的“原始经济”水平下，还没有固定的居民点，甚至还是洞息穴居的状态。随着原始经济和社会生产力的发展，产生了农耕业并从渔猎采集活动中分离出来后，才出现了耕作业为主的固定居民点。这是最原始的农村聚落，并不等于城镇。随着农牧业的分离与生产技术及工具的改进，劳动生产率大为提高，农产品开始有了剩余，就支持了专门从事工具与生活用品制造、农产品加工等为主的手工业群体，并从耕作业或畜牧业中分离出来。手工业者的分布场所是不受土地束缚的，他们被地理区位、交通及交换条件优越的地点所吸引而聚居，从而形成了最早的非农牧业人口聚居地和固定的临时商品交换场所。随着经济的进一步发展，社会上出现了不从事生产只从事商品交换的商人，也集中居住在上述手工业和商品交换活动的集中场所。由此居民点产生了明朗的分化，即形成了以农牧为主的农牧业村落和以商业、手工业为主的“城镇”，这就是最早时期的城镇化，它是区域经济发展的产物(表 3-1)。

表 3-1 不同收入水平所对应的经济结构和社会结构

1964 年(美元)		<100	100	200	300	400	500	800	1 000	>1 000
2003 年(美元)		<600	600	1 200	1 800	2 400	3 000	4 800	6 000	>6 000
产业结构	农业	0.522	0.452	0.327	0.266	0.228	0.202	0.156	0.138	0.127
	工业	0.125	0.149	0.215	0.251	0.276	0.294	0.331	0.347	0.379
	服务业	0.353	0.399	0.458	0.483	0.496	0.504	0.513	0.515	0.494
就业结构	农业	0.712	0.658	0.557	0.489	0.438	0.395	0.300	0.252	0.159
	工业	0.078	0.091	0.164	0.206	0.235	0.258	0.303	0.325	0.368
	服务业	0.210	0.25	0.279	0.305	0.327	0.347	0.397	0.423	0.473
城市化水平		0.128	0.220	0.362	0.439	0.490	0.527	0.601	0.634	0.658

(2) 城镇化水平随区域经济的发展而逐步提高

最早“城镇”的出现至今已经有 5 000 多年历史了，但城镇发展到今天的状况，并不是均匀发展的，而是严格地受到经济发展水平的制约，并与经济发展的水平同步推进的。

在前资本主义时期，城镇化进程很慢，城镇化水平一直处在很低的水平并以非常微弱的速度发展，城镇人口占总人口的比重一直很低，城镇数量与规模一直都很受限制，城镇职能和结构也很简单。这都是由于当时经济发展相当缓慢，经济发展水平一直处在很低水平的缘故。到资本主义原始积累时期，西方国家城镇化开始出现了一些发展苗头，但城镇化真正取得大发展的基础是在 18 世纪中叶工业革命之后，这时人类生产力水平出现了革命性的飞跃，大机器工业的出现和广泛应用，使那时的大工业生产成为城镇化的重大推动力，同时农业劳动生产率的较快提高，又为城镇化提供了劳动力、粮食和工业原料等重要保证。从这一时期开始，城镇化的速度和水平有了明显的提高，比如发展得很快的英国，到 1801 年城镇人口比重已经达到 25%，1851 年更达到 50%以上①，成为世界上第一个城镇人口超过乡村人口的国家。但从大部分国家和世界平均状况而言，那时的城镇化水平和速度还是相当低的，主要原因是除了英国，其他国家经济发展速度和水平还是比较低的(图 3-2)。

20 世纪初以后，随着经济和科学技术发展速度的加快，同时当代产业在生产、销售、运输、资金、劳力、管理及技术经济特点上都日益要求集中布局，而且经济的进一步发展要求交通、通讯、金融、保险、批发、零售、广告及其他第三产业快速发展，一些高技术产业、信息产业的发展以及第三产业与第一、第二产业的有机结合等等，都空前地加速了城镇化的进程，相应地使全世界城镇人口比重于 1920 年增到 14%，1950 年增到

① 杜闻贞. 城市经济学[M]. 北京：中国财政经济出版社，1987：31

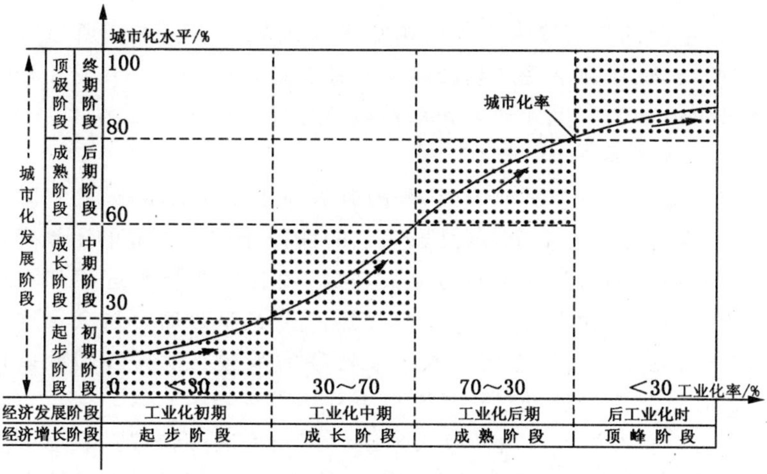

图 3-2 城镇化与经济社会发展的对应关系

28.7%，1975 年增到 39%，1983 年增到约 44%，1991 年增到 51%①，2011 年已达到 52%。中国 2000 年城镇化水平是 35.9%，2012 年是 52.57%，12 年提高了近 17 个百分点，平均每年提高近 1.5 个百分点。

3）城镇化的一般规律

城镇化水平是随着经济的发展而不断地提高的，经济发展越快的时期城镇化速度也越快，经济发展水平越高的时期城镇化水平也越高。

纵观世界城市发展历史，可以发现城市化进程表现出一定的规律性。城市自产生至工业革命前，经历了漫长的历史时期，由于生产力水平低下，城市发展极其缓慢，城市人口占总人口的比例较低，到 1800 年仅为 3%左右。工业革命极大地提高了社会生产力，使得社会分工与协作加深和发展，商品经济逐渐成为占统治地位的经济形式，有力地推动了城市的发展和城市化的进程。从 1800—1900 年的百年间，世界总人口的上升率为 77.5%，而城市人口占总人口比例的上升率则高达 365.9%，城市化水平由 3%上升到 14%；1950 年上升到 28.7%，1980 年则进一步上升到 41%，2000 年达到 48%，2011 年达到 52%。

美国地理学家诺瑟姆认为，城市化进程是一条拉平的"S"曲线，即在城市人口比重达至一定程度后（一般认为为 30%），城市化速度加快；而到了一定程度后（一般认为为 70%），城市化速度又逐渐放慢，并趋于停滞。用数学模型表示就是：

$$Y = 1/(1 + Ce^{rt})$$

其中 Y 为城市化水平；C 为积分常数，表明城市化起步的早晚；r 为积分常数，表明城市化发展速度快慢；t 为时间。

实际上，随着汽车的普及和人们对于环境质量的追求，当城市化率达到 70%～80%以后，有的国家或地区已出现逆城市化。

① 联合国开发计划署. 1993 年世界发展报告[M]. 北京：中国财政经济出版社，1993：299

4）城镇化的推进动力

人们对现代生活的不断追求成为城镇化发展的原动力。人们所追求的现代生活包括更高水平的物质、精神享受及政治民主和社会地位的提高。在这个原动力的驱动下，又有来自城镇内部的内生性动力和来自城镇外部的外生性动力①。

（1）农业生产力提高产生“推力”

城市的发生、发展的一个主要原因，是随着农业生产能力增强、生产效率提高而产生农产品富余。农村劳动力富余，这是城镇化的前提条件。农业的土地资源是有限的且不断被占用，农业劳动力却在不断地成长增加，随着农业技术进步和农业劳动生产率提高，单位土地所需劳动力又相应减少，必然产生农业劳动力富余。这些富余的劳动力自觉地或不自觉地都要产生向非农产业转移的欲望。世界各国城镇化或城镇化过程的经验表明，这种人口流动过程具有以下几个特征：

① 农村劳动力和农村人口由低收入地区向高收入地区转移。农业劳动力由农业向非农产业转移的欲望，正是“人往高处走”的客观规律决定的，这种朴素观念的具体展现就是“有欲望就有动力”的结果。

② 人口流动梯级转移，即贫困地区向中等发达地区转移，中等发达地区向最发达地区转移，形成贫困地区人口→中等发达地区人口→发达地区人口的阶梯转移。

③ 人口流动和迁移的选择性。人口流动和迁移并不是对所有人都有同等的概率，这种选择性主要表现在年龄、性别、文化程度、职业、经济地位、家庭结构和婚姻状况等方面。

④ 人口流动和迁移在不同经济发展阶段采取不同形式。在农业社会，人口迁移采取农民→农村的形式；在工业革命时期采取农村→城镇形式；在工业化后期，采取城镇→城市形式。

（2）城镇集聚产生“拉力”

如果说生产规模的扩大可以给企业带来内部集聚效益，那么生产向城镇的集中则可以使企业得到外部集聚效益。外部集聚可以为企业提供方便的能源、水、通信、码头、机场、铁路、公路等设施，为企业节省投资，城镇提供的技术、信息、人力资源、市场等条件，有利于产业结构升级换代。城镇为企业发展、技术改造、结构调整等提供大量素质高而丰富的劳动力，集中在大城市的大专院校、研究机构、咨询服务机构等，为企业的新技术、新工艺、新产品的开发，现代管理方法的应用以及多方面的咨询服务等提供良好的支持与服务，从而产生重大的经济效益。在经济不景气的时候，完备的社会保障体系又能为失业职工提供保险或救济。在交通不太发达的情况下，生产的集中必然会带来居住的集中。大工业是一种具有高度协作性的共同劳动，这种共同劳动需要生产资料和劳动在一定地域的集中。

（3）空间竞争动力

空间竞争是要素聚集的基本推动力。在发达的市场经济条件下，每个市场主体都面临竞争，包括部门内部的竞争、部门间竞争、地理空间竞争和地理位置的竞争。竞争总是在一定地域内进行的，因而常常表现为空间竞争。在充分竞争的前提下，资金和

---

① 胡标权．中国新型城镇化发展研究[D]：[博士论文]．重庆：西南农业大学，2005

劳动力等生产要素总是流向预期收益率高的产业部门和地理区位。在合理的空间竞争情况下，企业将会选择预期收益率最显著的区位——城镇。

3.2 生态城市和可持续发展理论

3.2.1 生态城市理论

1）生态城市概念的提出

“生态城市”是在联合国教科文组织发起的“人与生物圈计划”研究过程中提出的一个重要概念。生态城市是一个经济高度发达、社会繁荣昌盛、人民安居乐业、生态良性循环四者保持高度和谐，城市环境及人居环境清洁、优美、舒适、安全，失业率低、社会保障体系完善，高新技术占主导地位，技术与自然达到充分融合，最大限度地发挥人的创造力和生产力，有利于提高城市文明程度的稳定、协调、持续发展的人工复合生态系统。

2）生态城市的含义

生态城市（Ecological City）从广义上讲，是建立在人类对人与自然关系更深刻认识基础上的新的文化观，是按照生态学原则建立起来的社会、经济、自然协调发展的新型社会关系，是有效的利用环境资源实现可持续发展的新的生产和生活方式。狭义地讲，就是按照生态学原理进行城市设计，建立高效、和谐、健康、可持续发展的人类聚居环境。

3）生态城市原理

生态城市是按照人工复合生态系统原理建设的城市。所谓人工复合生态系统，简单地说就是社会—经济—自然人工复合生态系统，蕴涵社会、经济、自然协调发展和整体生态化的人工复合生态系统。具体地说，社会生态化表现为，人们拥有自觉的生态意识和环境价值观，人口素质、生活质量、健康水平与社会进步与经济发展相适应，有一个保障人人平等、自由、接受教育、人权和免受暴力的社会环境。经济的生态化表现为，采用可持续发展的生产、消费、交通和住居发展模式，实现清洁生产和文明消费，推广生态产业和生态工程技术。对于经济增长，不仅重视数量的增长，更追求质量的提高，提高资源的再生和综合利用水平，节约能源、提高热能利用率，降低矿物燃料使用率，研究开发替代能源，提倡大力使用自然能源。

环境的生态化表现为：发展以保护自然为基础，与环境的承载能力相协调。自然环境及其演进过程得到最大限度的保护，合理利用一切自然资源和保护生命支持系统，开发建设活动始终保持在环境的承载能力之内。

4）生态城市的主要特点

生态城市具有和谐性、高效性、持续性、整体性、区域性和结构合理、关系协调七个特点。

（1）和谐性。生态城市的和谐性，不仅仅反映在人与自然的关系上，人与自然共生共荣，人回归自然，贴近自然，自然融于城市，更重要的在人与人的关系上。人类活动促进了经济增长，却没能实现人类自身的同步发展。生态城市是营造满足人类自身进化需求的环境，充满人情味，文化气息浓郁，拥有强有力的互帮互助的群体，富有生机与活力。生态城市不是一个用自然绿色点缀而僵死的人居环境，而是关心人、陶冶人的“爱的器官”。文化是生态城市重要的功能，文化个性和文化魅力是生态城市的灵魂。这种和谐乃是生态城市的核心内容。

（2）高效性。生态城市一改现代工业城市高能耗、非循环的运行机制，提高一切资源的利用率，物尽其用，地尽其利，人尽其才，各施其能，各得其所，优化配置，物质、能量得到多层次分级利用，物流畅通有序，住处交通便捷，废弃物循环再生，各行业各部门之间通过共生关系进行协调。

（3）持续性。生态城市是以可持续发展思想为指导，兼顾不同时期、空间、合理配置资源，公平地满足现代人及后代人在发展和环境方面的需要，不因眼前的利益而使用“掠夺”的方式促进城市暂时“繁荣”，保证城市社会经济健康、持续、协调发展。

（4）整体性。生态城市不是单单追求环境优美，或自身繁荣，而是兼顾社会、经济和环境三者的效益，不仅仅重视经济发展与生态环境协调，更重视对人类质量的提高，是在整体协调的新秩序下寻求发展。

（5）区域性。生态城市作为城乡的统一体，其本身即为一个区域概念，是建立在区域平衡上的，而且城市之间是互相联系、相互制约的，只有平衡协调的区域，才有平衡协调的生态城市。生态城市是以人与自然和谐为价值取向的，广义而言，要实现这目标，全球必须加强合作，共享技术与资源，形成互惠的网络系统，建立全球生态平衡。广义的要领就是全球概念。

（6）结构合理。一个符合生态规律的生态城市应该结构合理：合理的土地利用，好的生态环境，充足的绿地系统，完整的基础设施，有效的自然保护。

（7）关系协调。关系协调是指人和自然协调，城乡协调，资源利用和资源更新协调，环境胁迫和环境承载能力协调。

5）生态城市的标准

一个城市是否是生态城市，或者说是否达到了生态城市的标准，要从社会生态、自然生态、经济生态三个方面来考察。社会生态的原则是以人为本，满足人的各种物质和精神方面的需求，创造自由、平等、公正、稳定的社会环境；经济生态原则保护和合理利用一切自然资源和能源，提高资源的再生和利用，实现资源的高效利用，采用可持续生产、消费、交通、居住区发展模式；自然生态原则，优先考虑给自然生态以最大限度的保护，使开发建设活动一方面保持在自然环境所允许的承载能力内，另一方面，减少对自然环境的消极影响，增强其健康性。

生态城市应满足以下八项标准：

（1）广泛应用生态学原理规划建设城市，城市结构合理、功能协调；

（2）保护并高效利用一切自然资源与能源，产业结构合理，实现清洁生产；

（3）采用可持续的消费发展模式，物质、能量循环利用率高；

（4）有完善的社会设施和基础设施，生活质量高；

（5）人工环境与自然环境有机结合，环境质量高；

（6）保护和继承文化遗产，尊重居民的各种文化和生活特性；

（7）居民的身心健康，有自觉的生态意识和环境道德观念；

（8）建立完善的、动态的生态调控管理与决策系统。

3.2.2 可持续发展理论

可持续发展是当代人类社会进步的指导原则，是关系到人类文明的延续，直接参与国家最高决策的不可或缺的基本要素。从区域角度研究区域经济要素间的相互衔接与配合，以及区域经济要素与区域自然要素、非经济要素的协调，是可持续发展研究的核心问题。

1）可持续发展的由来

随着人口迅速增加和人类对地球影响规模的空前扩大，在人口、资源、环境与经济发展关系上，出现了一系列尖锐的矛盾，引起了人们的忧虑和不安。1972 年斯德哥尔摩环境大会提出了“我们只有一个地球”的警告，1992 年 6 月联合国环境与发展大会在巴西里约热内卢通过了《里约环境与发展宣言》、《21 世纪议程》等纲领性文件。1994 年《中国 21 世纪议程——中国 21 世纪人口、环境与发展的白皮书》制定，标志着可持续发展已成为中国的既定发展战略。1996 年 3 月，我国八届人大四次会议通过的《中华人民共和国国民经济和社会发展“九五”计划和 2010 年远景目标纲要》，明确把“实施可持续发展，推进社会事业全面发展”作为战略目标。通过这些会议和广大科技工作者、环保工作者的宣传，人们已开始认识到，环境与发展相互依赖，相互支持；没有环境保护，就不可能有持续的发展，而没有发展，就不可能保持高质量的环境和改善人类的生活质量。因此，我们需要的是持续的发展，也就是毫不含糊地考虑发展过程中所依据的各种环境因素长期持续下去的发展。城市作为现代聚落和产业载体，也必须遵循可持续发展的理论的指导，新型城镇化建设更是如此。

2）可持续发展的内涵

可持续发展从字面上理解（也是最初的定义）就是：既满足当代人的需求，又不对后代人满足其需求的能力构成危害的发展。可持续发展是一个密不可分的系统，既要达到发展经济的目的，又要保护好人类赖以生存的大气、淡水、海洋、土地和森林等自然资源和环境，使子孙后代能够永续发展和安居乐业。可持续发展与环境保护既有联系，又不等同。环境保护是可持续发展的重要方面。可持续发展的核心是发展，但要求在严格控制人口、提高人口素质和保护环境、资源永续利用的前提下进行经济和社会的发展。发展是可持续发展的前提，人是可持续发展的中心体，可持续长久的发展才是真正的发展。

从城镇化的角度看，可持续发展理论主要体现在如下几个方面：

（1）可持续发展的系统观

可持续发展把当代人类赖以生存的城市及其相关地区，看成是由自然—社会—经济—文化等多因素组成的复合系统，它们之间既相互联系，又相互制约，其相互作用因地而异，且处于变化之中。这种系统科学观点是可持续发展的理论核心。一个可持续发展的城市，有赖于资源持续供给的能力；有赖于其生产、生活和生态功能的协调；有赖于自然资源系统的自然调节能力和社会经济的自组织、自调节能力；有赖于社会的宏观调控能力，部门间的协调行为，以及民众的监督和参与意识。因而在制定和实施城市发展战略时，需要打破部门和专业的条块分割以及地区的界限，从全局着眼，从系统的关系进行综合分析和宏观调控。

(2) 可持续发展的效益观

城市经济发展与资源环境保护应该是相互联系和互为因果的。忽视对资源环境的保护，经济发展就会受到限制，没有经济的发展和人民生活质量的改善，特别是最基本的生活需要的满足，也就无从谈到资源的保护。因此，一个城市管理系统所追求的，应该包括生态效益、经济效益和社会效益的综合，并把系统的整体效应放在首位。经济效益、生态效益和社会效益是可以而且应该是互相促进的。

(3) 可持续发展的体制观和法制观

可持续发展要求打破传统的条块分割、信息闭塞和决策失误的管理体制，建立一个能综合调控社会生产、生活和生态功能，信息反馈灵敏，决策管理水平高的管理体制，这是实现社会高效、和谐发展的关键。把可持续发展的指导思想体现在政策、立法之中，通过宣传、教育和培训，加强持续发展的意识，建立与可持续发展相适应的政策、法规和道德规范。新型城镇化建设也需要涉及或改革相应的体制和法制。

(4) 可持续发展的社会平等观

可持续发展主张人与人之间、城市与城市之间的关系，互相尊重，互相平等。一个社会或一个团体的发展，不应以牺牲另一个社团的利益为代价，这种平等的关系不仅表现在当代人与人、国家与国家、社团与社团的关系上，同时也表现在当代人与后代人之间的关系上。新型城镇化和传统城镇化的区别之一就是：传统城镇化的一部分人享有特权，而新型城镇化要体现社会平等与和谐。

3.2.3 生态文明建设理论

生态文明是人类文明发展的一个新的阶段，即工业文明之后的世界伦理社会化的文明形态；生态文明是人类遵循人、自然、社会和谐发展这一客观规律而取得的物质与精神成果的总和；生态文明是以人与自然、人与人、人与社会和谐共生、良性循环、全面发展、持续繁荣为基本宗旨的文化伦理形态。从人与自然和谐的角度，吸收“十八大”成果的定义是：生态文明是人类为保护和建设美好生态环境而取得的物质成果、精神成果和制度成果的总和，是贯穿于经济建设、政治建设、文化建设、社会建设全过程和各方面的系统工程，反映了一个社会的文明进步状态。

文明是人类文化发展的成果，是人类改造世界的物质和精神成果的总和，也是人类社会进步的象征。在漫长的人类历史长河中，人类文明经历了三个阶段。第一阶段是原始文明。约在石器时代，人们必须依赖集体的力量才能生存，物质生产活动主要靠简单的采集渔猎，为时上百万年。第二阶段是农业文明。铁器的出现使人改变自然的能力产生了质的飞跃，为时一万年。第三阶段是工业文明。18 世纪英国工业革命开启了人类现代化生活，为时三百年。从要素上分，文明的主体是人，体现为改造自然和反省自身，如物质文明和精神文明；从时间上分，文明具有阶段性，如农业文明与工业文明；从空间上分，文明具有多元性，如非洲文明与印度文明。

党的十八大报告指出，建设生态文明，是关系人民福祉、关乎民族未来的长远大计。面对资源约束趋紧、环境污染严重、生态系统退化的严峻形势，必须树立尊重自然、顺应自然、保护自然的生态文明理念，把生态文明建设放在突出地位，融入经济建设、政治建设、文化建设、社会建设各方面和全过程，努力建设美丽中国，实现中华民族永续发展。

坚持节约资源和保护环境的基本国策，坚持节约优先、保护优先、自然恢复为主的方针，着力推进绿色发展、循环发展、低碳发展，形成节约资源和保护环境的空间格局、产业结构、生产方式、生活方式，从源头上扭转生态环境恶化趋势，为人民创造良好生产生活环境，为全球生态安全做出贡献。

中国特色的生态文明发展模式是一个必然实现的中国梦，是中华民族从人类世界历史生态、文化生态和现实生态出发，在生态全球化背景下，以提升人格文明、生态文明、产业文明为发展方向；以发展宪政、优化体制、优化结构促进公民意识和认知水平；以真诚的民主来反映公民的社会存在，建立社会公众信仰及其相应的伦理精神的法制秩序，让社会各阶层利益公开自由地表达权利以期让社会真理能够真实的公共表达；将人格质量的提升放在国民教育的首位，来提高人在群体公共事物中的智慧能力；将生态文明发展放在战略首位，来提高文明产业化社会的上升能力；将未来优先的战略放在国家建设的首位，来提高国家在国际社会中的战略产业能力；将公众人本信念及其相应的伦理精神的法制秩序放在推动联合国改革的首位，让国际社会各阶层利益公开自由地表达权利以期让社会真理能够真实的公共表达，来提高联合国维护和尊重人的能力，走生态文明发展的国家发展道路①。新型城镇化不能依靠农业文明和工业文明实现，必须依靠生态文明的指导。

3.3 新型工业化和产业集群理论

3.3.1 循环经济理论

1）循环经济的概念

循环经济(Cyclic Economy)即物质闭环流动型经济，是指在人、自然资源和科学技术的大系统内，在资源投入、企业生产、产品消费及其废弃的全过程中，把传统的依赖资源消耗的线形增长的经济，转变为依靠生态型资源循环来发展的经济。

资源的高效利用和循环利用为目标，以“减量化、再利用、资源化”为原则，以物质闭路循环和能量梯次使用为特征，按照自然生态系统物质循环和能量流动方式运行的经济模式。它要求运用生态学规律来指导人类社会的经济活动，其目的是通过资源高效和循环利用，实现污染的低排放甚至零排放，保护环境，实现社会、经济与环境的可持续发展。循环经济是把清洁生产和废弃物的综合利用融为一体的经济，本质上是一种生态经济，它要求运用生态学规律来指导人类社会的经济活动②。

循环经济是针对工业化运动以来高消耗、高排放的线性经济而言的是一种善待地球的经济发展模式。它要求把经济活动组织成为“自然资源→产品和用品→再生资

---

① 生态文明：人们对可持续发展问题认识深化的必然结果[EB/OL]．中国城市低碳经济网，http://www.cusdn.org.cn/news_detail.php? id=200752

② 季昆森.循环经济原理与应用[M].2版.合肥：安徽科学技术出版社，2004

源”的闭环式流程，所有的原料和能源能在不断进行的经济循环中得到合理利用，从而把经济活动对自然环境的影响控制在尽可能小的程度。广义的循环经济涵盖经济发展、社会进步、生态环境三个方面，追求这三个子系统之间达到理想的组合状态。这三个子系统构成一个完整的系统，这个系统不是纯粹自发地演化出来的，而是在把握自然生态系统、经济循环系统和社会系统的自组织规律后，人为建构起来的人工生态系统。广义的循环经济学就是要研究这个人工生态系统的自组织规律和物质、能量、信息循环规律的综合的知识体系。

2）国内外循环经济的发展过程

循环经济的思想萌芽可以追溯到环境保护兴起的20世纪60年代。1962年美国生态学家蕾切尔·卡逊发表了《寂静的春天》，指出生物界以及人类所面临的危险。“循环经济”一词，首先由美国经济学家K.波尔丁提出，主要指在人、自然资源和科学技术的大系统内，在资源投入、企业生产、产品消费及其废弃的全过程中，把传统的依赖资源消耗的线形增长经济，转变为依靠生态型资源循环来发展的经济。其“宇宙飞船经济理论”可以作为循环经济的早期代表。大致内容是：地球就像在太空中飞行的宇宙飞船，要靠不断消耗自身有限的资源而生存，如果不合理开发资源、破坏环境，就会像宇宙飞船那样走向毁灭。因此，宇宙飞船经济要求一种新的发展观：第一，必须改变过去那种“增长型”经济为“储备型”经济；第二，要改变传统的“消耗型经济”，而代之以休养生息的经济；第三，实行福利量的经济，摒弃只着重于生产量的经济；第四，建立既不会使资源枯竭，又不会造成环境污染和生态破坏、能循环使用各种物资的“循环式”经济，以代替过去的“单程式”经济。

20世纪90年代之后，发展知识经济和循环经济成为国际社会的两大趋势。我国从20世纪90年代起引入了关于循环经济的思想。此后对于循环经济的理论研究和实践不断深入。

1998年引入德国循环经济概念，确立“3R”原理的中心地位；1999年从可持续生产的角度对循环经济发展模式进行整合；2002年从新兴工业化的角度认识循环经济的发展意义；2003年将循环经济纳入科学发展观，确立物质减量化的发展战略；2004年，提出从不同的空间规模：城市、区域、国家层面大力发展循环经济。

3）循环经济的发展类型与实现途径

（1）循环经济的三大模式

从资源流动的组织层面，循环经济可以从企业、生产基地等经济实体内部的小循环，产业集中区域内企业之间、产业之间的中循环，包括生产、生活领域的整个社会的大循环三个层面来展开。

① 以企业内部的物质循环为基础，构筑企业、生产基地等经济实体内部的小循环。企业、生产基地等经济实体是经济发展的微观主体，是经济活动的最小细胞。依靠科技进步，充分发挥企业的能动性和创造性，以提高资源能源的利用效率、减少废物排放为主要目的，构建循环经济微观建设体系。

② 以产业集中区内的物质循环为载体，构筑企业之间、产业之间、生产区域之间的中循环。以生态园区在一定地域范围内的推广和应用为主要形式，通过产业的合理组织，在产业的纵向、横向上建立企业间能流、物流的集成和资源的循环利用，重点在

废物交换、资源综合利用，以实现园区内生产的污染物低排放甚至“零排放”，形成循环型产业集群，或是循环经济区，实现资源在不同企业之间和不同产业之间的充分利用，建立以二次资源的再利用和再循环为重要组成部分的循环经济产业体系。

③ 以整个社会的物质循环为着眼点，构筑包括生产、生活领域的整个社会的大循环。统筹城乡发展、统筹生产生活，通过建立城镇、城乡之间，人类社会与自然环境之间循环经济圈，在整个社会内部建立生产与消费的物质能量大循环，包括生产、消费和回收利用，构筑符合循环经济的社会体系，建设资源节约型、环境友好型社会，实现经济效益、社会效益和生态效益的最大化。

(2) 循环经济的技术路径

从资源利用的技术层面来看，循环经济的发展主要是从资源的高效利用、循环利用和无害化生产三条技术路径来实现①。

① 资源的高效利用。依靠科技进步和制度创新，提高资源的利用水平和单位要素的产出率。在农业生产领域，一是通过探索高效的生产方式，集约利用土地、节约利用水资源和能源等。如推广套种、间种等高效栽培技术和混养高效养殖技术，引进或培育高产优质种子种苗和养殖品种，实施设施化、规模化和标准化农业生产，都能够提高单位土地、水面的产出水平。通过优化多种水源利用方案，改善沟渠等输水系统，改进灌溉方式和挖掘农艺节水等措施，实现种植节水。通过发展集约化节水型养殖，实现养殖业节水。二是改善土地、水体等资源的品质，提高农业资源的持续力和承载力。通过秸秆还田、测土配方科学施肥等先进实用手段，改善土壤有机质以及氮、磷、钾元素等农作物高效生长所需条件，改良土壤肥力。

② 资源的循环利用。通过构筑资源循环利用产业链，建立起生产和生活中可再生利用资源的循环利用通道，达到资源的有效利用，减少向自然资源的索取，在与自然和谐循环中促进经济社会的发展。在农业生产领域，农作物的种植和畜禽、水产养殖本身就要符合自然生态规律，通过先进技术实现有机耦合农业循环产业链，遵循自然规律并按照经济规律来组织有效的生产。

一是“种植→饲料→养殖”产业链。根据草本动物食性，充分发挥作物秸秆在养殖业中的天然饲料功能，构建种养链条。

二是“养殖→废弃物→种植”产业链。通过畜禽粪便的有机肥生产，将猪粪等养殖废弃物加工成有机肥和沼液，可向农田、果园、茶园等地的种植作物提供清洁高效的有机肥料；畜禽粪便发酵后的沼渣还可以用于蘑菇等特色蔬菜种植。

三是“养殖→废弃物→养殖”产业链。开展桑蚕粪便养鱼，鸡粪养贝类和鱼类、猪粪发酵沼渣养蚯蚓等实用技术开发推广，实现养殖业内部循环，有利于体现治污与资源节约双重功效。

四是生态兼容型“种植—养殖”产业链。在控制放养密度前提下，利用开放式种植空间，散养一些对作物无危害甚至有正面作用的畜禽或水产动物，有条件地构筑“稻鸭共育”、“稻蟹共生”、放山鸡等种养兼容型产业链，可以促进种养兼得。

五是“废弃物—能源或病虫害防治”产业链。畜禽粪便经过沼气发酵，产生的沼气

① 吴季松. 循环经济：全面建设小康社会的必由之路[M]. 北京：北京出版社，2003

可向农户提供清洁的生活能源，用于照明、取暖、烧饭、储粮保鲜、孵鸡等方面，还可用于为农业生产提供二氧化碳气肥、开展灯光诱虫等用途。农作物废弃秸秆也是形成生物质能源的重要原料，可以加以挖掘利用。

③ 废弃物的无害化排放。通过对废弃物的无害化处理，减少生产和生活活动对生态环境的影响。在农业生产领域，主要是通过推广生态养殖方式，实行清洁养殖。运用沼气发酵技术，对畜禽养殖产生的粪便进行处理，化害为利，生产制造沼气和有机农肥；控制水产养殖用药，推广科学投饵，减少水产养殖造成的水体污染。探索生态互补型水产品养殖，加强畜禽饲料的无害化处理、疫情检验与防治；实施农业清洁生产，采取生物、物理等病虫害综合防治，减少农药的使用量，降低农作物的农药残留和土壤的农药毒素的积累；采用可降解农用薄膜并实施农用薄膜回收，减少土地中的残留。

（3）中国特色的循环经济

我国循环经济的发展要注重从不同层面协调发展。即小循环、中循环、大循环加上资源再生产业（也可称为第四产业或静脉产业）。

小循环——在企业层面，选择典型企业和大型企业，根据生态效率理念，通过产品生态设计、清洁生产等措施进行单个企业的生态工业试点，减少产品和服务中物料和能源的使用量，实现污染物排放的最小化。

中循环——在区域层面，按照工业生态学原理，通过企业间的物质集成、能量集成和信息集成，在企业间形成共生关系，建立工业生态园区。

大循环——在社会层面，重点进行循环型城市和省区的建立，最终建成循环经济型社会。

资源再生产业——建立废物和废旧资源的处理、处置和再生产业，从根本上解决废物和废旧资源在全社会的循环利用问题。发展资源再生产业对于我国资源消耗大、需求大的现状尤其具有迫切意义①。

新型城镇化必须通过循环经济实现，否则，突破资源环境瓶颈就是一句空话。

3.3.2 新型工业化理论

所谓新型工业化，就是坚持以信息化带动工业化，以工业化促进信息化，就是科技含量高、经济效益好、资源消耗低、环境污染少、人力资源优势得到充分发挥的工业化。我国是在“十六大”上提出的新型工业化的道路。

工业化（Industrialization）是以劳动要素、资本要素为基本要素的工业生产替代以劳动要素、土地要素为基本要素的农业生产的蜕变过程。在工业化过程中，随着科学技术进步，新型工业形态也不断出现，机械工业、冶金工业、电气工业、化学工业、电子产业、信息工业、智能工业，如此等等，而每一次因科学技术进步形成的新型工业都是对旧工业的扬弃和改造。

新型工业化是21世纪的工业化，机械工业、冶金工业、电气工业、化学工业这些都已经属于19、20世纪旧的工业，电子产业、信息工业也是20世纪后期的工业，属于半

---

① 张坤.循环经济理论与实践[M].北京：中国环境科学出版社，2003

新工业，真正的新型工业是在信息工业基础发展起来的智能工业，一种以人脑智慧、电脑网络和物理设备为基本要素的新型经济结构、增长方式和社会形态。中国要推行的新型工业化是智能工业，这是新型工业化的高级标准。除此之外，建立在绿色发展理论上循环工业也应当是新型工业化的组成部分，凡是资源环境的工业都是新型工业而不论其行业，这是新型工业化的低级标准。由此可见，21 世纪中国新型工业化将同时向智能、循环两个目标迈进。那些没有智能、不能循环的工业是旧型工业，不是新型工业。未来的中国将不断淘汰提升旧型工业，推进新型工业，从而将工业化推向更高水平。一方面，将中国工业推向世界经济领先地位和发展水平。另一方面，将资源环境消耗的旧工业提升为循环发展的新工业。

党的十八大报告为我们指明了具有中国特色的新型工业化道路，即“坚持以信息化带动工业化，以工业化促进信息化，走出一条科技含量高、经济效益好、资源消耗低、环境污染少、人力资源优势得到充分发挥的新型工业化路子”，而优先发展信息产业，在经济和社会领域广泛应用信息技术，是走新型工业化道路的一条重要途径。新型城镇化是靠新产业化特别是新型工业化来支撑的。

3.3.3 产业集群理论

产业集群理论是 20 世纪 20 年代出现的一种西方经济理论。产业集群理论是在 20 世纪 90 年代由美国哈佛商学院的竞争战略和国际竞争领域研究权威学者麦克尔·波特创立的。其含义是：在一个特定区域的一个特别领域，集聚着一组相互关联的公司、供应商、关联产业和专门化的制度和协会，通过这种区域集聚形成有效的市场竞争，构建出专业化生产要素优化集聚洼地，使企业共享区域公共设施、市场环境和外部经济，降低信息交流和物流成本，形成区域集聚效应、规模效应、外部效应和区域竞争力①。

产业集群作为一种组织形式，其发展与产业结构调整、技术创新以及国家、区域和城市经济发展关系十分密切。从产业结构和产品结构的角度看，产业集群实际上是某种产品的加工深度和产业链的延伸，在一定意义上讲，是产业结构的调整和优化升级。从产业组织的角度看，产业群实际上是在一定地域内某个企业或大公司、大企业集团的纵向一体化的发展。如果将产业结构和产业组织二者结合起来看，产业集群实际上是指产业成群、围成一圈集聚发展的意思。也就是说，在一定的地区内或地区间形成的某种产业链或某些产业链。产业集群的核心是在一定空间范围内产业的高集中度，这有利于降低企业的制度成本（包括生产成本、交换成本），提高规模经济效益和范围经济效益，提高产业和企业的市场竞争力。从产业集群的微观层次分析，即从单个企业或产业组织的角度分析，企业通过纵向一体化，可以用费用较低的企业内交易替代费用较高的市场交易，达到降低交易成本的目的；通过纵向一体化，可以增强企业生产和销售的稳定性；通过纵向一体化行为，可以在生产成本、原材料供应、产品销售渠道和价格等方面形成一定的竞争优势，提高企业进入壁垒；通过纵向一体化，可以提高企业对市场信息的灵敏度；通过纵向一体化，可以使企业进入高新技术产业和高利润产

---

① 王缉慈，等．创新的空间：企业集群与区域发展[M]．北京：北京大学出版社，2001

业；等等。

产业集群理论在中国得到了一定的发展，北京中关村高科技产业群、武汉光谷产业群等，都是很好的证明。浙江省县域经济发展得好，就得益于专业化、集群化发展，如绍兴的纺织服装面料生产、慈溪的家用电器制造、嵊州的领带产销、义乌的小商品批发等。北京市社会科学院副院长赵弘先生在产业集群理论的基础上，又提出了总部经济理论，为大城市与中小城市及广大地区的分工协作提供了新的视角，也为大都市新型城市化建设指明了新的方向。

总部经济是在单一产业价值观念中的现代人类高端智能的大规模极化与聚合。总部经济的本质是"人"的经济，是在某经济领域或区域的核心，以追求单一产业价值观为目标，将创意、决策、指挥等高端智能的所有关联环节进行大规模的聚集，使之产生极化与聚化效应，由此扩散出彻底颠覆松散经营模式的经济效能和效益，进而拉动整个行业领域或区域经济的高速发展的经济模式。总部经济一旦形成，就可以给当地区域经济发展带来诸多外溢效应，比如税收供应效应、产业聚集效应、产业关联效应、消费带动效应、就业乘数效应、资本放大效应等明显的外溢效应①。

产业集群理论是实现新型城镇化集约、节约发展在产业布局中的最主要理论基础。

3.3.4 产城融合互动理论

1）产城互动融合理论概述

城市发展需要产业支撑，有"产"方立"城"，拉美国家那种盲目城镇化、没有产业支撑的城镇化不可取。

但像中国一些城市那样，在远离城区的地方建设大片开发区，只有产业，没有公共配套设施和服务，不适合居住，也不合适。

现在的产业，特别是新兴制造业和高新技术产业，如IT产业和现代服务业，都没有太大的污染，生产区和居住区不宜分割得太远，否则势必造成早晚上下班时间的交通拥堵：早晨从居住区涌向开发区，傍晚从开发区涌向居住区，使开发区成为"鬼城"，这样，既没有很好地发展产业开发对当地经济社会发展的带动作用，也使开发区本身因缺乏人气，留不住高素质人才而缺乏后劲，正所谓立"城"方能兴"产"。

正因为如此，浦东新区等很多开发区在产业发展到一定阶段后就变成了行政区域。在总结这种规律的基础上，国内学者逐渐形成了产城互动理论。

也就是说两者互相带动，产业做大了就能扩大城市；当城市大了，会发现需要更大的动力来带动城市再发展（也就是说，要在原有的基础上再扩大产业）。因此可以说，产城互动、产城互融不仅是一种理念，而且是客观存在的规律！

2）产城互动融合的实现

（1）产业与空间关系再认识：不同类型产业的空间指向

生产要素在城市空间中并不是匀质分布，如果能依据要素类型多寡识别城市空间类型、归纳各类空间能容纳的具有相似要素需求的产业，就能在布局方案中有效匹配

① 赵弘．总部经济[M]．北京：中国经济出版社，2004

产业需求与空间供给，对特定产业而言增加了空间供给针对性，对空间而言则提供了产业选择弹性。参照以用地性质及社会阶层为划分依据的城市空间结构基础，结合产业布局影响要素，将城市功能区按照产业属性划分为中心区、过渡区、产业园区、特色资源区、生态保护区 5 类。

潜在客户群规模最大且集聚程度最高的区域一般为城市中心区，是服务要素尤其是高端综合服务最集中的区域。邻近中心区，有便捷交通支撑，现状居住及产业功能交织的城市综合功能区，兼具服务要素和成本要素，可命名为过渡区。城市早期在郊区建设的大规模工业区、高新技术产业园区、经济开发区等，这些地区在发展过程中兼具成本要素和科技创新要素，将其命名为产业园区。依托特殊政策、历史文化、交通设施等特殊资源形成的城市功能区，将其命名为特色资源区。城市内部大型的生态基地和廊道，将其命名为生态保护区。

（2）以“产城互促”推动“产城融合”的发展思路

以上五类分区是构成城市整体空间的基本要素，产业布局需要通过与城市规划管控手段的对接协同，保障五类分区紧密分布，有效合作，以城市促进产业升级，以产业带动城市转型，通过“产城互促”达到“产城融合”的发展目标。

① 发挥各类产业空间对城市发展的积极影响

不同类型的产业分区在产业增长方向与趋势上存在差异，对城市功能会产生不同影响；而城市为实现整体功能优化的目标，对产业分区也会提出不同要求。因此，识别分区影响差异是实现产城互促发展的基础。

中心区的产业对城市的作用为“引领高端、城市强核”。中心区普遍是城市退二进三、提升服务业发展水平的重点区域，中心区产业应强调高端综合服务功能的集聚与混合，引领城市参与区域中心体系竞争。

过渡区的产业对城市的作用为“融合发展、城市提质”。过渡区普遍是城市早期二产集聚区，伴随城市规模扩张，区位改善、土地升值，面临产业调整。然而由于退二进三动力不如中心区强劲，许多过渡区面临房产项目大批上马、就业岗位快速流失的困境。因此，过渡区应当对工改居的规模与速度进行调控，鼓励与居住功能相协调的产业如文化创意、互联网等发展，使产业与生活、服务功能高度融合，打造宜居宜业的品质空间。

特色资源区的产业对城市的作用为“强化优势、塑造特色”。作为第二产业集聚区，目前诸多产业园区存在产业独大、与城市功能割裂的现象。伴随产业升级，产业对城市服务的要求日益提高。因此，产业园区应加强与周边城市功能衔接，倡导产业与社区互动，促进产业链条延伸、基础设施共享、人才信息交流及社会服务参与，形成科技型开放式企业城区，将城市边缘地区转变为辐射周边城市的增长极。

生态保护区的产业对城市的作用为“生态保育、城市安全”。生态保护区是城市维护区域生态安全格局，促进城市生态功能改善的主要区域，因此应严格控制区内产业类型。这方面，深圳市进行了很好的探索[①]，如图 3-3 所示。

---

① 贺传皎，王旭，邹兵. 由“产城互促”到“产城融合”——深圳市产业布局规划的思路与方法[J]. 城市规划学刊，2012(5)：30-36

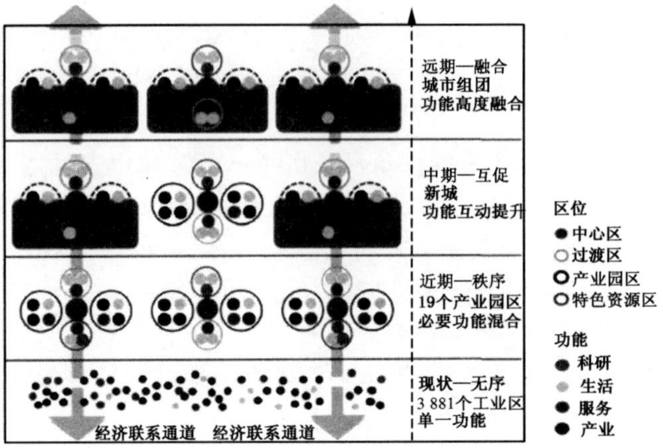

图 3-3　深圳产城互促阶段示意图

② 加强与城市规划管控手段的对接和协同

基于产城互促思想，产业布局规划必须与城市规划加强协同对接，一方面对城市规划产业布局部分提供切实指导；另一方面借助城市规划的实施手段落实产业目标。

从保障制造业发展空间角度，产业园区应强化产业用地规划管理，鼓励产业园区外制造业向园区内集中发展、共享配套，政府应保护区内工业用地免受房地产市场冲击、避免产业空心化。

从彰显城市特色角度，特色资源区需要政府严格产业选择与准入，对不能利用特色资源的产业谨慎发展，同时政府也应强化需政府主导的公共资源投入。

从维护城市生态安全格局角度，生态保护区需要政府严格管控，与生态环境相冲突的产业禁止进入。

从充分尊重市场规律角度，中心区及过渡区应采取政府引导、市场主导、多元参与、共同推动的管制思路，为该类地区产业发展留有充足的弹性空间。各城市在规划中可根据自身情况对以上管制重点和力度进行调整。

3.3.5　数字城市和智慧城市理论

1）信息时代的城市和城市建设

十八大报告中提出要坚持走中国特色新型工业化、信息化、城镇化、农业现代化道路，推动信息化和工业化深度融合、工业化和城镇化良性互动、城镇化和农业现代化相互协调，促进工业化、信息化、城镇化、农业现代化同步发展，即新四化同步发展。现在人们谈得更多的是信息化与工业化的融合。事实上，信息化和城镇化也是融合的关系，其主要有以下几个特点：一是建设城镇化需要考虑时代背景。信息化是 21 世纪主要的时代特征，因此一定要在此时代背景下考虑城镇化的发展模式。二是新型城镇化要与传统城镇化区别开来，不能重走传统城镇化发展道路。传统城镇化发展模式是粗放式的、污染的、高消耗的、不以人为本的发展，而新型城镇化则是集约化、绿色的、以人为本的发展。要想实现新型城镇化，信息化手段能够很好地提供支撑。三是新技术为新型城镇化发展提供了可能性。从城镇规划开始，要以信息新技术为指导，合理布局、科学规划。在城市运行方面，要利用新技术让市民生活便利、企业运营高效，同时，新技术要为城市公共安全和基础设施智能化运行提供支持。四是城镇化一定要有相关产业作为支撑。新型城镇化中一定要有新型产业群，在信息技术带动下，可发展绿色的、低消耗的产业。

利用信息化、数字城市理论推进新兴城镇化，关键是要把握如下几点：

一是信息技术和城市发展战略相融合。新目标需要用信息技术来驱动和引领，新模式需要用信息技术来创新。现在除了称其为“智慧城市”外，也可以叫其“绿色城市、幸福城市、花园城市”。

二是以领域为中心。在信息技术推动城市信息化过程中，不应以机构为中心，而是以城市运行要素领域为中心推动，如交通领域、能源领域、水资源领域、产业领域等。

三是以人为本。一切服务于人，以人为中心参与城市建设，提升人掌握新技术的能力，也是智慧城市建设的关键要素之一。即使城市安装再多的传感器，如果没有人来管理和参与，也是没有用的。人既是服务对象又是管理核心。

四是建立完善的推进机制。罗马不是一天建成的，智慧城市也是如此，它需要一个长期的过程。如果有完善的推进机制，即使领导班子换人，也会继续按照机制推进智慧城市建设，否则即使短期力度再大也很难建好智慧城市。

首先，领域信息化需要跨部门协调管理。一个领域覆盖很多部门，所以领域信息化一定是跨部门的，但在实践中我们不能把所有机构都合并起来，因此一定要依靠协调机制，有一个强有力的协调机构来做这件事，才具有权威性。

其次，建设智慧城市是个长远的过程，要有机制保证它的连续性推动。从这个角度看，协调机制非常重要。目前，在推进智慧城市过程中，有些城市的协调机制做得不错，但普遍来讲，做得仍不够好，这也是在推进智慧城市建设过程中重大的缺陷。

再次，大数据对智慧城市发展非常重要。大数据主要来源于互联网，特别是移动互联网、物联网的应用。

先有数据，才能有大数据。把数据利用好，不管是“大数据”，还是“中数据”，对智慧城市都有非常重要的意义，对于城市的规划、运行和管理，对智慧城市的整体发展都会起到很大的作用。

其实严格意义上的大数据是有标准的，包括数据量、结构、功能、时间的变化等，但现在应放宽视野，除了严格意义上的大数据，有很多有价值的“中数据”、“小数据”也要充分利用起来并且利用好。大数据的价值，也包括所有数据的价值，都应该用新技术挖掘出来。在推动大数据技术应用的同时，我们要树立起所有数据都有价值、所有信息资源都是有价值的观念。这一点更为重要①。

2）数字城市理论

（1）数字城市的概念

数字城市是数字地球的重要组成部分，是传统城市的数字化形态。数字城市是应

---

① 戈悦迎，吴庆敏. 以智慧城市发展助力新型城镇化建设——专访国家信息化专家咨询委员会委员、中国互联网协会副理事长高新民[EB/OL]. http://www.smartcities.com.cn/contents/3/535.html

用计算机、互联网、3S、多媒体等技术将城市地理信息和城市其他信息相结合，数字化并存储于计算机网络上所形成的城市虚拟空间。数字城市建设通过空间数据基础设施的标准化、各类城市信息的数字化整合多方资源，从技术和体制两方面为实现数据共享和互操作提供了基础，实现了城市3S技术的一体化集成和各行业、各领域信息化的深入应用。数字城市的发展积累了大量的基础和运行数据，也面临诸多挑战，包括城市级海量信息的采集、分析、存储、利用等处理问题，多系统融合中的各种复杂问题，以及技术发展带来的城市发展异化问题。

（2）数字城市的实践过程

美国副总统戈尔于1998年1月21日提出了“数字地球”的概念之后，中国学者特别是地学界的专家认识到“数字地球”战略将是推动我国信息化建设和社会经济、资源环境可持续发展的重要武器，并于1999年11月29日至12月2日在北京召开了首届国际“数字地球”大会。从这之后，与“数字地球”相关相似的概念层出不穷。“数字中国”、“数字省”、“数字城市”、“数字化行业”、“数字化社区”等名词充斥报端和杂志，成了当前最热门的话题之一。

（3）数字城市的建设

“数字城市”是一个庞大的系统工程，搞好组织协调管理是实现“数字城市”的关键环节，组织协调管理的核心问题是网络资源共享和数据资源共享，这也就是为什么美国政府在1993年和1994年需要克林顿总统签署“信息基础设施建设”和“空间数据基础设施建设”的法令，其基本目的是有效地协调解决网络资源共享和数据资源共享问题。数字城市建设的关键在于：

① 城市设施的数字化

在统一的标准与规范基础上，实现设施的数字化，这些设施包括：城市基础设施——建筑设施、管线设施、环境设施；交通设施——地面交通、地下交通、空中交通；金融业——银行、保险、交易所；文教卫生——教育、科研、医疗卫生、博物馆、科技馆、运动场、体育馆、名胜古迹；安全保卫——消防、公安、环保；政府管理——各级政府、海关税务、户籍管理与房地产；城市规划与管理——背景数据（地质、地貌、气象，水文及自然灾害等）、城市监测、城市规划。

② 城市网络化

三网连接：电话网、有线电视网与Internet，三网实现互联互通；通过网络将分散的分布式数据库、信息系统连接起来，建立互操作平台；建立数据仓库与交换中心、数据处理平台、多种数据的融合与立体表达、方正与虚拟技术的数据共享平台。

③ 城市的智能化

城市智能化方面包括：

电子商务——网上贸易、虚拟商场、网上市场管理；

电子金融——网上银行、网上股市、网上期货、网上保险；

网上教育——虚拟教室、虚拟试验、虚拟图书馆；

网上医院——网上健康咨询、网上会诊、网上护理；

网上政务——网上会议等。

④ 数字城市建设的组织协调

“数字城市”建设不能仅依靠某一个行政部门来组织协调，例如，若仅依靠电信局，至多可以协调网络资源共享问题，依靠规划局，只能解决规划局的信息系统建设，而不能保证其他行业信息系统的健康发展。根据我国的情况，为了有效地协调建设“数字城市”，应在市政府领导下，设立信息化办公室，并由市长或主管副市长任办公室主任，设立行政管理人员和技术人员组成的工作班子，制定“数字城市”的发展纲要以及资源共享的政策与标准，解决各自为政、互相封锁等问题，使“数字城市”在市政府的统一领导下健康发展①。

3）从数字城市到智慧城市

新一代信息技术的发展使得城市形态在数字化基础上进一步实现智能化成为现实。依托物联网可实现智能化感知、识别、定位、跟踪和监管；借助云计算及智能分析技术可实现海量信息的处理和决策支持。同时，伴随知识社会环境下创新 2.0 形态的逐步展现，现代信息技术在对工业时代各类产业完成面向效率提升的数字化改造之后，逐步衍生出一些新的产业业态、组织形态，使人们对信息技术引领的创新形态演变、社会变革有了更真切的体会，对科技创新以人为本有了更深入的理解，对现代科技发展下的城市形态演化也有了新的认识。

智慧城市是新一代信息技术支撑、知识社会下一代创新（创新 2.0）环境下的城市形态。智慧城市基于物联网、云计算等新一代信息技术以及维基、社交网络、Fab Lab、Living Lab、综合集成法等工具和方法的应用，营造有利于创新涌现的生态。利用信息和通信技术（ICT）令城市生活更加智能，高效利用资源，导致成本和能源的节约，改进服务交付和生活质量，减少对环境的影响，支持创新和低碳经济。实现智慧技术高度集成、智慧产业高端发展、智慧服务高效便民、以人为本、持续创新，完成从数字城市向智慧城市的跃升。

智慧城市是智慧地球的体现形式，是 Cyber-City、Digital-City、U-City 的延续，是创新 2.0 时代的城市形态，也是城市信息化发展到更高阶段的必然产物。但就更深层次而言，智慧地球和智慧城市的理念反映了当代世界体系的一个根本矛盾，就是一个新的、更小的、更平坦的世界与我们对于这个世界的落后管理之间的矛盾，这个矛盾有待于用新的科学理念和高新技术去解决。此外，智慧城市建设将改变我们的生存环境，改变物与物之间、人与物之间的联系方式，也必将深刻地影响和改变人们的工作、生活、娱乐、社交等一切行为方式和运行模式。因此，本质上，智慧城市是一种发展城市的新思维，也是城市治理和社会发展的新模式、新形态。智慧化技术的应用必须与人的行为方式、经济增长方式、社会管理模式和运行机制乃至制度法律的变革和创新相结合②。

智慧城市通过物联网基础设施、云计算基础设施、地理空间基础设施等新一代信息技术以及维基、社交网络、Fab Lab、Living Lab、综合集成法、网动全媒体融合通信终端等工具和方法的应用，实现全面透彻的感知，宽带泛在的互联，智能融合的应用以及以用户创新、开放创新、大众创新、协同创新为特征的可持续创新。伴随网络帝国的

---

① 李秉仁. 数字城市建设——城市发展的新动力[J]. 城市管理与科技，2011(1)：48-50

② 巫细波，杨再高. 智慧城市理念与未来城市发展[J]. 城市发展研究，2010(11)

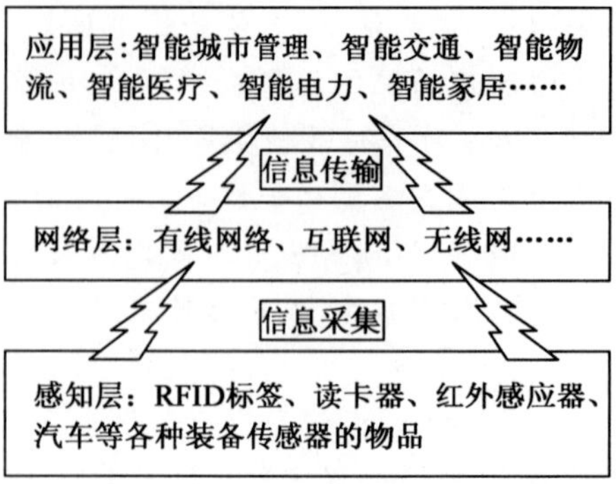

图 3-4 智慧城市的三层次结构

崛起、移动技术的融合发展以及创新的民主化进程,知识社会环境下的智慧城市是继数字城市之后信息化城市发展的高级形态(图 3-4)。

从技术发展的视角,智慧城市建设要求通过以移动技术为代表的物联网、云计算等新一代信息技术应用实现全面感知、泛在互联、普适计算与融合应用。从社会发展的视角,智慧城市还要求通过维基、社交网络、Fab Lab、Living Lab、综合集成法等工具和方法的应用,实现以用户创新、开放创新、大众创新、协同创新为特征的知识社会环境下的可持续创新,强调通过价值创造,以人为本,实现经济、社会、环境的全面可持续发展①。

总之,智慧城市是信息化时代城镇发展的新目标,同时也是城镇发展的新模式。

3.4 科学发展观与五个统筹理论

3.4.1 科学发展观

党的十六大提出了科学发展观。所谓科学发展观,第一要务是发展,核心是以人为本,基本要求是全面协调可持续发展,根本方法是统筹兼顾。

必须坚持把发展作为党执政兴国的第一要义。要牢牢抓住经济建设这个中心,坚持聚精会神搞建设、一心一意谋发展,不断解放和发展社会生产力。要着力把握城镇化规律、创新城镇化机制体制,转变发展方式,破解发展难题,提高城镇化的质量和效益。

必须坚持以人为本。要始终把改善城乡居民生活质量作为推进城镇化的出发点和落脚点,尊重人民主体地位,发挥人民首创精神,保障人民各项权益,走共同富裕道路,促进人的全面发展,做到发展为了人民、发展依靠人民、发展成果由人民共享。

必须坚持全面协调和可持续发展。要按照中国特色社会主义的基本要求,全面推进城乡的经济建设、政治建设、文化建设、社会建设,促进现代化建设各个环节、各个方面相协调,促进生产关系与生产力、上层建筑与经济基础相协调。

必须坚持统筹兼顾。要正确认识和妥善处理城乡建设中的重大关系,统筹个人利益和集体利益、局部利益和整体利益、当前利益和长远利益,充分调动各方面积极性。既要总揽全局、统筹规划,又要抓住牵动全局的主要工作、事关群众利益的突出问题,着力推进、重点突破。

科学发展观既是新型城镇化的理论基础,也是新型城镇化健康发展的目标要求,更是推进新型城镇化的重要保障。

① 宋刚,邬伦.创新 2.0 视野下的智慧城市[J].城市发展研究,2012(9):53-60

3.4.2 五个统筹是实现科学发展的关键

党的十六届三中全会通过的《中共中央关于完善社会主义市场经济体制改革若干问题的决定》，强调要按照“五个统筹”即统筹城乡发展、统筹区域发展、统筹经济社会发展、统筹人与自然和谐发展、统筹国内发展和对外开放的要求，推进完善社会主义市场经济体制，为全面建设小康社会提供强有力的体制保障，促进经济社会和人的全面发展。

1）统筹城乡协调发展

全面建设小康社会和实现社会主义现代化，难点不是在城市而是在农村。新阶段的经济体制改革，不仅要着眼于城市，而且要着眼于农村，着眼于促进城乡协调发展。这是促进社会稳定和整个国民经济持续、协调发展的基础。城乡发展不协调，城乡二元经济结构，严重影响社会稳定和国民经济的持续、协调发展。因此，必须对农村发展和农民问题给予更大的关注。统筹城乡发展，重要的就是要突破城乡二元经济结构，加快推进农业产业化、农村城镇化和农民市民化。统筹搞好产业规划，以工业化支撑城镇化，以城镇化提升工业化，加快工业化和城镇化进程，促进农村剩余劳动力向二、三产业转移，农村人口向城镇集聚。实现全面建设小康社会的宏伟目标，最繁重、最艰巨的任务在农村。没有广大农民的小康，就没有全国人民的小康；没有农村的现代化，就没有全国的现代化。我们一定要把全面建设小康社会的工作重点放在农村，一定要把解决“三农”问题作为全党工作的重中之重。统筹城乡协调发展是实现新型城镇化的最基本途径之一。

2）统筹区域发展

全面建设小康社会和实现社会主义现代化，难点不是在东部而是在中西部，特别是在西部经济落后地区。改革开放以来，全国各地经济都有了很大的发展，但是，由于原有基础、客观条件以及改革开放步伐和力度的不同，地区差距目前仍呈继续扩大之势。区域发展的不平衡、不协调，必然影响社会稳定、民族团结、国防巩固和国民经济的持续、协调发展。因此，必须对中西部地区的发展给予更多的关注。关键在于深化经济体制改革，扫清体制上的障碍，提高市场化的程度，进一步解放生产力。有条件的地方可以发展得更快一些，在全面建设小康社会的基础上，率先基本实现现代化；同时积极推进西部大开发，加大中部地区结构调整的力度，高度重视和关心欠发达地区的发展，支持东北地区等老工业基地加快调整和改造，支持以资源开采为主的城市和地区发展接续产业，支持革命老区和少数民族地区加快发展。全国发展是一盘大棋，只有东部和中西部统筹兼顾、协调发展，才能走活、走好。统筹区域发展，是实现新型城镇化，特别是实现大中小城市分工、合作与可持续发展的重要途径。

用统筹区域协调发展的理论指导新型城镇化建设，就是要建立集约高效、特色鲜明和协调发展的城市群和城镇体系。

3）统筹经济社会发展

推进新型城镇化建设，就是要追求经济、政治、文化的全面发展，以及物质文明、政治文明、精神文明的全面进步。科学发展是党执政兴国的第一要务，这里的发展，一个重要的内容，当然是指经济的增长，因为经济的增长是发展的重要基础。但发展绝不等同于经济增长，经济增长也并不等同于社会全面进步。推进新型城镇化，是要坚持以经济建设和产业发展为中心，在经济发展的基础上实现社会的全面进步，推动社会主义物质文明、政治文明、精神文明的全面发展。新型城镇化决不能搞单打一，决不能搞片面发展，决不能搞单项突进。否则，城乡将陷入重重矛盾之中而不能自拔，发展也将遭到严重挫折。现在的问题是，随着温饱问题的基本解决和改革的不断深入，旧的矛盾解决了，新的矛盾又在产生，经济发展中的社会问题日益凸显出来。因此，只有统筹城乡的经济社会发展，切实地关注和解决失业、贫困、教育、医疗、公共卫生以及社会公正和反腐败等社会问题，才能保证经济持续、协调发展，在经济发展的基础上实现社会全面进步，达到全面建设小康社会和社会主义现代化的目标。统筹经济社会发展，是突破传统城镇化以物为本、重经济发展轻社会建设的关键。

4）统筹人与自然和谐发展

我国人口总量继续增加，老龄人口比重上升，就业和社会保障压力增大；城乡生态环境、自然资源和经济社会发展的矛盾日益突出，这是我们在全面推进新型城镇化的实践中必须高度关注和认真解决的重大问题。要使可持续发展的能力不断增强，生态环境得到改善，资源利用效率显著提高，促进人与自然的和谐，推动整个社会走上生产发展、生活富裕、生态良好的文明发展道路。可持续的发展，主要是要解决人与自然的不和谐问题。经济发展的最终目的是人的发展。要坚持以人为本，同时解决人与自然，即人口、资源和环境的问题。这是一个普遍的国际性问题，也是我国当前要继续发展所必须大力解决的重大课题。解决这一重大课题，核心是要坚持走新型工业化道路，加快经济增长方式的转变，坚决摒弃以牺牲环境、破坏资源为代价的粗放型经济增长方式，加强生态环境建设，同时大力发展生态效益型经济，大力发展循环经济和清洁生产，在生产和消费过程中追求资源、能源利用效率最大化和废弃物最小化，努力使人口发展与生产力发展相适应，经济社会发展与资源、环境承载能力相适应。我们一定要功在当代、泽及子孙，而决不能只顾眼前、贻患长远。要统筹人与自然关系，打造低碳环保城市，实现城乡可持续发展。

5）统筹内外协调发展

进入新世纪，国际局势正在发生深刻变化，一个突出的特征，就是世界多极化和经济全球化趋势在曲折中发展，科技进步日新月异，综合国力竞争日趋激烈。特别是我国加入世界贸易组织，标志着我国对外开放进入新的阶段，使得我们发展的竞争半径更加扩大，国际关联度和参与度更加密切和深刻。现在的城市，特别是大城市、特大城市，都是在对外开放环境中谋发展。我们不能为引进外资而引进外资、为引进技术而引进技术，而是要既善于利用外资，又善于启动民资；既要注意开拓国外市场，更要考虑开拓国内市场。为此，要切实深化涉外经济体制改革，全面提高城市的对外开放水平，以开放促改革、促发展，这是适应新形势、抓住机遇加快发展的客观需要。我们就是要通过深化改革，积极实施“引进来”和“走出去”相结合的对外开放战略，进一步提高城市经济的整体竞争能力，在经济全球化浪潮中趋利避害，大力推进城乡建设。

城市是腹地经济的组织者，是区域对外开放的窗口和平台。世界经济一体化背景下，区域的发展，城市自身的发展，都需要内外兼顾和统筹协调。统筹内外是新型城镇化建设的客观要求。

统筹就是统一谋划，兼顾就是协调。努力做到“五个统筹”，兼顾到城市发展的各个方面，兼顾到新型城镇化建设的各个领域。统筹兼顾以及全面、协调和可持续的思想，正是新的发展观和新的改革观在城镇化发展的充分体现。能否切实做到“五个统筹”，决定着新阶段经济改革和发展的成败。只有努力做好“五个统筹”，坚持和落实全面、协调和可持续的科学发展观，才能不断推进社会主义改革开放和现代化建设的进程，才能全面实现新型城镇化。

4 新型城镇化战略的主要类型

从不同角度，可以将城镇化战略划分成不同的类型(体系)。本章主要从影响新型城镇化的几对矛盾中探讨新型城镇化发展的重大举措。

4.1 基于人地关系的新型城镇化战略

4.1.1 全面建设宜居城市和生态城市

1) 加快建设宜居城市

新型城镇化的最根本要求是以人为本，提高居民的生活质量。而目前在我国，城市宜居条件亟待改善，交通问题、环境问题，特别是空气环境质量问题突出，全球十大污染城市，大多在中国，2012 年北京连续数十天的雾霾，使人们越来越注意到城市宜居环境建设的重要性。推进新型城镇化，必须首先建设宜居城市。

宜居城市建设是城市发展到后工业化阶段的产物，是指宜居性比较强的城市，是具有良好的居住和空间环境、人文社会环境、生态与自然环境和清洁高效的生产环境的居住地。1996 年联合国第二次人居大会提出了城市应当是适宜居住的人类居住地的概念。此概念一经提出就在国际社会形成了广泛共识，成为 21 世纪新的城市观。2005 年，在国务院批复的《北京城市总体规划》中首次出现“宜居城市”概念。中国城市竞争力研究会连续多年发布中国十大宜居城市排行榜。

宜居城市是指经济、社会、文化、环境协调发展，人居环境良好，能够满足居民物质和精神生活需求，适宜人类工作、生活和居住的城市。

宜居城市有广义和狭义之分。广义的宜居城市是一个全方位的概念，强调城市在经济、社会、文化、环境等各个方面都能协调发展，人们在此工作、生活和居住都感到满意，并愿意长期继续居住下去。狭义的宜居城市指气候条件宜人、生态景观和谐，适宜人们居住的城市。在实践中，有的城市把生态环境建设放在宜居城市建设的首要位置，突出园林绿化的作用。

宜居城市有宏观、中观、微观三个层面的含义。从宏观层面来看，宜居城市应该具备良好的城市大环境，包括自然生态环境、社会人文环境、人工建筑设施环境在内，是一个复杂的巨系统；从中观层面来看，宜居城市应该具备规划设计合理、生活设施齐备、环境优美、和谐亲切的社区环境；从微观层面来看，宜居城市应该具备单体建筑内部良好的居室环境，包括居住面积适宜、房屋结构合理、卫生设施先进，以及良好的通风、采光、隔音等功效。

中国《宜居城市科学评价标准》2007 年 5 月 30 日正式发布。其主要内容包括社会文明、经济富裕、环境优美、资源承载力、生活便宜、公共安全六个方面。据了解，这个标准是导向性的科学评价标准，不是强制性的行政技术标准，实行百分制。宜居指数达到80且没有否定条件即认为是“宜居城市”。

北京市宜居城市建设的基本方略如下，可以为其他城市提供参考。

在科学发展观的指导下，坚持以人为本，确保人口、自然、经济和社会的协调发展，构建和谐社会。

强调科技进步，用新技术降低资源消耗，减少环境污染，大力发展第三产业。

促进收入分配公平，提供充足的就业和创业机会，建立健全社会保障体系，构建良好的社会秩序。

保护和传承历史文化，融合现代文明，营造浓厚的城市文化氛围，培育符合首都性质的城市精神，树立起世界性的文化名城形象。

促使人口数量稳定、分布合理，市政基础设施发达，社会事业体系完善，人民居住舒适，生活便捷。

打造怡人的城市景观，使城市空气清新，环境优美，生态良好。

提高城市安全和居民安全感①。

2）努力建设生态城市

生态城市是社会、经济、自然协调发展，物质、能量、信息高效利用，技术、文化与景观充分融合，人与自然的潜力得到充分发挥，居民身心健康，生态持续和谐的集约型人类聚居地。

大力提倡建设生态型城市，这既是顺应城市演变规律的必然要求，也是推进城市的持续快速健康发展的需要。一是抢占科技制高点和发展绿色生产力的需要：发展建设生态型城市，有利于高起点涉入世界绿色科技先进领域，提升城市的整体素质、国内外的市场竞争力和形象。二是推进可持续发展的需要：党中央把“可持续发展”与“科教兴国”并列为两大战略，在城市建设和发展过程中，当然要贯彻实施好这一重大战略。三是解决城市发展难题的需要：城市作为区域经济活动的中心，同时也是各种矛盾的焦点。城市的发展往往引发人口拥挤、住房紧张、交通阻塞、环境污染、生态破坏等一系列问题，这些问题都是城市经济发展与城市生态环境之间矛盾的反映，建立一个人与自然关系协调与和谐的生态型城市，可以有效解决这些矛盾。四是提高人民生活质量的需要：随着经济的日益增长，城市居民生活水平也逐步提高，城市居民对生活的追求将从数量型转为质量型、从物质型转为精神型、从户内型转为户外型，生态休闲正在成为市民日益增长的生活需求。

生态城市建设的主要内容是：

（1）增强城市的生命支持系统

城市生态系统的生存与发展取决于其生命支持系统的活力，包括区域生态基础设施（光、热、水、气候、土壤、生物等）的承载力、生态服务功能的强弱、物质代谢链的闭合与滞竭程度，以及景观生态的时、空、量等的整合性。重点包括：

① 水资源利用

市区：开发各种节水技术，节约用水；雨水、污水分流，建设储蓄雨水的设施，路面采用不含锌的材料，下水道口采取隔油措施等；通过湿地等进行自然净化。

---

① 百度百科.宜居城市[EB/OL].(2013-09-04).http://baike.baidu.com/view/1261117.htm

郊区：保护农田灌溉水；控制农业面源污染，禽畜牧场污染，在饮用水源地退耕还林；集中居民用地以更有效地建设、利用水处理设施。

② 能源

节约能源，建筑物充分利用阳光，开发密封性能好的材料，使用节能电器等；开发永续能源和再生能源，充分利用太阳能、风能、水能、生物制气。能源利用的最终方式是电和氢气，使污染达到最小。

③ 交通

发展电车和氢气车，使用电力或清洁燃料；市中心和居民区限制燃油汽车通行；保留特种车辆的紧急通道。通过集中城市化、提高货运费用、发展耐用物品来减少交通需求；提高交通用地的利用效率；发展船运和铁路运输等。

④ 绿地系统

打破城郊界限，扩大城市生态系统的范围，努力增加绿化量，提高城市绿地率、覆盖率和人均绿地面积，调控好公共绿地均匀度，充分考虑绿地系统规划对城市生态环境和绿地游憩的影响；通过合理布局绿地以减少汽车尾气、烟尘等环境污染；考虑生物多样性的保护，为生物栖境和迁移通道预留空间。

（2）提高人居环境质量

城市的表现形式是社区的格局、形态，人作为复合生态系统的主体，其日常活动对城市生态系统的好坏起着重要作用。因此生态城市规划中强调社区建设，创造和谐优美的人居环境。

① 生态建筑

开发各种节水、节能生态建筑技术，建筑设计中开发利用太阳能，采用自然通风，使用无污染材料，增加居住环境的健康性和舒适性；减少建筑对自然环境的不利影响，广泛利用屋顶、墙面、广场等立体植被，增加城市氧气产生量；区内广场、道路采用生态化的“绿色道路”，如用带孔隙的地砖铺地，孔隙内种植绿草，增加地面透水性，降低地表径流。

② 生态景观

强调历史文化的延续，突出多样性的人文景观。充分发掘利用当地的自然、文化潜力（生物的和非生物的因素），以满足居民的生活需要；建设健康和多样化的人类生活环境。

③ 发展生态产业

生态产业是按生态经济原理和知识经济规律组织起来的基于生态系统承载能力，具有高效的经济过程及和谐的生态功能的网络型、进化型产业。它通过 2 个或 2 个以上的生产体系之间的系统耦合，使物质、能量能多级利用、高效产出，资源、环境能系统开发、持续利用。

生态产业注重改变生产工艺，合理选择生产模式。循环生产模式能使生产过程中向环境排放的物质减少到最低程度，实现资源、能源的综合利用。

生态产业规划通过生态产业将区域国土规划、城乡建设规划、生态环境规划和社会经济规划融为一体，促进城乡结合、工农结合、环境保护和经济建设结合；为企业提供具体产品和工艺的生态评价、生态设计、生态工程与生态管理的方法①。

(3) 普及环境教育

城市活动的最终主体是人，强调人人参与，普及对各层次、各行业市民的环境教育是创建生态城市的重要保障，也是生态城市规划的一个重要方面。典型做法是：

① 为市场运作创造条件，通过与经济利益相结合，将环保事业推向市场；

② 创造合作的机会，如学校、机关和社区等，扩大社会影响；

③ 深入宣传生态思想，转化为每个人日常生活中的切实行动；

④ 通过政策、法令强制执行②。

4.1.2 推广建设城乡循环经济

1) 推广建设城乡循环经济的意义

所谓城乡循环经济是指以城乡环境承载力为底线，在人类的生态文化孕育出的有限理性约束下，依靠生态化技术创新与和谐型体制创新，使经济系统与生态系统以环型产业链方式镶嵌融合而成的可持续生态经济。作为发展主体的人，认识自然、征服自然、保护自然以及恢复生态平衡的能力都是有限的，都受有限理性与有限信息制约，因此，城乡循环经济只是一定程度的生态经济，而不可能是完全的生态经济；城乡循环经济无限趋近于质量型经济增长，但又不是理想的质量型经济增长。质量型经济增长只不过是城乡循环经济的另一种表述方式。

发展循环经济的空间载体是城市与乡村，产业载体主要是工业与农业。以往研究循环经济时，都隐含着一个前提假设，即只考虑城市范围内的工业循环经济，这一假设给真正意义上的循环经济的发展带来许多真空地带：其一，农村的已有污染与国内外城市转移到中国农村范围内的污染问题无人问津；其二，由于农村成为天然的“垃圾场”与污染企业聚集地，致使农村居民的生命健康受到很大威胁；其三，因农村受污染严重，农产品、畜产品以及水产品被严重污染后再运到城市，城市居民的食品安全问题日渐突出；其四，当农民的生产条件与生存条件日趋恶化后，个体意义上的求生本能便驱使农民加剧对周围自然资源既无序又无安全性地开发，已经出现的水土流失与沙漠化就是这种开发的真实写照。因此，单纯的城市工业循环经济是不能解决全部生态危机问题的，必须把农村与农业纳入到循环经济的大系统中，形成城乡循环经济。

在发展城乡循环经济过程中，凭借的是生态化技术创新与和谐型体制创新两大支柱。生态化技术创新为自己设定了有限增长的理性框架，该理性框架把生态系统当作自然资本，并将自然资本置于人造资本之上，通过物质间应有的物理化学反应构建环型产业链，使自然资本与人造资本共同保值增值，最终把经济系统恰当地镶嵌在生态系统中并实现经济系统与自然系统的“天人合一”。生态化技术创新不会自动发生，它需要相应的体制来加以引导和保障，而和谐型体制创新正是引领技术创新转向生态化

---

① 《2013—2017年中国生态城市规划行业深度调研与投资战略规划分析报告》前瞻产业研究[EB/OL]. http://www.qianzhan.com/report/detail/ce85d2cd9d5a44c3.html

② 紧凑、低碳、经济、和谐是生态城市发展目标[EB].[2012-09-25].中国城市低碳经济网

的指挥棒与催化剂。和谐型体制创新的突出特点是要让企业在进行技术创新时明确政府的激励性导向与惩罚性导向，它的根本目的是创造人与自然、人与人、当代人与后代人共生共荣的和谐意境。由此意义上讲，城乡循环经济是跨越传统线形工业化进行深度发展的重要基础。

实现农业现代化、市场化和农村城镇化的实质是城乡经济协调的可持续发展。农村城镇化过程是农民身份市民化、就业方向非农化、生活方式现代化、居住和生产生活范围非农村化的过程，其根本目的在于消除城乡差别，较快提高农民的物质文化生活水平，尽快实现共同富裕。为此，必须将城乡置于统一的空间下，谋划城乡一体的社会经济发展战略，构筑有利于城乡一体的发展环境，逐步实现工业发展、市场建设、城乡科技和社区建设一体化，使城市和农村在地域、形态、功能等方面实现有机结合，并相互促进，共同发展。依据适宜性原则和可持续发展原则，在培育具备现代化综合性功能的国际大都市的同时，要积极推进中小城市建设，走使人口和其他资源在特定小城镇及区域内相对分散配置从而推进大都市圈发展的城镇化道路。这种城镇化道路需要注意：一要协调农村城镇化与耕地保护的关系；二要使城市建设规划与土地利用规划相衔接；三要正确规划和管理农村人口与劳动力的转移；四要构建城乡循环经济的产业体系。

农村城镇化的过程同时也是农业人口城镇化的过程。人口城镇化是一个国家工业化的标志。从发达国家看，在国家进入后工业化时期后，城市人口应达到70%以上，而真正的农业人口应在7%以下。因此，人口城镇化是与工业化同时出现的，并且是协调发展的。中国人口城镇化发展的规模和速度，既要适应城镇经济和社会发展对劳动力总量和结构的要求，也要和城镇基础设施建设、房地产业的发展，以及教育、卫生等社会公益事业的发展保持动态的基本协调。

2）推广建设城乡循环经济的对策措施

（1）严格控制城镇建设用地规模

控制城镇建设用地规模，协调城镇化、工业化发展与耕地保护的关系。中国城镇规模扩张速度过快，这既与城镇社会发展迅速有关，也与城镇用地粗放化有关。因此，必须加强对城镇土地的管理，严格控制土地供应总量，促进土地利用方式由粗放型向集约型的转变。

新增非农建设用地的供应总量，应与农村城镇化的发展、城镇产业结构的调整以及房地产业的发展相协调。要遵循土地利用总体规划和有关指标进行科学测算，对超量用地可以采用“化整为零”、“下放土地审批权”等手段，对非法批地用地、多占乱用、滥用土地的，必须进行严厉的惩罚。

调整结构，转换土地利用方式，提高土地利用效率。一是通过城镇建成区内部用地结构的合理化和集约利用度的提高，增加土地资源的利用效率；二是加快存量土地的市场化，完善非农建设用地的审批办法，充分利用市场机制优化土地资源的配置；三是加快农地使用权的市场化，促进农地规模经营，提高土地产出率。

确立城乡建设用地规模的约束机制。在编制土地利用总体规划时，要把控制耕地总量和非农建设用地规模、实现耕地总量动态平衡作为重点，同时要确立省级及市级区域性的城镇规模体系，从宏观上做到城镇体系层次分明、规模适度、布局合理，并针对各个城镇所在地区的土地供给能力、经济发展水平和用地实际，设立城镇建设用地控制区。在县、乡土地利用总体规划基础上，制定村庄、集镇的非农建设用地控制规模。

（2）构建生态化技术创新体系

城乡循环经济的发展，离不开能源与资源。对于农村农业来说，太阳能是其天然的能源。农作物在天然能源、土地资源、气候资源、水资源以及化工资源（化肥、农药）作用下成长为农产品。对于城镇工业来说，化石能源（石油、煤、天然气）是不可再生资源，矿产资源也是不可再生资源。由此可见，农村农业所用能源及主要资源（土地资源除外）具有无限性，城镇工业所用化石能源及矿产资源具有不可再生性即有限性。由于工业不可再生能源与不可再生资源化学成分的复杂性，所以在没有找到将废弃物彻底分解的微生物之前，一定程度的工业污染及其带来的生态赤字就不可避免。

从生态经济学角度看，统筹城乡发展必须要在统筹城乡能源发展与统筹城乡资源发展方面有所作为。又由于城乡居民个体意义上的城乡垃圾是城乡消费工农业产品及自身代谢的结果，所以运用城乡能源对城乡垃圾进行无害化处理也是生态学的要求。这样，城乡循环经济就是既要在城乡工农业能源之间、城乡工农业资源之间实现各自生态化切换，还要统筹城乡环境保护。根据这一思路，城乡循环经济的生态化技术创新体系就包括：太阳能与化石能源之间的能源切换技术和能源替代技术；生物质能开发技术；农业化工资源的全面生物化技术；工业生产全过程精细净化，废弃物处理技术；以食物链为样板、以物质间生物化学反应为根据、以环型产业链为形式的工农业品共生性生产技术；城乡垃圾无害化处理技术。

（3）建立和谐型体制创新体系

为了从深层次整体推进城乡循环经济的深度发展，只在某些地区、个别行业或部分城镇进行单方面的和谐型体制创新，是不能解决如前所述的种种生态危机问题的，必须从上到下、从里到外、从局部到全局进行多方面全方位的和谐型体制创新。只有这样，城乡循环经济的体制保障才更具有现实意义。

一要尽快形成城乡一致性计划生育人口控制体制。城乡人口同时得到控制，可以带来多方益处，首先可以使总人口减少，从总体上减轻生态环境负担；其次可以达到减少农村人口的效果，可以加快农村剩余劳动力转移；最后城乡人口的减少可以减轻政府的社会保障负担。所以，城乡一致性计划生育政策不仅可以从总量上减小人口规模，而且还可以从结构上解决城乡人口规模与城乡循环经济规模不相适应的问题。

二要形成城乡企业同尺度的生态化技术创新鼓励性体制，与同标准的污染化传统技术惩罚性体制。企业是具体进行技术创新的微观主体，政府是激励、管理、管制企业的宏观主体，体制是联结政府与企业的媒介，或者说，政府是依据具有一定价值取向的体制来支持或约束企业的，目的是使其符合公共长远利益。因此，政府有必要对已经进行或打算进行自主性生态化技术创新的城乡工业企业予以同尺度鼓励，而对正在污染环境的城乡工业企业予以同标准惩罚。同尺度鼓励性体制鼓励的对象是当地政府、企业与技术创新的生态化工艺设计团队，以此多层次增强企业主动进行生态化技术创新的社会责任感。由于一些地区城乡工业污染企业所用技术多为落后的被淘汰技术，所以无法追溯到技术的产权主体，因而惩罚的对象是污染企业和为污染企业开辟前进道路的当地政府及其职能部门。

三要在城乡政府职能部门专业化基础上形成明晰化权责对称联动决策机制。应当承认，城乡粗放式经济增长的背后是粗放式管理与管制，而进行粗放式管理与管制的正是无专业化知识或缺少专业知识的各级政府官员与职员，特别在县、乡两级政府中，很少见到有生态经济专业化知识并能从事科学管理的干部。因此，中央一定要在以下三个方面解决这一问题。首先是从教育入手为城乡各级政府培养具有农学、化学、生态学、生物学、物理学、环境保护学等专业化知识的管理人才，并让这些人才充实或代替现有的低素质非专业化管理人员，从而为下一步的专业化管理打下人才基础。其次是厘清城乡各级政府与上下各层次职能部门的权责边界。以省为例，各省委、省政府均有主管工业、农业、环保、安全等的领导与职能部门，但从业务上讲，各省城乡职能部门又不同程度地受到中央各大部委的领导。这样，就出现了城乡同级政府与国家各职能部门之间的权责重叠。所以，应根据以事定权、以权定责的原则厘清城乡各级政府同上级职能部门之间的权责界线。最后是建立权责对称联动决策机制，有多大权力、承担多少责任是科学管理观的必然性要求；城乡循环经济对应城乡联动决策，这是发展生态经济的整体性要求。鉴于此，让“三农”代表参与循环经济决策过程；让城镇各职能部门（如环保部门、环卫部门、安全部门、卫生部门等）的管理触角合理延伸到广大农村；让城镇范围内各级政府的职能部门与经济主管部门互相沟通联合办公，打破环保部门与经济部门两层皮相隔离的僵局。这是建立城乡权责对称联动决策机制的三大前提条件。

（4）遵循“3R”原则，构建城乡循环经济的产业体系

一是从企业内部循环的角度，大力发展生态工业和持续农业。生态工业是以清洁生产为导向的工业，它根据“3R”原则设计生产过程，能实现经济增长与环境保护的双重效益。在中心城区土地使用上，要大力发展规模小、占地少、产出高的商业、金融证券业、保险业、房地产业以及文化科技产业和绿色产业。持续农业包括有机农业、生态农业等形式，即能实现增产又能保护环境的未来农业。郊县农业产品的生产要以新品蔬菜、花卉、果木、畜牧业为主，粮棉油为辅，大幅度减少化肥和农药的使用量，增加有机肥的投入，以提高绿色食品量。就发展绿色产业而言，绿色产业的产品能保护城镇的生态环境，具有调节气候，净化空气，降低噪音，改善城镇空气质量和气候条件的作用，可以创造可观的经济效益，增加财政收入。

二是从生产之间循环的角度，大力发展生态工业链或生态产业园区，即把不同的工厂以及农场、农业园区联为一体，形成共享资源和互换副产品的产业共生组合，使得一家工厂的废热、废水、废物成为另一家工厂的原料和能源；工业的废弃物经过生化处理，为农业发展提供必要的资料。

为此，城乡在产业结构调整和土地置换过程中，需要按照循环经济要求进行整合，争取资源消耗和污染排放的总体增长速度小于经济增长速度。要在生产建设和流通中，注意节水、节能、节林、节地，广泛采用新设备、新工艺、新技术、新产品，并限期淘汰能耗高、耗材多、耗水大的落后技术和产品，减少资源消耗，提高综合利用能力。

三是从社会整体循环的角度，大力发展绿色消费市场和资源回收产业。绿色消费和资源回收是必须与绿色生产相衔接的两个环节，只有这样才能在整个社会的范围内

形成“自然资源→产品和用品→再生资源”的循环经济圈。农村和城镇要做到：在生活领域倡导“3R”原则，提倡理性消费和清洁消费；抑制生产和流通过程中的包装过度现象，限制一次性包装品的使用，对销售量大的一次性物品应征收环境税，抑制其过量制造和使用；发展净菜及半成品蔬菜食品业；大力发展废弃物回收利用和资源化产业，使社会废弃物尽可能转入新的经济流程。同时，要加强与可持续发展和循环经济有关的立法和执法，把污染者付费的原则，贯穿于从生产到使用和回收利用的整个产品生命周期；要建立起一个能让公众和企业共同遵守的环保准则；要加强有关环境无害化技术的研究、开发和产业化进程，为城乡发展循环经济提供技术上的支撑①。

（5）全面执行循环经济整体推进基本法

《中华人民共和国循环经济促进法》已经于2009年1月1日起开始实施。发展循环经济是我国经济社会发展的一项重大战略，要遵循统筹规划、合理布局，因地制宜、注重实效，政府推动、市场引导，企业实施、公众参与的方针，县级以上人民政府编制国民经济和社会发展规划及年度计划，县级以上人民政府有关部门编制环境保护、科学技术等规划，应当包括发展循环经济的内容。县级以上人民政府应当建立发展循环经济的目标责任制，采取规划、财政、投资、政府采购等措施，促进循环经济发展。企业事业单位应当建立健全管理制度，采取措施，降低资源消耗，减少废物的产生量和排放量，提高废物的再利用和资源化水平。公民应当增强节约资源和保护环境意识，合理消费，节约资源。

4.2 基于产城关系的新型城镇化战略

党的十八大报告指出，要坚持走中国特色新型工业化、信息化、城镇化、农业现代化道路，推动信息化和工业化深度融合、工业化和城镇化良性互动、城镇化和农业现代化相互协调，促进工业化、信息化、城镇化、农业现代化同步发展。这里重点讨论新型工业化、新型城镇化和农业现代化的互动融合问题，即“三化互动”战略。

4.2.1 “三化互动”内涵和意义

我国正处在工业化、城镇化的中期阶段，数以亿计的农民和13多亿人口的粮食安全，迫使我们不能单纯地就城镇化谈城镇化，而是要坚持“三化”（新型工业化、新型城镇化和农业现代化尤其是产业化）互动。这和党的十七大、十八大报告精神是完全一致的。

“三化”协调发展是指：新型工业化、新型城镇化与农业现代化相互制约、相互影响、相互作用、相互促进，形成互为动力、互为支撑、良性谐振、良性循环的经济社会发展整合体，以产业关系协调、产城关系协调、城乡关系协调为主要标志，以产业集群发展、产城互动发展、城乡统筹发展为主要途径，是具有中国特色的区域科学发展之路②。

---

① 尚娟. 中国特色城镇化道路[M]. 北京：科学出版社，2013：136-142

② 王发曾. 中原经济区的“三化”协调发展之路[J]. 人文地理，2012(3)：55-59

新型工业化，是充分运用最新科学技术和依靠科技进步的工业化，是提高经济效益和整体竞争力的工业化，是走可持续发展道路的工业化，是能够充分发挥我国人力资源优势的工业化。新型工业化道路，就是在新的历史条件下体现时代特点、符合我国国情的工业化道路，是科技含量高、经济效益好、资源消耗低、环境污染少、人力资源优势得到充分发挥的工业化道路。

新型城镇化是以科学发展观为统领，以工业化和信息化为主要动力，资源节约、环境友好、经济高效、文化繁荣、城乡统筹、社会和谐，大中小城市和小城镇协调发展、个性鲜明的健康城镇化。新型城镇化包括外延扩张和内涵优化两个进程。新型城镇化的实质是：能够适应和推动生产力提高与社会进步的城镇生产、生活方式以及城镇性质、状态不断扩展与深化的发展进程。新型城镇化与传统城镇化的根本区别，主要体现在发展背景不同，发展目标不同，发展重点不同，发展主体不同，发展方式不同，以及发展动力不同①。

农业现代化是用现代工业装备农业、用现代科学技术改造农业、用现代管理方法管理农业、用现代科学文化知识提高农民素质的过程；是建立高产优质高效农业生产体系，把农业建成具有显著经济效益、社会效益和生态效益的可持续发展的农业的过程；也是大幅度提高农业综合生产能力、不断增加农产品有效供给和农民收入的过程。生产技术科学化是农业现代化的动力源泉，农业产业化是农业现代化的重要内容，农业信息化是农业现代化的重要技术手段，劳动者素质的提高是实现农业现代化的决定因素。

“三化”本来就是一项“三位一体”的社会系统工程。农业现代化为城镇化、工业化提供充足的剩余农产品和剩余劳动力；工业化为农业现代化提供技术、生产力资源和农产品加工支撑，为城镇化提供产业链动力、城镇建设资金和就业容量；城镇化为农业现代化、工业化提供强大的区域发展中心带动机能和群体带动机能。

4.2.2 “三化”协调发展的原则

1）整体推进原则

新型工业化、新型城镇化与农业现代化是一项“三位一体”的社会系统工程，“三化”协调发展必须以整体发展作为基本原则。围绕中原经济区建设这个战略中心，“三化”协调发展的着眼点与落脚点的设计，突破口与具体抓手的探寻，大政方针与政策机制的确立，以及实施方略与工作思路的谋定等，都要通盘考虑、全面规划、统一部署，避免画地为牢、顾此失彼、扬此抑彼。该原则的先决条件是：不以牺牲农业和粮食、生态和环境为代价。

2）协调发展原则

在“三化”协调的大框架下，力争做到：粮食增产、多种经营与土地整理协调，农业发展、农村繁荣与农民富裕协调，保障耕地、满足建设用地需求与盘活土地资源协调，提高农业产业化水平、巩固工业主导地位与发展新型服务业协调，新型农村社区建设、城镇建设与基础设施建设协调，土地利用规划、城镇规划与产业集聚区规划协调，提

① 王发曾.中原经济区的新型城镇化之路[J].经济地理，2010(12)

高城镇化水平、提高工业化水平与提高经济综合实力协调，中心城市组团式发展、中小城镇内涵式发展与农村社区集聚式发展协调，自主经营、市场调节与政府宏观调控协调，发展经济、繁荣文化与城乡社会保障协调，资源开发、经济增长与生态环境保护协调。

3）融合发展原则

在“三化”协调的大框架下，力争做到：其一，三大产业融合发展。农业支持工业，工业反哺农业，工农业带动第三产业，第三产业支撑、服务工农业，构建多重产业链，建设以产业链为线索的产业集聚区。其二，产业与城镇融合发展。产业发展融入城镇化进程，城镇发展与工业化、农业产业化同步，产业结构调整顺应城镇性质与职能，产业集聚区布局与建设纳入城乡规划范畴。其三，城镇与乡村融合发展。乡村支持城镇，城镇反哺乡村，统筹兼顾城乡利益，建立城乡沟通的资源、产业、商品、市场、文化、科技、基础设施、公共服务的通道。

4）可持续发展原则

努力实现三个方面的可持续发展：

（1）新型工业化可持续发展。切实转变经济发展方式，持续调整产业结构，构建循环经济链条，在信息化支撑下发展高新技术产业，以技术改造和产品换代升级促进传统加工工业全面更新。

（2）新型城镇化可持续发展。培育推进城镇化的动力机制，搭建多层次的城镇化承载平台，扩充城镇吸纳农民工的就业容量，加快农民转市民的步伐，创造乡村地区剩余劳动力就地转化的条件和机制。

（3）农业现代化可持续发展。强力推进农田基本设施建设，设立农田保护基金和粮食生产基金，促进农业科学技术推广，加大对农业机械、良种培育、农药化肥的扶持力度，提高农业产业化水平，建设农业产业园区，保护农民的生产积极性。

4.2.3 “三化”统筹协调发展的途径

下面以中原经济区为例，分析说明“三化”互动协调发展的途径。

第一，产业集群发展、产城互动发展、城乡统筹发展，是“三化”协调发展之路的三大主要通道。即第一、二、三产业综合发展，构建产业集群平台，形成综合实力与竞争力强大的产业增长、发展势头。包括：

（1）以循环经济理念为引导，转变经济发展方式，构建新型经济体系和新型产业结构；

（2）以产业信息化为动力，现代加工业和服务业发挥支撑作用，推动农业产业化；

（3）以产业价值链与生产链为线索，做好规划设计，建设各类产业集聚平台；

（4）以统筹兼顾、科学谋划为原则，打破地区壁垒、行政壁垒，实施区域基础设施建设一体化。

第二，产城互动发展。即产业与城镇整合发展，产业的带动功能与城镇的中心功能互动，形成产业兴旺、生态宜居的城镇发展状态。包括：

（1）以产业转移为契机，引进与内生相结合，更新城镇产业结构；

（2）以土地资源节约、集约利用为前提，在产业链和城镇总体规划的制约下，组织、建设城镇产业集聚区；

(3) 以城镇信息化为动力，建立区域城乡机制，构建城镇产业创新、服务体系；

(4) 以尊重市场规律为原则，改革金融管理体制，构建城镇产业投、融资平台。

第三，城乡统筹发展。即城镇与乡村融合发展，在新型城镇化进程中统筹城乡，形成“三化”协调的可持续发展格局。包括：

(1) 以中原城市群为支撑，城、镇、乡协调布局，构建现代城镇体系；

(2) 以农业剩余劳动力转移为牵引，开辟县域中心城区、建制镇、中心村转移渠道，搭建城镇化本土承载平台；

(3) 以切实解决“三农”问题为目标，调动农民积极性，推进新农村和新型农村社区建设；

(4) 以缩小城乡差距为目标，逐步实现城乡均等化，构建城乡资源共享平台和社会保障体系。

其中，产业集群发展涵盖第一、二、三产业并依附城镇，是“三化”协调发展的第一结合点；产城互动发展建立产业与城镇的整合链接，是“三化”协调发展的第二结合点；城乡统筹发展总揽城镇、乡村、产业发展，是“三化”协调发展的第三结合点，也是最终的落脚点①(图 4-1、图 4-2)。

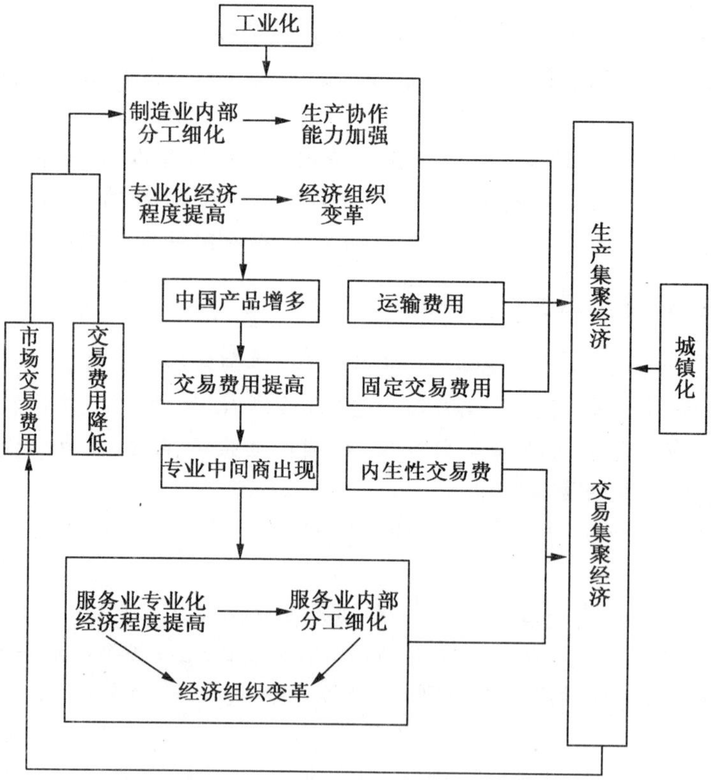

图 4-1 工业化与城镇化的互动融合示意图

① 王发曾.中原经济区的“三化”协调发展之路[J].人文地理，2012(3)：55-59

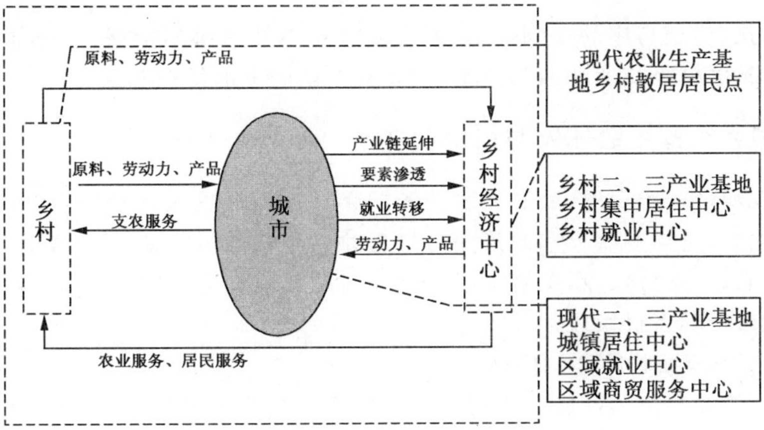

图 4-2　城乡融合、产城互动示意图

4.3　基于城乡关系的新型城镇化战略

4.3.1　城乡协调发展的基本要求

城乡协调发展的目的主要包括两个方面：一方面，形成有利于城乡协调发展的政策机制和制度措施；另一方面，使广大人民群众共享改革和发展的成果，实现城乡共同发展和共同繁荣。前者主要目的是在统筹城乡协调发展中努力达到城乡的机会公平，后者则是在统筹城乡协调发展中逐步追求结果的公平。

城乡协调发展，包括经济、社会、环境、制度等多个因素。从效率和公平角度，城乡协调发展的本质特征是城乡效率与公平最大化，发展目标是城乡发展双赢，实现城乡一体化。城乡一体化发展就是当区域发展到高级阶段时，城市和农村成为相互依存、相互促进的统一体，资金、劳动力、技术、资源等要素可以自由流动，相互合作，发挥比较优势，实现共同繁荣。具体表现为城乡经济一体化、城乡社会一体化、城乡生态环境一体化、城乡人口一体化、城乡资源配置一体化、城乡空间一体化。

城乡经济一体化主要指城乡产业联动发展，实现城乡经济共同繁荣。优化城乡产业结构和布局，实现城乡产业分工与合作，形成完整的产业链，完善城乡间的市场体系，在信贷、财政、税收等政策上完全平等，实现农业现代化和产业化。

城乡社会一体化主要指实现城乡平等的教育、医疗、卫生、文化、社会保障等方面的待遇。最大限度地缩小城乡差距，让城乡人民生活质量普遍提高。

城乡生态环境一体化主要指城乡人类与自然和谐共处。处理好人地关系，经济发展不能以牺牲环境为代价，使城乡生态环境得到有效保护，污染得到有效治理，形成城市与农村、人类与自然的和谐相处。

城乡人口一体化主要指实现户籍管理与公民待遇一体化，城乡人口自由流动。

城乡资源配置一体化主要指建立城乡统一、有序的产品与要素市场，实现城乡间商品、信息、资金、人才自由流通。

城乡空间一体化主要指统筹规划科学的城镇体系和空间结构。统一规划，构建城乡配套、衔接、管理有序的规划体系，大中城市和小城镇协调发展，产业功能区合理布局，形成完善的城乡交通和通信体系，实现城乡空间上的协调和融合。

4.3.2 城乡统筹中的体制与机制创新

要实现城乡统筹发展，就必须改变和摈弃过去那种重城市轻农村、"城乡分治"的观念和做法，通过体制改革和政策调整削弱并逐步清除城乡之间的藩篱，更多地关注农村、关心农民、支持农业，把解决好"三农"问题放在优先位置，加大对农业的支持和保护，以城市带动乡村发展。

1）城乡统筹面临的体制障碍

目前制约城乡协调发展的体制性障碍包括户籍管理制度、财政投资体制、就业制度、社会保障制度（含医疗制度）、土地制度等。

（1）户籍管理制度

户籍制度随着市场经济的发展，其阻碍作用已经大大弱化，但是与户籍管理制度相配套的一系列福利制度——包括教育制度、就业制度、社会保障制度等的阻碍作用都还改变不大，农村子女要进入城市学校必须交高额的赞助费，农民包括部分已经农转非的农民在求职、就业等方面面临许多制度性的不平等条款，农民工无法像城镇居民那样享受失业保险、养老保险。这些计划经济下与户籍制度相配套的福利制度正在成为阻碍城乡协调发展的主要制度性障碍。

（2）财政投资体制

政府财政投资具有明显的非农化倾向，政府财政性投资对农业和农村基础设施的投入与需求严重失衡，农村基础设施，包括农村道路交通建设、农田水利和学校等农村社会基础设施投资主要靠农村自我积累。

（3）社会保障制度

在社会保障方面，目前处于"城市有保障，农村有土地"这样一种状况。在城市，基本建立起了国家、企业和个人共同负担的城市居民养老保险、失业保险和基本医疗保险等保障制度，而农村基本上还是处于土地保障和居家养老状况，没有失业保险。农民需要社会保障，但是农民，包括许多已经离开了土地进城的农民，目前还缺乏基本社会保障。农村社会保障体系建设的严重滞后，已经成为瓶颈性障碍，严重制约了农村劳动力向城镇和非农产业的转移。

（4）土地制度

我国基本土地制度包括以下几个方面：城市土地国有、农村土地集体所有的二元土地所有制制度，基本农田保护制度，农村土地家庭联产承包制，等等。其中城乡二元土地制度和农村土地家庭联产承包制对城乡协调发展都有很大影响，前者人为地割裂了建设用地市场，造成城乡建设用地双轨制，影响土地利用效率。二元制度下，集体土地不能直接进入土地市场，必须通过国家征用将其转化成国有土地后才能转让出让或划拨，这一过程实质是城市剥夺农村利益的过程。后者则在某种程度上阻碍了农业的规模经营，影响了农村现代化和人口非农化，在一定程度造成城乡差距的扩大。

2）制度障碍的原因分析

除既得利益集团的阻碍外，更多的是政府受各种因素制约，突出表现在政府财政压力上，凡是不需要政府出现钱的，改革进程相对就走得快些，户籍管理制度、农村土地承包制等属于此类；反之则会相对滞后，社会保障制度、就业制度、财政投资体制等属于此。因此可以说，当前制度改革滞后的关键在于政府缺钱，农民没钱。制度改革需要支付成本，改革出路在于机制创新！要转变过去“重城轻乡、重工轻农”的观念，城乡一视同仁，重视农村，富裕农民。

3）案例借鉴：宁波市的创新实践

在征地与拆迁中保障农民利益方面的探索包括土地补偿的片区综合价（根据城镇建设征用农村集体土地的需要，由县级人民政府依照被征用农地不同地段、土地利用类型、土地生产能力、人均耕地面积和经济发展水平综合划定区片，进行土地价格评估，在充分听取有关方面，特别是农民意见的基础上，统一制定的每个土地征用补偿区片的“综合补偿标准”）、村集体发展留用地制度（让失地农民分享城市化的利益）、土地换保障的制度安排（将征用土地的补偿直接转换为社会保障基金，保证失地农民的长期生存基础）、房屋拆迁中优惠等措施（根据村民原有居住面积的多少不同，对村民实行多套安置，使农民在拆迁安置中得到更大实惠）等等。

城市化方面的探索包括人口梯度转移（高山人口向低山转移，低山人口向平原转移，平原人口向大中城市转移）、城市化与农村迁村中的规划引导（市、县两级城市体系和村庄布局规划）、区划调整（行政单元调整、农村新社区建设）、政策优惠（宅基地置换和相关费用优惠、投入财政资金加强对农民的职业技能培训、迁移后既享有原有权益又增加新的待遇）等，都收到了很好的效果①。

4.3.3 政府统筹城乡协调发展的任务

政府在统筹城乡发展上重点做好以下五个方面的工作：

第一，城乡居民户籍的统筹管理。打破城乡户籍和就业制度障碍，将城乡居民一视同仁，为创造公平的市场竞争环境、促进城乡交流打下良好的基础。

第二，城乡经济的统筹发展。通过发展集约经济，进行产业结构调整，加大科技投入和加快科技成果转化，实现工业园区化和农业现代化等措施，增强地区的经济实力，促进社会经济的良性循环；在信贷和税收政策上对农业、农村予以扶持，加大政府对农业农村的有效投入，促进农村工业化和农业现代化进程，一方面推进农业规模化经营，提高劳动生产率，增加农民收入，另一方面搞好城乡产业分工与协作，通过积极发展乡镇企业和其他非农产业，振兴农村，富裕农民。

第三，城乡社会事业的统筹建设。加大对农村的文化教育和医疗卫生等公共服务设施的有效投入，健全城乡社会福利事业，从而真正改善农村居民生活，促进农民生活水平的提高。

第四，城乡空间布局的统筹规划。统一规划，合理布局，有效地布局城市人口，构筑规模合理的多中心城市，完善城乡基础设施配套建设，实现以城市化为内涵的城乡

---

① 本项研究由住建部、北京师范大学和宁波市城市科学研究会共同完成，吴殿廷、杨春志等为主要参加者。

一体化和区域协调发展格局。

第五，城乡环境的统筹治理。就是使生态环境得到有效保护，城乡垃圾、污水都得到有效治理。城镇的发展不以牺牲环境为代价，严格控制污染源，改善城市环境的同时不污染乡村环境。城乡输入、输出关系合理，物质、能量循环途径完善，信息传递渠道通畅，保护物种的多样性，建设城乡一体和谐的生态环境。

4.4 基于城市等级规模关系的城镇化战略

新型城镇化战略不再简单地强调发展大城市或中小城市与小城镇。

中国很大，960 多万平方公里的陆地国土，13 多亿人口，中国的一个一般省份，比世界上一般的国家人口都多。

中国地域辽阔，人口众多，内部差异也很悬殊，有的地区已经基本完成工业化、城镇化，初步建成现代化，有的地区还处在工业化、城镇化的初期，基本小康才刚实现；有的地方地域辽阔，人少地多，有的地方人口稠密，建设用地十分紧张；有的地方水草丰美，有的地方干旱少雨……所以，在中国搞城镇化，不可能也不应该只有一种模式。涉及城镇体系建设，则更是如此。

4.4.1 我国城镇化过程中城镇体系战略的变化

改革开放以来，我国城镇化发展政策经历了从“抑制大城市，积极发展小城市”到“大中小城市和小城镇协调发展”的转变。政策变迁主要是根据市场经济体制改革中城镇化发展的新形势而做的必要调整。

1）积极发展小城市

改革开放初期，由于城市人口压力、城市福利制度和国企改革滞后等原因，1980 年《全国城市规划工作会议纪要》中提出“控制大城市规模，合理发展中等城市，积极发展小城市”，这成为改革开放初期很长一段时间内我国城镇化发展的基本方针。

在农村，随着家庭联产承包责任制的实施，农村生产力得到充分解放，农村剩余劳动力也不断增多。但是城市相关管理部门严格控制着“农转非”政策和指标，城市劳动部门限制使用农村劳动力。户籍制度成为严格限制农民进入城市的门槛。为了缓解农村剩余劳动力的就业问题，“离土不离乡”、“进厂不进城”的乡镇企业在小城镇和村庄，迅速发展起来，形成了遍地开花的局面。

1984 年 1 月，国务院颁布《城市规划条例》确认了“控制大城市规模，合理发展中等城市，积极发展小城市”方针。这是我国第一次以行政法规形式确认的城市发展方针。同年国务院开始放松集镇的户口迁移限制，允许农民进入小城镇定居。截至 1986 年年底，全国城镇转移农民已达 454 万人。东南沿海一些小城镇，正是依靠吸引农民进入而兴起的。如浙江温州市的龙港镇，就是以户籍制度的松动为契机，在短短的 10 年里，由一个数百人的穷渔村发展成为拥有 10 万人口的“农民城”。与此同时，乡镇企业也开始不断在小城镇集中，这也在一定程度上促进了小城镇的快速发展。

2）多样化的城镇化道路

1992 年，新一轮的工业化进程在中国全面展开。随着资本与技术对劳动力的替代水平迅速提高，乡镇企业吸纳农村劳动力的能力有所下降。与此同时，城市经济体制也发生了重要变化，特别是财政、土地等相关制度的改革，使得大中城市集聚了更多公共资源，中国进入了城市快速发展时期。从城镇建设用地增长来看，城市的快速增长使各级城镇政府加大了非农建设用地需求。据调查，1994 年年底，江苏昆山与浙江义乌、绍兴、上虞四地，国有土地的供给比重分别占到 70%、50%、50%和 80%以上。同时，劳动力政策逐渐发生变化，劳动力流动、城市使用农村劳动力的限制逐渐减小。

脱离农业的劳动力开始涌向城市特别是沿海城市，“民工潮”成为中国一种独特的现象。据有关部门的调查，如果包括乡外县内部分，1993 年农村劳动力流动的人数达到 6 200 万人，其中跨省流动的达到 2 200 万人，分别比 1989 年增长了 1.07 倍和 2.14 倍。其后，农村劳动力流动人数转入稳定增长，1994 年出乡的农村劳动力达到 7 000 万人，1995 年大约为 7 500 万人，而同期出省的农村劳动力人数大约为 2 500 万～2 800 万人，到 2005 年，我国进城务工农民已经达到 1.2 亿。中国人口迁移和流动速度的加快及其规模的日趋扩大，使中国城镇化水平大大提高，1998 年以来，中国城镇化率年均增长达到 1.4 个百分点，到 2005 年中国城镇化率已经达到 43%。

地方政府注意到大中城市在城镇化和经济发展中的作用，逐渐提出促进大中城市发展的城镇化战略。湖南省 1997 年已提出“聚集式发展”，培育大型中心城市和壮大县城。山东省在 2000 年提出“合理发展大城市，重点发展中小城市，积极发展小城镇”的思路。

2000 年，中央政府在“十五”计划中对城镇化方针做了新的表述：有重点地发展小城镇，积极发展中小城市，完善区域性中心城市功能，发挥大城市的辐射带动作用，引导城镇密集区有序发展。在新表述中，对大城市，从“控制”改为“完善”和“发挥”；对中小城市，从“合理发展”改为“积极发展”。在这种背景下，大中城市成为城镇化发展的一个重要载体。大中城市数量增长迅速，1990—2005 年的 15 年间，地级及以上城市数量由 188 个增加到 286 个。超大城市发展更为迅速，2002 年市辖区人口超过 400 万的城市仅 10 座，到 2005 年已经增加到 13 座。据有关部门调查，进城农民工的 60%流向地级以上大中城市。

3）城市群作为城镇化主体形态

2002 年 11 月，党的十六大明确提出“要逐步提高城镇化水平，坚持大中小城市和小城镇协调发展，走中国特色的城镇化道路”。在其指引下，城镇化发展从孤立城市向大中城市和小城镇协调发展过渡。随着大城市经济迅速崛起，辐射带动了周边中小城市和小城镇迅速发展，形成不同规模、层级城市之间共同参与、分工合作、一体化的区域经济现象，即城市群。

2006 年，“十一五”规划纲要中提出“把城市群作为推进城镇化的主体形态”，明确了城市群作为未来我国城镇化发展主体形态的空间布局战略。

目前我国已经形成的城市群主要有三个：长三角城市群、珠三角城市群、京津冀城市群。这三大城市群已经成为我国经济最为活跃的地区。

随着城市群对经济和城镇化带动作用的加强，地方政府也纷纷提出城市群发展思路，2003 年河南省发改委编制完成了中原城市群发展战略构想，2005 年又组织编制了《中原城市群总体发展规划纲要》。2007 年《山东半岛城市群总体规划（2006—2020

年)》正式对外发布,按照这一规划,山东半岛城市群将与京津冀、辽中南地区共同构筑引领中国经济发展的重要增长极。

城市群是多样化城镇化道路在空间上的体现,能够推进各级各类城镇协调发展,形成合理的城镇体系。城市群的发展模式,在我国未来城镇化发展中可能成为最有效率和效益、最切合实际的一种形式[①]。

4.4.2 新型城镇化建设中的城市群战略

由于我国城市分类标准制定于上世纪 80 年代,再按原有标准来划分城市大小与实际并不相符。为此,新型城镇化规划或将小城市由 20 万人以下调整为 50 万人以下,相应中等城市由 20 万～50 万提升为 50 万～100 万,大城市由 50 万～100 万提升为 100 万～500 万,特大城市由 500 万以上调整为 500 万～1 000 万,新增 1 000 万以上的为超大城市。

中国地域辽阔,情况复杂,发展很不平衡,在基本原则的要求下,中国城镇化实现的途径应当是多元的。中国东中西部不一样,山区、平原不一样,不同的发展阶段要求不一样,不同地域特色不一样……不能强调甚至只允许一种方式。与工业化的关系处理也应该有多种方式,有的是同步,有的可能要超前。

按照新的标准划分城市类型后,未来我国将着力优化提升东部地区城市群,培育发展中西部地区城市群,建立城市群发展协调机制。

---

① 范毅.29 年,走出城镇化科学发展之路[J].时事报告,2007(10):32-38

5 新型城镇化的实施和评价

国务院已经批准实施新型城镇化规划，就“有序推进农业转移人口市民化、优化城镇化布局和形态、提高城市可持续发展能力、推动城乡发展一体化和改革完善城镇化发展体制机制等任务”等作出全面部署。

5.1 推进新型城镇化所面临的挑战

新型城镇化是我国当前最主要的战略，但是，在推进新型城镇化的过程中，也遭遇了巨大的挑战。

5.1.1 耕地保护与城镇建设用地之间的矛盾

推进新型城镇化，势必要扩大城市建设用地，提高城市的绿化覆盖率，而城市建设只能在平坦开阔的土地上进行，这势必对保住 18 亿亩耕地造成冲击。我国本来就人多地少，平坦的耕地更为稀缺。保证粮食安全、守住 18 亿亩耕地红线是推进新型城镇化所面临的第一个挑战。特别是，新型城镇化要求提高城镇化质量，建设宜居环境。而城市的宜居性，除了便利的交通和舒适的建筑以外，还要降低容积率、绿化覆盖面积达到一定水平，生态城市建设的基本指标就是建成区人均绿地达到 12 平方米、建成区绿化覆盖率超过 38%①。中国不可能像美国那样，建设成片成片的别墅洋房，而如果建筑容积率太高、人均拥有的绿地面积太小，就谈不上以人为本、提高城镇居民的生活质量。这确实是一个两难选择，鱼和熊掌很难兼得。

如果说把乡下的人集中到城里之后而能够把乡下的住宅用地等腾出来，那么，可以说，推进城镇化对于保住 18 亿亩耕地是有促进作用的。而事实是，很多人已经在城里工作和生活了，却不肯放弃农村的土地，放弃祖屋，使得土地集约化生产难以推进，住宅建设用地占用空间却更多、更大了——在城里住一套、在农村闲一套。这对于新型城镇化中的节约、集约利用土地是个极大的挑战。

5.1.2 提高城镇化率与农民进城落户积极性下降的矛盾

根据《中国流动人口发展报告 2010》中公布的两次全国性流动人口问卷调查结果，如果以交回承包地为前提，大多流动人口不愿落户于城市。尤其是“具有流动史的返乡人口”，选择“不愿意”的比重高达 66.7%。

2010 年湖北省进行的一次问卷调查同样显示，农村居民不愿放弃农村户口的比例高达 70%；选择“进城不转户”的被访者比选择“进城转户”者多出 10 个百分点左右。

---

① 百度百科. 国家生态园林城市标准[EB/OL]. http://baike.baidu.com/link?url=B4SJ8fQPqxw_-34E9gbFP4AjGV_gD56pEmMv2KLyQrTb2xS5rAfvjTywuwbxrLtbvGvDZg1scRUh0m1IlEQZFa

造成这一现象的根源在于农业户口与土地承包权、宅基地分配、集体股份分红等利益的直接挂钩相关。一方面，近年来，随着农村土地股份合作社、集体土地流转机制等的不断探索，被城乡双轨制所抑制的集体土地价值正在不断地被释放，集体建设用地及承包地已经成为农民所掌握的最重要资源；另一方面，虽然近年我国城乡之间的壁垒和差异已经逐步消减，但外出农民仍没有被完全纳入城市社会保障体系中。这使得他们不得不担心一旦失去工作，生活保障从何而来？因此，承包地成为农民在城市难以维生时的“退路”或最后的保障①。

表 5-1 是国家统计局 2011 年所做调查的结果，2010 年时，只有不到 10%的新生代农民工的未来打算是明确要在城里，坚决回农村、挣够钱就回农村的占三分之一；20%以上的农民工不好说，另有 37%的人本来想留在城里，但对于能否在城里待下去却没有信心。

表 5-1　新生代农民工未来打算的调查(%)

未来打算	新生代农民工				
	合计	已婚		未婚	
		男	女	男	女
坚决不回农村	8.1	5.3	5.6	7.6	12.5
尽量留在城市，实在不行再回农村	37.0	31.7	32.2	38.8	40.4
挣够钱就回农村	22.2	27.9	29.4	21.3	15.6
一定回农村	11.2	15.1	13.7	11.3	7.1
不好说	21.5	20.1	19.1	21.0	24.5

“十一五”之后，我国在新农村建设方面取得了显著的成绩，虽然说农村还没有达到美丽、和谐、现代化的水平，但不论是城里人还是乡下人，对于城乡户籍的看法已经发生了翻天覆地的变化——过去人们想方设法都要把户口迁到城里，现在则不然，很多在城里打工的农民不愿意变成城市非农业户口。近年更是出现了一种新现象，就是很多老家在农村、现今在城里工作的公务员，都要把自己的户口迁回农村——因为农村户口可以得到很多补偿，包括农业补贴、征地补贴、拆迁补贴等。人们不愿意把户口变成城市户口，对于我们提高城镇化率是不利的。

5.1.3　大城市过度拥挤与小城镇、小城市吸引力不足的矛盾

新型城镇化要求充分发挥大中小城市和小城镇的优势，打造特色鲜明、大中小城市和小城镇协调发展。而目前的情况是：大城市、特大城市越来越拥挤，中小城市却冷冷清清。一些年轻人确实愿意到城里工作和生活，但也都是到大城市、特大城市去，使得大城市、特大城市拥挤不堪，物价飞扬；而中小城市则缺乏吸引力，进而导致功能不健全，环境很糟糕。如此恶性循环，新型城镇化中关于建设大中小城市协调发展的设想，很难实现。

和现代化的国家相比，我国小城镇与国外的发展差距明显要大于大城市。例如在

① 程遥．我国中部地区城镇化发展中的若干特征与趋势[J]．城市规划学刊，2011(2)

德国，所有的5万人口以上的城市都有与大城市连接的高速公路，图书馆、博物馆和设施齐全的医院也一应俱全。韩国小城镇在这方面的差距也不大。但在我国，即便是经济发达的东部地区，许多30万人口左右的城市尚没有连上高速公路，其他公共设施也大大落后于大城市。截至2012年，全国还有20%的小城镇没有集中供水，80%的小城镇没有污水和垃圾处理设施。要在高标准建设小城镇的同时，加快当地产业、市场的发展，使之不仅有一个城镇化的外形，更要有相应的经济内涵和社会内涵，形成内生发展机制，以吸收更多的农民进城当市民①。

5.2 新型城镇化建设的目标与任务

5.2.1 主要目标

中国城市化的目标是：用50年左右的时间，全面超出世界中等发达国家的城市化水平，城市化率由现在的37%提高到75%；建成具有容纳11亿到12亿人的城市容量，形成结构合理，功能互补，整体效益最优化的大中小城市体系；城市化进程中土地占用面积不得超过国土面积的2%，但其辐射带动的空间将全面覆盖国土的每个角落；以现在县城和有条件的建制镇为基础，科学规划，合理布局，发展小城镇，并同发展乡镇企业和农村服务业结合起来②。

具体说到城镇化率目标，假定2050年我国全面完成城镇化，届时的城镇化率为75%；而2010、2011、2012年我国的实际城镇化率分别是49.95%、51.27%和52.6%，平均每年提高1.3个百分点，在大力推进新型城镇化的背景下，2013—2015年的城镇化进程不会有太大的变化，按每年提高1.3个百分点计算，2015年城镇化率将达到56.5%。根据城镇化诺瑟姆曲线规律，2015年后，城镇化率提高的幅度会逐渐减缓，由此可以大体推断出2020年和2030年全国城镇化的目标。

在此基础上，根据联合国2008年对中国大陆人口预测结果（中方案），可以反推出不同年份的城镇人口。详见表5-2。

5.2.2 主要任务

1）有序推进农业转移人口市民化

目前，我国土地城镇化快于人口城镇化，农业转移人口市民化进程滞后。推进符合条件的农业转移人口落户城镇成为新型城镇化的首要任务。具体要实施差别化的落户政策，建立流动人口居住证制度；推进农业转移人口享有子女教育、公共就业、基本养老、基本医疗、保障性住房等城镇基本公共服务。

（1）实施差别化的市民推进策略

全面放开小城镇和小城市群，有序放宽中等城市，逐步放开大城市。但要合理设

---

① 东部地区新型城镇化的重点在于发展高质量的小城镇[N]. 新华日报，2013-08-01

② 中国市长协会，《中国城市发展报告》编委会. 2001—2002中国城市发展报告[M]. 北京：西苑出版社，2002

定超大和特大城市的落户条件。

表 5-2 我国城镇化率变化趋势及展望

年份(年)	总人口(万人)	城镇人口(万人)	城镇化率(%)
1980(实际)	98 705	19 140	19.39
1990(实际)	114 333	30 195	26.41
2000(实际)	126 743	45 906	36.22
2010(实际)	134 091	66 978	49.95
2015(预测)	139 600	78 874	56.5
2020(预测)	143 116	88 732	62
2030(预测)	146 247	97 985	67
2050(预测)	15 000	112 500	75

(2) 公平分担共享城镇化的成本和利益

与人口的市民化相配套,需要建立健全农业转移人口市民化推进机制。这就需要建立成本分担机制,合理确定各级政府职责,完善农业转移人口社会参与机制。

无论是基本养老还是基本医疗,个人都需要分担一部分费用,而另一部分则是政府承担,需要明确中央和地方如何分担。在一省范围内流动,则需要省级层面统筹,省市之间进行分担。总的要求是要让农业转移人口落户城里后得到全面的接受。

(3)"移民就业"与"移业就民"相结合

中国的城镇化一定要体现一盘棋的思想,要打破二元结构,形成优势互补、利益整合、共存共荣、良性互动的局面。市带县体制也好、城乡一体化也好,其出发点都是要走活城乡这盘棋。因为农村可以为城镇的发展提供有力支持,形成坚强后盾,城镇可以为农村的发展提供强大动力,从而全面拉动农村发展。决不能以牺牲农村的发展来谋求城镇的进步,这是一些发达国家曾经走过的老路,是一条教训,当引以为戒①。

加快户籍制度创新力度,建立以身份证管理代替户籍管理的新型户籍管理制度,取消城市户口、农村户口称谓,实现公民依法自由迁移权利。居民身份证随同定居住地的变迁重新登记,或者以稳定就业所在地为本人身份证登记地,从而取消区分居民城乡身份的户籍管理制度,以身份证为自由迁移、登记的合法证件,禁止对进入小城镇落户的农民收取或变相收取各项费用,降低农民进城门槛。

特别是要转变"移民就业"的大规模人口流动模式。鼓励东部等发达地区采取"移业就民"方式支持中西部地区发展,加快中、西部的城镇化和工业化步伐,实现全国区域协调发展。"移业就民"具体政策包括如下几个方面:一是东部产业链中的技术层次较低、劳动密集度高的阶段延伸至中西部地区,按照比较优势和集聚原理,深化产业内分工,提高产业链中的每一道环节加工深度和技术含量。二是鼓励东部企业向中西部

① 刘敏,杨玉华,侯大伟.两会调查:新型城镇化究竟"新"在哪里[EB/OL].(2013-02-28).中国城市低碳经济网

地区投资，有效地利用资本优势、产业优势和当地资源优势，采取重组、再建等方式构建中西部特色产业体系。三是营造良好的投资环境，鼓励当地企业家创业。企业家是经历过市场激烈竞争而涌现出的一批敢于冒险、富有创新且善于组织社会资源的群体，为此，中西部地区应该珍惜企业家资源，为企业家成长构筑良好的创业环境，由企业家自主选择产业，这种“移业就民”的方式会更深层次增强本地经济竞争核心力①。

2）优化城镇化布局和形态

新型城镇化牵涉到城市的合理布局，而我国现在有“北上广”三极，发展比较饱和。如果不在中西部地区发展第四极或第五极，那么全国各地的人口、资源还会继续源源不断地流向前三极。

中国的城镇要有自己的个性，每个地方的城镇，每一个城镇都应该有自己的个性，要突出多样性。城和镇都是有生命的，都有自己不同的基础、背景、环境和发展条件，由此孕育出来的城镇也应显示出自己与众不同的特点。

由于我国城市分类标准制定于上世纪 80 年代，再按原有标准来划分城市大小与实际并不相符。为此，新型城镇化规划或将小城市由 20 万人以下调整为 50 万人以下，相应中等城市由 20 万～50 万提升为 50 万～100 万，大城市由 50 万～100 万提升为 100 万～500 万，特大城市由 500 万以上调整为 500 万～1 000 万，新增 1 000 万以上的为超大城市。

按照新的标准划分城市类型后，未来我国将着力优化提升东部地区城市群，培育发展中西部地区城市群，建立城市群发展协调机制。在促进各类城市协调发展上，将增强中心城市辐射带动功能，加快发展中小城市，有重点地发展小城镇。

针对一些地方对自己所在城市未能纳入城市群的担心，中央将构建全国主要城市综合交通运输网络，强化综合交通运输网络支撑。将完善城市群之间综合交通运输网络，构建城市群内部综合交通运输网络，建设城市综合交通枢纽，改善中小城市和小城镇交通条件。到 2015 年，快速铁路网、高速网基本建成，普通铁路网覆盖 20 万人以上的城镇，高速公路网覆盖数万个城镇。

3）提高城市可持续发展能力

提高城市的可持续发展能力也是新型城镇化的重要任务。要建立城市的可持续发展模式，还需要通过有效的机制遏制大兴土木大搞形象工程的建设，同时需要在土地政策上能够对城市建设形成反向的约束力。

在城镇化形态和城镇布局上，不同规模和层次的城镇发展不够协调，县域城镇数量虽多但规模偏小，基础设施薄弱，人居环境较差，综合承载能力不足，集聚产业和人口的能力十分有限。对于这些难题，要从五个方面下功夫：优化城市空间结构方面，改造提升中心城区功能，严格规范新城新区建设，改善城乡结合部环境；促进城市经济转型升级方面，优化城市产业结构，增强城市创新能力，营造良好就业创业环境；提升城市基本公共服务水平方面，加快发展城市公共交通，加强市政公用设施建设，完善基本公共服务体系；推动新型城市建设方面，创新城市规划管理，加快绿色城市建设，推进智慧城市建设，注重人文城市建设；加强和创新城市社会管理方面，完善城市治理结

① 孙久文，叶振宇. 走中国特色城镇化道路的若干问题探讨[J]. 中州学刊，2009(3)：50-54

构，强化社区自治和服务功能，创新社会治安综合治理，增强防灾减灾应急能力。

不能为发展城镇而发展城镇，发展城镇的目的是为人服务。所以，城镇的一切应当围绕人来展开，要树立牢固的人本思想，创造良好的人本环境，形成良好的人本气氛，产生良好的为人服务的功能。总的来说，就是要使城镇具有人情味，能够促进人的自由而全面的发展，而不是相反。

4）推动城乡发展一体化

长期以来，我国城乡分割的政策体制限制了城乡一体化进程的发展。一方面，有形和无形的“门槛”把进城务工的农民拒之门外。由于县域城镇第二、三产业不够发达，对农村富余劳动力的吸纳能力较弱；另一方面，我国的粮食生产也面临着农民因收入差距而不愿种地的现实难题，只有通过城乡联动，让部分人口继续转移，让单个农民占有更多的生产资料，提高种粮收入，同时能享受到城市相同的公共服务，才能实现城镇化和农业现代化的同步推进。

对此，新型城镇化将从三个方面着力。一是完善城乡一体化体制机制，推进城乡统一要素市场建设，以及城乡规划、基础设施、公共服务一体化；二是加快农业现代化进程，保障国家粮食安全和重要农产品有效供给，提升现代农业发展水平，完善农产品流通体系；三是建设社会主义新农村，加强乡镇村庄规划管理、农村基础设施建设和农村社会事业发展。

5）高起点规划和建设城镇及城市群

新型城镇化发展规划紧紧围绕“提高城镇化质量，推动城镇化转型发展，以人的城镇化为核心，以城市群为主体形态，以综合承载能力为支撑，以体制机制创新为保障，走以人为本、集约紧凑、绿色低碳、四化同步的中国特色新型城镇化道路”这条主线，从六个方面统筹推进新型城镇化：即坚持以人为本，公平共享；坚持集约高效，绿色低碳；坚持四化同步，统筹城乡；坚持市场调节，政府引导；坚持因地制宜，分类指导；坚持统筹规划，分步实施。

发展城镇要科学规划，合理布局，要使城镇规划在城镇建设、发展和管理中始终处于“龙头”地位，从而解决城市建设混乱、小城镇建设散乱差、城市化落后于工业化等问题。当前尤其要做好城市群规划。

城市群是在工业化和城镇化相互作用过程中的空间演化形式，具有集聚性、协作性和整体性特征。编制城市群规划是未来区域经济规划的重点，也是指导我国宏观经济布局和区域城镇化的依据。在促进城镇化过程中，城市群规划要基于以下几方面考虑：

（1）以城市群辐射区作为准编制城市群规划的研究对象。一般而言，城市群辐射区会略大于城市群所覆盖的实际范围，建立在城市间经济联系基础之上，不受地理、人为等条件所限制，可由客货运输量、通信流、资金流等指标加以测算。但是落实到区域规划层面，为了行政管理方便，城市群规划普遍围绕行政区展开研究。此外，传统文化、地理特征的接近性也是城市群规划的重要依据，经济辐射也可通过文化通道影响周边地区。

（2）城市群规划要体现区域协调的作用与功能，促进中心城市的增长极的建设。城市群是我国经济发达，城镇化水平高，中心城市的集聚、辐射和协调功能强的城市集中地带。作为政府完善城市群管理的重要政策工具，城市群规划要突出中心城市增长极建设的重点，发挥对中心城市与内部其他城市的关系协调作用，加强对城市群与周边地区的协调。城市群规划要符合区域的功能定位，特别要与我国正在实施的主体功能区相适应，形成产业、人口、土地、环境、资源等相互协调的空间格局。

（3）城市群规划要优先考虑到区域交通网的建设。城市群交通网既要覆盖城市群内部，也要与周边区域交通网点相衔接。随着交通网络不断扩展，最终将城市群周边地区纳入城市群范围，从而建立以交通为纽带的紧密联系的经济体。

（4）加强城市群内部的跨地区补偿，降低区域内部城镇化成本。比如设立区域的生态基金，建设区域性生态工程项目；或者，实施区域性生态补偿，提高区内生态功能区的福利水平；此外，制定区域生态环保标准，严格控制城市"三废"问题[①]。

目前中国已经形成10个城市群，分别是珠三角、长三角和京津冀三个国家级城市群，以及辽中南、山东半岛、海峡西岸、中原、武汉、关中、成渝等城市群。另外将再打造哈（尔滨）长（春）、呼（和浩特）包（头）鄂（尔多斯）榆（林）、太原、宁夏沿黄、江淮、北部湾、黔中、滇中、兰（州）西（宁）、乌（鲁木齐）昌（吉）石（河子）等10个区域性城市群[②]（图5-1）。

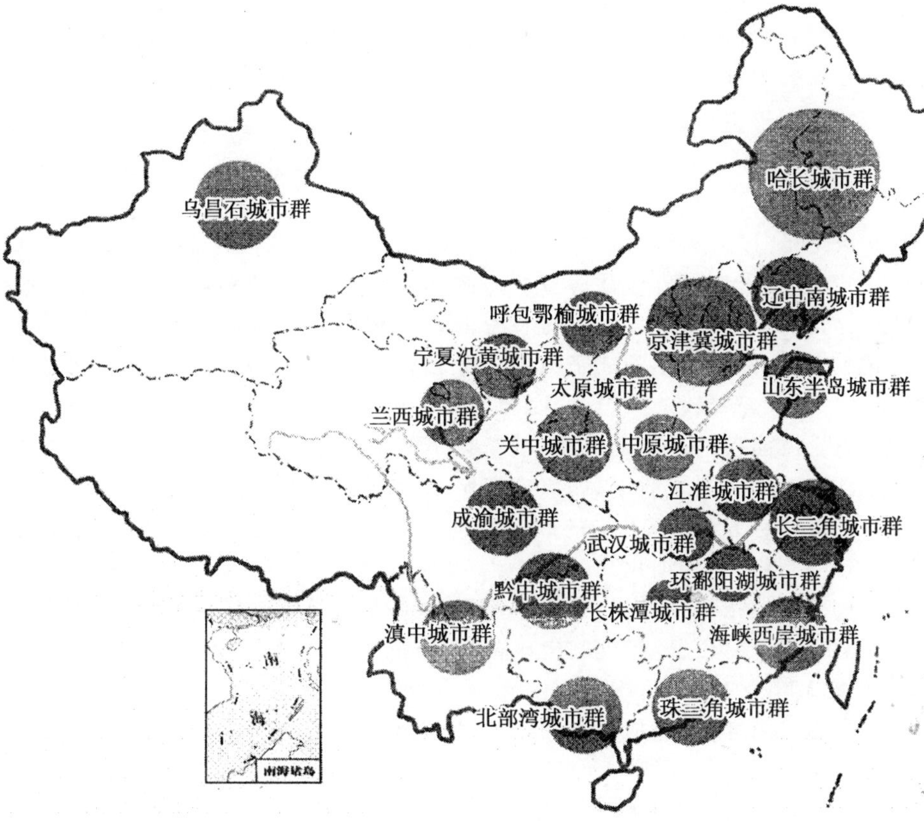

图5-1　新型城镇化规划中的城市群

---

① 孙久文，叶振宇. 走中国特色城镇化道路的若干问题探讨[J]. 中州学刊，2009(3)：50-54

② 百度百科. 中国将再造10个城市群[EB/OL].（2013-09-30）. http://hi.baidu.com/wu_yisi/item/61fde43f03b70ff3a88428e2

5.2.3 加大改革创新力度,加快推进新型城镇化进程

新浪网最近在网上进行了一项调查,共有 13 565 人参与调查,所得结果如表5-3所示。

表 5-3 社会对新型城镇化前景的看法

调查问题	选择	投票	比例(%)
你是否看好新一轮城镇化浪潮?	看好	6 155	45.4
	不看好	5 097	37.6
	不好说	2 313	17.0
你认为城镇化的关键是什么?	土地确权流转	6 014	44.3
	户籍制度改革	4 776	35.2
	减少政府干预	2 775	20.5

由此可见,要破解中国城镇化的改革难题,现行的土地和户籍管理制度是两个绕不开的障碍。户籍制度、土地制度、房产制度改革要联动:户籍方面,先让长期在城市打工的农民工能够市民化;土地方面,要提高农村征地补偿,逐步实现农村集体土地同权同价参与城镇开发[①]。房产方面,农民住房、农民宅基地要逐步与城市住房和国有土地经营管理接轨。

新型城镇化是“以人为核心”的城镇化,这已是社会的共识,但围绕着人的城镇化,背后则是公共服务、土地、资金、住房等一系列需要统筹推进的领域。土地如何保障、钱从哪里来、如何更好就业等都是不得不考虑的问题。

公共服务方面,以农民工随迁子女的义务教育为例,就需要在教育部把学籍联网以后,实现义务教育经费钱随人走;同时要提高农民工对城市的适应能力,就需要加强对农民工的职业技能培训。土地方面,城镇化不可避免要占用土地,在农村宅基地闲置和城市建设用地紧张的矛盾下,如何实现城镇化建设用地数量底线和耕地保护红线的协调统一?从住房方面看,未来的政策指向是高端有市场、中端有政策、低端有保障,但这些都还需要进一步细化和落实。

围绕着新型城镇化的建设,将在改革完善城镇化发展体制机制方面做文章,推进人口管理制度改革,深化土地管理制度改革,创新城镇化资金保障机制,健全城镇住房制度,强化生态环境保护制度。

城镇化的改革内容,还包括融资的改革、社会保障制度改革、养老保障体制改革。

5.3 产城互动推动新型城镇化

产业园区与城市同为区域经济系统的重要空间节点,推动园区与城市互动发展,是着力形成新的经济发展方式,积极稳妥推进新型城镇化的客观要求。产业园区一方

① 聚焦中国新型城镇化[N].新浪财经,2013-01-05

面是要素集中、产业集聚、人口聚拢的空间载体，为区域和城市发展带来规模经济和范围经济等正外部性；另一方面产业园区具备的聚合功能、创新功能、孵化功能、示范功能、扩散功能和自组织性、根植性等功能属性及其在统筹城乡发展中的特殊角色，使其成为推动产城一体发展的理想载体。

5.3.1 园区是产城一体发展的理想载体

1）独特的园区功能推动产城一体发展

园区既是一个自然系统与人工系统相结合的复合系统，又是一个与外界有着物质、能量和信息交换关系的开放系统①。园区区别于一般地域经济体的聚合功能、创新功能、孵化功能、示范功能和扩散功能，园区不仅是产业发展、人口聚集，加快城市功能组团的重要载体，而且也是物质财富生产、政府宏观调控、构筑区域优势产业体系的“底盘”和为完成特定经济目标而进行要素聚集和整合的有机整体。同时，园区具备的自组织性、根植性等属性有助于加快园城融合和产城一体步伐，有效引导要素合理流动，优化城市空间布局，提升城市核心竞争力，促进产城一体发展。

2）产业集聚和扩散功能助推产城一体发展

园区通常具有良好的区位条件和政策保障，不少产业和企业在区位指向性（Orientation）作用下，势必向园区集中集聚。作为产业集中集聚发展的重要场所和地域载体，园区可以为产业和企业带来技术创新外溢性、资金外部性、中间产品生产外部性、要素获取和市场信息分享外部性等等，促使产业和企业实现成本节约和利润增加。另一方面，产业集聚度的提升也为企业带来规模经济效应和范围经济效应。企业基于技术经济联系而自发在地理空间上形成的企业群，即通过劳动地域分工而形成专业化产业区，更进一步发展就形成了具有强乘数效应和极化扩散效应的“增长极”。园区的这种集聚和扩散效应能将区域经济系统的产业发展和城市建设有机结合起来，实现“以城促产、以产兴城”，推动产业发展与新区建设齐头并进、良性互动、融合发展。

3）城乡的区位优势有效沟通城乡要素交流

从本质上看，城乡产业发展差异和工农产品价格“剪刀差”是城乡二元矛盾凸显的直接诱因。着力发挥城乡比较优势，统筹城乡产业协同发展是将统筹城乡发展战略落到实处的重要途径与手段。园区（尤其是农产品加工园区）无疑是连接城乡两个地域单元，沟通三次产业，链接贸工农和农工商的重要空间载体，也往往作为一头链接城市、一头接通乡村，一头联系农业、一头连接工业和服务业的城乡产业链核（即关键产业环）的重要空间载体而存在。一方面，乡村承担着农产品生产和初加工职能，城市作为重要的消费市场地，园区由于主要从事初级产品的加工和深加工，在产业价值链上表现为高附加价值环节，往往就成为两个地域单元的衔接体和转换器。另一方面，园区作为吸纳农村富余劳动力的重要“蓄水池”和城市居民物质文化需要的供应地，产业发展会带动城乡居民就业机会的增加、收入水平的提升和消费结构的优化，成为撮合城乡居民需求的基地和平台。

---

① 向世聪.园区经济理论述评[J].吉首大学学报(社会科学版)，2006(5)：97-103

5.3.2 园区与城市互动发展的阶段性变化规律

园区与城市在发展功能定位、制度体系形成和要素聚集类型方面的差异，使得园区与城市发展既不可能孤立地存续于区域经济系统之中，又不可能毫无差别地合而为一，这一特点促使园区与城市呈现出持续不断的相互调整和相互适应，最终形成一个分工明晰、相互关联的园—城经济系统。园区和城市作为园—城经济系统的重要节点，随时间推移呈现出阶段性变化。

1）以城托园：助推园区集聚发展

园区发展初期，往往布局在城市边缘区，依托城市经济而实现起步发展，尤其离不开城市对园区的政策扶持、物流支撑和环境营造，而城市的劳动力、资金、技术、信息、管理等优质要素源源不断地单向流入园区，为园区经济的起步发展提供巨大便利。这一时期，城市对园区发挥着关键的支撑和依托作用。就产业发展看，城市囊括了大部分产业门类，呈现多元化发展态势，而园区产业则呈现为“小、散、弱”等无序发展特征，集聚能力弱小，主导产业模糊，发展速度缓慢。加快园区集聚发展和规模经济效益，引导园区增强自我发展能力，推动园区经济可持续发展是这一阶段园—城经济系统发展战略的首选。

2）以城兴园：挖掘园区发展潜力

园城关系落脚点开始集中于发挥区域比较优势，加速园区经济发展。园区经济较之城市经济发展得更快，园区产业企业门类逐渐增多，园区的产业集聚和群簇功能逐步得到强化，园区支柱产业开始由单一的资源依赖或粗加工产业向资源精深加工产业转变，从单一工业园区向科、工、贸、商、住多功能复合园区发展方向转化。园区发展速度开始超过城市发展速度，园区对城市的“涓滴效应”逐步强化，园城发展要素由单向流动开始向双向互补流动转变，园区开始“反哺”城市，各种“要素流”（人流、物流、资金流、技术流、信息流等）和“要素力”（劳动力、资本力、科技力、文化力等）开始向园区周边地区辐射并动态指向城市。园区经济发展开始更多依靠园区体制创新和已有规模经济效益。

3）以园补城：推动园城协调发展

园区与城市产业关联日益紧密，园区在经济发展速度上的高速增长势头有所回落并趋于平缓，在空间格局上园区和城市对接推进，在功能上也开始由单一的生产型园区向工、商、住、贸一体化的复合型园区转变，园区逐步演变为城市化地区、新城区或新市镇。园区产业发展由“量”的扩张向“质”的提升转变，集中集聚集约效应进一步凸显，产业集群基本成型。园区着力引进和培育高端产业，努力向产业价值链高端进军，园区由产品生产向品牌打造转变，由发挥资源优势向发挥体制机制优势和创新优势转变，由资源加工型产业向具有区域核心竞争力的资金技术密集型产业转变。这一时期，园区以就业岗位、税收、技术创新等形式对城市经济的“反哺”作用进一步增强，显著而深刻地影响着城市发展，其发展质量直接关乎城市竞争力水平高低。同时，在要素资源配置、制度管理创新、文化氛围营造等的影响下，产业园区与周边非城市化地区的前向、后向、侧向产业联系逐步增强，带动周边地区产业发展并引领其产业升级。园区产业规模扩张和结构完善化过程中产生出的对生产性服务业及消费性服务业的内在需求，给当地带来额外的就业需求①。

4）园城融合：提升园城互动层次

园区和城市在发展目标、政策重点和空间格局等方面逐渐趋于融合。园区的物质财富核心生产地位得以强化，已然构建起体现自身优势的产业体系或者基于全球产业价值链的优势产业部门，而且更多的是作为具有产业和企业创新的“孵化器”的面貌出现。园区优良的创新创业环境成为吸引创新型企业入驻的主要因素，成长潜力大、资金技术密集、经济效益好、环境污染低的战略性新兴产业开始成为园区的支柱产业和主导产业。城市生活服务功能开始向园区渗透，园区在地域空间载体上逐步发展成为新兴城市和现代化的新城区，园区和城市之间的时空界限日益模糊，各种“要素流”和“要素力”流向趋于动态平衡，园区与城市的产业发展逐步趋于互补融合，且园区具有向周边小城镇辐射扩张的趋势，园区与建成区在时空发展维度上趋于一体（表5-4、图5-2）。

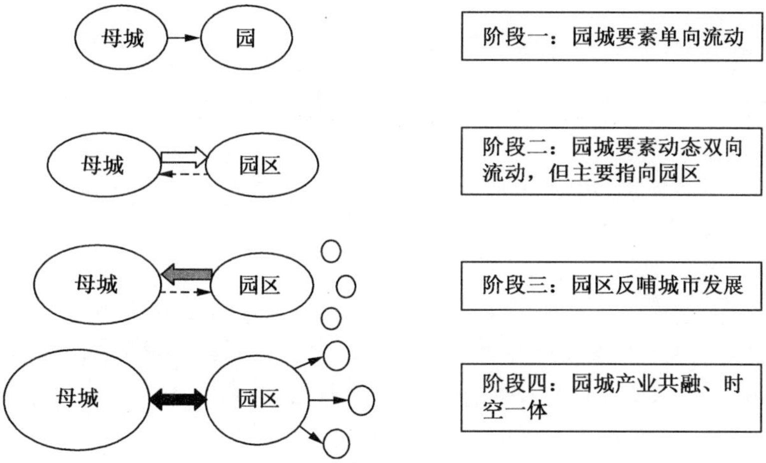

图 5-2　园城关系发展演变图

表 5-4　园区与城市互动发展的阶段性特征一览

相关特征 / 互动阶段	产业发展	经济增速	要素流向	园城关系
以城托园	“小、散、弱”，支柱产业不明朗	缓慢	园区的“极化效应”凸显，要素净流向由城市指向园区	城市发展孕育园区经济
以城兴园	由单一产业向复合型产业转变，主导产业以资源加工型产业为主	加速上升	要素流动由单向向互补流动转变，园区开始“反哺”城市	园区的聚集效应、自增强效应和溢出效应不断增强

① 王慧. 开发区与城市相互关系的内在肌理及空间效应[J]. 城市规划，2003(3)：20-25

续表 5-4

互动阶段 \ 相关特征	产业发展	经济增速	要素流向	园城关系
以园补城	由单一的生产型园区向工、商、住、贸等复合型园区方向发展，主要发展资金技术密集型产业	增速回落、趋于平稳	园区全面反哺城市，“要素流”、“要素力”向园区周边地区辐射并动态指向城市	园区发展带来的集聚经济、外部经济和范围经济显著提升城市竞争力和发展水平
园城共兴	园区优势产业或优势产业链条(环)已然成型，着力向高端产业和产业高端进军	增速趋于和缓	园城间“要素流”和“要素力”趋于动态平衡，园区经济辐射逐步指向周边小城镇	园城产业共融、时空一体

5.3.3 园区与城市空间关系及其变化

园区经济发展对城市的经济、社会、实体空间演化强烈的催化、带动作用，引发整个地域空间结构的变化。然而由于园区的组成、规模、功能、性质侧重的不同和城市环境、空间结构、发展规模、用地条件、基础设施完善程度的差异，使得园区与城市的空间开发模式和空间开发形态具有显著差异性①。

1）独立开发式园区

独立开发式园区在空间形态上与城市分割，在经济关联上与城市若即若离，视不同类型的园区而定。有的独立开发式园区与母城间具有较为紧密的经济往来，已形成园—城系统分工体系，出于成本节约和能源资源高效利用的考虑，这类园区往往靠近资源富集地，园区经济的发展离不开某些“地域根植性”要素，其空间布局倾向于远离城市，如攀西地区的钒钛磁铁矿园区和宜宾筠连的煤炭产业园区。也有独立开发式园区看重远离城市地区的生态环境承载力，发展需要消耗一定资源环境容量的产业。另一类独立开发式园区则与母城的经济关联较弱，更多的是政府基于空间规制或宏观产业布局考虑，如“三线建设”时期的“山、散、洞”生产力布局造成的园区和城市呈现出典型的离散型空间布局形态。独立开发式园区的“孤岛经济”特征十分明显，比如，德阳高新区与周边城市即存在弱产业关联，阻碍了园区与城市的互利共赢发展。园区与城市离散的空间形态往往导致随着园区发展实力的壮大，园区不得不调整其发展战略，进行“二次创业”或重新进行区位选择(图 5-3)。

2）边缘开发式园区

边缘开发式园区在空间关系上与城市相邻，往往布局在城市边缘区或城乡结合部，从某种程度上可看作城市建成区的一部分，其与城市发展有着唇齿相依的关系，往往成为农副产品加工业的集中布局地。随着园区与城市各自的集聚—扩散空间作用的发展，园区与城市要素交流日益频繁，界限日益模糊，空间关系日益紧密，空间结构

① 孙万松，孙启萌. 园区经济与城市核心竞争力[M]. 北京：中国经济出版社，2004：82

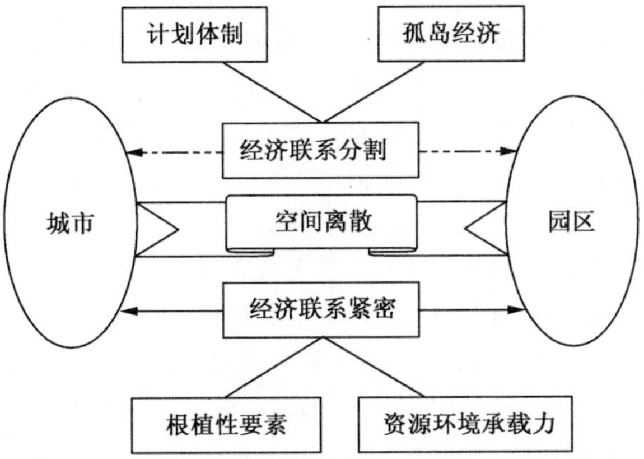

图 5-3 独立开发式园区与城市空间示意图

日益完善，园区与城市的服务空间、生活居住空间和就业空间逐步趋于融合。城市化进程的加快更是使原来处于边缘开发区形成具有完备城市功能的独立区域，成为主城的辅城、双子城、卫星城或边缘城①，在空间结构实现从园区向城市功能区或新城市的转变。究其原因，一是毗邻型园区能“享受”城市经济的外溢性，包括完善的基础设施体系和资金、技术、信息等稀缺要素的有效供给；二是分担城市部分职能，有效配合解决城市化进程带来的旧城改造、城市人口疏解、城市功能疏散、城市产业结构调整升级等问题；三是园区产业与周边前、后、侧向产业联系链不断延伸和分支，所波及的产业门类和企业等级不断增多，尤其是向第三产业日益广泛地渗透，不仅使园区与城市的联系日益紧密，而且使得园区与周边小城镇和外围组团建立联系成为可能②。园区逐步向城市综合功能区转型，这既利于园区功能进化，也是提升城市综合竞争力、实现区域可持续发展的战略选择（图 5-4）。

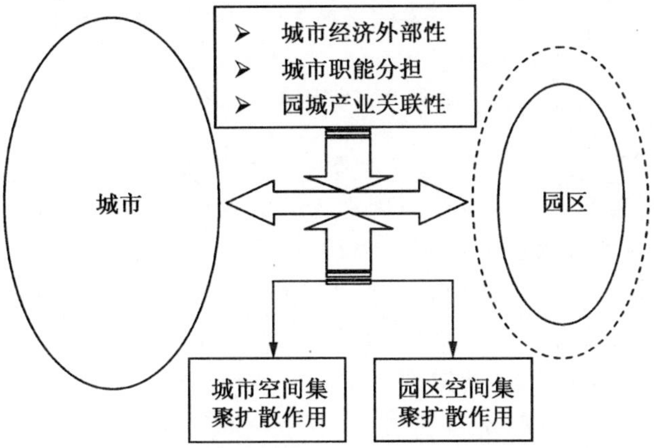

图 5-4 边缘开发式园区与城市空间示意图

① 王雄昌. 我国开发区转型的机制与动力探讨[J]. 现代经济探讨，2010(10)：15-19

② 王慧. 开发区与城市相互关系的内在肌理及空间效应[J]. 城市规划，2003(3)：20-25

3）内涵开发式园区

内涵开发式园区布局在城市建成区，往往是城市早期的产业聚集区和发祥地之一。经历了“一次创业”之后，内涵式园区在理论上会依次经历综合新城、产业社区、纯产业区和消亡空间四种再开发模式，宏观上综合新城构建完整独立的空间结构、产业社区构建较完整的空间体系、纯产业区构建“园中园”式的产业聚集空间、消亡空间融入城市空间的再开发体系①。园区由“一次创业”向“二次创业”转变进程中，产业的兴起加速人口等要素的中心极化效应，产业集聚度不断提升，产业结构日趋高级化，土地资源的稀缺性和城市空间的有限性倒逼园区发展环境污染小、资源消耗低、经济效益好、投资风险大的高新技术产业。园区也逐步由单一的产业区向城市综合功能区转变，管理体制上从单一的经济管理向综合管理转变，从单纯的园区管理向统筹城乡协调发展，经济、社会、文化共同发展的城区管理转变②。园区与城市区内部各功能区之间的“一体化”、“产业特色化”、“分工协作化”、“网络化”的趋势越来越强烈，园区逐步带动城市的产业升级和空间重组，园区和城市最终走向一体（图 5-5）。

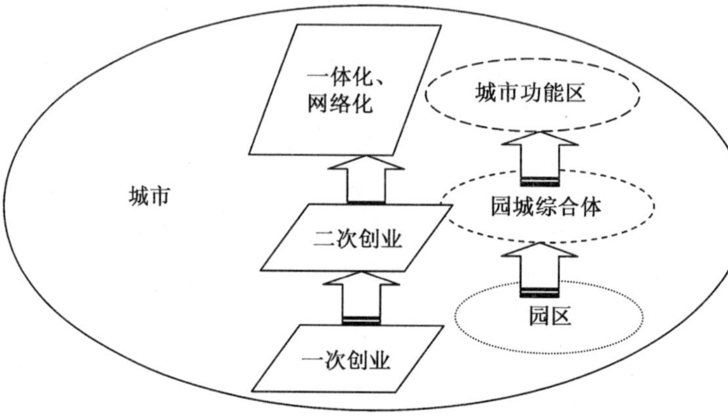

图 5-5　内涵开发式园区与城市空间形态示意图

5.3.4　促进园区与城市互动发展的对策和措施

1）规划引领“园—城”地域空间与产业空间互动发展

园区与城市发展不协调的重要原因在于园区发展规划与城市发展规划衔接不够，因此，推进园区与城市互动发展必须加强规划引领。首先，推动产业规划与空间规划的协调，产业规划是空间规划的前提和基础，园区发展的核心在于构建具有区域比较优势的主导产业和特色产业，城市发展的核心在于构建起具备核心竞争力的二、三产业。推动产业规划与空间规划的协调一致，并适时根据园城发展阶段和空间形态进行修编，是实现园城互动发展的基石。其次，市场经济条件下，要素供给和产品需求结构瞬息万变，迫切需要规划对园区产业和企业发展进行有效引领。最后，将园区与城市的经济社会规划（战略规划）与园区工程规划设计（空间规划）相结合，将开发规划（招

---

① 袁新国，王兴平，滕珊珊，等. 长三角开发区再开发模式探讨[J]. 城市规划学刊，2011(6)：77-84

② 王雄昌. 我国开发区转型的机制与动力探讨[J]. 现代经济探讨，2010(10)：15-19

商规划)与资金规划(投融资规划)相结合,将资源配置规划(空间规划)与市场引爆路径(重大项目策划)相结合[①],是实现园区与城市的互动协调发展的重要法宝。

2)产业协调推动园城功能互动

园区与城市同为区域经济系统的重要空间节点,两者存在产业选择的差异性与功能的互补性。园区主要承担物质财富的生产,而商业、教育、医疗、卫生、休闲、娱乐等公共服务基础设施相对缺乏。城市则聚集了诸多的生活性和服务性产业活动,产业软化度高。产业结构差异和要素分布的时空差异内生驱动着园区与城市间产业的协调发展,决不可偏废其一。城市如果缺乏产业支撑带动提升人口就业率,必然要承受产业空心化引发的过度城市化等阵痛,而园区倘若没有良好生活环境和公共基础服务设施的覆盖,也必然带来要素供需的结构性矛盾和园区公共服务的弱质化和滞后化;因而,推动园城产业协调发展是维系园城协调稳定发展的重要举措。相应地,第一,应加快对入园产业和企业的筛选,引导园区内生产性产业与服务性、生活性产业的协调发展,避免生活、服务基础设施的弱质化;第二,协调好园区与城市间的产业布局,根据园区和城市空间的资源配套的差异化,筛选出与自身服务性功能相匹配的产业门类。

3)要素整合助推园城资源配置互动

园区与城市产业结构的差异性与发展功能的互补性必然要求园城要素有效配置与合理流动。一是把园区看作城市组团的一个重要功能区,遵循市场机制,依据园城互动发展阶段及其空间形态合理整合和优化配置要素在园区和城市间的分布,并引导其合理有序流动。二是着力破除阻碍园城要素流动的体制机制障碍,推动要素在园区与城市之间由单向补充式流动向双向互补式流动转变,引导园城互动由低级阶段向高级阶段演化。三是根据园区与城市间产业结构、供需结构、人口结构、区域发展战略的动态变化,适时调整要素在园—城系统的时空配置和要素流向。

4)生态建设加速园城资源环境互动

生态系统的地域延展性和生态环境功能的不可分性,使得园区和城市必然存在着生态互动发展的必然性。园城发展阶段和空间布局特点使得园区与城市生态互动发展路径有所差别。在园城互动发展的前期,应根据园区和城市主体功能的差异性和资源环境容量的非一致性,分别开展生态园区和生态城市建设,实现局部生态环境的改善并引导园—城经济系统的可持续发展;在园城互动发展的后期,则应将园区和城市的资源环境纳入更大空间范围进行统筹考虑,优化园—城经济系统整体空间开发格局,推动园区物质财富清洁生产和城市经济绿色发展,大力推进生态文明建设,积极发展循环经济,加强生态制度建设,更好地节约能源资源和保护生态环境[②]。

5.4 改革开放以来我国城镇化质量评价

5.4.1 评价指标及数据处理方式

新型城镇化内涵丰富,表现多样,因此,很难用一两个单独指标直接加以描述,必

① 温锋华,沈体雁.园区系统规划:转型时期的产业园区智慧发展之道[J].规划师,2011(9):15-19

② 龚勤林,陈说.论产业园区与城市互动发展的时空关系及其路径[C].中国区域科学协会,2013

须从多方面构筑评价指标体系。

考虑到我国正处在城镇化快速发展阶段，加快推进城镇化是党的十八大提出的一大战略，所以，提高城镇化率是推进新型城镇化的一个重要途径，为此，我们首先把城镇化率(X_1)纳入进来。

城镇化不仅仅是人的城镇化，还要有产业支撑，特别是非农产业的发展。为此，必须把非农产业增加值比例(X_2)纳入进来。

新型城镇化与传统城镇化的一个重要方面，就是注重城镇化的质量，为此，有必要把城镇居民的恩格尔系数(X_3)、建成区人均绿地(X_5)等纳入。城镇登记失业率本来也应该纳入，但是在我国，城镇登记失业率只是一个政策性数据，没有实际的意义，也不能反映出各地区的实质差别。

新型城镇化还特别强调统筹城乡协调发展，因此，在提高城镇居民人均可支配收入(X_4)的前提下，缩小城乡居民之间生活水平差距、坚持基本公共服务均等化等也要纳入考察范围。这里，我们用非农产业就业比(X_6)和乡城居民人均收入比(X_7)来反映城乡统筹协调发展的态势。这两个指标越低，越与新型城镇化的要求相悖。

新型城镇化也强调生态文明和环境改善。因数据限制，我们用城区人均建设用地(X_8)、单位 GDP 能耗降低率(X_9)和工业固体废弃物综合利用率(X_{10})来反映各地区在此方面的努力。

影响新型城镇化进程的指标还有很多，如单位 GDP 排放的二氧化碳、建成区绿化覆盖率、节能建筑普及率等。但这些指标有的根本就没有全地域(省级区域)的统计，如节能建筑普及率；有的也缺乏历史数据，如碳排放及绿化覆盖率等。任何综合评价，都不是指标越多越好，也不是方法越复杂越好。应努力做到简单实用，客观合理，只要能识别出评价对象之间的差别即可。新型城镇化不外乎“社会进步，转型发展”“以人为本，提高城镇化质量”“统筹城乡协调发展”“节能降耗，可持续发展”四大方面，上述 10 个指标已经涵盖了这四大方面，因此，我们就用这 10 个指标来评价各年份的新型城镇化进程(表 5-5)。

表 5-5 新型城镇化评价指标体系设计

目标层	操作层:具体指标	符号	数据来源及处理方法
社会进步，转型发展	城镇化率	X_1	直接使用，越大越好
	非农产业增加值比例	X_2	直接使用，越大越好
以人为本，提高城镇化质量	城镇居民恩格尔系数	X_3	正向归一化处理:100 恩格尔系数
	城镇人均可支配收入	X_4	正向归一化处理:以 2001 年价格、40 000 元/人为理想值进行归一化；不变价处理方法:GDP 缩减指数法
	建成区人均绿地	X_5	生态城镇标准为 12 平方米/人，为留有余地，以人均 15 平方米为最佳，太大浪费土地，太小满足不了宜居环境的需要，以此进行归一化

目标层	操作层:具体指标	符号	数据来源及处理方法
统筹城乡协调发展	非农产业就业比	X_6	直接使用,越大越好
	乡城人均收入比	X_7	以 1∶1.2 为最佳,并据此进行正向归一化
节能降耗,可持续发展	城区人均建设用地	X_8	过大是土地不节约,太小是生态环境没保证,国标城乡规划中规定人均 100～120 平方米为宜,为留有余地,以 120 平方米为最佳。折算成建成区人口密度,就是 8 333 人/平方公里,以此进行正向归一化
	单位 GDP 能耗降低率	X_9	节能降耗是新型城镇化的重要原则,按每年降低的百分比计,降低的比例越大越好。单位 GDP 能耗下降,以 5 年下降 20%(“十一五”规划要求),即平均每年下降 4.36%为标准(得分 100)处理,下降越大越好,所以,有得分大于 100 的年份
	工业固体废弃物综合利用率	X_{10}	直接使用。这是新型工业化与新型城镇化互动、循环经济的客观要求

需要说明的是,表 5-5 中的大部分数据都可以在不同年份的中国统计年鉴上获得,只有 2001 年的数据缺少工业固体废弃物综合利用率的数据,而 2006 到 2011 年各地区(全国平均也是如此)该指标没有统一的趋势性变化特点,为此用 2006、2011 年两年情况的平均值作为该地区的数据。

这些指标有的是正指标,即数值越大越能体现新型城镇化的要求;有的是逆指标,即数值越大越与新型城镇化的要求相悖,如城镇居民恩格尔系数、登记失业率等,需要进行正向化处理;有的是以某一特定值为标准的指标,超过或低于该指标都不好,如城区人均建设用地、建成区人均绿地,需要用恰当的转换模型将其正向一致化。

5.4.2 单项指标的变化

下面按照新型城镇化的要求,考察改革开放以来我国典型年份城镇化质量、效益和协调性的变化。单项指标归一化结果如表 5-6 前 10 行所示。从中可以看出各项指标近 20 多年来的变化。

表 5-6 全国新型城镇化态势评价结果(%)

操作层:具体指标	1990 年	1995 年	2000 年	2005 年	2010 年	2011 年	2011 年—1990 年/100	熵多样化指数权重
X_1 城镇化率	26.41	29.04	36.22	42.99	49.95	51.27	94.13	0.102 5
X_2 非农产业增加值比例	72.9	80	84.9	87.9	89.9	90	23.46	0.103 6
X_3 城镇居民恩格尔系数	45.8	49.9	60.6	63.3	64.3	63.7	39.08	0.103 4
X_4 城镇人均可支配收入	7.46	11.81	15.99	22.71	32.31	34.13	357.51	0.098 7

续表 5-6

操作层:具体指标	1990 年	1995 年	2000 年	2005 年	2010 年	2011 年	2011 年—1990 年/100	熵多样化指数权重
X_5 建成区人均绿地	12.00	16.67	24.67	52.67	74.67	78.67	555.58	0.094 8
X_6 非农产业就业比	39.9	47.8	50	55.2	63.3	65.2	63.41	0.103 2
X_7 乡城人均收入比	54.53	44.20	43.06	37.22	37.17	38.39	−29.60	0.103 3
X_8 城区人口密度	3.35	3.86	5.30	10.44	26.51	26.74	698.21	0.090 7
X_9 单位 GDP 能耗降低率	44.50	83.49	102.98	15.14	90.83	46.79	5.15	0.097 4
X_{10} 工业固体废弃物综合利用率①②	29.24	43	45.9	57.27	67.14	60.48	106.84	0.102 4
综合得分	34.25	41.55	47.51	45.12	59.85	55.86	63.09	

从表 5-6 和图 5-6、图 5-7 可以看出，近 20 年来，这 10 个指标大多都在上升，其中上升最快的是建成区人均绿地面积和人口密度，但最近五六年，则明显减缓；发展最差的是乡城收入比——此期间城乡收入差距实际上是扩大了；最不稳定的是单位 GDP 能耗的降低率，这有两个原因，一是上世纪末、本世纪初我国正处在重化工业发展阶段，降低单位 GDP 能耗不容易；二是 2010 年为应对金融危机采取了 4 万亿投资保增长的做法，而这 4 万亿大多投在了铁(铁路)、公(公有经济)、基(基础设施)领域，导致单位 GDP 能耗上升。

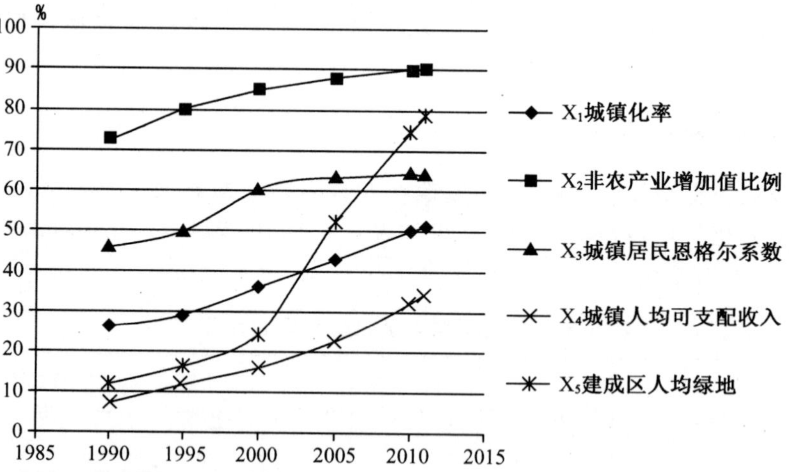

图 5-6　前五个评价因子近 20 年来的得分变化

① 高树婷，张慧勤. 我国工业固体废弃物污染控制初探[J]. 环境科学研究，1994(1):43-47

② 丁晓琳. 我国工业固体废弃物研究[J]. 交通运输系统工程与信息，2002(2):80-86

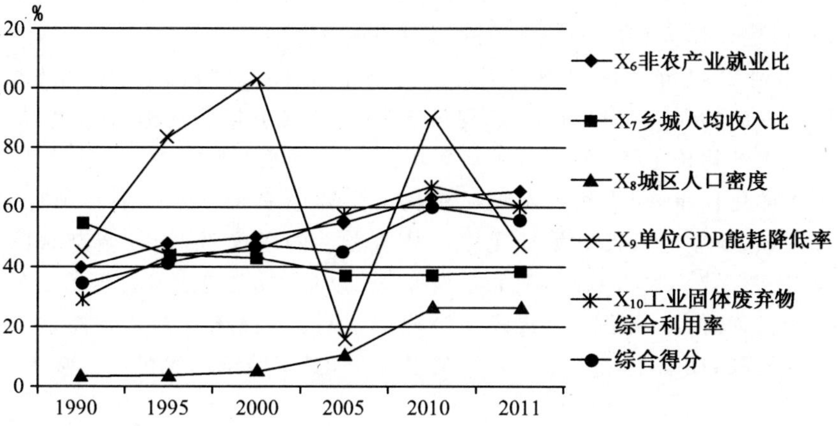

图 5-7　后五个评价因子和综合评价近 20 年来的得分变化

5.4.3　综合评价结果

多指标综合方法很多，常用的是模糊评价法、层次分析法、主成分分析法等①。其中模糊评价法主观性太大；层次分析法虽然提高了客观性，但也不能完全避免人为性②，而且，上述 10 个指标中，很难说哪一个或哪些指标更重要。

上述表中数据，典型年份只有 6 个，而变量有 10 个，不适合用主成分分析方法进行评价③。为此，这里采取熵多样化的方法计算权重，然后进行加权计算。这样做可以完全避免人为性，从计算结果看，也比较合理。

熵多样化指数的计算过程是：

（1）求归一化评价矩阵 y_{ij} 的各项变量的占比，得到 R_{ij}

$$R_{ij} = y_{ij} \times \sum_{i=1}^{n} y_{ij} / n$$

（2）求 R_{ij} 的中各变量的多样化信息熵，得到 E_j

$$E_j = -\sum_{i=1}^{n} R_{ij} \ln(R_{ij}) / \ln(n)$$

（3）对 E_j 作归一化——使总权重为 1，得到最终评价权重

$$E'_j = 1/n \sum_{i=1}^{n} E_j$$

从计算结果看，从 1990—2011 年的 20 多年时间里，我国城镇化的态势，总体上来说是在逐步改进的，但 2005 年比 2000 年略有下降，原因在于当时正处在重化工业阶段，单位能耗上升过快，另外，重城轻乡举措也导致了城乡收入的进一步扩大。也正因

① 方创琳，毛汉英.区域发展规划指标体系建立方法探讨[J].地理学报，1999(5)：410-419

② 吴殿廷，李东方.层次分析法的不足及其改进途径[J].北京师范大学学报(自然科学版)，2004(2)：264-268

③ 徐建华.现代地理学中的数学方法[M].北京：高等教育出版社，1996：39-43

为如此，2006 年开始实行的“十一五”规划才将统筹城乡协调发展作为“五个统筹”之首，把新农村建设作为“五大任务”中的第一项任务①。

2010 年到 2011 年之间也略有下降。这个原因有目共睹，即为应对世界范围内的金融危机而发放的 4 万亿投资，一定程度上影响了城镇化的质量和效益；4 万亿投资也导致了国内的物价上涨，使得城镇居民的恩格尔系数有所上升，生活质量略有下降。

从熵多样化权重来看，影响新型城镇化的主要因素是非农产业产值比例、城镇居民恩格尔系数、乡城收入比和城镇化率。从敏感性的角度看，制约新型城镇化进程的关键环节是缩小城乡收入差距，降低单位 GDP 的能耗。这就是说，为了更好地推进新型城镇化步伐，我们必须进一步提高城镇化率，加快非农产业尤其是新型工业化和现代服务业的发展，在缩小城乡收入差别的基础上，提高城镇居民的生活质量。

5.5 我国各地区新型城镇化进程评价

5.5.1 评价对象

以我国 31 个省市自治区为评价对象，重点考察各地区“十五”、“十一五”和“十二五”开局之年即 2001、2006、2011 年的城镇化质量、效益和协调性。

为了便于纵向比较，必须采取统一的数据处理方法和价格核算方法。数据处理方面，详见表 5-5；价格核算方面，以 2011 年数据为基础，用 GDP 增长缩减指数的方式反推出 2006、2011 年的相应价格。

2001、2006、2011 年三年的归一化数据，见表 5-7 至表 5-9。

表 5-7 2001 年各地区新型城镇化指标评价

项目	城镇化率	产业非农化	非食品消费比	城镇收入	人均绿地	非农就业	乡城收入比	人口密度	能耗降低率	固废合利用率
变量	1	2	3	4	5	6	7	8	9	10
北京	77.54	96.73	63.81	28.94	66.10	88.8	52.09	38.27	82.61	73.64
天津	71.99	95.73	62.96	22.40	39.92	80	52.88	16.66	77.59	99.08
河北	26.08	83.62	64.65	14.96	46.28	50.4	52.20	24.32	57.59	51.96
山西	34.91	90.39	65.73	13.48	33.00	53.1	43.54	9.44	38.58	51.42
内蒙古	42.68	76.78	66.08	13.84	42.20	46.1	42.78	6.04	46.51	51.39
辽宁	54.24	89.18	60.34	14.49	41.25	62.8	52.95	14.83	81.78	38.06

① “十一五规划”2006—2010 实施，其中的“五个统筹”即统筹城乡、统筹区域、统筹人地关系、统筹经济发展与社会建设、统筹国内改革与对外开放；“五大任务”即建设社会主义新农村、推进工业结构优化升级、加快发展服务业、促进区域协调发展、建设资源节约型环境友好型社会。详见《中华人民共和国国民经济和社会发展第十一个五年规划纲要》。

续表 5-7

项目	城镇化率	产业非农化	非食品消费比	城镇收入	人均绿地	非农就业	乡城收入比	人口密度	能耗降低率	固废合利用率
吉林	49.68	79.87	61.94	13.35	40.54	49.3	49.03	9.79	87.14	61.26
黑龙江	51.54	88.51	62.77	13.56	47.79	50.4	50.43	2.71	77.84	70.82
上海	88.31	98.27	56.92	32.21	39.19	87.5	54.68	23.40	69.56	95.62
江苏	41.49	88.62	60.34	18.44	61.00	58.6	61.58	18.25	47.05	96.13
浙江	48.67	89.7	63.68	26.16	62.73	64.3	52.55	9.92	30.90	92.13
安徽	27.81	77.2	55.75	14.17	46.95	41.3	42.76	18.86	62.22	81.82
福建	41.57	84.69	55.93	20.78	51.24	54.2	48.80	6.53	49.02	70.89
江西	27.67	76.74	59.24	13.77	41.74	48.4	48.64	16.48	59.86	45.56
山东	38.00	85.6	65.7	17.75	56.99	47.7	47.39	10.63	49.27	94.05
河南	23.20	78.11	65.33	13.17	45.55	36.9	47.79	16.49	35.13	35.29
湖北	40.22	85.15	62.55	14.64	64.30	51.6	48.20	5.59	71.19	76.04
湖南	29.75	79.27	64.96	16.95	45.31	39.5	40.69	14.54	53.95	70.28
广东	55.00	90.57	61.85	26.04	80.40	60	43.43	16.93	52.22	90.84
广西	28.15	74.79	62.33	16.66	55.85	38.2	35.00	6.78	62.96	58.3
海南	40.11	63.04	53.7	14.60	73.62	39.7	45.76	31.78	36.81	62.36
重庆	33.09	83.25	60.2	16.80	22.74	45.3	35.19	6.90	73.01	76.9
四川	26.69	77.8	59.77	15.90	33.84	41.2	37.49	6.54	33.11	51.21
贵州	23.87	74.73	59.08	13.63	60.99	33.6	31.07	4.54	16.22	44.51
云南	23.36	78.28	59.91	16.99	74.28	26.4	27.08	3.02	1.00	45.8
西藏	18.93	72.99	56.18	19.67	18.27	28.2	21.41	9.18	50.75	1.36
陕西	32.26	84.43	65.73	13.71	30.30	44.3	32.62	16.16	47.45	49
甘肃	24.01	80.69	62.92	13.46	29.37	40.6	33.63	3.05	76.51	39.56
青海	34.76	85.78	61.9	14.63	41.07	40	31.92	24.77	92.37	42.97
宁夏	32.43	83.39	66	13.86	31.29	43.5	39.46	3.36	44.54	57.65
新疆	33.82	80.6	65.19	15.99	48.59	43.4	32.10	0.67	50.45	50.94

注：能源消耗减少是按照中国统计年鉴电力减少情况推算的。重庆的数据异常(2000 年消耗电力 307.61 亿千瓦时,2001 年消耗电力 220.54 亿千瓦时)。因此改用重庆市统计年鉴 2002 年的数据。该指标以 10%为最大进行标准化;因为部分省份个别年份单位 GDP 能耗有升高现象,不便于熵多样化指数模型的应用,故对此数据有用罗马尼亚法①进行了归一化。

① 罗马尼亚法计算公式是 $y_{ij}=(y_{ij}-\min y_{ij})/(\max y_{ij}-\min y_{ij})\times 99+1$,三年节能降耗的最小值是−101,最大值是 84.5,按 100 计算作为理想值。

严格地说来，能耗数据也需要作不变价处理，但作为10个因子之一，这种折算对总体评价结果没有太大的差别。

表5-8　2006年各地区新型城镇化指标评价

项目	城镇化率	产业非农化	非食品消费比	城镇收入	人均绿地	非农就业	乡城收入比	人口密度	能耗降低率	固废合利用率
变量	1	2	3	4	5	6	7	8	9	10
北京	84.33	98.75	99.48	41.95	80.75	69.24	71.2	49.2	57.21	52.5
天津	75.73	97.29	99.62	29.99	98.37	65.11	43.93	52.8	66.05	39.8
河北	38.44	86.22	98.36	21.64	62.2	66.06	52.47	44.4	65.19	30.9
山西	43.01	94.18	99.03	21.06	45.44	68.59	44.2	38.4	65.45	19.7
内蒙古	48.64	86.44	87.96	21.75	44.67	69.69	62.6	38.4	54.28	25
辽宁	58.99	89.45	94.19	21.78	38.1	61.16	52.87	46.8	64.17	32
吉林	52.97	84.26	92.93	20.53	63.56	66.58	48.93	44.4	59.89	33.2
黑龙江	53.5	88.08	81.77	19.28	72.84	66.71	48.6	46.8	73.44	30.4
上海	88.7	99.1	99.61	43.40	94.67	64.44	48.87	52.8	67.14	37.1
江苏	51.9	92.86	97.85	29.58	96.82	64.04	64	49.2	64.72	35
浙江	56.5	94.12	99.73	38.36	92.22	67.09	46.6	48	63.08	35.2
安徽	37.1	83.27	97.6	20.52	82	57.62	48.53	36	62.75	34.4
福建	48	88.23	98.36	28.88	73.27	60.7	50.07	42	62.91	32
江西	38.68	83.17	94.77	20.06	35.67	60.32	51.6	43.2	77.62	31.8
山东	46.1	90.31	99.36	25.60	94.42	67.98	85.13	43.2	61.74	34.6
河南	32.47	83.6	98.76	20.60	70.58	66.86	52.87	39.6	82.11	29.8
湖北	43.8	84.96	94.39	20.59	73	61.22	55.6	42	61.92	32.1
湖南	38.71	82.4	97.95	22.06	73.64	65.1	46.6	38.4	69.45	33.9
广东	63	93.98	98.92	33.63	94.14	63.77	61.67	38.4	66.55	29.3
广西	34.64	78.62	95.24	20.79	58.89	57.93	50.53	33.6	60.31	25
海南	46.1	67.28	75.52	19.73	76.87	56.53	72.33	42	69.84	11.7
重庆	46.7	87.8	99.03	24.30	75.45	63.66	43	30	59.45	34.1
四川	34.3	81.53	98.26	19.64	55.09	62.28	51.6	38.4	66.43	21
贵州	27.46	82.77	98.6	19.14	36.18	61.32	36.6	26.4	68.74	18.5
云南	30.5	81.29	93.75	21.15	41.24	57.96	43.13	26.4	68.96	15.2
西藏	28.21	82.51	97.03	18.78	0	49.81	61.4	32.4	57.52	1
陕西	39.12	89.2	98.07	19.46	38.07	65.72	39.27	28.8	88.03	33.9

续表 5-8

项目	城镇化率	产业非农化	非食品消费比	城镇收入	人均绿地	非农就业	乡城收入比	人口密度	能耗降低率	固废合利用率
甘肃	31.09	85.36	96.63	18.73	27.9	65.47	46.33	28.8	73.74	26.1
青海	39.26	89.15	94.69	18.90	29.48	63.76	52.07	31.2	63.24	15.1
宁夏	43	88.81	94.82	19.27	54.07	66.07	57.73	36	87.07	10.1
新疆	37.94	82.67	74.96	18.63	47.5	64.53	46.4	37.2	82.68	10.6

注：2006 年节能降耗数据太理想了，是贯彻国家“十一五”规划的结果，还是统计数据被人为处理了？西藏固体废弃物利用数据缺失，估计不会大，甚至可能接近于 0，但为了不影响熵多样化指数模型的使用，赋值为 1。

表 5-9　2011 年各地区新型城镇化指标评价

项目	城镇化率	非农比重	非食品消费比	城镇可支配收入	人均绿地	非农就业比例	乡城收入比	人口密度	能源降低率	固废合利用率
变量	1	2	3	4	5	6	7	8	9	10
北京	86.2	99.16	68.59	66.12	75.53	99.66	53.74	15.3	84.93	66.52
天津	80.5	98.59	63.83	54.09	68.67	99.78	54.92	28.24	71.83	99.79
河北	45.6	88.15	66.17	36.76	95.07	98.97	46.71	25.31	68.92	41.71
山西	49.68	94.29	68.66	36.42	67.8	99.21	37.08	31.9	68.23	57.4
内蒙古	56.62	90.9	68.75	41.01	96.47	90.02	39.06	8.19	63.11	58.1
辽宁	64.05	91.38	64.47	41.13	70.4	95.42	48.65	18.34	67.49	38.02
吉林	53.4	87.91	67.31	35.76	70.2	94.15	50.64	25.4	68.43	58.95
黑龙江	56.5	86.48	63.93	31.54	76.47	79.85	58.04	55.14	67.99	68.79
上海	89.3	99.35	64.52	72.80	46.73	99.72	53.17	39.67	76.95	96.56
江苏	61.9	93.76	63.88	52.93	88.93	98.85	49.22	21.57	68.08	95.43
浙江	62.3	95.1	65.43	62.23	78.47	99.85	50.64	18.65	65.87	92.04
安徽	44.8	86.83	60.2	37.39	79.2	98.55	40.19	24.27	70.74	81.64
福建	58.1	90.82	60.78	50.05	78.13	98.98	42.3	24.71	66.95	68.5
江西	45.7	88.11	60.2	35.16	89.93	96.85	47.27	48.51	65.92	55.44
山东	50.95	91.24	66.84	45.80	93.75	99.54	43.92	14.88	69.31	93.68
河南	40.57	86.96	65.85	36.56	59.33	99.14	43.55	54.9	68.33	75.23
湖北	51.83	86.91	59.25	36.92	67.4	98.4	45.05	21.1	69.41	79.08
湖南	45.1	85.93	63.11	37.86	58.73	99.02	41.82	31.16	68.87	66.91
广东	66.5	94.99	63.11	54.04	95.67	99.34	41.81	28.25	69.36	87.53

续表 5-9

项目	城镇化率	非农比重	非食品消费比	城镇可支配收入	人均绿地	非农就业比例	乡城收入比	人口密度	能源降低率	固废合利用率
广西	41.8	82.53	60.5	37.89	73.47	96.83	33.29	16.81	67.30	57.71
海南	50.5	73.87	55.12	36.91	83.4	86.1	42.11	28.28	24.99	47.84
重庆	55.02	91.56	60.95	40.69	83.94	99.53	38.4	19.61	69.51	78.35
四川	41.83	85.81	59.32	35.97	71.53	99.26	41.09	29.81	71.58	47.32
贵州	34.96	87.26	59.78	33.15	48.4	99.23	30.15	37.52	68.03	52.84
云南	36.8	84.13	60.79	37.33	68.4	96.85	30.5	40.83	66.61	50.35
西藏	22.71	87.71	50.15	32.54	71.53	96.23	36.33	5.52	50.75	2.72
陕西	47.3	90.24	63.43	36.66	76.07	98.92	33.07	62.37	68.28	59.93
甘肃	37.15	86.48	62.62	30.12	55.47	97.38	31.29	40.97	63.11	51.22
青海	46.22	90.72	61.11	31.35	64.33	97.04	35.44	26.65	4.25	56.46
宁夏	49.82	91.24	65.23	35.32	93.57	95.48	36.93	12.29	28.09	61.23
新疆	43.54	82.77	61.67	31.18	63.2	79.26	42.09	48.89	16.47	54.38

注：表中的价格数据都以 GDP 指数为基准进行了缩减处理，即以 2001 年价格为准，2006 年的缩减系数为 0.84，2001 年的缩减系数 0.634 0；城镇人均可支配收入以 2001 年的价格、40 000 元为最大理想值进行归一化的。

5.5.2 评价方法

我们曾用对 31 个省市自治区 2011 年上述 10 个指标进行主成分分析，发现最大特征根的贡献率不到 40%，第二大特征根的贡献率只有 15% 多一点。这说明，上述 10 个评价指标是从不同角度反映城镇化特征的，它们的内在联系性不高，即不适合用主成分分析的方法评价各地区新型城镇化态势。而且，为了便于进行纵向比较，就更不能采取主成分分析的方法了。

新型城镇化是一个过程，单纯地说某一地区的城镇化特点是新或旧、科学或不科学，也是难以做到客观、准确、全面的，只有在比较中才能识别，在动态变化过程中才能明了。为此，我们建议用多指标综合的方法来评价各地区的新型城镇化特点。

为便于不同年份间的数据可比，这三年各指标的权重都用 2011 年的熵多样化指数（表 5-10）。

表 5-10 评价因子的权重系数

评价因子	城镇化率	非农比重	非食品消费比	城镇可支配收入	人均绿地	非农就业比例	乡城收入比	人口密度	能源降低率	固废合利用率
权重	0.130 2	0.099	0.098	0.127 5	0.092 2	0.093 7	0.109 3	0.040 9	0.115 7	0.093 4
大小顺序	1	5	6	2	9	7	4	10	3	8

由此可以看出，影响新型城镇化最主要的因素是城镇化率、城镇人均可支配收入高低——这和我国整体上正处在经济起飞和城镇化快速发展阶段（诺瑟姆曲线规律）是相符的；其次是节能降耗、乡城收入比，这正体现科学发展的本质要求。

5.5.3 评价结果

据此测算的各地区 2001、2006、2011 年新型城镇化进程评价结果，如表 5-11 所示。

表 5-11 各地区城镇化质量和效益评价结果

地区	2001	2006	2011	2006－2001	2011－2006	2011－2001	(2011－2001)/2001(%)
北京	67.72	71.10	75.04	3.38	3.94	7.32	10.81
天津	63.75	66.57	73.86	2.82	7.29	10.11	15.86
河北	47.12	55.84	61.88	8.72	6.04	14.76	31.32
山西	44.08	53.74	61.34	9.66	7.60	17.26	39.16
内蒙古	44.71	53.96	63.00	9.25	9.04	18.29	40.91
辽宁	52.75	55.89	61.81	3.14	5.92	9.06	17.18
吉林	52.07	56.26	62.10	4.19	5.84	10.03	19.26
黑龙江	53.73	57.69	63.63	3.96	5.94	9.90	18.43
上海	66.64	70.16	76.08	3.52	5.92	9.44	14.17
江苏	55.45	64.00	70.86	8.55	6.86	15.41	27.79
浙江	54.93	63.77	70.98	8.84	7.21	16.05	29.22
安徽	47.02	55.46	62.83	8.44	7.37	15.81	33.62
福建	49.62	58.21	65.15	8.59	6.94	15.53	31.30
江西	44.32	53.41	62.38	9.09	8.97	18.06	40.75
山东	51.95	64.47	68.20	12.52	3.73	16.25	31.28
河南	39.75	57.26	61.70	17.51	4.44	21.95	55.22
湖北	53.26	56.41	62.50	3.15	6.09	9.24	17.35
湖南	45.98	56.36	60.15	10.38	3.79	14.17	30.82
广东	58.51	64.89	71.19	6.38	6.30	12.68	21.67
广西	44.86	51.35	57.72	6.49	6.37	12.86	28.67
海南	45.48	53.76	52.87	8.28	－0.89	7.39	16.25
重庆	46.69	56.49	64.81	9.8	8.32	18.12	38.81
四川	39.02	52.44	58.65	13.42	6.21	19.63	50.31
贵州	36.42	47.72	54.67	11.3	6.95	18.25	50.11
云南	35.63	48.33	56.63	12.7	8.30	21.00	58.94

续表 5-11

地区	2001	2006	2011	2006－2001	2011－2006	2011－2001	(2011－2001)/2001(%)
西藏	30.75	43.20	46.64	12.45	3.44	15.89	51.67
陕西	41.99	54.51	61.93	12.52	7.42	19.94	47.49
甘肃	41.86	50.27	54.80	8.41	4.53	12.94	30.91
青海	47.69	50.01	50.74	2.32	0.73	3.05	6.40
宁夏	42.66	56.12	57.50	13.46	1.38	14.84	34.79
新疆	43.49	50.42	50.72	6.93	0.30	7.23	16.62

从表中可以看出，“十五”计划开局之年(2001 年)，城镇化质量和效益最佳的地区是京(67.72)、沪(66.64)、津(63.75)三个直辖市和广东(58.51)、江苏(55.45)、浙江(54.93)等沿海发达地区；较差的是云贵川藏等西南内陆地区和河南等人口多，城镇化、非农化落后地区。此一时期，影响城镇化质量的最主要因素是经济发展水平和城镇化进程。

“十一五”规划开局之年(2006 年)，城镇化质量和效益最佳的地区仍然是京津沪和粤苏浙等发达地区，山东后来居上，也进入先进行列；较差的地区仍然是西南的云贵川，还有西北的陕甘青。经济发展水平仍然是决定此一时期城镇化质量、效益的最主要因素。

从“十五”到“十一五”，城镇化质量、效益提高最快的地区是云(35.64%)、贵(31.03%)、川(34.39%)、藏(40.49%)、陕(29.82%)、甘(20.09%)等西部大开发地区和河南(44.05%)、山东(24.10%)等人口多、乡村人口比例大的地区。2000 年实施的西部大开发战略在提高城镇化质量和效益方面已经取得初步成果。

“十二五”开局之年，城镇化质量效益较好的地区，依然是京津沪和粤浙苏等发达地区。山东、福建等也进入第一梯队，这些地区都是沿海开放地区；较差的地区依然是西南和西北地区的省份，如云贵川藏和甘青新等。从“十一五”开局之年到“十二五”开局之年，新型城镇化进程较快的是云(17.17%)、贵(14.56%)、渝(14.73%)、陕(13.61%)、蒙(16.75%)等西部大开发地区和晋(14.14%)、赣(16.79%)、皖(13.29%)等中部崛起地区。新型城镇化提高较慢地区是宁(2.46%)、青(1.46%)、新(0.60%)和海南(－1.66%)，这几个省份正处在城镇化、工业化快速发展阶段，城镇化数量提高较慢也有一定的合理之处。

本世纪以来(2001—2011)的十年间，城镇化质量和效益提高最快的是云南(58.94%)、河南(55.22%)、西藏(51.67%)、四川(50.31%)、贵州(50.11%)、陕西(47.49%)；提高最慢的是京(10.81%)、津(15.86%)、沪(14.17%)等老牌直辖市和青海(6.4%)、新(16.62%)和琼(16.25%)等欠发达省份。

总之，我国各地区新型城镇化水平较高的是京津沪和粤苏浙等经济发达地区；水平较低的是西南和西北等内陆欠发达地区；在推进新型城镇化、提高城镇化质量和效益的进程中，老牌发达地区反而进步不快，原先城镇化水平较低、基础较差的地区，反而改进较大，国家的西部大开发、中部崛起战略收到了一定的效果，但东北等老工业振兴地区在此方面的进步相对说来还不是很明显。

5.5.4 各地区新型城镇化态势与传统城镇化水平之间关系的讨论

从表5-12中可以看出，大部分地区的城镇化率（数量）与新型城镇化进程得分（质量）是正相关的，即要么处于高—高状态，如上海、北京、天津、浙江等，要么处于中—中状态，如山东、吉林、湖北等，要么处于低—低状态，如西藏、甘肃、云南、贵州等。只有少数几个地区城镇化水平和质量不对称，其中辽宁是高城镇化率、低城镇化质量，安徽、河南是低城镇化率、中城镇化质量，海南、青海和宁夏是中城镇化率、低城镇化质量，一个高、一个低的没有。

表 5-12 新型城镇化与传统城镇化的对称分析表

<table>
<tr><td colspan="2" rowspan="2"></td><td colspan="3">新型城镇化：城镇化质量</td></tr>
<tr><td>高</td><td>中</td><td>低</td></tr>
<tr><td rowspan="3">传统城镇化：城镇化数量</td><td>高</td><td>上海、北京、天津、广东、浙江、江苏</td><td>辽宁</td><td>—</td></tr>
<tr><td>中</td><td>—</td><td>河北、吉林、山西、湖南、福建、重庆、黑龙江、内蒙古、江西、陕西</td><td>海南、青海、宁夏</td></tr>
<tr><td>低</td><td>—</td><td>安徽、河南</td><td>云南、贵州、四川、广西、甘肃、新疆、西藏</td></tr>
</table>

2011年新型城镇化态势（评价值）与城镇化率（传统城镇化态势）之间的相关系数是0.855 0，两者呈正相关关系，模型的可信度达到了99.9%（$\rho_{31-1}^{0.001}=0.554\ 1$）；以城镇化率为解释变量，以新型城镇化评价得分为因变量，建立回归模型，经过数十次模拟，发现两者的如下关系稳定，且模型的可信度达到了99.9%。

$y=39.674\ 66+0.428\ 162\ 3x$，$F_{31-1}^{0.01}=7.56$，$F=78.80$

据此可以得知，从总体上说，我国各地区的城镇化速度和质量是有密切关系的，推进城镇化、提高城镇化率，仍然是我国目前的重要战略。但新型城镇化步伐（质量）总是滞后于城镇化速度（数量），城镇化率每提高一个百分点，城镇化质量仅提高0.43个百分点。这一点也是应该引起注意的。

应该说明的是，上述评价都是建立在具体的统计资料基础上的，虽然客观，但不一定全面，比如信息化、建筑节能、科技创新等也是新型城镇化的内在要求，因受统计数据的限制暂未列入，这不能不影响到评价结果的合理性。此外，评价结果也只有相对意义，只在与其他地区的横向比较或自身的纵向比较中才能说明本地区是优是劣、是进步快还是进步慢，单纯说某一地区某一年份新型城镇化进程好坏快慢都没有把握，也没有意义。

6 东部沿海地区新型城镇化战略的实施[①]

6.1 东部沿海地区新型城镇化的一般策略

6.1.1 东部沿海地区基本情况

1）东部沿海地区的含义

东部沿海地区，既是一个自然地理概念，又是一个经济区划的概念。在不同概念下，东部沿海地区所包含范围有所不同。在自然地理概念下，我国东部沿海地区包括辽宁、北京、天津、河北、山东、江苏、上海、浙江、福建、广东、海南、广西以及香港、澳门和台湾共14个省(直辖市、自治区)。由于一国两制等政治原因，以及统计资料可得性等因素的影响，一般来说，东部沿海地区的概念不包括香港、澳门和台湾，共有12个省(直辖市、自治区)。在经济区划概念下的东部沿海地区，是和中部地带、西部地带等相对应的概念。改革开放以后，随着梯度开发理论的引入和发展，我国以陈栋生为代表的学者们提出了东、中、西三大经济地带的划分。学术界的划分大体上为决策部门所认可，《中共中央关于制定国民经济和社会发展第七个五年计划的建议》中提出："要正确处理我国东部、中部、西部三个经济地带的关系……我国经济分布客观上存在着东、中、西部三大地带，并且在发展上呈现出逐步由东向西推进的客观趋势。"[②]根据这一建议，全国人大通过了《中华人民共和国国民经济和社会发展第七个五年计划(1986—1990年)》，这一计划将全国划分为三个大地带：东部沿海地带、中部地带[③]和西部地带[④]。在这种划分模式下，东部地带是指东北部和东南沿海各省(自治区、直辖市)，包括北起辽宁、南至广西的我国沿海地区12个省(自治区、直辖市)。2004年我国实施西部大开发战略，把广西和内蒙古两个民族自治区划分到了国家大开发意义上的西部地区[⑤]。东部沿海地带包括辽宁、北京、天津、河北、山东、江苏、上海、浙江、福建、广东、海南共11个省(直辖市、自治区)(表6-1)。2005年，我国学者刘勇[⑥]又提出了"新

---

① 本章由杨春志、吴殿廷执笔。

② 中央关于制定经济和社会发展第七个五年计划建议[EB/OL]. http://news.hexun.com/2009-09-27/121225945_2.html

③ 中部地带包括：黑龙江、吉林、内蒙古自治区、山西、河南、湖北、江西、安徽和湖南9个省(直辖市、自治区)。

④ 西部地带包括：陕西、甘肃、青海、宁夏回族自治区、新疆维吾尔自治区、四川、云南、贵州和西藏自治区9个省(直辖市、自治区)。1997年，第八届全国人民代表大会第五次会议通过了《第八届全国人民代表大会第五次会议关于批准设立重庆直辖市的决定》，决定批准设立重庆直辖市，同年，重庆直辖市成立。至此，西部地带变为10个省(直辖市、自治区)。

⑤ 全面实施西部大开发战略[EB/OL]. http://wenku.baidu.com/view/d43ad53383c4bb4cf7ecd191.html

⑥ 刘勇.中国新三大地带宏观区域格局的划分[J].地理学报，2005(5):361-370

三大地带"划分方案：东北及东部沿海地带、中部及近西部地带、远西部地带。东北及东部沿海地带和现有东部地带相比，多了吉林和黑龙江两省，避免了将东北地区分割为不同地带的做法，使该地带的整体性有所提高；中部及近西部地带共14个省(直辖市、自治区)，与现中部地带相比，少了吉林和黑龙江，多了重庆、四川、陕西、甘肃、宁夏、云南、贵州和广西等西部人口和城镇比较密集的地区；远西部地带由内蒙古、新疆、青海和西藏4个人口和城镇十分稀疏的陆地边界地区组成。但到目前为止，被广泛接受的东部沿海地区的概念是由北起辽宁、南至海南的11省(直辖市、自治区)组成的地区。本书以下关于东部沿海地区的概念，如无特殊说明即指上述11省(直辖市、自治区)。

表6-1　东部沿海地区基本状况(2011年)

地区	面积(万平方公里)	百分比(%)	人口数(千万)	百分比(%)	人均GDP(元)	城镇化率(%)	工业化率(%)
辽宁	14.8	1.54	4 383	3.25	50 760	64.05	48.12
河北	18.76	1.95	7 241	5.37	33 969	45.60	48.01
北京	1.68	0.18	2 019	1.50	81 658	86.20	18.76
天津	1.18	0.12	1 355	1.01	85 213	80.50	48.03
山东	15.7	1.64	9 637	7.15	47 335	50.95	46.90
江苏	10.26	1.07	7 899	5.86	62 290	61.90	45.37
上海	0.63	0.07	2 347	1.74	82 560	89.30	37.55
浙江	10.18	1.06	5 463	4.05	59 249	62.30	45.43
福建	12.14	1.26	3 720	2.76	47 377	58.10	43.71
广东	17.98	1.87	10 505	7.80	50 807	66.50	46.32
海南	3.54	0.37	877	0.65	28 898	50.50	18.83
全国	960	100.00	134 735	100.00	35 181	51.27	39.92

2) 东部地带的基本情况

东部沿海地区处于我国第三阶梯，以平原为主。我国三大平原中，东北平原的辽河平原、华北平原的大部分和长江中下游平原的苏皖平原及长江三角洲等主要分布在东部沿海地区，该地区海拔多在200米以下。

东部沿海地区处于季风区，大部分地区雨水充沛，雨热资源配合好，自然生态环境优越。因此，历史上，东部沿海地区就是我国经济基础较好的地区。自改革开放以来，东部沿海地区更是得改革开放之先机，从1980年代的深圳、珠海、汕头、厦门4大经济特区，再到后来的大连、秦皇岛、天津、烟台、青岛、连云港、南通、上海、宁波、温州、福州、广州、湛江、北海14个沿海开放城市，到21世纪的国家级新区，如上海浦东新区、天津滨海新区、珠海横琴新区、深圳前海深港现代服务业合作区、上海自由贸易区等，使得东部沿海地区一直是国家发展的中心。中国主要的工业基地——辽宁中南部、京津唐、沪宁杭地区都集中于此，重要的农业基地——黄淮海平原的大部分、长江三角洲、珠江三角洲也分布在这一带。形成了以京津、上海和广州为中心的环渤海、长江三角洲和珠江三角洲三大城镇密集区。东部沿海地区 11 省(直辖市、自治区)陆地面积 108.65 万平方公里,占全国陆地总面积的 11%,人口为 4.41 亿人,约占全国的 40%以上。2011 年,东部地区共实现地区生产总值 29.5 万亿元,约占全国 GDP 总量的 62.38%;社会消费品零售总额达 22.32 万亿元,约占全国总量的 77%;全社会固定资产投资 14.80 万亿元,约占全国总量的 48%;进出口总额 3 万多亿美元,接近全国的 90%;实际利用外资 2 300 亿美元,几乎占到全国总量的 80%。北京、天津、上海等地人均 GDP 已经超过 1 万美元,达到中等发达国家水平。

6.1.2 东部沿海地区城镇化现状特点和主要问题

1)城市化水平高,城市化进程加快

东部沿海地区城市化整体水平较高。2011 年,我国城市化全国平均水平为 51.27%。城市化水平超过全国平均水平的省(直辖市、自治区)共 14 个,东部沿海地区 10 个,占到 70%以上。东部沿海 11 省(直辖市、自治区)中,只有河北省城市化水平明显低于全国平均水平,为 45.6%,山东和海南两省城市化水平不到 50%,其余 8 省(直辖市、自治区)城市化水平均突破 50%,已达到中等收入国家的平均水平,进入了城镇化的中期阶段。

城市化质量问题——半城市化现象严重。我国东部沿海地区具有优越的社会经济条件和自然环境基础,尤其是沿海城镇,基础设施完备、软硬件环境优越,经济发达,成为吸引人口居住的主要区域。2000 年之后,东部地区人口比重明显提高,而中、西部地区人口比重则出现下降,第五次全国人口普查时期,我国人口迁移中心包括北京、广东、上海、新疆、浙江、天津和福建①。与 2000 年相比,2010 年人口迁入率上升了 5.77 个千分点②。

由于我国特殊的管理制度的制约,伴随人口大规模向东部迁移的同时,东部地区出现严重的人口半城市化现象③。我国 287 个地级市中,有 236 个城市存在半城镇化现象,41 个城市表现为高度半城镇化,省会城市及直辖市中:上海、广州、乌鲁木齐、杭州、海口、昆明、长沙、郑州、福州、南京等地的半城镇化率均在 30%以上,上海、广州的半城镇化率均超过 50%;非省会中,深圳、东莞、佛山、中山、厦门等市的半城镇化率都在 70%,半城镇化率排名前 20 位的非省会城市中,只有鄂尔多斯位于西部地区,其他 19 个城市均为东部城市。我国大部分城市都存在半城镇化现象,作为人口迁入的主要地区,东部沿海地区半城市化现象尤为严重。伴随人口的半城镇化,东部地区存在严重的半城市化区域④。

2)城镇体系日趋完善,世界级城市群特征初步形成

2000 年时,我国城市地理学者研究提出,珠江三角洲和长江三角洲已经形成了规

---

① 王桂新,刘建波. 1990 年代后期我国省际人口迁移区域模式研究[J]. 市场与人口分析,2003(4):1-10

② 李袁园. 中国省际人口迁移和区域经济发展研究[D]:[博士论文]. 吉林:吉林大学,2013

③ 所谓半城市化,是一种农村人口向城镇人口转换过程中的不完全的城市状态,表现形式为半城市化区域和人口半城市化。

④ 李爱民. 中国半城镇化研究[J]. 人口研究,2013(7):80-91

模巨大的都市连绵区的空间形态，京津唐和辽中南都市区具有向都市连绵区发展的基础条件，是处在形成过程之中的都市连绵区①。在东部地区经过高速的城市化进程后，以京津为核心的，上海、穗深港为中心的环渤海、长江三角洲和珠江三角洲三大城市密集区已经形成，城市发展进入新的阶段。

(1) 城市空间格局从分散发展走向网络化。随着核心城市优越性和吸引力的不断提升，东部地区出现了新型空间组织形式：都市区、都市圈、城市群(带)，促进东部地区空间格局从分散发展走向网络化、一体化发展。长三角地区上海的空间极化现象有所减弱，区域内形成以上海、南京、杭州、苏州、宁波等中心城市及次级城镇群组成的多中心空间格局，城镇网络趋于完善，区域融合趋势明显，城镇群体空间的网络化进程加速②。珠江三角洲地区也出现了广佛一体化跨界发展趋势③，海西地区出现厦门、漳州、泉州同城化现象。

(2) 城市功能分异进一步强化。以大城市为核心的城市地区将进一步在空间上集聚资源，强化功能，而外围的中心城市将走特色化之路，从追求规模扩张走向特色发展，东部地区城市化空间格局将表现为城市化核心增长区与外围特色化发展区相互依存的发展格局。长三角地区已经形成上海国际性城市职能日益突出，南京和杭州重点发展生产性服务业，苏州、无锡、常州、宁波等以先进制造业为主，南通、泰州、扬州、镇江、湖州、绍兴、台州等主要承担传统制造业基地职能，舟山以旅游职能为主的功能格局④。

(3) 全球性城市群特征初步形成。从东部地区的发展趋势来看，以港深为核心的珠三角城市群地区、以沪宁杭为核心的长三角城市群地区、以京津为核心的环渤海城市群地区，其核心城市已经具有或有条件发展成为全球性的商业中心⑤，具有带动东部地区整体转型发展为具有全球影响的城市群体的潜力。在各自核心城市的带动下，全球性城市群特征初步显现，长三角、珠三角正在朝着世界级城市群的方向迈进。

(4) 新兴增长区域和国家级新区的培育。国家级新区，如上海浦东新区、天津滨海新区、珠海横琴新区、深圳前海深港现代服务业合作区等，成为引领城市群地区转型发展的示范带动区，是高端服务业和先进制造业的集聚区。区域创新发展区，如上海自由贸易区、海峡西岸经济区、江苏沿海地区等，正在考虑设立广东自由贸易试验区、厦门自由贸易试验区、重庆自由贸易试验区、中国东盟自由贸易区等等。东部地区将从增量上进一步提升吸纳外来人口和产业的承载能力。

3) 东部沿海地区内部发展差异明显

由于自然条件、历史、政治与政策等因素的影响，东部沿海内部存在巨大的发展差异，表现为两种形式：一是东部沿海地区南北的差异，二是各省内部的差异分化。

---

① 胡序威，周一星，顾朝林，等.中国沿海城镇密集地区空间集聚与扩散研究[M].北京：科学出版社，2000

② 陈雯，宋伟轩，杨桂山.长江三角洲城镇密集区的城市化发展态势、动力与趋势[J].中国科学院院刊，2013(1)：28-38

③ 李郇.珠江三角洲社会转型背景下的新型城市化路径选择[J].规划师，2012(7)：22-27

④ 陈雯，宋伟轩，杨桂山.长江三角洲城镇密集区的城市化发展态势、动力与趋势[J].中国科学院院刊，2013(1)：28-38

⑤ 徐海贤，邹军.浅析东部地区城市化发展的战略转向[EB/OL].http://wenku.baidu.com/view/94ed544aa8956bec0975e318.html

(1) 东部沿海地区南北的差异

三大城镇密集区(都市圈)的经济发展也不平衡,从GDP总量、人均GDP水平、利用外商直接投资等方面看,长三角地区均居领先地位,其规模或水平占全国的比重(倍数)也远高于环渤海地区和珠三角地区;在进出口总额方面,长三角和珠三角不相上下,首都圈则有一定差距。人均GDP水平方面,环渤海地区虽然高于全国水平,但在三大都市圈中却最低,有的地区甚至还低于全国的平均水平,如河北城镇化率和人均GDP均低于全国平均水平。

(2) 各省内部的差异分化

即便是在一个省的内部,差异也很明显,如辽东半岛与辽西辽北、山东半岛与鲁西南鲁西北、广州的珠三角与粤北山区等。张落成等[①]选取山东、江苏、上海、福建、浙江和广东6个省市作为研究区域,以人均GDP为衡量指标,将各地市人均GDP与沿海地区人均GDP比较,根据比值相对关系,分为:高收入地区、上中等收入地区、下中等收入地区和经济低谷地区4种类型。结果发现,沿海6省市共有34个地市属于经济低谷地区。经济隆起地区和经济低谷地区对比强烈,省区内最富的地市和最穷的地市人均GDP之比,高者相差10余倍。

环渤海地区内部差异同样突出,主要表现为北京和天津人均水平明显高于京津周围城市的水平,京津周围仅张家口、承德、保定3市就有20多个贫困县,且与北京的发展差距逐年拉大[②]。

4) 能源、资源和环境成本高昂,压力大

东部地区在发展初期受资金和基础设施资源的约束,走了一条乡村城市化主导下的对环境污染大、资源利用粗放的发展道路,经济总量持续攀升背后隐藏的是高昂的能源、资源和环境成本。经过30多年的快速发展,东部沿海地区面临垃圾围城、大气和水污染严重、土地资源过快消耗等严重环境问题。

(1) 大气环境污染严重

2011年9月26日世界卫生组织(WHO)公布了一份全球空气质量排名,调查了2003年至2010年之间(多数数据来自于2008年和2009年)两种规格的悬浮颗粒物(PM10和PM2.5),中国在91个国家或地区中排名77;中国有31个省会城市列入排名,在统计的全球1 082个城市中,中国排名最靠前的是海口,排在814名,福州、广州、上海等东部城市排名在950名左右,其他东部省会城市排名均在1 000名之后,其中北京排名为1035位[③]。

我国主要大气污染物排放量巨大,2010年二氧化硫、氮氧化物排放总量分别为

---

① 张落成,吴楚才,季子修.我国东部沿海地区差距状况以及经济低谷地区的崛起[J].长江流域资源与环境,2002(3):203-208

② 陈玲玲.环首都经济圈:环境保护问题分析与对策选择[J].山西师大学报(社会科学版),2013(5):28-31

③ 中国排名最靠前的是海口,排814;拉萨891,南宁892,福州943,昆明952,广州962,贵阳965,呼和浩特966,南昌973,上海978,长春984,银川994,长沙997,杭州1 002,郑州1 007,南京1 009,哈尔滨1 010,天津1 011,石家庄1 016,重庆1 017,武汉1 018,太原1 020,沈阳1 024,成都1 025,合肥1 026,西安1 030,北京1 035,济南1 039,乌鲁木齐1 052,西宁1 053,最后是兰州1 058。

2 267.8 万吨、2 273.6 万吨，位居世界第一，烟尘排放量 1 446.1 万吨，远超出环境承载能力。同期，我国东部重点地区二氧化硫、氮氧化物、烟尘和重点行业挥发性有机物排放量分别为 715.47 万吨、861.86 万吨、430.37 万吨和 338.9 万吨，分别占到全国总排放量的 31.55%、37.91%和 29.76%，详见表 6-2。卫星数据显示，北京到上海之间的工业密集区是我国对流层二氧化氮污染最严重的地区①。

表 6-2　2010 年东部沿海地带污染物排放情况(万吨)

区域	二氧化硫	氮氧化物	工业烟粉尘	重点行业挥发性有机物
辽宁中部	62.31	54.71	50.44	24.2
京津冀	177.98	224.09	107.84	42.6
山东	181.1	174	58.1	79.6
长三角	202.45	276.79	148.41	127.9
海峡西岸	40.9	43.37	27.88	26.5
珠三角	50.7	88.9	37.7	38.1
小计	715.44	861.86	430.37	338.9
全国	2267.8	2273.6	1446.1	

2013 年上半年，在全国 74 个以新的空气环境质量标准评价的城市里，石家庄倒数第一，重污染城市前十名中河北占 7 位，除石家庄外，还包括邢台、唐山、保定、衡水、邯郸、廊坊。

(2) 水资源问题严峻

近年来，我国南北皆出现水资源短缺现象，水资源丰富的南方地区出现水质性缺水现象。“有河皆枯，有水皆污。”位于长江下游的上海市，符合饮用水水源国家标准的地表水只剩下 1%，水质劣于Ⅴ类的已占 68.6%；无锡市区内已很难找到合格的地表水。长江中下游地区有水不能吃的现象普遍存在。2007 年 5 月，太湖蓝藻大面积暴发，影响到无锡市水厂取水，导致无锡市大面积停水。

2010 年广东全省有 22.2%的省控断面达不到功能目标要求，其中 6.8%水质劣于Ⅴ类，属重度污染；4.1%的水库呈轻度富营养状态；280 万农村居民饮水安全问题有待解决②。

地表水污染严重，地下水同样污染严重。2006 年，中国地质调查局组织 9 个单位的地下水污染领域技术人员启动了“华北平原地下水污染调查评价”项目。经过 4 年多的调查，发现华北平原有 50.71%的地下水资源不能直接利用(Ⅴ类水)和需经专门处理后才可利用。地下水“三氮”污染普遍，呈面状污染特征；(类)重金属呈点污染特征，砷、铬污染较严重；有毒有害有机污染呈点状分布，呈复合污染特征③。

---

① 中华人民共和国环境保护部. 关于印发《重点区域大气污染防治“十二五”规划》的通知. [EB/OL]. http://www.zhb.gov.cn/gkml/hbb/gwy/201212/t20121205_243271.htm

② 广东省环境保护厅. 南粤水更清行动计划(2013—2020 年)[R]

③ 2009 年度中国地质科技新进展和地质找矿新成果资料汇编。

(3) 土地资源储备不足

我国各城市普遍存在土地城市化速度大于人口城市化速度的现象，土地利用粗放。东部地区工业化进程远快于西部，土地粗放利用现象也远较西部地区严重。土地粗放利用的结果是东部地区面临严重的土地资源枯竭现象。到 2007 年，深圳和东莞等城市的建设用地已经占其总面积的 40%。珠三角自 2005 年起已经暂停批准占用耕地作为宅基地，各市均纷纷指出未来十年将面临无地可用的局面①，如深圳截至 2009 年底剩余可开发建设用地仅 142 平方公里，如果按过去每年几十平方公里的速度开发，几年过后深圳就将"无地可用"②。

长江三角洲同样面临土地资源枯竭问题，环渤海地区这一情况相对好一些。

6.1.3 东部沿海地区新型城镇化的一般策略

1) 转变发展方式，实行绿色发展

经过 30 多年的工业化、城镇化快速发展，东部地区已经成为全国人口最稠密、能源消耗和污染物排放强度最大的地区，必须转变传统的经济发展方式和城市建设方式，实行绿色发展。

实现绿色发展是社会发展的必然趋势。在国际金融危机、资源能源短缺和生态环境日趋恶化的形势下，绿色产业和绿色经济越来越受到国际社会的广泛关注。我国也把新能源、清洁能源和节能环保产业作为保持经济增长、调整产业结构、转变发展方式的重要突破口。可以说，谁抢先占领绿色经济的制高点，谁就能在绿色发展的大势中赢得先机、把握主动。东部地区应该担负起国家赋予的历史责任。

实现绿色发展是贯彻落实科学发展观的必然要求。绿色发展强调发展知识经济、生态产业经济和循环经济，转变传统经济发展方式，实现更安全、更环保、更清洁的发展。绿色发展适应人类环保要求和健康需要，在追求经济效益的过程中更加注重社会效益和生态效益，最终是要改善人类生存环境，提高人类生活质量，实现人的全面发展。绿色发展统筹经济、社会、人口、资源、环境等各种发展要素，兼顾个人与集体、局部与整体、当代与后代等各种利益关系，最终是为了实现经济进步、社会进步与人的进步的同步发展③。东部地区更应该为全国作出表率。

2) 加强城乡融合互动，提高城乡一体化发展水平

(1) 着力提升城市发展质量，增强城镇的吸引力

按照诺瑟姆城市化曲线，城市化率 30%～70% 是快速发展时期，而这个时期可以分为两个阶段：即 30%～50% 为第一阶段，是加速发展阶段；50%～70% 为第二阶段，该阶段的城市化率提高还是很快，但每年的提高幅度会逐渐降低。东部地区大部分省份目前已经跨过诺瑟姆城市化曲线的拐点，进入城镇化快速发展时期的第二阶段，提高城镇化质量是东部地区今后推进城镇化的主要任务。

一是要在民本位导向上实现重大突破。关键是农民工市民化，根本目的是富裕农

---

① 李郇. 珠江三角洲社会转型背景下的新型城市化路径选择[J]. 规划师，2012(7)

② 王传真，叶前. 深圳将面临"无地可用"局面[EB/OL]. 新华网. http://news.xinhuanet.001415.htm

③ 强卫. 转变发展方式　推动绿色发展[J]. 求是，2010(1)：1-2

民、造福人民。

二是大力彰显城镇文化特色。加强历史遗存保护、优秀文化传承和创新型文化建设，打造城市品牌，不断丰富文化发展内涵，完善文化服务功能，提高城镇文化的凝聚力和影响力。

三是加强城镇安全体系建设。强化重大安全问题源头治理，完善应急防范机制，及时化解矛盾和隐患，切实维护社会稳定。必须提高城镇数字化管理水平，不断提高科技创新和科技管理能力，积极推进物联网为基础的数字化城市管理，促进全民参与城市管理，使城镇管理更加便捷化、智能化和科学化①。

四是提高人居环境。包括生态环境、基础设施、养老机构和社区文化等。

(2) 以中心镇、中心村为重点，加快社会主义新农村建设

我国东部地区推进新型城镇化的重点之一在于发展一大批高质量的小城镇，这既是城镇化的主要内容，更是缩小城乡发展差别、促进社会现代化与经济现代化同步发展的一条重要途径。所谓高质量的小城镇，就是不仅在城镇的建设上达到高标准，而且要在城镇的功能上尽可能做到完善高效，使这些城镇不仅是安居之乡，同时也是乐业之地。对于前者，要用基本现代化的标准加强规划和建设，应当把基础设施和现代化公共服务品的建设更多地向乡村倾斜②。

3) 实施都市圈和城市群发展战略，推进区域一体化

推进新型城镇化应以城市群为主体形态，国家发改委正在组织编制的新型城镇化发展规划，提出了我国十大城市群建设目标，即京津冀、长江三角洲和珠江三角洲城市群将向世界级城市群发展，另外再打造哈长、呼包鄂榆、太原、宁夏沿黄、江淮、北部湾、黔中、滇中、兰西、乌昌石等 10 个区域性城市群，要求优化提升东部地区城市群，培育发展中西部地区城市群③。

实际上，中西部尤其是西部地区并不具备发展城市群的条件，最有希望、也最应该建设的主要是东部沿海地区的五大城市群，即珠三角城市群、长三角城市群、京津冀城市群、山东半岛城市群和辽东半岛(辽中南)城市群。

(1) 珠三角城市群

珠三角城市群以广州、深圳、香港为核心，包括珠海、惠州、东莞、肇庆、佛山、中山、江门、澳门等城市所形成的珠三角城市群，是我国三大城市群(其他两个是长三角城市群、京津唐环渤海湾城市群)中经济最有活力、城市化率最高的地区。

珠三角城市群的发展战略是：

① 加快产业发展的协调与规划，促进珠三角协调发展。为实现产业的合理发展，珠三角应加强区域内主导产业的整体统一规划。首先，应与港澳地区形成新型的“前店后厂”模式。2003 年 8 月粤港联席会议双方达成共识，广东将致力发展成为制造业基地，香港则发展物流、金融和服务业中心，这对区域产业协调发展具有重要的意义。其次，根据珠三角各城市的工业基础、资源禀赋与区位优势，统筹规划制造业的发展，

---

① 沈和. 提高城镇化质量需要五大突破[N]. 中国经济时报，2013-06-20

② 东部地区新型城镇化的重点在于发展高质量的小城镇[N]. 新华日报，2013-08-01

③ 中国再造 10 个城市群 国务院专家：捏合成“群”要不得[N]. 经济日报，2013-07-28

使区域重点的制造业，如电子制造、家电等行业合理分工。再次，从总体上提升区域产业技术水平，形成一批有自主创新能力的高新技术支柱产业群，推进产业结构的提升。最后，适时将技术相对落后的工业按照梯度原理转移到周边城市或省区，以扩大经济腹地，形成完善的区域产业等级序列。

② 积极调整政府角色。珠三角虽然同属于广东省，但是各个城市都各自为政，形成诸侯纷争的局面。城市群内行政壁垒是制约城市群协同效率发挥的最大障碍。因此，政府政策的协调性和公平性显得尤为重要。政府的调节作用是积极的、有效的、连续的，主要表现在：制定发展战略目标、提供经济立法和法律体系、完善市场体系、政策规范市场行为、协调资源配置，为整个经济运行创造一个高效的、公平的和稳定的宏观环境。所以在整个城市群内各政府间要以区域全局为出发点，统一规划，共同发展。

③ 细划城市群内各城市的职能分工，进一步促进珠三角的专业化，使城市间相互交错，融为一体，形成广泛的协作关系。香港、广州由区域中心节点职能向更为广泛的整合职能转型，而相应的职能正逐步由周边的城市承担。大珠江三角洲城市群中的香港在金融、信息、物流等优势和成熟的市场经济意识，需要与内地的腹地空间相结合。从核心城市职能分工的综合指数来看，广州应大力提升核心城市的服务和管理水平，重点发展商业、服务、文教、交通、科技等职能，建成更具国际竞争力的商贸流通中心、科技研发中心和现代服务中心。深圳重点发展商业、金融和服务等职能，向商贸、物流、金融和信息一体化的现代化区域性中心城市迈进；珠海立足于自身基础，凭借各大学科研机构进驻，发展为信息技术产业和现代商业及旅游业发达的区域性中心城市。

④ 加强大珠三角城市群的整合力度。大珠江三角洲城市群不断调整和优化产业结构，逐渐形成了资金、人才、管理、技术、环境等优势，全面参与国际竞争的能力不断增强。从历史发展角度来看，其内部的合作已经拥有很好的根基，在原有的特殊政策优势日渐淡化的情形下，基于经济全球化和我国入世的新发展背景，它需要通过强化城市群内整合，实现城市群内核心城市之间的互补与错位共享，重构区域的整体竞争力以及创造新的竞争优势，保持经济发展的“排头兵”地位①。

（2）长三角城市群

长江三角洲地区包括上海市、江苏省和浙江省，区域面积 21.07 万平方公里。长江三角洲地区区位条件优越，自然禀赋优良，经济基础雄厚，体制比较完善，城镇体系完整，科教文化发达，已成为全国发展基础最好、体制环境最优、整体竞争力最强的地区之一，在我国社会主义现代化建设全局中具有十分重要的战略地位。

长三角城市群发展战略是：着力推进经济结构战略性调整，着力增强自主创新能力，着力促进城乡区域协调发展，着力提高资源节约和环境保护水平，着力促进社会和谐，在科学发展、和谐发展、率先发展、一体化发展方面走在全国前列，努力建设成为实践科学发展观的示范区、改革创新的引领区、现代化建设的先行区、国际化发展的先导区，为我国全面建设小康社会和实现现代化作出更大贡献②。

---

① 黄荣斌，严莉. 国家战略层面的大珠三角城市群发展路径[J]. 城市观察，2009(1)：77-85

② 国务院. 长江三角洲地区区域规划[R/OL]. 2010. http://www.china.com.cn/policy/txt/2010-06/22/content_20320273.htm

(3) 京津冀城市群

京津冀城市群跨越北京市、天津市和河北省，除京、津二市外，还包括河北省境内的唐山、秦皇岛、保定、沧州、廊坊、遵化、丰南、迁安、定州、涿州、安国、高碑店、任丘、泊头、黄骅、河间、霸州、三河等，共计20个城市，人口5 122万，土地面积9.27万平方公里，分别占京、津、冀地区城市总数的55.6%，城市总人口的61.5%，城市面积的44.2%。

京津冀城市群发展的战略选择是[①]：

① 整合“双子星座”，形成京津冀地区区域龙头

只有“双核”共同携手，共筹共建环渤海地区的京津唐大城市群，才能争取尽早进入世界竞争的行列。强化北京以第三产业为主导、天津以第二产业为主导的差异，形成优势互补。

② 强化城际间的交通网络

城际间的交通网络是形成大都市圈的基本条件，京津唐城际间的交通网络的完善与强化，将成为京津唐经济迅速整合的加速点。在整合“双子星座”，形成京津唐、环渤海地区区域龙头的大战略已定的情况下，强化京津唐城市之间的交通网络，迅速完善大城市群之间的交通功能。同时，推动要素资源沿这些交通网络便利而有效地流动起来，形成“点线布局”大中小城镇相结合的经济带。

③ 弱化行政区划，强化市场功能，培育新的经济区划的合作机制

打破以行政区划为资源配置限界的体制，在大城市群的建设中引入、培育区域合作机制。既要考虑市场运作机制，也要考虑非市场运作机制，形成顺应发展需要的区域合作机制。

④ 促进产业集聚

产业集聚与产业带的形成是大城市群核心竞争力的基础。目前京津唐地区并没有形成能够凝聚本地区大中小各类城市的这种具有竞争力的产业带。要打破行政区划的界限，变内耗式的竞争为合作式的竞争，促进产业链形成和产业集聚，打造跨区域经济带。

⑤ 充分利用滨海新区，使其成为京津冀、“三北”地区，乃至全国的“滨海新区”

滨海新区具有优良的天津港口和较强的国家级开发区经济，现在已经成为天津经济的新的增长极，在承接日韩产业转移和北京的产业转移方面已经出现成效。滨海新区是京津冀区域的新区、重要的城市空间，应作为这一城市群对国际上的门户、出海口以及产业承接口。同时要打通滨海新区与“三北”地区的交通、信息和物流通道，使其成为“三北”地区的出海口和物品集散地[②]。

(4) 山东半岛城市群

山东半岛城市群包括青岛、济南、淄博、潍坊、东营、烟台、威海、日照辖区及邹平县，规划区土地面积约7.4万平方公里，共有8个副省级市、较大市、地级市和计划单列市，22个县级市，600个建制镇。

---

① 薛凤旋，唐建明. 中国三大都会经济区的演变及其发展战略[J]. 地理研究，2003(5)：531-540

② 巩旭. 京津冀城市群发展战略研究[EB/OL]. 中国经济网(综合)，[2007-09-24]. http://finance.ce.cn/info/macro/200709/24/t20070924_12631272.shtml

山东半岛城市群的发展定位是：以东北亚区域性国际城市青岛为龙头，带动山东半岛城市群外向型城市功能整体发展，使之成为全球城市体系和全球产品生产服务供应链的重要一环。打造环黄海地区区域经济合作的制造业生产服务中心，构筑由山东半岛、韩国西南海岸地区、日本九州地区组成的跨国城市走廊，推动“鲁日韩黄海地区成长三角”形成。在全国范围内，要成为黄河流域的经济中心和龙头带动区域，与珠三角、长三角比肩的中国北方地区的增长极之一，与京津唐、辽中南地区共同构筑环渤海地区经济合作圈的领头军①。

（5）辽东半岛（辽中南）城市群

辽中南城市群以沈阳、大连为中心，包括鞍山、抚顺、本溪、丹东、辽阳、营口、盘锦等城市。该地区城市高度密集，大城市所占比例最高。沈阳是东北和内蒙古东部的经济中心，交通、文化和信息中心，全国最大的综合性重工业基地。大连是东北亚地区重要的国际航运中心，东北地区最大的港口城市和对外贸易口岸，也是重要的旅游城市。

① 辽中南具有特别重要的地位与作用，也是东北区融入全球化进程的首要的区域。辽中南城市群应该顺应这些潮流，加快内部结构调整，扩大城市群辐射面，通过腹地连接京津冀城市群和吉林、黑龙江两省，通过港口优势，加强对外联系，扩大外向经济。

② 构建城市发展的利益协调机制，消除行政壁垒，组建网络城市，提高同城化水平；通过行政区划调整整合港口建设，参与全球港口经济竞争。

③ 依托矿产资源优势，改造传统资源生产和利用方式，发展高新技术产业资源；依托海港、海岸资源和良好的交通运输条件，发展现代服务外包和休闲旅游业。

④ 加强基础设施建设，统筹配置水资源，开发利用好核电和风能等新能源，推进大连—烟台跨海通道（桥隧工程）尽快建成使用。

4）深化城乡体制改革，为新型城市化提供体制保障

统筹城乡综合配套改革，在就业、教育、住房、社会保障等方面实现城乡一视同仁，不分地区、不分户口性质，彻底打破城乡二元经济格局。具体思路包括：

一是户籍制度改革是启动点。推进户籍制度改革，不能单纯看作人口迁移或者城乡户籍管理体制问题，而是要把与户籍相关的城乡公共服务管理体制统一纳入体制改革框架之中。如果不从背后的这些制度逐个、配套改起，户籍管理制度改革难以根本上解决城镇化问题。

二是土地制度配套改革是核心。一方面，完善农村土地流转制度，鼓励转移出去且在镇一级以上的城镇定居的农民流转土地承包权；另一方面，在“一户一房”的前提下建立农村宅基地产权交易市场，尽可能避免建房挤占耕地。除此之外，将“城市人口密度”、“经济密度”等与土地空间相关的指标纳入政绩考核体系，不宜鼓励通过大规模征地实现工业化和城镇化的快速发展。

三是社保制度改革是重点。城镇化追求的是生活在城镇的人能够过上安居乐业的生活，社会保障制度则是市民生活的安全线，城乡弱势群体都应该纳入城乡统筹的社会保障之中。具体思路是：确定各主体承担统筹社保基金的比例，整合各职能单位间的社保政策和权限，将分散在卫生、劳动、民政等部门的社会保险政策统一起来，由

---

① 北京大学，山东省建设厅．山东半岛城市群总体规划[R]．2005

劳动与社会保障管理机构行使，尽可能降低社保政策运行的成本；完善进城务工人员社会保障制度，地方政府依据国家相关法规政策出台地方性的保障方案并加以实施；引导在城市落户的农民加入城乡居民社会保险统筹体系，引导已在固定单位就业的人员参与城市居民社会保险，鼓励从事非固定职业的居民可以在城乡社保统筹或者城市社保之中选择一种。

四是建立与城镇化相适应的城乡一体化的就业市场。它包括统筹城乡劳动力信息、统筹城乡就业岗位、统筹城乡就业渠道、统筹城乡就业保障制度等内容，并且，还有必要建立就业信息披露机制、劳动力技能培训机制、城乡就业保障机制等四种机制和完善农村剩余劳动力的就业培训、建设就业综合服务体系、开拓区内外两个就业市场、设立外来从业人员综合保险等就业途径①。

6.2 浙江省宁波市城镇化现状及主要问题

本节以浙江省宁波市为例，进一步探讨东部沿海地区市地层面新型城镇化战略的推进问题。

6.2.1 宁波市基本情况

宁波位于浙江省东部，东经 120°55′至 122°16′，北纬 28°51′至 30°33′，长江三角洲南翼，北临杭州湾，南靠台州，东与舟山隔海相望。

宁波市是全国 15 个副省级城市和 5 个计划单列市之一，是有制定地方性法规权力的较大的市，属于进一步对外开放的 14 个沿海开放城市，又是中华人民共和国中央人民政府国务院批准的全国历史文化名城。它还是长三角五大副中心之一，长三角南翼经济中心。

宁波市总面积 9 816 平方千米，全市共有海曙、江东、江北、北仑、镇海、鄞州 6 区，余姚、慈溪和奉化 3 市，以及象山和宁海 2 县。截至 2012 年底全市拥有户籍人口 577.7 万人，其中市区 226.1 万人。按户籍分农业人口 366.3 万人，占 63.4%，非农业人口 211.5 万人，占 36.6%。2011 年，全市实现生产总值 GDP 6 010.5 亿元，第一产业实现增加值 255.76 亿元，第二产业实现增加值 3 335.4 亿元，第三产业增加值 2 419.4 亿元，三次产业的比重为 4.2：55.5：40.3；实现财政一般预算收入 1 431.8 亿元。2011 年市区居民人均可支配收入 34 058 元，比上年增长 12.9%；农村居民人均纯收入16 518 元，增长 15.8%，城乡居民收入差距由 2010 年的 2.12：1 缩小为 2011 年的 2.06：1。市区居民人均消费性支出 21 779 元，增长 12.1%；农村居民人均生活消费支出 11 253 元，增长 14.9%。

6.2.2 宁波市城镇化现状

2006 年，宁波召开了全市城市工作会议，提出“要走集约高效、宜居宜业、环境友好、协调和谐、大中城市和小城镇协调发展、城乡互促共进的新型城市化道路，努力构

① 孙久文，叶振宇. 走中国特色城镇化道路的若干问题探讨[J]. 中州学刊，2009(3)：50-54

筑宁波都市区”。宁波城市化发展进入新型城市化发展阶段。2010 年，宁波城市化水平达到 65%。2012 年，全市建成区面积从 152 平方公里扩大到 450 平方公里，其中中心城区建成区面积从 73.5 平方公里扩大到 285 平方公里。

宁波市坚持以科学发展观统领城市化发展，实现“以物为本”向“以人为本”的战略性转变，城市化内涵和质量大大提高：全市城市道路总面积达到 6 390 万平方米，人均城市道路面积达到 20.4 平方米。污水集中率达到 72.8%，污水处理为 84.1%；垃圾日处理能力达到 8 068 吨/日，垃圾处理率百分之百；绿化覆盖面积达到 18 545 公顷，绿化覆盖率 37.8%，其中中心城区人均公共绿地面积为 10.55 平方米①。

在推进新型城镇化的过程中，宁波市存在的主要问题是：

(1) 城市功能布局有待进一步优化

与经济社会转型发展要求相比，该市城市功能布局还存在不少差距：

一是城市数量少、城镇规模小。目前 100 万人以上城市 1 个，50 万～100 万人城市没有，20 万～50 万人城市 2 个(余姚城区和慈溪城区)，10 万～20 万人城市 3 个(奉化、宁海、象山中心城)，5 万～10 万人城镇 4 个(周巷、观海卫、泗门、石浦)，3 万～5 万人城镇 5 个(慈城、集士港、姜山、西店、溪口)，其余 69 个建制镇和 11 个乡人口数量平均约为 1 万人(图 6-1)。研究表明，城市人口超过 5 万，才能集聚要素。一般而言，中等城市的人口规模在 20 万～50 万。因此，城镇规模不够大、集聚辐射能力不够强，已经成为阻碍宁波市城乡区域统筹发展的一大“瓶颈”。

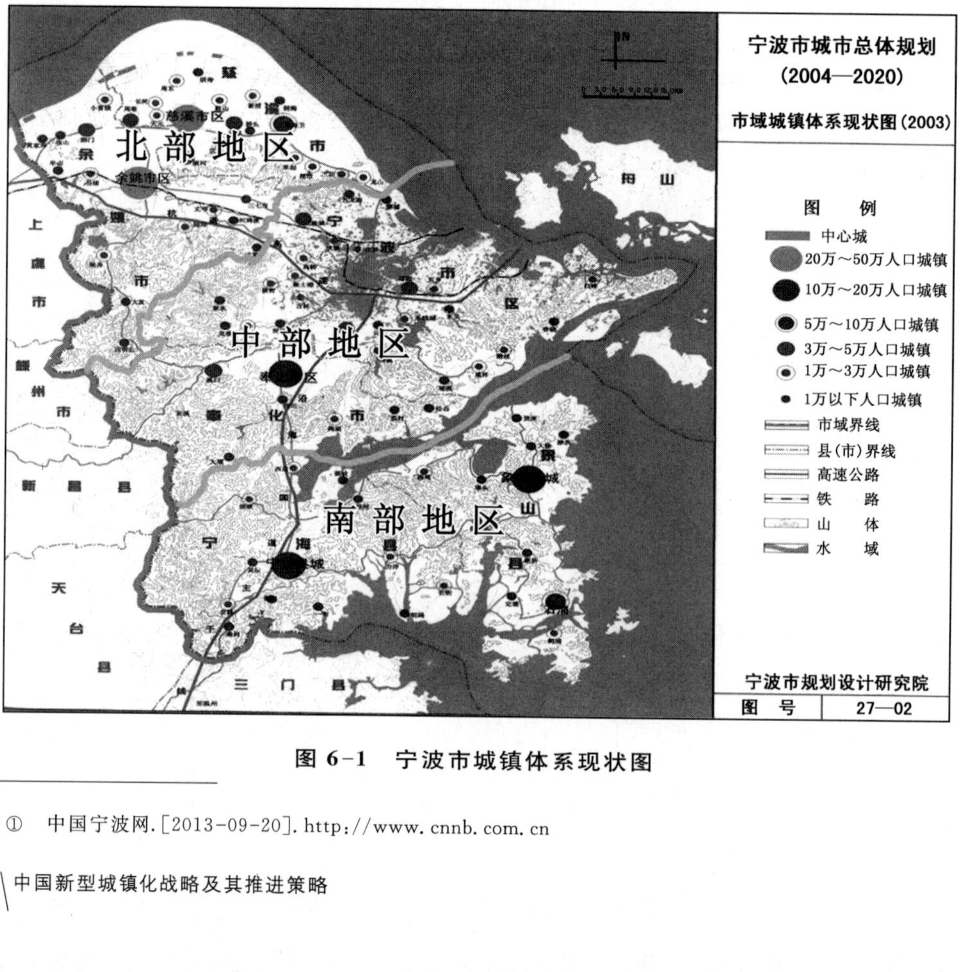

图 6-1　宁波市城镇体系现状图

① 中国宁波网.[2013-09-20]. http://www.cnnb.com.cn

二是现有行政区划制约了城市空间拓展。中心城六区空间结构不尽合理。中心城区从1984年的老三区演变成现在的六区，但行政区划变动不大，“小马拉大车”的格局没有改变。海曙区、江东区发展空间几乎无法拓展。镇海区沿海一带是宁波市的重化工基地，老城区的发展受到化工区的严重制约。鄞州区面积占六区的55%，鄞州中心区得到重点拓展，东、西部区域发展不快，基础设施建设不够协调。“区中园”的设立分割了城市空间的整体性，保税区、大榭开发区、高新区、东钱湖旅游度假区、梅山保税港区等在各区版图上成为相对独立的区块，削弱了城市联系，统筹城市建设困难较大。

(2) 城市集聚辐射功能有待进一步增强

中心城区的集聚辐射作用不明显，宁波作为浙江省规划建设的都市经济圈的核心城市，对周边城市绍兴、台州、舟山、嘉兴的带动力也不强。城市综合服务功能不强，其背后的深层次原因在于产业结构调整相对滞缓。2009年服务业占GDP比重、生产性服务业占服务业的比重分别仅为42.3%和39.5%。从发达国家的发展经验看，服务业占GDP的比重应超过70%，为制造业服务的生产性服务业占服务业的比重也应在70%以上。

(3) 城市管理体制有待进一步完善

城市化涉及经济、政治、社会、文化等诸多领域，是一个系统工程，但是由于没有建立统筹推进的城市建设和管理的协调机制，城市化发展政策支持体系不完善，致使城市化发展仍然处于县(市)、区各自为政的状态。在现行城市管理和财政体制中，市级财政调控能力薄弱，影响了城市建设和城市化的推进。在财政体制上，市六区实行不同的分税方法，老三区是半级财政，而新三区享受县级财政待遇；在规划体制上，虽然新三区名义上是规划分局，但实际上规划还是各区自行决定；在土地管理体制上，老三区的土地出让金由市统筹，新三区基本上由各区支配；在建设和管理体制上，市里只负责老三区的建设和管理，新三区只能靠自我建设和管理。

(4) 农民市民化进程有待进一步提速

城市化的目的是让现代城市文明扩散到广大农村地区，改变农民的生活方式，提高农民的生活质量。目前，宁波市大部分农村居民选择在城镇工作和生活，但仍然保持着农村的生活习惯和思维方式，“离土不离乡”、“亦工亦农”现象较为普遍。据测算，目前宁波农村劳动力总量约为320万，其中近80%的劳动力已经不再务农。

导致农民市民化进程缓慢的原因在于：一是城乡二元结构的户籍制度阻隔了农村与城市的联系，农民无法落户享受城市居民的待遇；二是农民无法在集镇建房，又买不起城镇的商品房；三是城镇基础设施建设滞后，城镇没有足够的吸引力集聚农民；四是长期以来社会保障体系没有涉及农民，农民进城存有后顾之忧①。

(5) 生态环境质量有待提高

多年来以高消耗、高排放、低效益为特征的粗放型经济发展方式，在推动经济快速增长的同时，也带来了一系列生态环境问题。目前，局部区域环境污染和生态恶化现象仍较为严重，地表水的水质优良率和功能达标率都很低，城区内河和平原河网大多

---

① 陈仲朝，詹荣胜，刘兴景，等. 宁波新型城市化发展研究报告[EB/OL]. http://gtog.ningbo.gov.cn/art/2012/10/12/art_16688_951886.html

受到严重的污染。据环保部门监测，鄞州、慈溪等河网以劣Ⅴ类水质为主，受到氨氮、石油类、高锰酸盐指数、化学需氧量等重度污染；近岸海域水质均属营养型，无机氮和活性磷酸盐含量超标，大部分海域还受到石油类污染。大气环境中，二氧化硫、二氧化氮等酸性污染物增加，降水平均酸雨频率、二氧化硫浓度、可吸入颗粒物平均值上升；2007 年全市Ⅰ、Ⅱ级空气质量天数占 90.1%，而 2004 年同期则占 92.1%；2007 年全市降水平均酸雨频率达到 96.8%，而 2004 年同期则为 88.1%①。

6.3 宁波市新型城镇化的目标与策略

6.3.1 新型城镇化的指导思想和主要目标

1）指导思想

宁波推进新型城市化的总体思路是：全面贯彻落实科学发展观，以转变城市发展方式为主线，以加快构筑现代都市为目标，以建设“大平台、新基地、功能区”为抓手，以创新城市发展机制为动力，进一步优化城市布局、完善城市功能、加强城市管理、提高城市品位，着力推进城市发展由注重规模扩张、形态建设向注重功能提升、内涵发展的战略性转变，全面提升城市综合竞争力、国际影响力和可持续发展能力，力争通过“十二五”乃至更长一段时期的努力，把宁波建设成为繁荣发达、功能完善、环境友好、美丽幸福的现代化国际港口名城、亚太地区重要国际门户城市、宜居宜业生活品质城市。

2）发展目标

总体目标是：到 2015 年，城市布局更加合理，城市功能更加完善，城市管理更加科学，城市生活更加美好。城市化率达到 70%，率先成为全省城乡一体化发展的先行示范区，基本建成现代化国际港口名城、亚太地区重要国际门户城市、宜居宜业生活品质城市。

——基本实现城市布局网络化。基本形成“两区五级多节点”的区域优势互补、主体功能清晰、国土空间高效利用的市域空间新结构；进一步形成“一体两翼多节点”的网络化、组团式都市区城镇体系。

——基本实现城市功能高端化。城市“大平台、新基地、功能区”建设成效明显，基本形成二、三产融合发展的都市型产业体系，城市辐射功能、创新功能和综合服务功能明显强化。“三位一体”的物流服务体系更加健全，建设成为亚太地区重要国际门户城市，连接国内外两个市场的枢纽地位更加突出。

——率先实现城乡发展一体化。初步形成城乡规划建设一体化、产业发展一体化、生态保护一体化、要素配置一体化、公共服务一体化、民生保障一体化的新格局；城乡基本公共服务均等化领先全省，农村教科文卫体等社会事业加快发展；城乡区域经济社会发展一体化体制机制基本建立，城乡统筹的生产要素配置市场进一步健全，农村和五县（市）发展动力活力显著增强。

——基本实现基础设施现代化。城市轨道交通、城际快速通道、智慧城市等一批

① 陶成波.构筑资源节约型环境友好型宁波的思考[J].经济丛刊，2008(4)：17-20

重大项目加快推进，建成比较完善的交通、给排水、供电、供气、污染处理等现代化基础设施网络，力争适度超前于城市经济社会发展需要。基本建成外接内联、便捷高效的现代化综合交通网；基本建成互联互通、宽带化的信息网；建成安全稳定可靠的城乡给水、能源供应设施网和环保设施网。

——基本实现城市管理精细化。城市管理现代化水平明显提升，努力实现“人性化、智能化和网络化”。每个县（市）区建成比较完善的污水处理系统、垃圾分类处理系统。基础设施运营养护管理加强，形成多元化、社会化和市场化的投融资和运营管理机制。城市管理范围进一步拓展，基本实现市区范围和行业网格化管理全覆盖。

——基本实现城市生活品质化。生态文明建设取得新进展，城市生态环境质量保持一流水准。文化大市建设顺利推进，江南水乡文化积淀和现代商业文明交相辉映。政府公共服务体系更为健全，基本实现城乡基本公共服务均等化。城乡居民的生活水平和质量明显提高。“平安宁波”建设深入开展，保持全国一流的公共安全水平。城市社会文明建设进一步加强。

6.3.2 主要对策措施

依托“面海发展、依山涵养”的现实基础，遵循城市化发展的客观规律，进一步明确市域发展主体功能、优化城市空间布局、完善城市基础设施、强化城市精细化管理，推动城市发展由注重规模扩张、形态建设向注重功能提升、内涵发展的战略性转变，全面提升城市发展水平。

1）明确市域发展主体功能，形成区域协调发展新格局

（1）推进中心城市优化开发

① 中心城市包括宁波中心城区（市六区）和余慈地区（余姚和慈溪两市），该区域占全市 4/5 的可利用土地面积、5/6 的 GDP 总量，综合实力较强，经济规模较大，城镇体系比较健全，但资源承载能力趋于弱化，迫切需要加快转变经济发展方式。

② 该区域是推进转型升级的主战场，要把提高质量和增长效益放在首位，大力发展现代服务业和新兴先进制造业，培育发展都市型产业，率先实现转型升级；要进一步优化城市和产业空间布局，提升杭州湾南岸城镇密集区、沿海临港产业带等重点功能区块发展水平。

③ 加快实施促进优化开发区发展的区域政策和绩效考核评价体系，重点围绕优化经济结构和加快转变发展方式制定政策，强化发展现代服务业和高技术产业、自主创新、节能减排、社会民生等，以争取率先实现中心城市的转型升级。

（2）加快南部美丽家园重点开发

① 包括奉化、宁海、象山，该区域生态资源丰富、开发强度适宜，是全市的重要水源地、生态安全屏障等，具有大力发展海洋经济、休闲经济和生态经济的优势条件；

② 要按照总体规划、点状开发的原则，在强化水源涵养、生态环境保护和修复的基础上，推动城镇建设，促进人口集聚，完善基础设施配套，强化公共服务体系建设，大力发展休闲旅游、会议度假、高端人居、科技文化等生态经济，推进象山港区域、三门湾区域等重点功能区块保护与利用（图 6-2）；

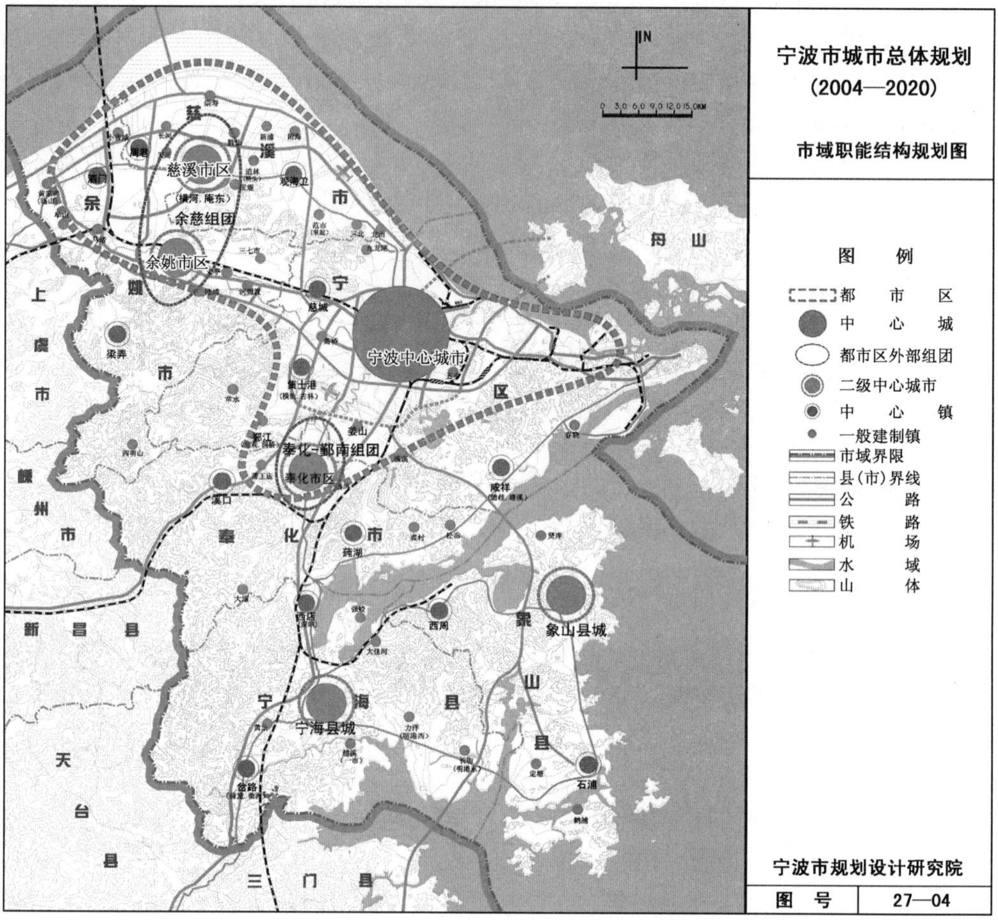

图 6-2　宁波市域职能结构规划图

③ 加快实施促进重点开发区建设的区域政策和绩效考核评价体系，重点围绕促进经济增长、质量效益、产业结构、环境保护以及基本公共服务覆盖等制定政策，以实现南部美丽家园产业发展与转型升级间的并重互动。

2）优化城市空间布局，完善市域城镇体系

（1）中心城区

中心城市由都市区中心城区和都市区北部中心组团构成，是宁波都市区的核心和龙头，承载着现代化国际名城的集散辐射和综合服务功能。中心城区包括三江片、镇海片、北仑片，沿江沿海带状拓展、相向融合发展，它是亚太国际门户城市的重要功能区、国家历史文化名城的主要承载区、现代服务业和先进制造业的重要基地。三江片是传承历史文脉、彰显城市魅力、发展服务经济的主要承载区。要加强历史文化名城保护，着力实施“三江六岸”拓展提升工程，积极促进鄞州区与海曙区、江东区融合发展。镇海、北仑片是提升港口经济、发展临港产业、培育生产性服务业的重要集聚区。要优化城市、产业与港口合理布局，率先推进全域城市化。统筹建设生产与生活功能区之间的生态隔离带，推动城市空间与宁波核心区相向发展。

(2) 南北两翼

① 按照新型产业化和新型城市化融合发展的要求，优化资源配置、实现共建共享，提升余姚城区、慈溪城区发展水平，推进宁波杭州湾新区、姚周新城等开发建设，打造以余姚城区、慈溪城区、宁波杭州湾新区、姚周新城为中等城市，以泗门和观海卫为节点的功能有机联系、空间组团发展的城市格局。

② 都市区南翼是以奉化、宁海、象山三个中等城市为枢纽，以石浦、西店、溪口卫星城市为节点，组团形成的网络化空间形态，是宁波都市区的重要枢纽和县域政治、经济、科教文化中心。奉化、宁海、象山城市人口分别已达到 24 万、22 万和 21 万，已具备建设中等城市的基础和条件。今后要按照中等城市定位，强化人口集聚、推动产业集中、提升品质品位、优化生态环境，进一步完善重大基础设施，有效承接宁波中心城市辐射，充分发挥其在推进县域经济发展、吸纳农村人口转移、带动城乡一体化发展等方面的功能，建设成为宁波现代化国际港口名城副中心。

③ 卫星城市

以 7 个卫星城市改革试点为突破，以建设小城市为目标，以点状网络化布局为路径，择优选择 20 个左右发育基础好、区位条件优、辐射能力强的中心镇和重点镇，赋予卫星城改革试点权力，培育成小城市。完善城镇规划，创新管理体制，加快城区开发，推进产业发展，提高公共服务水平，充分发挥其吸纳农村人口转移、带动劳动就业、促进区域经济发展的功能，实现由“镇”转“城”，努力建设一批集聚能力强、服务功能全、管理水平高、经济繁荣、环境优美的小城市。

④ 重点镇

按照“人口集中、产业集聚、要素集约、功能集成”的要求，以镇区人口规模 2 万人为目标，以优化资源要素配置为导向，坚持特色化和差异化发展，因地制宜整合一批小乡弱镇，优化城镇空间布局，做优做强特色产业，推进块状经济转型升级，加大交通、电力、环保、通信等基础设施建设力度，推进科技、教育、文化、体育等社会事业发展，建设 20 个左右产业特色鲜明、生态环境优良、社会事业进步、功能设施完善的重点镇。

⑤ 中心村

中心村是宁波城镇体系的基础支撑，是新农村建设的重点。加快编制中心村布点规划，深入实施中心村培育工程，坚持一村一品、一村一企、一村一园，建设幸福美丽新农村，争取培育 200 个左右中心村；按照城市基本公共服务的要求，加快推进基础设施建设，建设生产发展、功能完善、环境整洁、生活富裕的农村新社区。

3) 完善城镇功能，提高城镇品位

(1) 提升中心城区发展水平

——三江片，坚持“产业高端化”“生活精致化”导向，大力实施“三江六岸”拓展提升工程，高品位策划，高起点规划，高标准建设，基本建成东部新城、南部新城、江北新城等，加快基础设施联网互通，推进城市管理精细化，成为宁波商贸商务中心、科教研发中心、金融信息中心、航运物流中心。

① 海曙区，充分发挥商贸基础雄厚、服务产业发达、历史文化厚重的优势，以鄞奉路总部经济区、月湖文化创意街区、南站枢纽综合服务区建设等为载体，大力发展总部经济和智慧产业，优先发展现代商贸、金融服务、中介服务、文化创意业，努力建设成为

宁波市中心商贸商务区和历史文化名城核心区。

② 江东区，以东部新城、中央商务区、核心滨水区、东外滩文化创意走廊等城市功能区建设为载体，大力发展贸易展览、金融服务、航运物流、文化创意、专业市场等现代服务业，高水平建成一批城市综合体，推进城市有机更新，基本消灭“城中村”，努力建设成为功能国际化、产业高端化、环境生态化的现代化核心城区和宁波的中央商务区。

③ 江北区，坚持城市化与产业升级同步发展，改造提升装备制造业，大力发展港航服务、文化旅游休闲等现代服务业，加快“两江”北岸综合开发，推进甬江新城、姚江新城和慈城卫星城的开发建设，发展成为“城乡一体引领区、转型升级示范区、品质生活提升区”，建成宁波中心城区的北门户和重点城市拓展区。

④ 鄞州区，按照高端高新的发展导向，依托鄞州投资创业中心和明州工业园等平台，改造提升纺织服装等传统优势产业，转移淘汰铸造、电镀等高碳高耗产业，发展壮大光机电、新材料、新能源等战略性新兴产业。加快推进建设南部商务区、“创新128园区”、国家动漫游戏产业基地等功能区块和城市综合体，大力发展都市型产业，全面融入宁波都市区建设，努力发展成为综合实力强劲、人民幸福安康、生态环境优美的现代化品质城区。

——北仑片，是宁波港口经济和生产性服务业的重要集聚地。要充分发挥港口资源优势，做大做强临港先进制造业，延长产业链、提升价值链、完善供应链，重点发展石化、汽车、新能源、装备制造、钢铁等产业。大力发展铁矿石、船舶交易、石化产品、煤炭等交易中心，建设成为区域性资源配置中心。整合提升经济技术开发区、保税区、大榭开发区、出口加工区和梅山保税港区，最终把北仑片建设成为上海国际航运中心主要组成部分、华东地区重要的先进制造业基地和浙江省对外开放的重要门户。

——镇海片，是宁波市港口经济特别是石化产业的重要集聚地。做大做强临港工业，推动石油化工、装备制造等临港产业集群建设，建设成世界级石化产业基地。培育发展新材料、新能源、节能环保、生物医药等战略新兴产业。推进镇海大宗货物海铁联运物流枢纽港建设，建设成为我国海铁联运枢纽港。高标准建设镇海片与三江片的生态隔离带。加快推进镇海新城建设，基本建成北部商贸商务中心和南部休闲大本营区，建设成为生产发展、生活富裕、生态文明的现代化生态型港口城区。

（2）加快建设都市区北翼

——余姚市，加快统筹城乡区域发展步伐，推进传统产业集群发展，提升发展纺织、家电、塑料及模具等优势产业，大力发展都市农业、休闲旅游、服务与科技文化等新兴产业。高水平推进建设余姚中国塑料城，努力建设成为国内一流、世界领先的塑料交易平台。提升余姚科技园区等的发展水平，加快重点功能区的开发建设，努力把余姚发展成为浙江省区域性中心城市、宁波重要的文化生态宜居城市。

——慈溪市，全面实施“效益和谐新慈溪”总战略，坚持新型城市化与新型工业化融合发展，以杭州湾新区、观海卫卫星城和慈东工业区为载体，大力发展商贸金融、商务办公、休闲旅游、现代物流等现代服务业，改造提升家电、轴承、化纤、汽配等四大传统产业，加快发展装备制造、电子信息、新材料、新能源四大新兴产业，完善“一个中心、四个片区”市域空间结构，建设成为杭州湾南翼现代化海湾城市、长三角新型城镇化示范区。

——宁波杭州湾新区，位于杭州湾跨海大桥南岸慈溪市境内，陆域面积约 235 平方公里，海域面积约 350 平方公里。坚持战略高度、世界眼光和国际化标准，以培育高端现代服务业和新兴先进制造业为重点，大力发展总部经济、现代物流、研发设计、文化创意、运动健身等高端服务业，加快培育节能环保设备、智能家电、新材料、新能源等先进制造业，努力打造成为我国统筹协调发展的先行区、长三角亚太国际门户的重要节点区、浙江省现代产业基地、宁波都市区北部综合性新城区。

——姚周新城，是都市区北部中心的重要组成部分。要坚持新型城市化和新型工业化融合发展，创新统筹合作开发建设管理体制，大力发展总部经济、现代物流、研发设计、金融贸易等高附加值服务业，推动小家电、食品、塑料等传统产业转型升级，大力发展新材料、新能源等战略性新兴产业，努力打造成为长三角亚太国际门户的重要节点区、浙江省海洋经济重要基地和宁波都市区北部副中心的重要组成部分。

（3）积极打造都市区南翼

——奉化市，发挥生态资源、人文资源和区位优势，大力发展休闲旅游、高端人居和战略性新兴产业，重点构筑纺织服装、汽车摩托车配件、气动元件、厨卫家居、船舶制造五大产业集群，加快发展现代物流、会展服务、创意设计、服务外包等生产性服务业，建立起以水蜜桃、花卉苗木、竹笋等为核心的精品效益农业体系，全面融入宁波中心城，努力建设成为宁波现代都市产业拓展区、宁波南郊现代化生态城市、海内外著名旅游城市。

——宁海县，要以绿色发展为特色，提升新型生态化、加速新型工业化、突破新型城市化，改造提升模具、文具、灯具、五金机械、汽车配件、电子电器等六大优势特色产业，积极打造区域性现代商贸、生态休闲旅游、现代物流“三大中心”，加快建设六大城市功能区，推进三门湾区域、宁海湾区域、大温泉区域的开发建设，努力发展成为生态型宜居宜业的现代化中等城市。

——象山县，抓住浙江海洋经济发展和象山港大桥建设的机遇，深入实施“桥海兴县”总战略，以海洋产业开发为特色，提升发展修造船、纺织服装、装备制造业，大力发展滨海旅游业，努力实现县域经济向城市经济的重大转型，打造成为现代化滨海休闲城市、宁波的滨海新区和浙江省海洋经济发展先行区。

（4）着力于卫星城市建设

深入实施扩权强镇建城战略，大力推进观海卫、泗门、慈城、集仕港、溪口、西店、石浦等七大卫星城的建设，根据形势发展需要适当扩大范围，力争“十二五”期间建成 20 个左右卫星城，将其建设成为集聚能力强、服务功能全、管理水平高、经济繁荣、环境优美的小城市。

（5）强化重点镇功能

按照“政府推动、规划促动、投资拉动、产业带动”的思路，培育建设一批重点镇（特色镇）。

① 推进重点镇总体规划修编和规划管理，优化重点镇空间布局；做强做大特色产业，推进块状经济转型升级，增强重点镇经济发展实力。

② 加快交通、电力、环保等基础设施建设，推进科技、教育、文化、体育等社会事业发展，促进城市基础设施和基本公共服务向农村覆盖。

③ 加大财税、金融和用地支持力度。

(6) 推进新农村建设

① 围绕建设“幸福美丽新农村”目标,以农村环境综合整治、农村宅基地整理复垦和农村住房“两改”为抓手,深入推进社会主义新农村建设。

② 统筹实施中心村培育工程、百村整治和千村示范工程,配套建设农村基础设施和公共服务设施。

③ 多渠道发展壮大村级集体经济,千方百计增加农民收入。实施农村劳动力培育工程,着力培育新型农民。健全农村新社区建设投入机制,完善农村社会服务功能。

4) 完善城市基础设施,提高综合承载能力

(1) 完善都市区内部交通网络

坚持“总体规划、适度超前”,强化都市区内部及组团间的交通建设,构筑顺畅、便捷、高效的都市区内部交通网络。

① 提升都市区中心城区路网服务水平。加快轨道交通1号线、2号线建设进度,积极推进轨道交通后续线路开工建设;加快机场快速路、南外环快速路等城市快速路、主干路项目建设,构筑以城市快速路和主干道相结合的纵横贯通、干支相连、集疏成网的中心城区综合交通网络。

② 加快都市区北翼路网建设。加快推进杭甬高速公路复线、高速公路余慈连接线建设,形成“一环”高速公路网;加快推进继光大道、姚慈路、新凤大道、余慈大道等快速路建设。

③ 加强中心城市与都市区北翼的沟通。加快杭甬客运专线建设,积极开展轨道交通余慈线项目前期,启动余北快速路等快速路前期工作。

④ 加强中心城市与都市区南翼的沟通。加快推进甬台温高速复线、环象山港高速等项目建设,积极谋划区际轨道交通,提前预留规划通道,形成城乡区域一体化的交通网络。

(2) 构筑现代化对外交通网络

按照打造亚太地区重要国际门户的新要求,统筹谋划对外交通网络体系,构筑高效、便捷的对外综合交通体系。

① 加大铁路建设力度。推进“一绕五射”铁路网建设,建成杭甬客运专线,完成宁波南站改扩建工程、宁波北站搬迁工程等,规划建设杭州湾跨海铁路、甬金铁路等。完善铁路货运网络,促进多式联运的发展。

② 优化公路网布局。完善“一环六射”高速公路网,形成以市区为中心的高速交通圈。加快象山港大桥及接线、穿山疏港高速公路进度;推进三门湾大桥及接线、杭州湾跨海大桥杭甬高速连接线和六横大桥宁波接线等项目建设。

③ 提升空港发展水平。坚持“客货并举、以货为主”,推进机场三期扩建工程,拓展航线密度、建设货运设施、完善集散网络,着力打造长三角国际航空货运枢纽。

④ 稳步推进水运发展。重点推进杭甬运河宁波段建设,续建杭甬运河余姚东港区、奉化方桥港区、城西港区等工程,优化集疏运结构。

(3) 推进城市公用设施建设

按照城乡一体化、公共服务均等化的理念,规划建设一批给排水、供电、供气、防灾减灾、垃圾基础设施,力争使每个市民喝上水库水,每个家庭用上天然气。

① 完善城市供水设施，科学配置并合理开发利用水资源，不断提高生活饮用水水源的水质；实施城市大网分质供水，实现优水优用；实施流域型、区域型的大规模供水系统。建成城市引水环网等一批项目。

② 提升城市电网承载能力，实施《宁波城市电网目标远景规划》，保持电网建设与电源建设相互适应，促进城乡电网协调发展，提升城市电网综合服务。

③ 加快城市信息网络设施建设，积极推进互联网、电信网和广电网"三网"融合，提高信息化水平，积极推进智慧城市建设。

④ 优化城市供气网络，规划建设与省天然气主干网配套的天然气管网，促进中心城市管网日益完善；副中心城市结合道路建设，主城区完成主干供气管道建设。

⑤ 加强城市防汛保安设施建设，提高沿海海塘建设标准，提升甬江、姚江、奉化江流域干流防洪标准。骨干河网整治基本完成，初步形成流畅、岸绿、景美的河网框架。

⑥ 强化垃圾和污水处理设施建设，将垃圾和污水处理设施建设作为一个整体进行统筹规划，高标准建设一批垃圾处理设施和污水处理设施，加强纳污管网建设，进一步提高城市垃圾处理能力和污水处理能力。

(4) 推进城乡基础设施一体化建设

按照城乡一体化、公共服务均等化的目标，加快城乡基础设施一体化建设，提升都市区公共服务均等化水平。

① 着力于农村公路建设。按照"完善网络、提高等级、增强能力"原则，加快县乡公路和村级联网道路建设，提高"村村通"公路等级，加快推进市区与县(市)公交一体化。

② 提升农村供水、污水和垃圾处理能力。加强农村饮用水管网设施建设，实现农村自来水全覆盖；加大农村生态化污水处理技术推广力度，建立农村垃圾集中收集和无害化处理的"户集、村收、镇运、县处理"处理体系。

③ 完善农村公共基础设施体系。加快供电、供气、通讯、信息等基础设施向农村延伸，提高城镇和中心村公共设施网络化程度。

④ 提升农村公共服务水平。加快城乡一体化的公共服务设施建设，促进城市公共服务设施向农村延伸，重点加强农村文化、卫生、气象(防灾)等建设，实现公共服务的城乡对接和共享。

5) 提升城市管理现代化水平，营造一流的人居环境

(1) 创新完善城市规划体制。按照"市域一体化、布局科学化、服务均等化"城市发展要求，逐步建立科学引领城市建设和管理的规划制度体系。

① 创新规划机制。建立协调统一的城市规划对接机制，推动覆盖全市域的专项规划编制，建立和完善"规划在市、实施在区"的规划管理体制，强化市级规划审批和管控能力。

② 加强规划引导。进一步加强对全市总体发展战略规划的研究，充分发挥规划在全市域组团区块空间布局、功能定位和发展导向等方面的调控、引导、管制功能，强化对重点功能区块的城市设计和形态的规划研究。

③ 完善规划体系。按照"全市统筹、专项衔接"的规划理念，以大都市区域基础设施、公共服务设施和生态环境规划建设为切入点，着力推进和完善一批交通、能源、管

网等重点专项的规划编制[①]。

（2）健全城市开发建设机制。按照市场化改革方向，合理统筹市区资源，着力破解城市开发建设体制性障碍，增强城市发展动力。

① 理顺城市建设体制。强化重大城市基础设施建设的统筹协调能力，建立健全“决策在市、建设在区”的城市开发建设机制，建立健全事权财权相适应、适当提高市级财政收入比例、有利于集中财力办大事的体制机制。

② 完善城市开发机制。按照“建管分离”原则，加快城市建设市场化步伐，对于经营性城市基础设施，探索特许经营权、BOT、TOT、BT 等多种共建模式。

③ 深化投融资体制改革。积极盘活存量优质经营性资产，鼓励项目直接融资、股权投资、企业并购，支持具备条件的市政公用股份公司上市融资，积极拓宽非经营性城市基础设施项目融资渠道。

（3）提高城市管理科学化水平。按照“数字化、科学化、制度化”目标要求，推进城市管理手段现代化、责任网格化、监督社会化，全面提高城市管理的科学化水平。

① 大力推进数字城管建设。完善全市统一的空间地理基础数据平台，加快推进规划、房地、环保、市政、绿化、水务、气象等城市管理信息深度开发和共享交换，着力推进防灾应急、交通管理、人口管理等重要信息系统建设。

② 建立健全城管责任考核机制。统一全市市政公用设施的管理与维护职权，纵向分权到底，横向分工到边，构建系统、综合、高效的一体化执法管理模式。严格落实城市管理网格化包干制度，以环境卫生、园林绿化、市容市貌等管理难点为突破口，完善建立全面高效的精细化城管机制。

③ 建立健全公众参与机制。建立城市管理咨询机构；实行城市管理市民听证制度，扩大市民在城管决策、执法和监督全过程中的参与，广泛征集民众意见和建议；建立政府和社会机制互联、功能互补、力量互动的社会协同管理网络。

（4）积极推进城市精细化管理

按照“人性化、标准化、精细化”目标要求，以智慧城市建设为重要抓手，加强城市基础设施建设，大力推进城市精细化管理。

① 推进基础设施提升工程。继续推进市政基础设施维护工程，探索养管服务外包模式，提高养护水平和效率。实施背街小巷和庭院整体改造。加快园林绿化提升改造进程，加强养护常态管理。

② 推进城市环境美化工程。加快环卫基础设施建设，推动城区保洁机械化进程，推进建筑渣土、餐厨垃圾等有序处置和监管，完善垃圾综合处理系统。加快遗留河道深度整治，加强河道景观治理和建设力度。全面推进重要污水处理设施投产，加快完善污水主干管网系统，全力做好城区防汛防台工作。

③ 推进公共服务优化工程。实施公交优先发展政策，优化公交线网结构，重点发展主城、副城、组团之间的干线公交，推进完善公交线网和场站建设。重点推进主要水厂、主干管网、引水调水工程建设，全力打造原水联供、制水联网、配水科学的现代化供水体系。

---

① 陈仲朝，詹荣胜，刘兴景，等. 宁波新型城市化发展研究报告[EB/OL]. http://gtog.ningbo.gov.cn/art/2012/10/12/art_16688_951886.html

7　东北振兴地区新型城镇化战略的实施①

7.1　东北振兴地区新型城镇化的一般策略

7.1.1　东北地区及政策背景

东北振兴地区(也简称“东北地区”)的范围包括黑龙江省、吉林省、辽宁省和内蒙古自治区呼伦贝尔市、兴安盟、通辽市、赤峰市和锡林格勒盟地区，其土地面积为145万平方公里。东北地区是我国老工业基地和重要的粮食生产基地，特别是在我国全面实施对外开放政策及世界经济趋于国际化、区域化的大背景下，东北地区具有重要的战略意义②。

自改革开放以来，我国实施了首先开放沿海城市再逐步开放内地的发展战略，我国经济体制也随之由计划经济向社会主义市场经济转型。而在计划经济体制下，东北地区承担我国整个工业体系中的原材料与装备制造的任务，其从原料供给、产品生产和供给都是在国家计划经济体制下完成的，故暂时不存在发展危机的问题。但是，随着自身资源环境约束和外部发展环境的变化，东北地区面临着三大难题，即市场经济转型问题、“三农”问题和产业转型问题③：

1) 市场经济转型问题。随着我国市场经济体制改革的深入，东北地区在向市场经济转型的过程中，由于国有企业缺乏活力，受着设备陈旧、技术落后、资金不足以及体制改革成本高等因素的影响，经济效益低下，出现了明显的发展迟缓现象，主要经济指标甚至落后于全国平均水平，即所谓的“东北现象”。

2) “三农”问题。20世纪90年代以后，特别是我国加入世界贸易组织前后，作为我国重要商品粮基地的东北地区又出现了粮食大量积压，农民增产不增收，农业生产经济效益不断下滑等比较严重的“三农”问题，即所谓“新东北现象”。

3) 资源枯竭和产业转型问题。随着矿产资源总储量和可供开采量的不断下降、接续产业开发缓慢等问题的出现，这些曾经辉煌的城市面临着越来越严峻的考验，相当一部分资源型城市已经变为或正在变为资源枯竭型城市。

为充分利用东北地区良好的工业基础和优势条件，以解决东北地区实际问题为出发点，全面统筹区域经济协调发展，推进国民经济的布局与结构调整，并适应加入世贸组织以后的对外开放形势，积累老工业基地的经济振兴经验，发挥示范作用，国家实施了东北地区振兴计划，并于2003年10月，中共中央、国务院下发《关于实施东北地区

① 本章由钱宏胜主笔。

② 刘虹，赵淑芝. 东北地区区域经济发展问题研究[J]. 地理科学，1997(2):120-126

③ 林赛南. 东北地区区域开发历史及其经验商业研究[J]. 商业研究，2010(1):115-116

等老工业基地振兴战略的若干意见》(中发〔2003〕11 号文件)，标志着实施振兴东北地区等老工业基地战略的正式启动。

7.1.2 东北地区城镇化发展态势

1）资源型城市比重较大，资源环境问题突出

东北地区是我国资源型城市分布相对集中的地区，在我国 118 个资源型城市中，东北地区占 31 个，约占全国的 1/4，其中黑龙江省占有 13 个、吉林 10 个、辽宁 7 个、内蒙古 1 个①。东北地区资源型城市如此集中的主要原因是，在新中国成立初期，因工业发展，特别是重工业发展的需要，造就了一批以资源开采、加工为主导的资源型城市。随着自然资源的开发、采掘、利用，资源储量逐年减少，很多城市出现了资源枯竭问题，东北地区的资源区位优势已经下降，矿产资源产业的整体萎缩已经十分明显。同时，资源型城市的资源开发强度大，对生态环境的破坏程度和“三废”排放量都比较大，局部地区生态环境损害十分严重②，这些都在一定程度上影响到该地区的可持续发展。

2）城镇化水平“虚高”，质量有待提高

东北地区的人口城镇化明显高于全国平均水平，存在城镇化“虚高”现象。东北地区是我国重要的能源基地、工业基地、粮食基地和林业基地，为了推进基地建设，国家在城市设置上依靠行政手段，设置了一批依托矿区、农场和林区的城市，使得城镇人口迅速增加。同时，在建制镇设置上也存在类似情况，特别是在撤乡并镇的城镇化建设上，使得一部分从事第一产业的农民划归为城镇人口，这些人口虽然居住在城镇，仍然从事第一产业，但没有脱离原有的生活、生存方式，只享受有限的城市文明，这部分人不具备城镇的生活特征，这种“显性城镇化”的存在③，使东北地区的城镇化率处于相对较高的位置。但是，这些新批准的城市和新归并的地区存在着明显的基础设施和公共服务设施建设滞后现象，特别是教育、医疗、卫生、就业、社会保障等社会城镇化滞后现象更加突出。

3）大中城市对周边地区辐射带动能力弱

东北地区大中城市以国有制经济为主导，重化工业所占比重较大。由于长期经济发展所形成的路径依赖与路径“锁定”，在市场化改革和经济结构转型过程中面临严峻挑战。东北地区存在着城市平均规模较小、城市职能结构单一、主导产业发展乏力、经济结构调整和产业转型迟缓、就业弹性较低以及第三产业发展缓慢等问题，从而造成大中城市在带动周边经济发展中经济拉力不强、功能扩散缓慢，难以发挥对周边经济发展和城镇化的辐射与带动作用。这些影响了东北地区城镇化的整合发展，并在一定程度上削弱了东北地区作为一个整体在区域发展中的综合竞争力。

4）部分老工业城市生态环境恶化和结构老化严重

东北地区传统工业城市数量多，且多以重化工为主导产业，长期以来在生产技术和设备相对落后的情况下，其工业生产具有“高能耗、高物耗、高排放”的特点，造成部

① 王晓峰.东北地区城市化现状研究[J].社会科学战线，2008(7)：119-121

② 陈玉梅.东北地区城镇化道路[M].北京：社会科学文献出版社，2008

③ 鲍振东，曹晓峰，常樵，等.2006 年中国东北地区发展报告[M].北京：社会科学文献出版社，2006

分老工业城市存在着较为严重的大气污染、水污染、固体废弃物污染等环境问题，矿山资源型城市则存在地面塌陷、植被破坏等生态环境问题。与此同时，东北地区绝大多数工业城市基础设施和环保设施老化、落后，并且缺乏完善的环境应急预案和规划，这不仅造成城市生活环境较差，而且也使得其应对突发环境事件的能力严重不足。

7.1.3 东北地区新型城镇化的模式选择

东北地区新型城镇化的主要任务是从根本上治理“东北现象”和“新东北现象”，突出城镇化质量提升和内涵建设。综合前面分析，我们认为，东北地区新型城镇化发展的关键在于“整合”，即产业整合、区域整合或城镇体系整合、内部空间整合和生态环境系统要素整合。

因此，东北地区新型城镇化发展应采取“四维整合”模式，即产业发展—动力维、城镇体系—区域维、内部结构—质量维、生态环境—生境维或宜居维。

首先，动力维。在加快国有企业市场化改革的基础上，推动产业转型，实施新型工业化战略，解决新型城镇化的动力问题。

其次，区域维。整合区域城镇体系，统筹城市群或经济区发展，加快发展一批大中城市，解决区域城镇体系不能形成合力、辐射能力弱的问题。

再次，质量维。加快老工业基地调整改造，优化城镇内部空间结构，全面提升城镇综合功能，解决城镇化的内涵不足和低质量问题。

最后，生境维或宜居维。加大环境治理和生态修复力度，全面整合生态系统要素，还原近自然生态系统。

通过“四维整合”模式，综合整合城镇化要素，推动东北地区新型城镇化发展。

7.1.4 东北地区新型城镇化的发展对策

1）加速产业整合进程，推动产业转型

首先，东北地区是我国最早的工业基地，工业基础较好，但设备技术装备比较落后，产业升级改造迟缓。因此，更新技术装备，推动生产工艺技术进步，改造提升传统产业，实现与新兴产业的有机融合，并推动资源综合利用水平，突出科技创新对产业的拉动作用就显得迫不及待。其次，东北地区工业以原材料工业和重化工为主导产业，产品生产具有能耗大、附加值低的特点。东北地区应发挥比较优势，依托原材料工业，延长产业链，加快发展续接产业，实现与制造业之间的整合，建立以装备工业为主，资源精深加工多元发展的产业结构。再次，推动农业机械化、规模化和产业化经营，解放农业剩余劳动力向第二产业和第三产业有序转移，推动城镇化发展。最后，大力推进服务经济发展进程，促进三次产业协调发展。

2）实施城市群战略，推进区域统筹协调发展

从国内外区域发展经验看，随着区域经济一体化步伐加快，生产要素在更大范围内自由流动组合，区域经济一体化已成为世界各国拓展空间、增添活力、规避风险、实现互利共赢的有效途径，城市群、经济带、经济区（简称为城市群）也成为区域经济发展的主要趋势。作为区域经济发展的主要支点，城市群战略首先能够最大限度地发挥整体优势和竞争优势；其次，发挥中心城市作用，通过中心城市极化效应和扩散效应带动

城市群增长，并不断辐射周边地区；第三，各城市会自觉融入群体发展，发挥优势，实现共赢的良性发展局面。

目前，东北地区已经形成了辽宁中部城市群（沈阳经济区）、辽宁沿海城市群（辽宁沿海经济带）、哈大齐工业走廊和吉林中部城市群四大城市群（经济带或经济区），其中《辽宁沿海经济带发展规划》于 2009 年 7 月被国务院常务会议讨论并原则通过，沈阳经济区于 2010 年 4 月被提升为国家新型工业化综合配套改革实验区，这将极大地推动区域经济一体化进程，形成辐射周边，实现区域统筹协调发展。

3）加快老工业城市功能改造提升，提高城镇化质量

根据老工业城市的原有基础条件，坚持综合利用和改造提升的原则，优化空间布局，加快城市功能改造提升；围绕提升基础承载功能，加大老工业城市道路、基础设施更新改造力度；围绕公共服务功能，完善教科文卫体建设；围绕品质提升，加快棚户区改造进程，大力开展风貌塑造；围绕健康休闲需求，规划建设城市开敞空间，提升城镇化质量。

4）加大生态环境整治力度，改善人居环境质量

加大生态环境整治资金投入，做好生态环境整治规划，积极改善人居环境质量。首先，对矿山或塌陷区进行生态修复，综合评估废弃矿区土地综合利用潜力和方式，有序地推进土地综合利用，提高利用效率；其次，对老工业城市大气污染、水污染、固体废弃物污染等进行综合治理，加大环保投入，进行清洁生产；再次，大力开展园林绿化，有序推进生态文明建设。

7.2 沈阳经济区城镇化现状及主要问题

本节重点探讨东北经济区的核心区，沈阳经济区的新型城镇化发展问题。

7.2.1 沈阳经济区基本情况

图 7-1 沈阳经济区行政区范围

沈阳经济区位于东北地区南部，毗邻渤海，地处东北亚的中心地带，是东北经济区和环渤海都市圈的重要组成部分。沈阳经济区以沈阳为中心，100 千米范围内涵盖了沈阳、鞍山、抚顺、本溪、营口、阜新、辽阳、铁岭 8 个省辖市（图 7-1）。区域面积 7.5 万平方公里，占全省 50.8%；总人口 2 359 万人，占全省 55.6%。该区域内煤、铁、菱镁、硼、滑石等矿产资源丰富，在国内居重要地位。沈阳经济区是国家重要的装备制造业基地和优化开发区域，是东北地区重要的工业城市群和辽宁省经济发展的核心区域。2010 年 4 月，国务院批准沈阳经济区为国家新

型工业化综合配套改革试验区。

7.2.2 沈阳经济区城镇化现状及问题

1）城镇化水平高，处于快速发展阶段

沈阳经济区城镇化率高于辽宁省平均水平，是我国城镇率较高的地区之一。2010年，沈阳经济区城镇化率达到65.7%，高于辽宁省3.6个百分点，高于全国16个百分点；从年均增长速度看，沈阳经济区2000—2010年间，年均增长1.8个百分点，较辽宁省高出0.5个百分点，较全国高出0.46个百分点；沈阳经济区内部城镇化发展水平差异明显，2010年沈阳市城镇化率为77%、铁岭市41.7%，城镇化率最低的铁岭市城镇化率是城镇化率最高的沈阳市的54%（表7-1）。根据美国地理学家诺瑟姆的城镇化"S"形曲线理论：即发展初期，城镇化水平低于30%，城镇化进程发展缓慢；发展中期，城镇化水平介于30%到70%之间，城镇化发展速度最高；发展后期，城镇化水平高于70%，城镇化速度减缓，而逆城镇化现象将增多①。沈阳经济区城镇化水平现处于快速增长期，即将进入发展后期，逆城镇化现象将出现，同时也处于城镇化质量提升和城乡统筹协调发展的关键时期。

表7-1 2000年与2010年沈阳经济区、辽宁省、全国城镇化对比

行政单位	2000年	2010年		年均增长速度（%）
	城镇化率（%）	城镇化率（%）	城镇人口（亿人）	
全　国	36.2	49.7	6.66	1.37
辽宁省	54.9	62.1	0.27	1.31
沈阳经济区	55.6	65.7	0.16	1.83

2）经济快速增长，但产业结构有待优化

沈阳经济区生产总值由2005年的4 907.59亿元增长到2011年的13 939.85亿元，年均增长速度达到18%，经济快速增长。据相关研究表明，沈阳经济区产业综合效益指数呈现上升趋势，但其产业结构贡献份额却是下降的，低于辽宁、吉林、黑龙江及全国等区域，说明产业结构调整并没有维持持续优化的状态②。这期间，辽宁省各地区经济都处于快速发展阶段，沈阳经济区在全省尚不具备引领作用。2005—2011年，沈阳经济区生产总值占全省的比重始终在56%～58%，2011年该比重却降到近7年来的最低点56.48%（表7-2），表明沈阳经济区的经济增长比较全省依然不具备增长优势。

表7-2 2005—2011年沈阳经济区生产总值统计表（单位：亿元）

地　区	2005年	2006年	2007年	2008年	2009年	2010年	2011年
沈　阳	2 084.13	2 519.63	3 159.69	3 780.87	4 268.51	5 017.54	5 915.71
鞍　山	1 005.21	1 122.08	1 299.59	1 536.96	1 730.47	2 125.01	2 398.76

① 李德华.城市规划原理[M].3版.北京：中国建筑工业出版社，2001

② 董凤丽，吕杰.基于综合结构效益指数的沈阳经济区产业结构分析[J].社会科学辑刊，2010(6)：130-134

续表 7-2

地　区	2005 年	2006 年	2007 年	2008 年	2009 年	2010 年	2011 年
抚　顺	386.83	452.03	526.56	637.41	698.64	895.16	1 113.37
本　溪	343.29	399.91	484.92	625.70	688.39	860.37	1 044.59
营　口	375.64	447.77	552.49	674.73	806.96	1 002.45	1 224.65
阜　新	143.99	162.09	198.79	243.93	287.97	378.87	480.26
辽　阳	304.27	363.18	433.29	523.12	608.26	735.43	888.67
铁　岭	264.23	323.93	403.97	516.60	605.71	722.13	873.84
合　计	4 907.59	5 790.62	7 059.30	8 539.32	9 694.91	11 736.96	13 939.85
占全省比重(%)	56.84	56.62	57.05	56.79	56.96	56.84	56.48

3）城镇体系规模结构不尽合理，中心城市带动能力不强

从 2010 年城镇行政体系看，沈阳经济区城镇体系由 8 个省辖市、7 个县级市、10 个县、6 个自治县、444 个乡镇构成。从城镇规模体系看，首位城市沈阳市人口为 515.42 万人，沈阳经济区人口首位度为 3.5，属于首位分布，但辽宁省人口首位度为 1.7；从经济规模看，沈阳经济区经济首位度为 3.3，但辽宁省经济首位度仅为 1.2。作为中心城市的沈阳市，不仅要发挥对沈阳经济区的带动作用，也要发挥对辽宁省的辐射作用，但作为全省的中心城市，其城市综合实力依然较弱，带动能力不强；同时，沈阳经济区城镇都不同程度地存在着功能趋同、结构单一的现象，城镇体系间缺乏合理分工引导，城镇间的协调性、互动性和互补性差，影响区域城镇集聚效应和辐射作用。

4）城乡发展水平差异明显，农村基础设施建设滞后

沈阳经济区城乡居民收入绝对差距已经由 2005 年的 5 417.55 元扩大到 2011 年的 12 169.84 元；城乡居民消费支出绝对差距由 2005 年的 3 701 元扩大到 7 498.53 元，城乡消费比由 1.85 ∶ 1 扩大到 2.25 ∶ 1，沈阳经济区的“新东北现象”依然突出。同时，城乡基础设施和公共服务水平同样差距较大，农村水、电、路、气和教育、卫生、文化等设施建设严重落后于城市，沈阳经济区农村城镇化道路任重道远。

5）资源枯竭、生态环境问题严重

沈阳经济区是辽宁省重化工高度集中区，是我国重要的装备和原材料生产基地，也是资源环境问题最突出的地区之一。由于资源长期过度和不合理开采，资源综合利用水平低，使得资源枯竭问题提前出现。沈阳经济区在经济发展过程中，长期伴随着重化工比重过大、经济增长方式粗放等问题，这些问题的长期累积使得整个经济区都面临着沉重的资源和环境压力。工业废气、废水、废渣排放量大，污染极其严重。由于辽河水系 80%以上的工业废水排放来自沈阳经济区，辽河已经成为全国污染严重的河流之一，环境污染治理任务十分艰巨。

7.3 沈阳经济区新型城镇化的主要目标与策略

7.3.1 新型城镇化的主要目标

1）总体目标

根据城镇化现状分析，结合地区发展基础，并着眼建设“国家新型工业化综合配套改革实验区”的目标，确定2020年沈阳经济区推进新型城镇化的主要目标为：城镇化水平和质量进一步提升，产业实现转型升级，经济实力持续增强，基本建立结构合理、功能协调的现代城镇体系，形成具有辽宁省地方特色，以沈阳市为增长极，大中小城市和小城镇、农村社区协调布局，城乡统筹、产城互动、三产融合、资源节约、环境友好、经济高效、社会和谐的城镇发展格局，成为国家新型工业化道路实验区、老工业基地体制机制创新先导区、国家新型产业基地重要增长区、资源型城市经济转型示范区和资源节约、和谐发展的生态文明区。

2）主要目标

城镇化水平平均增长率保持在1.0%，城镇化水平由2010年的65.7%达到2020年75%以上；地区生产总值年均增长12%以上，由2010年的11 737亿元提高到36 000亿元，主要经济指标达到珠三角和长三角地区平均水平；建成比较完备的现代化城乡基础设施体系，基本适应新型工业化、信息化时代的经济发展和人民生活需要；单位GDP能源消耗、主要污染物排放减少等约束性指标按国家和省规定持续下降；资源综合利用水平明显提高，生态环境质量得到明显改善；形成以沈阳为中心，其他地级市为骨干，县城（含县级市）为纽带，中心建制镇为基础的规模等级有序、空间布局合理、功能优势互补、城乡协调发展的现代城镇体系；社会就业充分，社会保障体系进一步完善，社会福利水平进一步提高，基本实现全面建设小康社会的目标。

7.3.2 新型城镇化推进方式

1）优化城镇体系结构

新型城镇化发展依赖于其区域发展环境，优化区域城镇体系的目的是创造有序的区域发展环境，从更大区域层面把握个体城镇发展的方向和规模，避免区域内部城镇间相互竞争和内耗，形成区域整体合力。城镇体系结构包括等级规模结构、职能结构和地域结构等，优化城镇体系结构应从沈阳经济区或辽宁省区域发展效率层面进行城镇职能定位、规模预设和空间布局，为个体城镇发展提供依据。

2）走多元的城镇化道路

新型城镇化的多元化，包括城镇规模、区域差异、动力机制、城镇特色等方面的多元化①，即构建合理的城镇体系规模序列结构，大中小城市与小城镇协调发展，共同肩负承载城镇化人口转移的任务；新型城镇化在建设实践中，避免不加区别地照搬其他地区模式，应根据城镇化地区的地理背景、经济基础、文化脉络等差异，走特色城镇化

① 王发曾.中原经济区的新型城镇化之路[J].经济地理，2010，30(12)：1972-1977

道路，推动本土城镇化，走多元化城镇化道路；培育多元化的城镇化动力，促进多种经济成分与多种产业、多种事业共同推动城镇化；突出不同城镇的产业发展、空间布局、文化内蕴、建筑风格等方面的优势，形成各具特色、合理分工的城镇化格局。

3）搭建多层次承载平台

为实现2020年达到城镇化率75%的目标，城镇化率年均增长速度为1.5%，沈阳经济区每年转移农村人口为城镇人口约20万，需要搭建全方位、多层次的承载平台，如就业、住房、教育、医疗卫生、基础设施等。同时，新型城镇化在推进过程中，不仅需要“量”的提高，更需要“质”的保证，实现城镇内涵式发展。这就意味着每个城镇都要搭建城镇化的承载平台，进而将农村人口转移、吸收和内化成城镇中的一部分，推动城镇化的和谐发展。

7.3.3 新型城镇化推进策略

1）优化产业结构，推动经济持续增长

产业持续发展是城市发展的动力源泉，经济持续增长关键是产业结构持续优化，因此优化产业结构和转变经济增长方式是推动经济持续发展的保证。通过更新技术设备，创新传统生产工艺，改造升级装备制造、钢铁、石化、建材等传统优势产业，大力发展装备制造业的研发、销售、核心部件生产及集成，以沈阳为核心，依托鞍山冶金成套设备，辽阳造纸机械、制药机械，阜新液压、铸造等装备制造业基础，水平分工装备制造业产业链条；创造条件支持企业重组和整合，集中有限资源，重点发展“龙头”企业和产品，对一些关联度高、带动能力强、具备潜在优势的产业，在产业组织、研发等方面给予大力支持，形成竞争优势；积极培育高端装备制造业、新能源、新材料、新医药、信息技术、节能环保、海洋产业、生物育种、高技术服务业等九大新兴产业，形成新的经济增长点，将沈阳经济区建设成为重要的战略性新兴产业示范基地；重点发展壮大沈阳光电信息、沈阳生物制药、抚顺新材料和先进能源装备、本溪生物医药等产业集群；优化发展第一产业，大力发展生产性服务业和生活性服务业，促进三产融合和可持续发展，提升现代服务业水平和产业综合竞争力。

2）加快中心城市建设，增强辐射力和带动力

城市与区域系统存在着两种作用力，一种是推力（也称聚合力），另一种是拉力（也称为裂变力、扩散力或辐射力），这两种作用力始终作用于城市与区域系统中，并直接引起区域内要素流动：当中心城市综合实力较弱时，城市辐射力较弱；当中心城市综合实力达到一定程度时，形成一个区域增长极，对周边腹地有较大扩散力。

因此，在城镇化进程中，要加快中心城市建设，增强其综合实力，发挥其辐射力和带动力。对于沈阳经济区而言，要加快中心城市沈阳市建设，发挥其在区域城镇化过程中的引擎作用；调整中心城市产业结构，做大做强装备制造业，大力发展金融、商贸、物流、产权交易、会展、信息、中介、地产、科教、文化及旅游等现代服务业，建设金融中心、商贸物流中心、高新技术研发创新中心、信息中介中心、会展中心、科教文中心及产权交易中心，提升沈阳市综合实力。

3）推进沈阳经济区一体化建设，实现区域统筹协调发展

沈阳经济区一体化是缩小城乡差距，实现区域统筹协调发展的内在要求，有利于

实现资源共享、协同发展、克服市场壁垒，放大区域优势，形成利益共同体。推进沈阳经济区一体化进程，需要在空间布局上整体考虑，在基础设施、交通、生态环境、邮电通讯、教育就业、金融保险等方面统筹考虑。一是以中心城市沈阳为核心，进一步完善重要基础设施“区域网络化建设规划”，进行一体化实施，同城化推进。二是以沈阳为核心，建设沈阳—抚顺、沈阳—本溪、沈阳—阜新、沈阳—辽阳—鞍山—营口、沈阳—铁岭五条城际连接带，整合发展空间，拓展城市功能，完善城镇布局和形态。优化沈阳经济区内各城市的功能定位和产业布局，依托现有城镇的区位优势和资源条件，充分发挥城际连接带促进工业化、城镇化和城乡一体化的重要作用。三是加快金融保险、医疗卫生、教育就业等社会服务一体化建设。四是推进生态环境建设一体化，营造良好的人居环境。五是实行市场一体化，扫除行政壁垒，加快资源、要素、生产、信息的自然流动，改变区域原有的经济和社会布局，以达到在结构上与功能上的完善，以此获取“发展红利”，即从资源互补、知识互补、人力互补、技术互补、产业互补、设施互补、环保互补中降低交易成本，克服市场壁垒并取得协作效益，进而放大区域优势，形成利益共同体。

4）创新体制机制，推动“两型”社会建设

发挥市场机制作用，加快形成新型的生产方式和消费方式，提高沈阳经济区综合承载力，增强其可持续发展能力[①]：

（1）完善促进资源节约的市场机制，形成反映市场供求关系、资源稀缺程度和环境损害成本的生产要素和资源价格形成机制。

（2）强化节能减排激励约束机制，执行节能减排目标责任制，完善节能减排指标体系、监测体系和考核体系，健全节能减排监督管理机制。

（3）创新土地节约集约利用机制，按照土地利用总体规划确定的建设用地规模和布局，严格控制新增建设用地，积极盘活存量建设用地，加强城镇闲散用地整合，科学开展低效用地增容改造和有序开发，充分利用城镇的地上地下空间；创新节地机制和技术，探索土地供需双向调节、差别化管理改革；坚持最严格的耕地保护制度，强化政府和相关部门的责任，落实耕地占补平衡，探索完善耕地保护补偿机制。

（4）完善排污许可制度，大力发展排污权交易市场；全面落实污染者付费原则，改革排污费征收方式，提高征缴率；改革垃圾处理费征收方式，适度提高垃圾处理费标准和财政补贴水平。

（5）探索区域性生态补偿机制，结合主体功能区建设，加大对生态脆弱地区和生态区位重要地区的均衡性转移支付力度；探索建立大伙房水库、浑江水库、汤河水库等重要水源涵养区的生态补偿机制，积极探索市场化生态补偿机制；推行资源型企业可持续发展准备金制度，加强矿山资源再利用，提高植被覆盖度。

（6）健全环境保护与生态建设治理机制，编制实施沈阳经济区一体化环境保护与生态建设规划，合理规划、建设、利用区域重大环境保护基础设施，积极开展水土流失综合治理。

---

① 国家发展改革委．国家发展改革委关于印发沈阳经济区新型工业化综合配套改革试验总体方案的通知[EB/OL]．(2011-9-27)．http://www.sdpc.gov.cn/zcfb/zcfbtz/2011tz/t20111221_451802.htm

8　中部崛起地区新型城镇化战略的实施①

8.1　中部地区城镇化的特征与挑战

8.1.1　中部崛起地区城镇化的主要特征

表 8-1 列出了中部六省区的城镇化进程情况。从 2001 年到 2011 年的十年间，中部各省份城镇化率都提高了 10 多个百分点，平均每年提高一个百分点以上。与此同时，产业的非农化及城镇居民的生活质量也在提高，恩格尔系数下降明显。可以说，中部正处在工业化、城镇化快速发展时期，推进新型城镇化，以新型城镇化引领新型工业化和农业现代化，是巩固中部崛起成果，缩小中部与东部地区差别的重要途径。

表 8-1　2001、2011 年中部地区新型城镇化评价指标

项目	2001				2011			
	城镇化率（%）	非农产业比（%）	城镇居民恩格尔系数（%）	城乡收入比	城镇化率（%）	非农产业比（%）	城镇居民恩格尔系数（%）	城乡收入比
山西	34.91	90.39	34.27	2.76	49.68	94.29	31.34	3.24
安徽	27.81	77.2	44.25	2.81	44.8	86.83	39.8	2.99
江西	27.67	76.74	40.76	2.47	45.7	88.11	39.8	2.54
河南	23.20	78.11	34.67	2.51	40.57	86.96	34.15	2.76
湖北	40.22	85.15	37.45	2.49	51.83	86.91	40.75	2.66
湖南	29.75	79.27	35.04	2.95	45.1	85.93	36.89	2.87
全国	37.66	85.6	38.2	2.90	51.27	90	36.3	3.13

中部地区城镇化的主要新特征是：

1）存在大量异地城镇化人口，农村已普现“空心化”

中部地区是我国流动人口主要输出地。2008 年全国跨省流出人口中，安徽省占 15.7%、河南省占 13.5%、湖南省占 8.3%、湖北省占 7.8%，即，在山西、江西两省跨省流出人口尚未计入时，上述中部四省的跨省流出人口已占全国近 1/2。

这些流出人口绝大多数是农村户籍人口，也就是所谓的“异地城镇化人口”。按

① 本章由吴殿廷、杨春志执笔。

2008 年全国流动人口 2.01 亿人估计，中部地区至少有 0.5 亿人属异地城镇化人口；若在计算城镇化率（当量）时将这部分人口计入，保守估计，则该年中部地区的城镇化人口占总人口 46.8%左右，略高于全国水平（45.6%）。

由于大量的劳动力长期流出，当地的市场始终无法形成，不能形成经济学中常说的乘数效应，经济发展也就缺少内生动力。另外，过多的主要劳动人口流出也带来了一系列的社会问题，如留守儿童的教育问题、老年人的抚养问题，引起社会形态的变形。世界经济发展史已证明，仅仅依靠劳务输出不可能实现现代化，印度、巴基斯坦和菲律宾等国家的发展历程已证明这一点①。

2）乡镇经济活力下降，人口向较大城市集中成为趋势

在过去的 20～30 年间，乡镇经济一度成为推动我国沿海地区经济发展的重要动力。当时是“短缺经济”年代，产业经济的门槛很低；加之正处于经济全球化的高潮，大量境外加工企业在我国沿海地区登陆，以汲取“两头在外”的成本优势——某种程度上，是特殊的时代背景造就了当时乡镇经济的繁荣。而随着我国市场经济的发展成熟，乡镇经济的内在缺陷开始日益显现；在一体化的市场条件下，产业经济发展如果不依托现代基础设施、不结成产业集群，其竞争能力就不强；乡镇企业的发展遭遇瓶颈，已是许多地区的普遍现象。

乡镇经济活力下降将直接影响所谓的“就地/农村工业化”、“就地/农村城镇化”进程。事实上，这一概念的提出以及之后相关研究的展开，多是针对乡镇非农经济活跃的都市区边缘地带。换言之，就地城镇化是乡镇经济在社会上的投影。后者的衰落导致乡镇地区就业岗位减少，建设滞缓，对外出人口回流并定居的吸引力也相应下降。相应地，就地城镇化进程也必然放缓。

3）户籍门槛大大降低，市场对人口资源的调配作用凸显

我国城乡二元化的户籍管理制度正式形成于 1958 年。此后，经历了 1984 年开放集镇非农业户口，以及 2001 年开放小城镇户籍两次重大改革，户籍对于城镇化的影响力已经减弱。整个中部地区，除个别区域中心城市外，过去制约农业人口流入城市的户籍门槛几近消失。相对地，市场因素对于外出人口流向及其最终回流地的选择起着支配性的作用。其中，流出地与企业所能提供的岗位数量及平均收入水平相关，表现为大量流动人口集聚于东部沿海经济发达地区，尤其是这些地区的大城市、特大城市；而回流地则与个人及家庭的经济承受能力关系最为密切。

8.1.2 中部崛起地区城镇化的未来趋势与挑战

1）中部地区城镇化的总体趋势

（1）流出人口的规模增速趋缓

根据《中国流动人口发展报告 2010》预测，我国新增流动人口数将在 2015 年前后达到高峰，之后逐渐下降。鉴于中部地区的流出人口规模已经较大，农村剩余劳动力数量有限，可以判断，中部地区新增流动人口数量达到峰值并趋于下降的时间拐点将会早于全国来到。

① 东部地区新型城镇化的重点在于发展高质量的小城镇[N]. 新华日报，2013-08-01

（2）异地城镇化人口回流将成为本地城镇化的主要动力

① 区域差距缩小导致农民工回流

我国大规模的人口迁移源于区域经济发展的不均衡。然而，自“十一五”以来，一方面，我国的经济发展模式以及区域发展战略已经有所调整。尤其是受到2008年的金融危机影响，中央政府开始重视内需对经济的拉动作用和区域板块的均衡发展；另一方面，受到生产成本上升等因素影响，一些原址在东南沿海的产业也已经开始逐步向中部城市转移。从2007年开始，我国中西部的发展速率已超越东部地区。虽然由于起跑线不同，区域差异还将长期存在，但至少我国区域差异不断扩大的趋势及速度已经有所扭转。

区域发展格局的变化反映在城镇化上，即虽然目前我国流动人口主要集聚于东部地区（尤其是京津冀、长三角、珠三角3个城镇群地区）；但未来，随着中部经济的发展，与东部地区在就业机会、城镇建设水平等方面的差距将会缩小，从而有可能吸引部分在异地的城镇化人口回流。

② 回流人员有可能更多地在家乡附近的城镇定居就业

从外出人口回流趋势判断，由于思想意识、生活习惯等原因，外出人口将倾向于定居至城镇地区，成为“新市民”。虽然流动人口在选择流入地时更多考虑就业机会、收入水平等因素，倾向于选择东南沿海地区；但在定居地的空间选择上则较为均衡，相当比例的人员会选择回流中部。在适当引导下，中部地区的异地城镇化人口转为“本地城镇化”人口很有可能。

（3）采取与沿海地区不同的城镇化模式

在过去的30年间，以东南沿海地区为代表，我国的城镇化曾探索出一条以乡镇为载体、发展乡镇企业和就地城镇化、农村城镇化的成功道路，形成了独特的模式。然而，正如之前所述，这一模式是当时特定时空背景下的产物，在现时并不一定可行。

中部地区乡镇的经济活力及其发展条件都远不如沿海地区；更为重要的是，当前的发展环境已经不允许重复过去东南沿海相对粗放的、资源高消耗型的分散工业化和分散城镇化路径。在新的历史时期，中央领导高瞻远瞩，一再强调“要转变发展方式”。落实到城镇化发展上，就是要走一条资源集约型、环境友好型的健康城镇化道路。因此，未来中部地区的城镇化将有着“异地城镇化”和“就近集中城镇化”的内在需求或趋势。小城市，尤其是县级城市在补充大中城市服务区域、吸引回流人口等方面起到重要作用。

这就是说，第一，中部地区必须继续鼓励劳务经济并完善异地城镇化政策，从而使得相当部分流出人口能够真正融入所在城镇；第二，随着地区经济社会发展速度的加快，未来中部地区城市所承担的城镇化份额将日益扩大；第三，中小城市（包括县城）的作用尤为重要，将成为中部地区城镇人口的主要承载地之一。即，进城农民以及外出回流人口趋于选择其户籍所在地附近的中小城市，实现“就近集中城镇化”。

2）中部崛起地区城镇化所面临的挑战

（1）城镇化路径的转型与创新

由于城镇化的模式不同，中部地区需要基于自身特点，适应宏观环境的变化，在城乡资源配置、城镇经济政策、城镇地域组织、城乡设施供给等方面有所创新，以充分体现“就近集中城镇化”原则。尤其从提高城镇化效率、减少不必要的资源浪费出发，提高城镇化的“集中度”。

具体而言，就是以县域为单位，引导城镇人口向县级市或县城集中；重视中小城市（包括县城）在城镇化中的重要作用，培育和完善中小城市体系，引导县域经济的特色发展，增强这些城市对城镇人口的吸引力；鼓励外出人口回乡（户籍所在地附近的城市地区）创业，依托“打工经济”所获得的资金、人才、技术等资源发展本地经济。

而在乡镇一级，规划建设中应控制“三农服务型”小城镇的人口、建设用地规模；同时，对于其面向农村社区的公共服务能力及必要的基础设施配置则要大力加强。要实现这一目标，则有赖于合理的配置标准、相应的管理能力及财政转移支付的力度。

（2）向异地城镇化人口主动提供服务

中部地区仍将存在大规模、高比例的异地城镇化人口，且这些人口中的绝大多数为“两栖人口”。

虽然从积极的方面看，这些两栖人口“外地挣钱、本地消费”，刺激了中部城市和乡镇的零售商业发展；他们“外地学艺”，有的成为家乡的“精英分子”，为中部地区带来了先进的文化、理念，并为本地经济发展做出了贡献。但同时，大规模的异地城镇化也造成了诸多负面影响：一方面，中部地区大量的人力、资金、技术和社会资本流失，本地工业经济发展动力不足。另一方面，由于“流动人口”并未完成户籍身份转换，而被视为介于农民、城镇居民的第三类人口，无法平等地享受工作所在城市提供的设施和服务，也没有被纳入工作地的福利体系中。在这一体制下，目前异地城镇化的成本有相当比例为流动人口本人及其户籍所在地的农村社区所承担，诸如与“留守儿童”、“人口老龄化”等相关的一系列社会问题的广为存在。

因此，在未来，要实现健康和谐的城镇化，中部地区必须承认和正视异地城镇化问题。首先，主动承担异地城镇化的部分成本，为农村外出人口提供专门的职业培训、就业指导、子女教育、老年人口（包括外出人口的父辈）社会化服务等。还要充分认识到外出人口的“流动性”和“两栖性”。在城镇建设、产业发展、城乡设施的供给和布局等方面要为其周期性“回乡”和长期“回流”预留空间。

（3）积极引导和应对外出人口的回流

未来5～10年，我国“第一代农民工”将面临选择定居地的切实问题，他们的选择不仅关系到自身及其家眷的最终流向，也会极大程度地影响到“第二代农民工”（其中，相当一部分为“第一代”的子女）的选择。在这一重要的时间转换点，中部地区必须抓住时机，积极引导外出人口回流，探索出一条与该进程相适应的城镇化道路。

外出人口的回流对于中部地区也是一把“双刃剑”。一方面，人口回流将大大推动中部地区的城镇化进程，并带回资金、技术等发展资本；另一方面，随着回流人口及其家眷的“市民化”，将产生大量的设施、服务、福利要求。其中，还存在相当数量的因年老力衰被迫回流的人口，他们对于养老、医疗等设施及福利的要求将尤其突出。而这些都将给中部城镇带来巨大的财政负担。

对此，中部地区必须：① 积极吸引要素集聚。通过发展本地经济，加快城镇建设，改善创业环境，扩充就业机会，予以政策支持，加强宣传力度，以鼓励外出务工人员回乡创业/就业。② 引导回流人口合理布局。基于“就近集中城市化”原则，应通过市场、政策、户籍制度等调控手段，鼓励回流人口选择在城市地区“集聚”。充分预计回流人口对于城乡设施、就业岗位、城镇环境等多方面的需求，未雨绸缪而积极应对。

8.2 中部崛起地区新型城镇化的一般策略

中部崛起地区正处在工业化、城镇化和农业现代化的关键时期，加快推进新型工业化，提高城镇化率，培育城市群增长极，以城镇化带动工业化和农业产业化，进而实现“三化”互动，是中部地区推进新型城镇化的基本战略。

8.2.1 中部崛起战略概述

中部六省人口3.61亿，占全国人口28.1%，其中农村人口2.44亿，占全国农村人口近三分之一，在这一地区加大农业基础设施投入，提高农业生产能力，将有利于中国“三农”问题的破解，并通过农民增收最终助推“扩大内需”这一整体经济发展战略的实施。

中部六省矿产资源丰富，又是中国的能源基地和原材料基地，国家交通运输的交通枢纽。有深厚的中华历史文化底蕴，人才荟萃，是中国重要的科研教育中心。虽然中部地区具有如此的综合优势，但是中部地区的发展却由于近30年来的政策因素不如意。中部的经济发展由于没有国家政策和战略的支持，相对于它的周围地区的发展过于缓慢，形成“中部塌陷”态势。中部崛起战略就是在这样的背景下提出来的。

为促进中部地区(山西、江西、河南、湖北、湖南和安徽六省)经济快速发展，2006年中共中央正式提出和实施“中部崛起”的战略。

中部崛起战略要点是：深入贯彻落实科学发展观，着力改革开放，创新体制机制，转变发展方式，提升经济整体实力和竞争力；着力自主创新，调整优化结构，积极承接产业转移，大力推进新型工业化进程；着力优化空间布局，培育城市群增长极，壮大县城和中心镇，积极稳妥地推进城镇化；着力加强农业基础，切实改善农村面貌，加快推进农业现代化，促进城乡一体化发展；着力发展循环经济，节约资源能源，保护生态环境，促进区域可持续发展；着力改善民生，切实扩大就业，促进社会和谐，在发挥承东启西和产业发展优势中崛起，实现中部地区经济社会全面协调可持续发展①。

8.2.2 中部地区推进新型城镇化的对策和措施

如果说1980年代至今，东部地区率先发展主导了我国经济发展和城镇化进程，那么未来相当长一段时期，中部地区将极大程度地影响我国城镇化的发展轨迹。可以肯定的是，包括中部地区在内，我国的城镇化不可能再重复上世纪80—90年代东部地区的模式，而是必须探索出一条符合时代精神、适应资源和环境条件的新道路。

中部地区的城镇化进程，要充分考虑人口流动因素，以“异地城镇化”和“就近集中城镇化”为基本形式，今后中部地区要继续鼓励劳务经济并完善异地城镇化政策，从而使得相当部分流出人口能够真正融入所在城镇；同时，随着地区经济社会发展速度的

---

① 国务院.促进中部地区崛起规划[EB/OL]. http://www.hnfgw.gov.cn/hgzh/qygh/17761_11.html

加快，未来中部地区城市所承担的城镇化份额将日益扩大。其中，中小城市（包括县城）的作用尤为重要，将成为中部地区城镇人口的主要承载地之一。即，进城农民以及外出回流人口趋于选择其户籍所在地附近的中小城市，实现“就地集中城镇化”①。

1）提高资源综合利用和循环经济发展水平

落实最严格的耕地保护制度和最严格的节约用地制度。运用新增建设用地土地有偿使用费等土地整理复垦开发专项资金，积极推进土地整理复垦开发工程，补充和保护耕地资源。严格执行土地用途管制制度。严格控制城乡建设用地总规模，科学合理安排村庄建设用地和宅基地，提高土地节约集约利用水平。

提高水资源利用综合效益。加强地表水、地下水和云水资源开发利用的区域性协调。全面实施用水总量控制与定额管理相结合的用水管理制度。大力实施农业节水工程，重点抓好火力发电、石油化工、钢铁、纺织、造纸、食品等高耗水行业节水。加快城市供水管网改造，推广中水利用，加强供水和公共用水管理，全面推广节水用具。探索建立大江大河流域综合管理与协调机制，在重点流域实施生态补偿机制试点。

提升矿产资源综合利用水平。提高矿产资源开采回采率和选矿回收率，减少储量消耗和矿山废弃物排放。加强有色金属、贵金属等共伴生矿产的综合开发利用，合理开发利用与铁矿伴生的铌、稀土、钒、钛等资源。加强矿山固体废弃物、尾矿资源和废水利用，推广煤矸石发电和建筑材料生产等技术和工艺，拓展金属和非金属矿山固体废弃物的综合利用领域，提高矿山废水的循环利用效率和铁、铜、铝等废旧金属的回收利用水平。

积极发展循环经济。根据产业特色，以各类开发区、工业园区和重点企业为载体，推进循环经济试点建设。在燃煤工业锅炉（窑炉）改造、区域热电联产、余热余压利用、节约和替代石油、电机系统节能、能量系统优化、建筑节能、绿色照明等领域实施一批节能减排重点工程。加快淘汰落后产能，遏制高耗能、高排放行业过快增长，提高能源利用率。推广先进适用的清洁生产技术。

积极应对气候变化，全面实施应对气候变化国家方案，推动经济结构优化和产业结构调整，大力发展低碳经济，引导建立低碳生活方式，努力实现向低碳社会转型。积极开发清洁发展机制项目。开发和推广低碳技术，不断提高非化石能源比重，控制温室气体排放。建立健全应对气候变化的管理机构，加强气候变化基础科研工作，逐步建立碳排放统计和监测体系，加大气候变化的教育和宣传力度，增强应对气候变化的综合能力。

2）积极培育城市群增长极

以发展现代制造业和服务业为重点，突出特色，错位发展，加快武汉、郑州、长沙、合肥、南昌、太原的产业集聚和结构升级，完善城市功能，增强辐射带动作用。强化城市群一体化发展机制，加大政策支持力度，集约节约利用土地，加快形成产业和人口高度集聚、充满活力的城市群，成为推动中部地区经济社会加快发展的重要增长极。

——武汉城市圈。率先在优化结构、节能减排、自主创新等重要领域和关键环节实现新突破，在科学发展、和谐发展上取得新进展。把武汉城市圈建设成为宜居的生态城市圈，重要的先进制造业基地、高技术产业基地、优质农产品生产加工基地、现代

---

① 程遥.我国中部地区城镇化发展中的若干特征与趋势[J].城市规划学刊，2011(2)

服务业中心和综合交通运输枢纽，成为充满活力的区域性经济中心，全国“两型”社会建设的典型示范区。

——中原城市群。以客运专线和城际快速轨道交通等重要交通干线为纽带，重点以郑东新区、汴西新区、洛阳新区建设为载体，整合区域资源，加强分工合作，推进区域内城市空间和功能对接，率先在统筹城乡、统筹区域协调发展的体制机制创新方面实现新突破，提升区域整体竞争力和辐射带动力，把中原城市群建设成为沿陇海经济带的核心区域和重要的城镇密集区、先进制造业基地、农产品生产加工基地及综合交通运输枢纽。

——长株潭城市群。积极探索形成有利于资源节约、环境保护的新机制和城市群发展的新模式。充分发挥既有产业优势，推进城市空间合理布局、基础设施共建共享、生态环境共建共保、要素市场一体化、产业发展集群化。把长株潭城市群建设成为先进装备制造业基地、电子信息产业基地、文化创意产业基地和高效率、高品质的组合型城市地区，为全国“两型社会”建设提供示范。

——皖江城市带。进一步提升合肥、芜湖、安庆区域中心城市的综合功能，推动沿江城市跨江合作和联动发展，加快形成产业密集区。加强沿江地区交通基础设施建设，优化整合岸线资源，促进形成对接长三角、连通中西部的快速便捷的立体交通网络。积极参与泛长三角区域发展分工，加强与长三角地区在基础设施建设、产业布局、市场体系建设、生态环境保护、体制机制创新等领域的对接和合作，将皖江城市带建设成为重要的现代制造业基地和承接产业转移示范区。

——环鄱阳湖城市群。以建设鄱阳湖生态经济区为目标，明确功能分区，优化空间布局，建设环鄱阳湖高效便捷的综合运输通道，实现与国家综合运输大通道和周边省交通主通道相连通。加强分工协作，创建生态工业园区，加快发展资源节约环境友好的特色生态产业，保护好“一湖清水”，建设生态城镇、绿色家园，努力把鄱阳湖地区建设成为全国大湖流域综合开发示范区、长江中下游水生态安全保障区和国际生态经济合作重要平台。

——太原城市圈。加快太原市城市空间扩张和功能提升，稳步推进以太（原）榆（次）为中心，公交、电信、金融、市政设施等领域“同城化”发展，建立城市间协商协作机制，强化城市间的经济联系和功能分工。将太原城市圈建设成为全国重要的清洁能源生产与技术创新基地，山西省对外开放的主要平台，具有浓郁地方文化特色和较强辐射作用的现代化城市圈。

3）完善和推广城乡综合改革试点

积极推进武汉城市圈、长株潭城市群“两型”社会综合配套改革试验区建设。按照改革试验方案，加快推进资源节约、生态环境保护、产业结构优化升级、科技和人才管理、土地管理、对内对外开放、财税金融、城乡发展、行政管理等重点领域和关键环节的机制体制创新，率先形成有利于资源节约、环境保护的机制体制，积累传统工业化成功转型的新经验，培育城市群发展的新模式，将武汉城市圈、长株潭城市群建设成为全国“两型”社会建设的示范区。加快推进山西省煤炭工业可持续发展政策措施试点，进一步深化山西、河南等省煤炭资源有偿使用制度改革试点工作。积极开展丹江口库区生态保护综合改革试验。

鼓励和支持中部各省结合实际自主开展各类综合改革和专项改革试点。允许中部地区城市群围绕推动城乡一体化发展和实现基本公共服务均等化体制机制建设，在推进生产要素跨区域合理流动、非公有制经济发展、流动人口服务管理、就业和社会保障及行政管理等体制机制创新方面进行积极探索。进一步放宽市场准入，拓宽民间投资领域和渠道。推进就业、收入分配和社会保障制度改革，以及其他公共服务和社会领域改革，改善居民消费预期，提高居民消费能力。加快推进要素市场、资源价格等方面的改革。建立有利于改变城乡二元结构和促进区域协调发展的体制机制，鼓励中部山区探索适合本地特点的科学发展新模式，加快涉外体制改革和区域合作机制创新。

4）积极承接产业转移，提高城市的产业支撑能力和就业吸纳能力

统筹区域和城乡发展，协调工业、农业和服务业发展。发挥区域比较优势，巩固和提升粮食、能源原材料、现代装备制造和高技术产业基地地位，培育形成经济带和增长极，发展壮大整体实力，促进区域协调发展。

大力发展装备制造业，以高新技术和先进适用技术改造传统制造业，主动承接沿海地区的产业转移，加快推进工业化和农业现代化，提高城市化的产业支撑能力及就业吸纳能力。

大力促进农民工就业。继续实施“阳光工程”等就业推进工程，统筹规划，整合资源，加强农民工就业培训体系建设，落实职业技能培训补贴政策。扩大建筑、装潢、餐饮、家政等传统领域的劳务输出规模，打造一批具有地域特色的专业化劳务输出品牌。完善中部六省与东部发达地区劳动力流动的协调机制，加强技能培训、管理、信息服务等全方位合作，引导和组织农村富余劳动力有序转移，扩大劳务输出规模。鼓励以创业带动就业，加大对返乡农民工创业的扶持力度。鼓励农林水利、国土整治、生态环保等公共基础设施建设工程实行以工代赈①。

8.3 湖南省推进新型城镇化和城乡一体化的战略部署

本节以湖南省为例，深入探讨中部地区省域层面新型城镇化战略的实施问题。

为深入贯彻落实科学发展观，加快新型城镇化、推进城乡经济社会发展一体化，湖南省委省政府专门提出了《关于加快新型城镇化推进城乡一体化的意见》②。

8.3.1 指导思想和目标任务

1）指导思想

深入贯彻落实科学发展观，全面推进“四化两型”战略，把加快新型城镇化作为转变经济发展方式的战略重点和破除城乡二元结构的根本途径，更加注重以人为本和改善民生，更加注重资源节约和环境友好，更加注重城乡统筹和区域协调，更加注重提升城市综合承载能力和辐射带动能力，更加注重全面发展和可持续发展，以提升城镇发

---

① 国务院. 促进中部地区崛起规划[EB/OL]. (2010-01-12). 中国网. http://www.china.com.cn

② 中共湖南省委湖南省人民政府. 关于加快新型城镇化推进城乡一体化的意见[EB/OL]. (2012-12-04). 湖南省政府门户网站. http://www.hunan.gov.cn

展质量、缩小城乡差距和提高城乡居民收入为目标，以统筹新型工业化、新型城镇化、农业现代化和信息化为抓手，以体制机制创新为动力，以基础设施建设为突破口，着力推进城乡规划、城乡建设、城乡产业、城乡公共服务、城乡社会管理一体化，构建新型工农关系和城乡关系，加快形成以工促农、以城带乡、城乡互动的一体化发展新格局。

2）目标任务

到2015年，充分体现新型城镇化、城乡一体化内涵和要求的全省城镇体系布局规划和建设规划全面完成。以城市群为主体形态，长株潭城市群为核心、中心城市为依托、县城和中心镇为基础、大中小城市和小城镇协调发展的新型城镇体系基本形成，全省城镇化率达到50%以上；城乡居民收入基本实现同步增长，收入差距控制在3∶1以内；城乡基础设施统筹布局，城镇综合承载能力和新农村建设水平全面提升，农村道路、供水、供电、供气、通信、环境卫生等得到明显改善；城乡劳动就业、教育文化、医疗卫生、住房保障、社会保障等一体化取得突破性进展，逐步实现城乡基本公共服务均等化。

8.3.2 坚持规划引领，推进城乡规划一体化

1）统筹城乡空间规划

充分发挥规划的龙头引领和基础性作用，着眼于城乡经济社会、人与自然统筹协调发展，着眼于工业支持农业、城市带动农村，按照各展其能、功能互补、要素互动、衔接协调的原则，指导城乡规划建设有序开展，严格实行城乡一体规划，做好城乡统筹发展的顶层设计，提高规划的系统性、前瞻性、科学性和导向性。

2）完善城乡规划体系

认真落实全省经济社会发展规划，做好城乡规划与主体功能区规划、土地利用总体规划的有效衔接。全面贯彻实施《湖南省城镇体系规划(2010—2020年)》，编制完成《环长株潭城市群城镇体系规划》。启动编制《武陵山经济协作扶贫开发试验示范区城镇体系规划》。加快相关专项规划和控制性详细规划的编制进度，城市、县城和中心镇实现专项规划和控制性详细规划全覆盖。人口在10万以上的县、市城区，按中等城市规模进行规划建设；中心镇按小城市规模进行规划建设。着力加快县域村镇布局规划编制工作，将其作为统筹城乡发展、加快新农村建设的一项基础性、长远性、全局性工作来抓，以引导基础设施、公共服务设施向集镇和农村社区集中布局、农民建房向集镇和农村社区逐步转移。全面完成乡镇规划和村庄规划编制，实现村镇规划全覆盖。

3）建立健全覆盖城乡的规划建设管理体制机制

理顺省、市州、县市区、乡镇四级在城乡规划建设管理上的职责和分工。建立规划建设部门牵头，相关部门相互衔接和协调配合的规划管理体制，形成政府组织、专家领衔、部门合作、公众参与、科学决策、依法办事的规划编制工作体系。城镇没有编制控制性详细规划的地块，国土资源管理部门不得办理土地使用权划拨、出让手续，城乡规划管理部门不得办理建设用地规划许可手续。在城市总体规划、镇总体规划确定的建设用地范围以外，不得设立各类开发区和城市新区。城镇新区、开发区、各类园区的开发建设，必须纳入城镇总体规划统一管理。农村住房和基础设施建设必须纳入城乡一体化规划建设管理。完善乡镇规划建设管理体制，为全省城乡规划建设提供保障。强化规划执行，进一步完善规划督察员制度，加大对违反规划行为的查处力度，切实维护

规划的严肃性和权威性。

8.3.3 构建新型城镇体系,推进城乡建设一体化

1）提高环长株潭城市群发展水平

深入推进长株潭“两型”社会综合配套改革试验区建设,按照两型化和低碳化的改革建设要求,加快实施产业结构调整升级、基础设施建设、节能减排全覆盖、湘江流域综合治理、示范区建设、城乡统筹示范、长株潭综合交通运输一体化、三网融合等八大工程,提高“两型”社会建设水准,放大“两型”引领作用和示范效应。支持长沙、株洲、湘潭三市利用“两型社会”综合配套改革试验区建设先行先试的优势,加快发展、重点支持湘潭率先统筹城乡发展,实现韶山率先富裕。统筹规划环长株潭城市群资源开发、产业布局、基础设施和市场体系建设,大力推进高速公路、城际铁路、机场、港口等现代交通网络建设,抓好长沙、株洲、湘潭、衡阳等老工业基地振兴,推动人口、产业、技术、资本和市场的聚集和融合。打破行政体制障碍,创新合作机制,增强一体化发展的活力。通过环长株潭城市群的辐射带动,把环长株潭地区建设成全省新型城镇化、城乡一体化发展的重要引擎。与此同时,支持各地因地制宜发展不同类型、不同层次的城市群,在城市群内统筹城乡规划、产业布局、设施建设、公共服务、社会管理,建立健全统筹协同体制机制,优化资源配置,最大限度实现资源共享,提高资源配置效率,提升区域竞争力。

2）发挥区域中心城市的带动作用

按照全省区域发展的总体布局,充分发挥长株潭城市群核心增长极的引擎作用,进一步强化其他 11 个市州政府所在地城市的区域中心地位,不断扩大城市规模,完善城市功能,突出城市特色,提升城市品位,增强区域中心城市在经济、金融、信息、商贸、科教和文化等方面的辐射和带动作用,使之成为带动区域城乡一体化发展的重要平台和要素集聚中心。到“十二五”末,作为核心增长极的长株潭城市群发展规模要有显著提升,长沙城区人口达 400 万以上,株洲、湘潭城区人口超过 100 万;岳阳、益阳、常德既是环长株潭城市群的重要组团,又是沿长江和环洞庭湖地区的重要中心城市,岳阳要发展成为城区人口在 100 万左右的港口城市,常德、益阳要发展成为城区人口在 80 万左右的城市;衡阳、郴州、永州作为湖南省连接粤港澳和北部湾经济区的开放型前沿城市,要利用交通、区位条件和产业转移优势,加快城市发展,衡阳要加速形成城区人口过 120 万的城市,郴州、永州分别发展成为城区人口过 80 万和 70 万的城市;邵阳、娄底作为湘西南和湘中地区重要中心城市,要加速建成城区人口在 70 万和 50 万左右的城市;怀化、张家界、吉首要发展成为我省西部重要交通枢纽、经济贸易中心和生态文化旅游城市,怀化城区人口规模要扩大到 50 万左右,张家界和吉首城区人口规模要扩大到 30 万～40 万。

3）做大做强县城和中心镇

坚持把县城和中心镇作为统筹城乡发展、推进城乡一体化的关键节点和重要纽带,建设成为生产要素集聚和承载农村人口转移的重要区域。加快 87 个县、市城区的扩容提质,增强城镇综合承载能力,提升产业发展水平,完善公共服务,使之成为县域经济社会发展的核心。具有一定发展基础和条件的县、市城区,要根据区位条件、资源

状况、发展基础和环境容量，以增加就业、住房和公共服务为着力点，加快产业转型升级，加强城镇改造和建设，提升人口集聚能力，加快形成城区人口过 20 万的城市；发展相对滞后的县，要突出抓好县城基础设施建设，做大特色支柱产业，扩大城市规模，增加住房和公共产品供给，逐步发展成为县城人口规模过 10 万的城市。力争经过 5 年努力，全省有 40 个左右的县、市城区人口达 20 万以上。加快发展中心镇。每个县、市合理确定 1～3 个中心镇，全省重点支持发展 100 个左右中心镇。到 2015 年，每个中心镇镇区人口达到 4 万人以上，并建成高品质、特色型的生态宜居精品城镇。

4）构建城乡一体的新型基础设施体系

统筹城乡基础设施布局，突出公交优先原则，按照县域城乡一体化要求，大力推动公共交通、电力、供水、通信等基础设施向农村延伸，形成城乡基础设施一体化。加快推进城乡路网建设，到 2015 年实现所有县市区 30 分钟内上高速公路，所有具备条件的行政村通水泥路或沥青路。着重发展城乡公共交通，支持发展农村客运服务，扩大农村客运覆盖范围，100％的乡镇和 90％的行政村通客运班车，在有条件的地区实现城乡客运一体化。加强城乡供水资源统一管理，统筹城乡水源地、供水、排水、污水处理及中水回用。重点抓好城市供水设施的提质改造和农村安全饮水工程，5 年内争取解决 2 000 万左右农村居民饮水不安全问题。加快城乡电网建设，在完善城市电网体系的基础上，着重抓好农村电网改造升级，消除供电盲区，提高供电质量，实现城乡各类用电同网同价。加快城乡信息基础设施建设，加快推进电信网、广播电视网、互联网“三网融合”，扩大“数字城市”建设范围，积极推进智能交通、智能电网、智能城市等试点工程，实施好农村上网工程，全面提高城乡信息化水平。加快城乡防洪、消防、地质灾害防治、公路安全保障等公共安全设施建设，构建覆盖城乡的防灾抗灾体系。

5）统筹城乡住房建设

加强房地产市场调控，规范市场秩序，引导房地产市场健康发展。转变房地产业发展方式，大力发展节能省地型建筑和绿色建筑，加快住宅产业化步伐，积极推动全装修房屋建设和交易。到“十二五”末，县城以上城镇节能建筑覆盖率要达到 80％，其中区域中心城市要达到 100％。加大保障性安居工程建设力度，增加政府投入，加快公共租赁住房、廉租住房和经济适用住房建设，加强城市和国有工矿区、中央下放煤矿区、国有林场、国有农垦区的棚户区改造，加快解决城镇低收入及中等偏下收入住房困难家庭的住房问题。探索解决农村进城务工人员居住问题的机制和办法，将长期在城镇就业和生活的农民工逐步纳入城镇住房保障范围。积极推进农村住房建设和危房改造，力争“十二五”期间，每年改善 5 万～10 万户农村住房困难家庭的住房条件。把农村住房建设和改造与旧村改造、农村土地综合整治、迁村并点相结合，实行统一规划，集中安置，因地制宜推进农村新型社区，重点抓好 100 户以上农村新型社区的基础设施建设和公共服务产品供给。

8.3.4 统筹城乡生产力布局，推进城乡产业发展一体化

1）优化城乡产业布局

按照“四化两型”建设要求，根据城市和乡村不同发展特点和消费需求，优化城乡资源配置，合理安排城乡产业布局。坚持以现代产业体系支撑新型城镇化，进一步调

整城市二三产业结构，优化产业空间布局，立足自身优势和产业基础，加快改造提升传统产业，发展战略性新兴产业，壮大特色产业，承接产业转移，推进集群化发展；大力发展金融、保险、物流、会展、创意设计等生产性服务业，提升商贸、文化、旅游、保健、社区服务、家政服务等生活性服务业。与新型城镇化相协调，推进发展现代农业，优化农村产业布局，重点发展适应城镇需要的粮棉油、肉蛋奶、菜果茶等农产品和工业原材料，高标准建设优质农产品供应基地、加工业原料基地和居民生态休闲观光基地。

2）增强城市产业带动能力

坚持以新型城镇化承载新型工业化、以新型工业化带动农业现代化，大力发展城乡关联产业，在布局、培育和发展城市二三产业项目时，要优先支持发展带动农业产业链延伸、传统农业改造和农村劳动力转移的项目。大力发展劳动密集型产业，吸引农民进城就业和落户，为农民增收和农业规模经营创造条件；大力发展农产品加工业，培育壮大一批起点高、规模大、带动能力强的大型农产品加工龙头企业，实现农产品由初级加工向精深加工转变，由农村小批量低层次加工向城镇现代化规模加工转变；大力发展农业机械制造、农村信息、支农化工等涉农支农助农产业，为农业现代化发展提供技术装备支撑；大力发展物流配送、连锁超市、电子商务等现代流通方式，加快形成城乡一体的新型流通网络，实现城市大型批发市场、专业市场、商贸超市与农村市场及农产品基地有效对接。

3）推动城市生产要素向农村配置

引导城乡生产要素合理流动，着力构建城市生产要素向农村配置的长效机制。在政策制定、项目安排上，采取有效措施，切实推动城市资金、技术、人才、管理、信息等生产要素更多流向农村，支持农村产业建设和社会事业发展。进一步推进与规范“万企联村”活动，鼓励支持城市工商企业到农村投资兴办加工物流基地、农产品种养基地、生态休闲旅游基地和经营网点；鼓励支持大专院校、科研院所和科技型企业到农村建立产学研基地、教学实习基地，开展科技成果推广转化；鼓励支持各类人才到农村创业就业、支教、支农、支医，开展产业开发和技术创新；鼓励支持银行、保险、邮政储蓄等金融机构向农村延伸服务，强化农村要素支撑。

4）引导农村非农产业向县城和中心镇集中

强化县城和中心镇的产业支撑，科学规划县域产业布局，因地制宜推动人口向城镇集中、产业向园区集中、土地向规模经营集中。根据产业集聚和城镇发展需要，每个县城建设一个节约集约、设施完善、服务配套的产业园区，引导县域企业进入园区发展，原则上新建项目均要落户园区，形成集群发展。建立项目审批、资金支持、用地供应、标准厂房、节能减排等激励约束机制，引导产业有序发展和集聚发展。城乡统筹的电力、交通、通信、环保、给排水等基础设施建设应主要与县城和中心镇衔接，医疗、文化、体育、养老等公共服务设施要重点向县城和中心镇集中，商贸、流通、金融等社会化服务设施应重点向县城和中心镇布局，以增强对企业和农民的吸引力。

8.3.5 加强生态环境建设与保护，推进城乡生态环境一体化

1）提高城乡绿化水平

加强森林生态系统建设，大力植树造林，推进退耕还林、封山育林、长江防护林、石

漠化治理、迹地更新、水土保持、矿山植被修复等生态工程，切实加强森林保护，扩大森林面积。加强城市绿化，保证绿化用地，推动城镇公园绿地、居住绿地、休闲绿地、单位绿地、风景林地等公共绿地建设，提倡庭院绿化、垂直绿化和屋顶绿化，建设绿色廊道和重要道路、河流绿化带，高标准建成湘江绿化风光带。到 2015 年，全省森林覆盖率稳定在 57%以上，城市建成区绿化覆盖率达 40%左右。

2）加强城乡生态环境同建同治

全面实施城市环境综合整治工程，加大污染物减排和治理力度，严格控制污染物排放总量，采取有效措施防止城市污染企业和项目及有害有毒物体向农村转移。加强城镇污水和垃圾及工业废弃物处理设施建设和运营管理，县城以上城镇要积极开展垃圾分类收集，已建成的污水和垃圾处理设施要确保正常运营。大力开展农村环境综合整治，推进改水、改厕、改厨、改圈和清洁家园、清洁水源、清洁田园、清洁能源工程。加大农村面源污染防治力度，严格控制化学肥料、农药、农膜等施用，推行规模化养殖和养殖场畜禽粪便综合利用。加强河道清理管护和库、塘、池、堰、沟渠整治以及饮用水源管护，切实抓好户分类、村收集、乡镇转运、县市区处理的垃圾处理体系建设。“十二五”期间，全省县城以上城镇实现垃圾无害化处理设施建设全覆盖，中心镇基本建成污水和垃圾无害化处理设施，所有中心村（农村社区）建成垃圾临时存储设施和配置转运设备。

3）大力推行绿色消费和宜居环境建设

培育绿色消费理念，倡导健康文明、节俭理性、清洁卫生的绿色消费方式，大力开展绿色公益活动，增强人们崇尚自然、保护生态的意识，推行绿色政务、绿色商务、绿色管理、绿色服务。注重改善城乡人居环境，积极开展宜居城市、宜居城镇、宜居村庄创建活动，引导基层单位和城乡居民创建绿色社区、绿色机关、绿色学校、绿色企业、绿色医院和绿色家庭。立足地方人文特色和生态优势，加强自然资源和历史文化资源保护，促进人与自然和谐相处。

8.3.6 加快公共产品向农村延伸，推进城乡公共服务一体化

1）统筹城乡劳动就业

以城乡劳动力平等就业为目标，取消地域、户籍、行业等对农村劳动力进城就业的限制性政策，完善促进就业的政策法规体系和工作机制，健全覆盖城乡的就业服务体系。建立健全城乡一体的人力资源市场和就业管理制度。完善面向城乡的职业技能培训制度和劳动力转移培训制度，整合现有的教育培训资源，采取多种方式，突出抓好农民工回乡创业培训和农民工进城就业培训，研究制定鼓励农民工回乡创业的政策措施，以创业带动就业，促进农村劳动力就近转移就业。建立健全乡镇人力资源和社会保障公共服务机构，完善农民工工资支付监管制度，加强对进城务工农民合法权益的保护。

2）完善覆盖城乡居民的公共服务体系

合理配置城乡教育、文化、医疗卫生等公共服务资源，把由政府提供或主导的公共服务尽可能地覆盖到所有城乡居民，实现基本公共服务均等化。注重教育公平和提高教育质量，在学校布局、合格学校建设、师资力量配置等方面向农村倾斜，加大对农村

义务教育经费的保障力度，到2015年初步实现县域内义务教育均衡发展。协调发展城乡职业教育和成人教育、特殊教育、老年教育、学前教育等各类教育。健全城乡医疗卫生服务体系，新增医疗卫生资源重点向农村和城市社区倾斜，推进县级医疗机构、乡镇卫生院和村卫生室标准化建设，到2015年每个县、市至少要有一所县级医院达到二甲以上水平，全面完成乡镇卫生院房屋和设备配套建设，每个行政村建有一所村卫生室。建立城市医院对口支援农村医疗卫生的长效机制，采用托管、设立分支机构和双向转诊等形式，加强城乡医疗机构之间的联系，切实解决农村医疗设施缺乏和技术服务水平低的问题。统筹城乡文化建设，合理规划建设图书馆、博物馆、文化馆、影剧院、体育场馆等公共文化设施，每个乡镇要建设公共文化站，每个行政村要建设文化活动室、农家书屋和体育设施，使城乡居民共享文化发展成果，提升城乡居民文明素质。

3）加快构建城乡一体的社会保障体系

扩大城乡养老保险覆盖面，提高农民工、非公有制经济组织从业人员、灵活就业人员养老保险覆盖率，到2012年，基本实现城镇居民养老保险和新型农村社会养老保险制度全覆盖。积极探索社会保险制度跨地区、跨城乡衔接和转移机制。健全城镇职工基本医疗、城镇居民基本医疗和新型农村合作医疗等三项医保制度，加快推进基本医疗保障城乡统筹管理，实行医疗保障统一管理。不断健全城乡社会救助制度，完善以城乡低保、五保供养、自然灾害灾民救助为基础，以临时救助、社会互助、优惠政策为补充，以医疗、教育、住房、司法等专项救助为配套的城乡社会救助体系。

8.3.7 破除城乡二元体制，推进城乡社会管理一体化

1）逐步建立统一的城乡户籍管理制度

加快推进户籍改革，适时取消农业户口与非农业户口的性质差别，实现城乡统一的户籍管理制度。积极探索县及县以下城镇放开户籍限制，大中城市根据本地实际情况有条件放开。

2）完善城乡一体的社会管理体制

破除城乡二元分割的管理体制，加快清理现行政策制度，凡是在特定历史条件下出台的城乡分割的政策制度，要及时废除或进行修改完善。加快建立新型社区管理体制，按照地域相近、规模适度、有利于整合公共资源的原则，稳步推进镇村体制向街道社区体制转变，将社区服务延伸到中心村。建立城乡一体的公共管理体系，推动公安、司法、建设、城管、安监、计生等领域的管理由城市向农村社区延伸，使农村居民与城市居民同等享受社会公共服务。

8.3.8 加快推进新型城镇化和城乡一体化的对策措施

1）增加资金投入

加快建立与城乡一体化相适应的公共财政体系，加大对城乡一体化建设的投入力度。重点增加对县城和中心镇基础设施建设和公共服务体系建设的投入，省财政要整合相关资金，逐年加大对小城镇建设的投入。充分发挥政府资金的导向作用，吸引更多信贷资金、社会资金、民营资本投入城乡建设，建立政府引导、市场运作的多元化投

融资体制，组建省小城镇基础设施建设投融资平台。加快农村信用体系建设，优化农村金融环境，创建农村金融安全区，推动金融服务向农村延伸，鼓励区域性股份制商业银行在县域设立营业网点；规范发展新型农村金融机构和以服务农村为主的地区性中小银行，支持国有商业银行、大中型企业控股组建村镇银行。金融机构在县域内吸收的存款应主要用于县域内发放贷款。大力发展小额信贷，放宽小额信贷上限标准，开展各种微型金融服务。

2）提高科学利用土地水平

严格执行各级土地利用总体规划，科学确定城乡建设用地、耕地和基本农田、生态用地的空间范围，统筹安排土地利用规模、结构和时序，积极探索紧凑型城市建设和节地型产业发展的模式和机制，促进节约集约用地。不断完善耕地保护机制，严格控制建设占用耕地。集中连片开展农村“田水路林村”等土地综合整治，通过实施农村建设用地的建新拆旧和土地复垦，鼓励农民住宅向中心村或城镇集中。依法依规开展城镇建设用地增加与农村建设用地减少挂钩试点工作，实现建设用地总量不增加、耕地面积不减少和农民利益得到切实保障。完善农村土地征收制度，推进农村集体建设用地流转改革，逐步建立城乡统一的土地流转市场。建立健全农村宅基地和房屋产权确权和登记制度，依法加强对农村居民宅基地物权的保护。通过政策引导，鼓励有条件的地方开展农民适度集中连片建房，大幅度减少村庄居住点。在城市郊区村庄规划相对合理、宅基地产权清晰的地方，开展农村居民宅基地置换商品房、农民公寓房、物业或货币补偿试点。

3）充分发挥县级政府在统筹城乡发展中的重要作用

强化县级政府对推进新型城镇化、推进城乡一体化的重要责任。扩权强县，赋予县级政府科学规划，优化配置县域内生产要素，整合项目建设资金的权力。县、市要把加快新型城镇化、推进城乡一体化与发展县域经济结合起来，科学谋划县域内经济社会发展，创新发展路径和方法，有力推动城乡一体化进程。加快新型城镇化、城乡一体化示范县、市建设，全省确定10个县、市作为城乡一体化示范单位，加大推进力度，及时总结推广示范经验。

4）建立评估考核机制

加强对推进新型城镇化和城乡一体化工作成效的考核，适时纳入各级政府绩效考核范畴，进行定期或不定期的跟踪落实及督促检查，考核结果作为评价市州、县市区政府绩效和领导班子、领导干部实绩的重要依据。

5）切实加强组织领导

建立党委领导、政府负责、各部门齐抓共管的推进机制。省里成立加快新型城镇化推进城乡一体化工作领导小组，领导小组办公室设在省住房和城乡建设厅。省住房和城乡建设厅要强化责任，加强指导、协调、综合和服务。省直各部门要牢固树立大局观念，认真履职，主动参与，积极配合。各市州、县市区也成立相应的领导班子。加强业务培训，提高各级领导班子和干部驾驭新型城镇化和统筹城乡发展的能力。加大宣传力度，总结推介先进经验，形成推进新型城镇化和城乡一体化的良好环境。

8.4 武汉市加快推进新型城镇化

本节以武汉为例，阐述中部地区中心城市地区新型城镇化战略的实施问题。

8.4.1 武汉市城镇化现状特点

武汉市行政区若作为一个独立的区域，其城镇化水平已经很高，2011 年达到了 66%以上，远远高于全国平均水平；城乡差距解决得也很好，其城乡收入差距为 2.42，也小于全国的平均水平(3.31)。但是，武汉市城镇居民的生活水平并不高，2011 年人均可支配收入为 23 738 元，高于全国平均水平(21 810 元)(表 8-2)。武汉市在推进新型城镇化的过程中要充分发挥辐射带动作用，带动湖北省特别是江汉平原的加快发展。

表 8-2 武汉市城镇化现状态势

	2003 年	2004 年	2005 年	2006 年	2007 年	2008 年	2009 年	2010 年	2011 年
非农人口(%)	60.8	61.7	62.8	63.4	63.3	64.5	64.7	64.7	66.1
非农就业(%)	79.9	80.4	80.9	80.6	81.3	82.5	86.4	86.8	86.8
非农产值(%)	94.2	94.6	95.1	95.5	95.9	96.3	96.8	96.9	97
城居收入(元)	8 525	9 564	10 850	12 360	14 358	16 712	18 385	20 806	23 738
农居收入(元)	3 497	3 955	4 341	4 748	5 371	6 349	7 161	8 295	9 814
城乡收入比	2.44	2.42	2.50	2.60	2.67	2.63	2.57	2.51	2.42

8.4.2 武汉市在推进新型城镇化中所取得的初步成绩

1）城镇空间布局不断优化

实施新城区规划“顶层设计”。按照城乡统筹的要求，2012 年印发了《关于做好全市新城区城镇体系规划编制工作的通知》(武新城领〔2012〕1 号)，各新城区启动了推进新型城镇化的“顶层设计”工作。市新城办、市新农办、市国土规划局联合制定了《武汉市新城区城镇体系规划编制技术导则》，组织召开了新城区城镇体系规划编制工作部署会、专题督办会。目前有的区已拿出初步成果，正在征求区、镇等各级干部群众和专家的意见。蔡甸区制定了规划编制工作实施方案，成立了规划编制工作领导小组，规划成果已经过区内多层面讨论完善。

街镇启动“全域规划”编制工作。为实现街镇全域范围的新型工业化、新型城镇化和农业现代化“三化”协调发展，启动了街镇范围的“全域规划”编制工作。黄陂区武湖街率先启动编制街版图 72 平方公里全域范围的“三化”协调发展规划，市新城办多次召集专题会，研究市领导的具体要求和外地先进经验做法，为武湖街编制“三化”协调发展规划提供技术服务及相关工作指导。蔡甸区大集街把街域 78.7 平方公里版图进行整体规划，从发展重点上规划为“一镇一区二岛”，从城镇空间布局上规划为“二心三轴四组团”，从城镇体系上规划为“一镇三村”。

2）城镇综合承载力不断增强

(1) 城镇设施继续完善。2012 年全面加大了城镇基础设施建设投入，重点实施了一大批完善城镇设施的建设项目。蔡甸区加快“武汉·中国知音城”建设，东部“八纵十横”路网建设全面提速。黄陂区完成前川街钓台道东段等一批城镇主干道建设。新洲区开展邾城街永安大道道路黑色化改造，阳逻街阳光北路等道路综合改造，仓埠街新城大道建设。江夏区全面启动纸坊街江夏一路、江夏四路等道路工程建设。东西湖区吴家山一清路、吴祁街等 17 条道路的路灯新建和改造工程已完工。汉南区纱帽街实施兴城大道等“两纵七横”主干道建设，建成区面积由“十一五”初的 10 平方公里扩大到现在的 20 平方公里。截至目前，市城建资金投入城镇基础设施建设 2.8 亿元，建设城镇项目 104 个，带动新城区投入 40.4 亿元，建设城镇项目 166 个，全市城镇新增市政道路 163.5 千米、排水 245.5 千米、路灯 5.5 万盏。

(2) 城镇综合功能进一步提升。《新城区轨道交通(地方铁路)线网规划和“十二五”建设规划》得到市政府正式批复，“十二五”期间规划建设通新城区 8 条轨道交通线路。目前，黄陂区汉口北地方铁路正在建设，径河地方铁路、21 号线(新荣—阳逻)、27 号线(野芷湖—五里界)等线路正在进行工程可行性研究，蔡甸区 24 号线(黄金口—张湾街)正开展前期研究工作。逐步完善已建 7 座污水处理厂的配套管网建设，启动纸坊、金口、武湖、横店、军山、黄陵等 18 处污水处理系统建设，总规模达到 48.8 万吨/日，并配套建设管网系统 367 千米，新城区城关镇污水集中处理率达到 70%以上。

(3) 城镇人居环境明显改善。配合城管革命，积极开展一批城镇环境改善项目建设。截至目前，新增城镇绿化 87 万平方米，拆除违法建设 172 处、5.87 万平方米，一批城镇垃圾中转站和地埋式垃圾转运台正在抓紧建设。新洲区强力推进亮化工程，实现邾城地区大街大道和背街后巷路灯全覆盖，推进邾城城区 7 条道路及 43 家区直机关事业单位办公楼景观照明工程。江夏区投资 1.3 亿元完成纸坊街文化大道等主干道绿化提档升级，植树 1.5 万棵，绿地栽植 12.2 万平方米。东西湖区投资 5 500 万元完成张公堤森林公园等 11 项绿化工程。蔡甸区后官湖郊野绿道白莲湖线 10 千米示范段已建成投入使用。黄陂区出台了《关于改造建设一条城镇标杆主街道的指导意见》，区财政投入 1.5 亿元，按照洁、绿、亮、美、黑“五化一体”的要求，实现全区 16 个街乡镇都有一条“样板街道”。

(4) 强力推进重点中心镇、特色镇建设。采取组织编制建设项目库、制定年度目标任务、出台管理考核办法、建立计划项目巡查制度、组织专家技术服务和市级补助资金重点倾斜等一系列强有力的措施，注重街镇居民休闲广场、特色一条街及配套的环境治理项目建设，推进了 13 个重点中心镇、特色镇的全面发展。新洲区仓埠街积极改善人居环境，建成的“仓埠文化广场”作为候选单位正在申报“全国全民健身示范点”。截至目前，13 个街镇新改扩建道路 2.7 万平方米，配套道路排水 41.5 千米，人行道 11 万平方米，绿化 9.3 万平方米，房屋立面改造 8.1 万平方米。

(5) 推进“宜居村庄”建设上台阶。为加快推进省里确定的 29 个“宜居村庄”创建工作，组织编制了《省级“宜居村庄”创建方案》、《省级“宜居村庄”创建指导书》，通过项目审定、专题督办、现场检查、专家指导等方式，全面推进省级“宜居村庄”创建工作，取得良好成效。新洲区阳逻街花园农民新村以“绿色、节能、低碳、环保”示范小区的规范设计建造，采用轻质环保墙体、双层真空玻璃门窗、太阳能热水系统一体化、太阳能路灯等新材料、新技术，提升了农村社区绿色建筑的建设水平。

3）城镇公共服务与社会保障水平不断提高

在促进城镇“扩容”的基础上，加大城镇“提质”建设力度，积极提升城镇品质。6个新城区年内建成12个乡镇文体广场，其中黄陂区年内实现乡镇文体广场全覆盖，走在了全市的前列。市教育局改建77所农村中小学校园基础设施，改扩建教师周转宿舍347套，新建周转宿舍262套。市体育局积极争取国家、省政策资金支持，对汉南江滩体育场地、蔡甸区江滩体育场地、江夏区休闲广场体育场进行了升级改造。2012年，6个新城区城镇新增就业4.2万人，下岗失业人员再就业1.4万人，农村劳动力转移就业3.8万人；新增城镇职工社会保险1.5万人、医疗保险1.7万人。

4）产城融合发展水平不断提升

工业示范园区，既是产业发展的依托，又是城镇扩展的重点。2012年以来，武汉市坚持以产兴城、以城促产、产城联动，促进园区城市形态化，加速人口和产业集聚，成为带动城镇发展的支撑平台。仅2012年1—10月，“6＋3”区域工业倍增示范园区基础设施建设累计完成投资281.6亿元。其中，安排市城建资金1.95亿元支持6个新城区工业倍增示范园区道路建设，带动建设园区道路项目48个，修建道路168.7千米、排水255.8千米、绿化183.5万平方米、路灯6 500盏等。

5）新型城镇化工作体制机制不断完善

（1）建立完善领导机构和工作机制。调整了全市推进新型城镇化工作领导小组，完善了区推进新型城镇化工作领导小组及其办事机构，相关市直部门都明确了工作职责，确定了分管领导、联系处室以及联络人员，建立了“月报季会”的工作机制。

（2）强化政策推动作用。市物价局出台了《关于转发省物价局省财政厅关于武汉市城市基础设施配套费收费标准批复的通知》（武价房〔2012〕58号），通知的贯彻落实，对缓解武汉市小城镇建设资金的不足将起到积极作用。东西湖区政府批准了全区街乡镇征收城镇基础设施建设配套费的相关文件，明确了征收主体、征收时间等，加快了东西湖区城镇建设步伐。江夏区出台了《关于做好城乡建设用地增减挂钩试点工作的实施意见》，为江夏区城镇做大做强提供了良好的政策环境。

8.4.3 武汉市新型城镇化推进中存在的主要问题与困难

武汉市推进新型城镇化工作形势喜人、成效明显，城镇化正站在新的历史起点上，进入加速发展的时期。但是，客观来看，当前全市新城区新型城镇化发展水平，与所承担的历史使命，与经济发达省、市比较，尚有很大差距，存在不少问题，主要表现在：

1）新城区城镇化推进工作机制尚未完全建立

尽管新城区都陆续成立了推进新型城镇化工作领导小组及其办事机构，但办事机构尚未真正发挥统筹协调、整合资源、督办考核等作用，导致一些项目不能顺利实施，相关政策未能有效贯彻执行。

2）城镇体系规划编制工作进度不一

市域、区域的城镇体系规划是《中华人民共和国城乡规划法》规定首要编制的规划，是战略性、空间性和有约束力的规划，是新时期政府调控资源、生态与发展等的重要手段。目前，各新城区区域城镇体系规划编制进度不一，重视程度不同，有的区初步成果至今还没有形成。

3）建制镇配套费征收主体不明确

省物价局、省财政厅《关于建制镇城市基础设施配套费收费标准有关问题的通知》（鄂价费规〔2011〕47号）文件早在2012年年初就下发了，武汉市建制镇的收费标准从5月获准执行，到目前为止，仍有部分新城区未落实具体征收办法，没有明确区征收主体。

4）街镇建设管理职能未有效发挥

目前，虽然各街乡镇的城镇建设管理办公室已挂牌，但配备人员最多仅3人，人员数量无法满足推进新型城镇化日益增长的工作需要。同时，配备的人员大部分对村镇规划、建设、城管综合执法和环境保护等方面的专业知识缺乏，管理能力有限，不能满足推进新型城镇化的发展需要。

5）投资方式不多

当前，武汉市小城镇的投入还主要依赖于财政资金，“等、靠、要”的现象还比较突出，投入渠道不宽，融资手段不多，吸纳社会资金的办法有限。

6）项目行政审批效率不高

项目前期工作环节多，手续复杂，审批周期长，区直相关部门没有及时办理有关手续，严重地影响了项目计划的下达与执行。

2012年以来，在市委、市政府的正确领导下，全市推进新型城镇化工作按照年初召开的全市推进新农村建设和新型城镇化工作会议总体要求，实施新型工业化、新型城镇化和农业现代化协调推进战略，强化“顶层设计”，做实“全域规划”，狠抓项目实施，加强督办考核，坚持政策创新，加快体制机制改革，城镇空间布局不断优化，城镇综合承载能力和综合管理水平不断提高，城镇人居环境不断美化，城镇文化内涵不断丰富。

8.4.4 武汉市进一步推进新型城镇化的主要策略

贯彻党的十八大会议精神，遵循“统筹规划、增强规模、积聚集约、绿色发展”原则，按照“做强新城、做大中心镇、做好特色镇、做亮宜居村庄”的发展思路，以城镇提质扩容和加快人口向城镇集中为总体目标，突出“独立成市”和“产城融合”理念，促进新城区和中心镇、中心村（社区）协调发展，建设一批规模适度、设施齐全、功能完善、特色鲜明、生态良好、社会和谐和居民幸福的宜居城镇。

1）加快规划编制和审批工作

编制和实施高质量、高水平、管长远的《区域城镇体系规划》、《全市新城区城镇体系规划》，重点中心镇启动“全域规划”编制工作，实现“三化”协调发展。

2）加快推进示范工业园区建设

继续支持新城区示范工业园区建设。一是要加快推进园区基础设施建设。继续扩大园区规模，坚持“适度超前、梯度推进，先地下后地上、先重点后一般”的原则，一次规划、分期超前建成基础设施。二是做到产城融合发展。在园区建设的同时，要规划建设各种功能的配套设施。按照“以产兴城、以城促产、产城联动”的思路，实现“产业和城市同步崛起”。

3）重点推进“三化”同步发展示范片建设

从2013年起，全市大力推进“三化”同步发展示范区建设。市、区各部门要围绕重点区域、重点产业、重点项目、重点企业，集中力量，打造亮点。市级城建资金将向“三化”同步发展示范区建设项目倾斜，各有关单位尽快优化确定示范区域，积极谋划重点项目，强力推进项目的实施。

4）强化区新城办统筹协调职能

充分发挥各新城区推进新型城镇化的主动性、能动性和创造性，强化各区新城办推进全区新型城镇化的统筹、协调和督办考核等职能，积极履行全面推进本区新型城镇化工作的职责，做好年度工作总体安排、相关政策研究与制定、行政审批体制改革、规划编制与审批、年度建设计划统筹等工作①。

---

① 武汉市推进新型城镇化工作领导小组办公室.关于今年以来全市推进新型城镇化工作进展情况的通报[EB/OL].(2012-11-14).http://zhuanti.whjs.gov.cn/content/2012-11/16/content_270991.htm

9 西部大开发地区新型城镇化战略的实施[①]

9.1 西部大开发地区新型城镇化的一般策略

9.1.1 西部大开发及其战略背景

西部大开发地区（简称为西部地区）的范围包括重庆、四川、贵州、云南、西藏自治区、陕西、甘肃、青海、宁夏回族自治区、新疆维吾尔自治区、内蒙古自治区、广西壮族自治区等 12 个省、自治区、直辖市，总面积为 685 万平方公里，占全国的 71.4%。

加快西部发展，实施西部大开发战略是我国统筹区域协调发展的重大战略决策。依据邓小平同志"两个大局"的战略构想，即"沿海地区要加快对外开放，使这个拥有两亿人口的广大地带较快地先发展起来，从而带动内地更好地发展，这是一个事关大局的问题。内地要顾全这个大局。反过来，发展到一定时候，又要求沿海拿出更多力量来帮助内地发展，这也是个大局，那时沿海也要服从这个大局。"1999 年 11 月，中共中央、国务院召开中央经济工作会议，具体部署 2000 年的工作时，把实施西部大开发战略作为一个重要的方面，这可以看作是实施西部大开发战略的启动。2000 年 1 月，国务院西部地区开发领导小组召开西部地区开发会议，研究加快西部地区发展的基本思路和战略任务，对实施西部大开发战略的重点工作进行全面部署，并出台了《国务院关于实施西部大开发若干政策措施的通知》（国发〔2000〕33 号）和《国务院办公厅转发国务院西部开发办关于西部大开发若干政策措施实施意见的通知》（国办发〔2001〕73 号文件），国家在 2001—2010 年内采取一系列的政策措施，支持、帮助中西部地区的建设和发展，这些政策措施可以看作是西部大开发战略实施的全面展开[②]。经过十年的西部大开发，西部地区城镇化取得了巨大发展，西部地区经济实力明显提升，社会文化取得大发展，生态环境明显改善，可持续发展能力不断增强，为西部地区未来走内生型发展道路奠定了坚实的基础。

2010 年 7 月，国务院召开的西部大开发工作会议开启了新一轮西部大开发（也称为"西部再开发"）的序幕，在前 10 年取得巨大成就的基础上，进一步明确了新一轮西部大开发的总体目标、主要任务等重大课题，为西部地区城乡经济社会一体化发展指明了方向。2012 年 2 月，国务院批复同意了《西部大开发"十二五"规划》，围绕主题主线，进一步明确了深入实施西部大开发战略部署的基本思路。这是国务院批复的第三个西部大开发五年规划。

---

① 本章由钱宏胜主笔。

② 邹东涛，欧阳日辉．发展和改革蓝皮书[M]．北京：社会科学文献出版社，2008

9.1.2 影响西部地区城镇化发展的关键问题

1）资源开发利用与生态环境保护

西部地区矿产资源十分丰富。全国经地质勘查探明具有工业开采价值的矿产共有153种，其中西部地区就占123种，有19种矿产储量占全国总储量的50%以上，有10种矿产储量占全国的33%～55%，钾盐和石棉占全国的99%，钛和铂金属占90%以上，煤、镍、岩盐、汞、芒硝、锶占80%以上，铬、锑、重晶石占70%以上，锰、天然气、钒、硼占60%以上，锡、磷、锌、玻璃硅质原料占50%以上①。但由于薄弱的产业基础和落后的资源开发利用技术，西部地区资源利用率低，经济发展方式粗放，形成了一批典型的以采掘和原材料工业为主体的单一资源型城市。

作为我国的生态环境脆弱区，长期以来的粗放型经济发展方式使西部地区的生态环境不断恶化，毁山伐林，焚烧垃圾，破坏植被，水土流失，土地荒漠化和水源地污染破坏等现象普遍。全国水土流失面积360万平方公里，西部地区占80%；全国每年新增荒漠化面积2 400平方公里，大部分都分布在西部地区；全国70%以上的突发性地质灾害发生在西部地区②。西部大开发战略实施以来，西部地区生态环境恢复重建工作虽然取得一定成效，但“生态环境总体恶化趋势”仍未根本改观③。

总之，资源开发利用效率低下和生态环境问题直接影响到西部地区城镇化质量。因此，改变西部地区经济发展方式，科学地资源开发，提高资源综合利用效率，加强生态环境治理和保护等是西部地区新型城镇化着重努力的方向。

2）城镇化发展阶段及其动力

2011年，我国四大区域板块的西部、中部、东北、东部四地区的人口城镇化率分别为42.99%、45.48%、58.74%、60.75%。西部地区是我国城镇化率最低的区域，同时也滞后于工业化，因西部地区工业化率为50.92%。西部地区城镇化率已经跨过30%的门槛，根据城镇化“S”形曲线理论，西部地区城镇化正处于加速发展阶段。从城镇化率的增长速度看，我国四大区域板块的西部地区、中部地区、东部地区、东北地区年均增长速度分别为1.30%、1.43%、1.40%、0.6%（表9-1），除了东北地区外都处于高速增长阶段。西部地区年均增长速度高于东北地区，但低于中部地区和东部地区。但从经济增长速度看，西部地区是四大区域板块增长最快的区域，2007—2011年平均增长速度为15.30%，高于全国平均增长速度12.21%（表9-2）。比较四大区域板块，西部地区板块经济增速最快。比较西部地区城镇化与经济发展的关系发现，西部地区城镇化的“双低”，即城镇化的低水平和低增速，却能维系着西部地区经济的高速增长，说明投资驱动是西部地区现阶段经济增长的主导动力。也从另一个侧面说明，由于地区处于不同的发展阶段，城镇化与经济发展之间的相互作用程度会有差异。但是城镇化的根本动力在于经济的持续发展，并能够提供更多的就业机会。因此，现阶段继续保持经济快速增长是推动西部地区城镇化发展的根本保障。

---

① 曾勇，吴财芳，陈伟．矿产资源在西部大开发中的战略地位[J]．中国矿业，2003，12(12)：1-3

② 张沛．中国城镇化的理论与实践——西部地区发展研究与探索[M]．南京：东南大学出版社，2009

③ 赵国峰，段禄峰．生态环境与西部地区城镇化发展问题研究[J]．生态经济，2012(2)：166-169

表 9-1 西部地区与其他地区人口城镇化率比较

地区	2000 年		2011 年		城镇化率年均增长速度(%)
	城镇人口(万人)	城镇化率(%)	城镇人口(万人)	城镇化率(%)	
全　国	45 594	36.02	69 079	51.27	1.39
西部地区	10 208	28.73	15 572	42.99	1.30
中部地区	10 449	29.73	16 277	45.48	1.43
东部地区	20 354	45.34	31 022	60.75	1.40
东北地区	5 555	52.14	6 442	58.74	0.60

表 9-2 2007—2011 年西部地区与其他地区 GDP 及其增长情况对比(单位:亿元)

地　区	2007 年	2011 年	增长速度(%)
西部地区	49 182.48	100 234.96	15.30
中部地区	52 971.08	104 473.87	14.55
东部地区	154 029.73	271 354.75	11.99
东北地区	23 552.99	45 377.53	14.01
全　国	265 810.3	472 881.6	12.21

3）城镇体系结构与布局

西部地区特大城市中，人口超过 500 万以上城市数量有 3 个，200 万～500 万的有 5 个，100 万～200 万的有 24 个，规模最大城市重庆市人口超过 1 000 万人，西部地区城镇体系呈首位分布特征，城市首位度为 2.7(表 9-3)。西部地区城镇体系规模结构欠合理，大中城市数量不足，城镇体系呈“哑铃”结构。从城市空间分布看，西部地区地域广阔，城镇分布密度小，西部地区城市密度为 0.22 个/平方公里，全国为 0.70 个/平方公里，是西部地区的 3.18 倍，同时西部地区城市总体上的空间分布呈偏东性多中心集聚①，区域差异明显。因此，优化城镇体系结构，特别是在不同空间尺度上优化城镇布局显得十分必要。

4）城乡二元结构

西部大开发十年，西部地区基础设施和生态环境得到明显的改善，但西部地区农村城镇化发展滞后。西部广大偏远农村地区基础设施建设严重滞后，地区城乡基础设施差距十分明显，城乡二元结构十分突出。同时，西部地区城乡二元结构还表现在教育、医疗、卫生等公共服务设施、人才支撑和制度建设方面。在经济结构上，西部地区存在以社会化生产为主要特点的城市经济和以小生产为主要特点的农村经济并存的二元经济结构，而且是典型的“双层刚性二元经济结构”②，也即是城市与乡村的二元经济结构，但每一元中又分为两层：城市现代工业与传统工业并存，农村传统农业与以

① 官卫华，姚士谋. 西部大开发中城市化发展的几个关键问题[J]. 经济地理，2002，22(5)：579-584

② 任保平. 论中国的二元经济结构[J]. 经济与管理研究，2004(5)：3-9

表 9-3　2010 年西部地区城市不同等级规模城市(包括县级市)个数

省份	特大城市	大城市	中等城市	小城市
内蒙古	3	3	3	＋11
广　西	7	4	3	＋7
重庆市	1			
四　川	11	5	2	＋14
贵　州	1	2	1	＋9
云　南	1	3	3	1＋11
西　藏			1	＋1
陕　西	3	6	1	＋3
甘　肃	3	3	6	＋4
青　海	1			＋2
宁　夏		1	4	＋2
新　疆	1		1	＋19
总　计	32	27	25	1＋83

注：“＋n”表示县级市个数，即 n 个县级市。

农业产业化为代表的现代农业并存，而且不同层次之间的管理程度差表现出刚性特征[①]。以城乡消费为例，2011 年统计数据显示，西部地区城镇居民消费为 15 782.38 元，农村居民消费为 4 875.64 元，城乡消费水平比为 3.24，高于中部地区(2.83)、东部地区(2.90)、东北地区(2.66)，是我国城乡差距最大的区域。西部地区的新型城镇化的目标，可以说在很大程度上是要实现城乡二元经济结构向现代经济结构的转化，进而统筹城乡社会结构(表 9-4)。

表 9-4　2011 年西部地区与其他地区城乡消费水平对比(单位:元)

地　区	农村居民	城镇居民	城乡消费水平对比(农村居民＝1)
西部地区	4 875.64	15 782.38	3.24
中部地区	5 448.61	15 418.04	2.83
东部地区	8 113.01	23 503.81	2.90
东北地区	6 455.55	17 158.88	2.66

① 任保平，梁炜. 西部地区统筹城乡发展：态势、模式和路径选择[J]. 财经科学，2008(10)：117-124

9.1.3 西部地区新型城镇化的模式选择

1）西部地区推进新型城镇化不能照搬东部模式

改革开放初期，我国东部及沿海地区就如何走出一条有中国特色的农村城镇化道路，即以农村工业化为基础的“农村内生城市化”之路，率先进行了有益的探索且从中积累一些为欠发达地区可资借鉴的宝贵经验。拿费孝通先生的话来说，这就使得中国的工业化和现代化不致拉开城乡差距，而形成新的工业化的乡村。进入新世纪以来，在东部及沿海地区城镇化建设经验的启发及感召下，中西部地区也纷纷拉开了加快城镇化建设的序幕，至今仍方兴未艾。然而，由于与当年东部发达地区搞城镇化建设时所处的发展背景已有较大不同，中西部地区的城镇化建设面临着诸多困难和挑战。

（1）在推动科学发展和促进社会和谐的大背景下，西部欠发达地区的城镇化建设承载着时代的高标准和严要求，即要建设其基本特征是“城乡统筹、城乡一体、产城互动、节约集约、生态宜居、和谐发展”的城镇化，其基本趋向是大中小城市、小城镇、新型农村社区协调发展、互促共进的城镇化。此种与新型工业化道路相呼应的“新型城镇化”道路，无疑有别于当年建基在乡镇企业传统工业化之上的东部早期城镇化过程。因为，它已将节能高效、生态建设与社会建设的统一等发展指标作为衡量城镇化建设水平的重要标准。

（2）西部欠发达地区经济社会发展中诸多突出问题或矛盾，都与其城镇化水平较低密切相关。为破解此种发展的瓶颈制约，有必要发挥新型城镇化的引领作用及彰显其对发展的综合效应。从而导致西部欠发达地区的新型城镇化建设主要依靠政府力量的主导和推动，而这与当年东部早期城镇化过程中主要依靠市场经济力量的推动自然有很大不同。新型城镇化不能靠行政来推动，应该靠市场来推动，政府要做的是“顶层设计”。

（3）当年东部早期城镇化过程中的人地矛盾靠乡镇企业发展得以解决，农村劳动力的出路似乎没有问题，而如今在西部欠发达地区新型城镇化建设中，农村劳动力素质及其技能与新兴工业化的要求相差甚远。这无疑对在西部欠发达地区能否实现工业化、城镇化、农业现代化之间的协调发展，以及能否基本达到农村劳动力合理、有序转移的理想目标，造成严峻考验。

（4）从一些欠发达地区城镇化建设的浮躁现状来看，对于其中社会属性的漠视或忽略也非常值得重视。在某些人看来，城镇化过程主要是一个有着自身独立运行规律的与社会相分离的经济运行和人口流动的领域，无须社会的干预和介入。至于在城镇化建设决策时要充分考虑到经济、人口要素与社会建设要素之间的复杂性和相互依赖性关系，在他们的眼里更是显得无关紧要。对于经济发展和人口流动的工具主义理解，对技术主义的依赖，淡化了科学发展观是新型城镇化建设的精神统领作用。从而也就无视从乡土社会向城市社会的转型乃是一种主客体相统一且辩证发展的社会建构过程，最终导致招商引资中的科学选择性较弱，产业积聚中“大呼隆”现象屡见不鲜，城镇化推进速度与其质量效应并不相称，第三产业发展规模与工业化、城镇化发展的强劲势头并不合拍。在这种情况下，一些人就很容易把新型城镇化建设当作一种应时的口号或标签来使用，而私下却依然“穿新鞋走老路”，为彰显其政绩而盲目地以行政化力量来片面追求城镇规模扩大及空间扩张，以致使“被城镇化”和“被上楼”的质疑声不绝于耳，从而不能真正体现新型城镇化建设在促进社会和谐发展中的巨大带动效应。

(5) 某些地方政府为了“赶超”和“跨越式发展”，漠视“先污染后治理”的严重后果，缺乏切肤之痛，追求“有增长而无发展”的诸如城市规模的无限扩大及城市人口的迅猛增长，过多地直接干预经济活动，甚至成为市场主体；一些地方政府官员在偏重于城镇化速率的潜在政绩考核的压力下，大上“短平快”的招商引资项目，即便是引进某类污染环境的项目也在所不惜；一些地方政府难以摆脱“土地财政”的诱惑，在城镇化进程中盲目使用行政干预手段影响市场机制正常运作，致使土地资源及其他稀缺资源利用率较低；一些地方政府出于提高城镇化率的考虑，对于一些能吸纳较大数量当地剩余劳动力就业的企业在资源开采中出现的粗放经营及浪费问题，往往睁一只眼闭一只眼①。

2) 西部地区推进城镇化的战略思考

西部地区在城镇化发展中面临的主要问题是：(1) 地区内部差异和城乡发展差距较大，城乡二元结构问题突出，城乡统筹任务艰巨；(2) 资源开发粗放，利用效率低下，生态破坏严重；(3) 城镇化水平较低，经济社会发展相对滞后于中东部地区；(4) 地域广阔，城镇布局分散，联系松散，城镇体系欠合理。因此，西部地区在新型城镇化发展中应以转变经济发展方式为主线，以解决西部地区城镇化问题为导向，以加快缩小与中东部地区差距，实现跨越式发展为目标，发挥西部地区比较优势和后发优势，积极探索西部地区科技化、生态化、集约化、产业化的城镇化模式，推动西部地区城乡统筹发展。

根据西部地区的发展基础、城镇化问题和发展潜力，并结合国内外城镇化发展的经验，西部地区在城镇化发展过程中走科技化、生态化、集约化和产业化的模式有其重要意义。首先，科学技术是第一生产力，也是西部地区实现跨越式发展的关键。生产力有三个要素，即劳动力、劳动工具和劳动对象，科学技术一旦被劳动者掌握，便成为劳动的生产力，并进而物化为劳动工具和劳动对象，直接推动生产力的大发展和生产效率的提高。因此，西部地区应加大科技投入，推动科技创新和成功转化应用，发挥后发优势，推动西部地区跨越式发展。如可通过构建区域科技创新体系，激活区域科技创新能力，推动西部地区城镇化向科技化方向发展；同时，可通过农业技术示范区和科技工业园区建设，加大科学技术成果应用和推广，提高科技含量和产业效率。其次，西部地区生态环境比较脆弱，城镇化发展必须坚持走生态化的路径，大力发展生态产业，避免走粗放式、先破坏再治理的发展道路，为西部地区新型城镇化奠定生态基础。再次，集约化发展具有质量化、规模化、高效率、科技化的特征，也是新型城镇化发展的重要内容，同粗放式发展相对应，是转变粗放式发展的重要方向。特别是在我国人均资源紧缺的背景下，走集约化的道路是可持续发展的必然选择。最后，产业化发展是西部地区转变发展方式，提高经济效益的必由之路，也是科技化、生态化和集约化发展的应有之意。因此，西部地区在新型城镇化发展中积极探索科技化、生态化、集约化和产

---

① 周全德. 欠发达地区推进新型城镇化须力避“标签化”[N]. 中国改革报，2011-11-24

业化的“新四化”模式。

9.1.4 西部大开发地区新型城镇化的一般策略

1）构建“两型”社会，走集约化发展道路

“两型”社会是“资源节约型和环境友好型”社会的简称。过去部分地区采取粗放式的、不可持续的经济发展模式，从而引起一系列资源环境问题，如资源不合理开发、综合利用率低下以及生态环境不断恶化等，直接影响着人类居住环境和健康，后期需要投入高成本加以治理才能得以改善。反思过去“先破坏再治理”发展历史，考虑到西部地区自然环境的特殊性，西部地区城镇化适合走集约化的路径。

（1）经济集约化。利用西部地区丰富的矿产资源、生物资源、独特的自然景观和丰厚的历史文化资源，大力发展循环经济、无烟产业，优化产业结构，使资源向深加工和综合利用方向发展，延长产业链，实现产业化、集群化和集约化发展。

（2）土地利用集约化。虽然西部地区地域辽阔，但自然生态环境十分脆弱，土地资源稀缺。因此，城镇发展空间避免无序扩展，城镇采取集中和分散相结合方式发展，走集约化发展道路，实现“精明增长”。

（3）人口集约化。提高城镇化的质量，使农民真正地转变为市民，并融入城镇，需要城镇化的跟进服务，如建立统一的劳动力市场、避免农民就业歧视，注重教育技能培训，提高农民自身的综合素质；完善终身教育体系，建立学习型社区，实现市民现代化。

（4）生态文明化。优化美化生态环境，提高市民生态文明意识，全面推动生产、生活方式、消费方式的生态化，建设现代生态文明城市。

2）加大科技投入，构建区域创新体系

科学技术进步和科技创新对区域可持续发展和地区或国家竞争力的保持起着决定性作用，是产业改造升级和实现跨越式发展的根本保证。研究表明，资本、劳动等生产要素具有边际生产率递减的倾向，它们对发展的贡献率有限，而技术创新才是促进可持续发展不竭的源泉。因此，西部地区加大科技投入，构建区域创新体系，培育地区创新能力，使西部地区城镇化发展有着重要的意义。区域创新体系是指一个地区内部与创新相关的主体要素、非主体要素以及协调各要素之间关系的制度和政策网络所形成的一个复合系统①。西部地区可围绕重点领域和重点产业，加大科技投入，与高校、科研院所等机构开展技术合作，构建区域创新体系，推动西部地区科学技术进步和科技创新。首先，建立以企业和科研院校为创新主体的主体系统，企业和科研机构成为区域创新的主体；其次，建立可利用的地区、国内、国外的知识支撑系统；第三，建立一个有助于创新的政府模式和非政府组织的协作模式的辅助系统；第四，创建一个可用于科学技术转化和应用的服务系统。从而，完成区域创新体系的构建，培育西部地区核心竞争力。

3）大力发展生态产业，推动产业生态化

发挥比较优势，利用西部地区巨大的生态资源优势，依靠高科技和实用技术的有

---

① 刘学敏，史培军，等. 科技进步推动城镇可持续发展研究——来自中国西部的调研与思考[M]. 北京：中国科学技术出版社，2004

力支撑，加大其不可替代的生物资源的开发和利用，使之形成特色产业。把生态建设作为产业来发展，不仅是为了恢复生态环境，它实质上是要把产业发展融入生态建设中。这既可以保护和恢复生态环境，也可以增加当地人民的收入，使当地经济得到发展[①]。首先，加快生态基础设施建设，做好生态脆弱地区的生态移民工作，实施退耕还草还林，开展防沙治沙工程，恢复生态环境。其次，调整产业结构，发展替代产业。根据西部地区生态资源的优势来发展具有经济竞争力的特色产业。可大力推进生态产业科技示范区建设，培育一批从事生态产业的龙头企业，引入市场机制，延长产业链，提高技术含量，发挥企业的示范和引导作用。第三，依靠科技支撑，推进清洁生产，发展循环经济，推动西部产业生态化。

4）加快发展大中城市，优化城镇体系结构

西部地区因地理环境、经济发展水平、城镇化发展阶段不同而区别于中东部地区，城镇化发展方式也应有别于中东部地区。西部地区地域广阔，受地理空间的限制，特大城市作为中心城市的辐射范围有限，而大中城市在缓解特大城市的产业和人口压力，以及带动小城市和发挥次中心作用明显。同时，针对西部地区呈现的城镇体系“哑铃”结构的特点，应大力发展大中城市，协调发展小城镇，积极构建以特大城市为支点的多极网络城镇体系，以推动西部地区城镇体系优化。

5）统筹城乡发展，推动一体化建设

要建立以工促农、以城带乡的长效机制，形成城乡经济社会发展一体化的新格局。首先，重点围绕城乡用地、城乡交通、城乡产业、城乡基础设施、城乡公共事业等方面，做好统筹规划。其次，加快城乡基础设施建设，改善农村综合发展条件。通过城镇基础设施向农村延伸，公共服务向农村覆盖，形成城乡一体化的公共基础设施格局。第三，加快农村教育、医疗、卫生等社会事业建设步伐，健全完善覆盖城乡的最低生活保障、养老保障和医疗保障为主的社会保障体系，保障城乡居民基本生活。第四，统筹城乡生产力布局，构建城乡产业合理分工的协作体系，实现城乡产业互动。第五，深化改革，排除城乡统筹发展的体制性障碍[②]。加快户籍制度改革，要从根本上消除城乡二元户籍制度；改革农村土地管理制度，在“土地向规模经营集中”的指引下，积极推动农村集体土地资本化，进一步完善农村土地产权流转和征用制度，发挥农业规模经营效益，实现农业产业化和现代化；逐步消除城乡分割的管理体制障碍，构建城乡一体的新型管理制度。

9.2 甘肃省酒泉市城镇化现状及主要问题

本节以甘肃酒泉地区为例，探讨西部大开发地区地市域层面新型城镇化战略的实施问题。

9.2.1 酒泉市概况

酒泉市位于甘肃省西北部河西走廊西端的阿尔金山、祁连山与马鬃山（北山）之

① 史培军，刘学敏．生态建设产业化，产业发展生态化[J]．求是，2003(4)：32-34

② 孙继伟．成都市城乡统筹发展的问题及对策[J]．重庆工学院学报（社会科学），2008(8)：56-58

间。东接张掖市和内蒙古自治区,南接青海省,西接新疆维吾尔自治区,北接蒙古国。东西长约 680 千米,南北宽约 550 千米,总面积 19.2 万平方公里,占甘肃省面积的 42%。现辖"一区两市四县",即肃州区、玉门市、敦煌市、金塔县、瓜州县、肃北自治县和阿克塞自治县。酒泉市是敦煌艺术的故乡、现代航天科技的摇篮、中国石油工业和核工业的发祥地,同时,也是甘肃省唯一的国家服务业综合改革试点城市。

9.2.2 酒泉市城镇化现状

1) 城镇化率较高,但质量较低

2012 年酒泉市城镇人口 57.59 万人,城镇化率为 52.15%,仅次于嘉峪关市(66.38%)、兰州市(62.89%),高出甘肃省平均城镇化率 13.4 个百分点,是甘肃省城镇化率最高的地区之一。比较 2011 年,城镇化率提高了 1.06 个百分点,城镇化正处于高增长阶段。

但城镇化率高指标的背后,却存在着隐性的非城镇化问题。首先,从历年城镇化率的变动来看,由于统计口径或行政区划调整政策的因素,城镇化率在个别阶段出现非常态变化(图 9-1),如 2011 年城镇人口数出现了减少现象;其次,一部分农村地区被政策性地划入到城镇规划区范围,农民身份变为"准市民",其思想观念、生活方式、从事行业并没有实现本质意义的城镇化,更有甚者,部分"准城镇地区"基础设施和公共服务设施缺乏,土地利用方式和地域景观没有变化的现象普遍存在;第三,由于接受安置"两西"计划移民、项目移民、工程移民以及租地农民等各类移民,酒泉市形成了包括市民、农民、移民的"三元"社会结构,且绝大多数移民收入处在国家规定的贫困线以下,移民已经成为酒泉市乃至甘肃省最贫困的庞大群体。这些都会影响到酒泉市城镇化的质量。

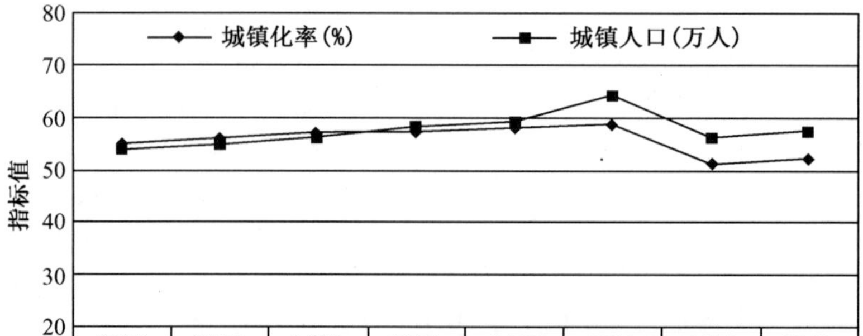

	2005	2006	2007	2008	2009	2010	2011	2012	年份
城镇化率(%)	55.02	55.97	56.79	57.31	58.02	58.7	51.09	52.15	
城镇人口(万人)	53.79	55.01	56.24	58.07	59.29	64.34	56.23	57.59	

图 9-1 2005—2012 年酒泉市城镇化率和城镇人口变动情况

2) 产业结构趋于合理,但与就业结构存在错位现象

酒泉市经济快速增长,2012 年生产总值(GDP)达到 574.5 亿元,较 2005 年增长了近 3 倍,年均增长速度为 21.83%,其中第二产业增长速度最快,达到 26.16%,第三产业为 20.25%,第一产业为 13.09%。2012 年三次产业结构为 12.15∶53.49∶34.36,第三产业发展相对滞后,第一产业所占 GDP 比重过大,但三次产业结构变化趋

向合理(图 9-2)。

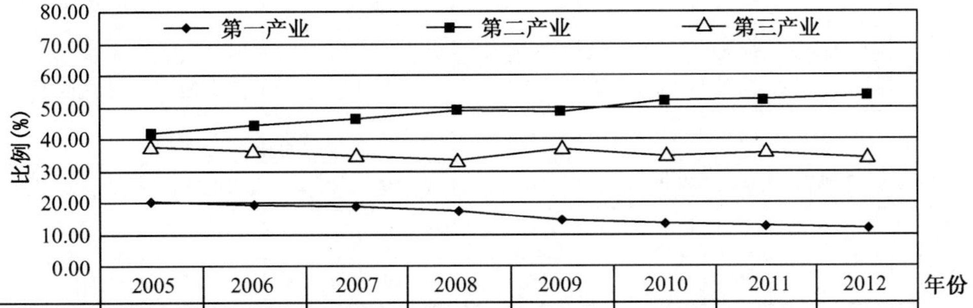

	2005	2006	2007	2008	2009	2010	2011	2012
第一产业	20.46	19.7	18.85	17.4	14.63	13.38	12.25	12.15
第二产业	41.89	44.36	46.37	49.05	48.32	51.89	52.32	53.49
第三产业	37.65	35.94	34.78	33.55	37.05	34.73	35.43	34.36

图 9-2　2005—2012 年三次产业分别占 GDP 比重变化

从就业结构看(表 9-5),酒泉市三次产业就业结构为"一、三、二",与经济结构"二、三、一"形成明显错位,第一产业和第三产业是吸纳就业的主要产业。为了进一步说明经济发展与就业结构变动情况,在此引入就业弹性系数概念,其直接关系着城镇化过程中就业承载力的问题。就业弹性系数是从业人数增长率与 GDP 增长率的比值,即 GDP 增长 1 个百分点带动就业增长的百分点,系数越大,吸收劳动力的能力就越强,反之则越弱。从表 9-6 可以看出,三次产业就业弹性系数在 0.1～0.7 徘徊,就业未能与经济增长保持同步。世界范围内的经验表明,工业化是城镇化的直接动因,当工业化发展到一定阶段的时候,第三产业将取代工业化成为城镇化发展的主要动因。

表 9-5　2000—2011 年酒泉三次产业的就业结构演变情况

年份(年)	从业人员(万人)	第一产业从业人员		第二产业从业人员		第三产业从业人员	
		人数(万人)	比重(%)	人数(万人)	比重(%)	人数(万人)	比重(%)
2005	47.34	22.08	46.64	7.51	15.86	17.75	37.50
2006	48.94	21.90	44.75	8.08	16.51	18.96	38.74
2007	49.65	21.98	44.27	8.25	16.62	19.42	39.11
2008	51.53	23.03	44.69	8.61	16.71	19.89	38.60
2009	52.74	23.27	44.12	8.95	16.97	20.52	39.91
2010	53.86	23.51	43.65	9.18	17.04	21.17	39.31
2011	58.12	24.38	41.95	10.35	17.81	23.39	40.24

表 9-6　2005—2011 年酒泉市三次产业的就业弹性系数(单位:%)

年份(年)	第一产业			第二产业			第三产业		
	增加值增长速度	就业增长速度	就业弹性系数	增加值增长速度	就业增长速度	就业弹性系数	增加值增长速度	就业增长速度	就业弹性系数
2005	9.10	4.94	0.54	16.60	3.02	0.18	11.20	6.16	0.55
2006	8.97	−0.82	−0.09	16.52	7.59	0.46	11.51	6.82	0.59
2007	5.96	0.37	0.06	18.55	2.10	0.11	9.61	2.43	0.25
2008	9.71	4.78	0.49	15.44	4.36	0.28	10.54	2.42	0.23
2009	7.34	1.04	0.14	14.69	3.95	0.27	17.72	3.17	0.18
2010	4.90	1.03	0.21	25.10	2.57	0.10	14.60	3.17	0.22
2011	6.20	3.70	0.60	18.00	12.75	0.71	15.30	10.49	0.69

3）城乡发展差距明显，城乡一体化建设任重道远

2010 年，酒泉市城乡收入比、城乡支出比分别为 2.26、2.01，远小于全省平均值 3.85、3.36，在收入比指标上仅大于张掖市(2.12)。但酒泉市收支绝对值较大，如 2010 年城乡收入绝对差距为 9 114.1 元，城乡消费绝对差距为 6 043.15 元。同时，考虑到酒泉市在甘肃省的城市定位和城镇化发展的条件，特别是《酒泉—嘉峪关区域经济一体化发展规划》要求，酒泉市在城乡一体化建设方面理应走在甘肃省的前面，但是酒泉市在城乡规划布局一体化、产业化发展一体化、基础设施建设一体化、公共服务一体化、劳动就业与社会保障保障一体化等一体化建设进程中发展相对滞后(表 9-7)。

4）城市规模小，功能有待提升

2010 年，酒泉市中心城区肃州区年末总人口为 40.78 万人，城市规模小，"三化"融合度低，对周边地区辐射能力有限；同时，酒泉市城市功能欠完善，主要表现在两个方面①：一是城市自身功能不足。主要是在城市规划上过多地考虑了旧城改造、城区扩建和工商业的聚集化布局，对城市自身功能考虑不够，致使出现交通拥挤、环境污染，城市布局不合理，人们生活质量难以提升等社会问题。二是城市的区域中心功能不足。城市是各种物流、信息的集散地，无论在信息时尚还是在经济发展取向上，对各县的经济都应该起到示范引导作用。但是酒泉市受到地域狭长、人口密度较小的影响，城镇布点分散，主要的几个中心城市分布在国道上，一些经济实力较强、人口多的建制镇也是分散布局，难以形成规模聚集的势能，城镇作为县域经济中心，其聚集效应、带动辐射效应不能得到有效发挥。

5）生态环境脆弱，资源环境压力大

首先，酒泉市位于西部干旱区，由于其生态环境的敏感性和脆弱性，资源环境受人类活动影响更为显著。伴随着城镇化进程以及人口、产业的发展，资源环境压力进一步加剧。其次，早期城镇空间规划缺乏前瞻性，工业布局较为混乱，用地分类不明晰，再加上经济发展较为粗放，生态环境恶化比较严重。再次，酒泉市经济发展受资金瓶

① 刘兴刚．酒泉市城镇化问题研究[D]：[硕士学位论文]．兰州：甘肃农业大学，2006

表 9-7　2010 年甘肃省城乡收支差距对比表

地区	城乡收入差距			城乡消费差距		
	城镇(元)	农村(元)	比值	城镇(元)	农村(元)	比值
兰州市	15 228.14	4 587.50	3.32	10 930.39	3 686.01	2.97
嘉峪关市	18 791.01	7 865.10	2.39	12 075.76	5 076.59	2.38
金昌市	20 395.80	5 952.76	3.43	14 186.37	4 147.08	3.42
白银市	16 101.08	3 386.20	4.75	10 627.83	2 954.51	3.60
天水市	12 347.69	2 824.70	4.37	8 300.23	2 413.11	3.44
武威市	12 266.59	4 550.90	2.70	8 941.99	2 159.71	4.14
张掖市	11 816.79	5 574.98	2.12	10 135.64	4 415.83	2.30
平凉市	12 574.63	3 136.27	4.01	7 499.16	3 090.42	2.43
酒泉市	16 348.06	7 233.96	2.26	12 139.16	6 043.15	2.01
庆阳市	13 352.61	3 154.44	4.23	9 692.82	2 329.93	4.16
定西市	11 789.27	2 701.65	4.36	8 076.79	2 419.33	3.34
陇南市	11 216.00	2 299.37	4.88	7 714.00	2 340.76	3.30
临夏州	8 430.31	2 374.70	3.55	5 901.71	2 439.59	2.42
甘南州	11 452.69	2 688.76	4.26	8 105.01	2 273.09	3.57
全省平均	13 188.55	3 424.7	3.85	9 895.35	2 941.99	3.36

颈约束，长期以来坚持以“资源换装备、以资源兴产业”的指导思想，资源过度开采和不合理的利用，导致资源环境破坏进一步加大。总之，在新型城镇化进程中，资源环境问题依然是酒泉市应优先解决的首要问题。

9.3　酒泉地区新型城镇化的主要目标与策略

9.3.1　新型城镇化的主要目标

1）新型城镇化提速发展。截至 2012 年年底，酒泉市城镇化水平为 52.15%。推动城镇化内涵建设，实现新型城镇化提速发展，到 2020 年年底，城镇化率达到 65% 以上。

2）综合经济实力显著增强。经济结构进一步优化，产业竞争力进一步增强，第三产业实现快速发展，转变发展方式取得实质性进展，经济增长的质量和效益明显提高，综合经济实力显著增强。截至 2020 年年底，酒泉市实现生产总值突破 1 500 亿元。

3）区域一体化格局基本形成。中心城市规模进一步扩大，综合实力显著增强，中心城市对周边城镇的带动和辐射能力进一步提高；城镇体系进一步完善，交通、通信、水利、电网和城乡基础设施明显改善，形成功能更加配套完善的现代化立体交通网络，酒泉—嘉峪关区域经济一体化格局基本形成。

4）资源集约利用和生态环境建设实现新突破。资源科学合理利用，综合利用效率明显提高，促进城镇从外延式扩大占地规模向内涵式合理利用土地转变，并按照低碳和生态城镇理念进行城镇建设；重点流域和区域生态环境综合治理力度不断加大，城市环境质量进一步提高，美丽酒泉建设取得重大进展。

5）社会事业持续协调发展。覆盖城乡的基本公共服务体系逐步健全，社会各项事业投入进一步加大，全民受教育程度稳步提升，人民群众的思想道德、科学文化和健康素质不断提高，文化事业繁荣发展，社会管理制度趋于完善，社会更加和谐进步。

9.3.2 新型城镇化建设的路径

新型城镇化是坚持以人为本，保持城乡经济社会发展速度的同时，更强调因地制宜地推进城乡经济社会的质量和特色建设，实现城乡经济、社会、环境和技术同步协调发展的城镇化。据此，为实现新型城镇化的目标，酒泉市新型城镇化建设的关键在于坚持以人为本，寻求解决城镇化的发展动力、发展方式、资源配置效率、生态环境和城市特色等问题的路径。

首先，坚持以人为本。以人为本是新型城镇化的根本出发点，与传统城镇化模式相比，以人为本的城镇化具有四个方面的特征①：一是全面协调。围绕人的多方面需求实现经济、政治、文化、社会、生态等各个领域的全面发展。同时，着眼于长远和大局，重视统筹各个地区、各个行业、各个群体之间，尤其是城镇与乡村之间的协调发展，强调发展的综合平衡和可持续性。二是集约高效。城镇化必须节约集约利用土地和资源，强调集约高效，不仅重视经济效益，而且重视社会和生态效益，实现人、城镇和环境协调发展。三是人文活力。城镇是人的城镇，应承载人文精神和价值内涵，体现文化和个性。四是公平共享。城镇化的目的是建设和谐宜居的现代城镇，使农村转移人口真正融入城镇，促进就业、教育、医疗卫生、社会保障等基本公共服务均等化，使广大居民共享发展成果。

其次，走多元城镇化道路。第一，实施政府引导和市场主导相结合的多元化动力模式。酒泉市不同于其他地区，享有国家和甘肃层面诸多支持政策，如国家新一轮西部大开发优惠政策、国务院支持甘肃加快经济社会发展的若干意见、国家出台支持资源枯竭型城市可持续发展的政策、国家服务业综合改革试点城市、甘肃省批准的酒泉—嘉峪关区域经济一体化建设规划等，因而，充分利用这些引导政策将极大推动酒泉市经济结构升级和城镇化发展。另外，市场仍然是主导动力。市场不仅通过促进城镇化各种动力因素的发展成为城镇化的间接动力和外生变量，而且直接推动城镇化的进程，是城镇化的直接动力和内生变量。第二，实施多元化空间发展方式。构建"双心、三轴、两区、多点"的城镇空间发展模式，实现市域的整体提升和有序发展。同时，构建以国家高速公路 G30 和 312 国道—敦瓜公路沿线为主轴，以酒嘉城镇群和敦瓜城镇群为两区，建设酒嘉城镇群核心经济区，沿交通轴线辐射敦瓜城镇群，形成"一轴两区"的空间发展布局，推动酒泉—嘉峪关区域经济一体化发展。第三，全员参与的集

① 黄顺江. 推进以人为本的城镇化[N]. 人民日报，2012-11-21(007)

约化和生态化建设。既然新型城镇化是以人为本的城镇化，那么城镇化建设的主体也应该是全体民众，特别是酒泉市的集约化和生态化建设更离不开全员参与。

9.3.3 新型城镇化建设的对策

1）调结构转方式，推动产业转型发展

始终把调整产业结构作为转变经济增长方式的主攻方向。一是构建现代产业体系。大力发展节水高效特色农业，着力推进专业化布局、产业化经营、标准化生产和技能化培训，推进“一特四化”现代农业；坚持以风电为牵引，以风电促电网建设、促装备制造、促调峰电源、促光电发展，加快建设风电、光电、电网、调峰电源、装备制造业、资源综合利用和水能、核乏燃料后处理“6＋2”工业体系；以开展国家级服务业综合改革试点为契机，以生产性服务为突破，以生活性服务为重点，加快发展中介组织，不断完善服务体系，大力发展商贸流通服务业、发展壮大现代物流业、创新金融服务体系、着力提升信息服务业。二是大力支持科技进步和创新，为转变经济发展方式提供重要的支撑。三是着力推进建设资源节约型和环境友好型社会，作为转变发展方式的着力点。促进经济增长由主要依靠增加物质资源消耗向主要依靠科技进步、提高劳动者素质和创新生产管理转变，实现经济效益、社会效益和生态效益的统一。

2）推一体借外力，实现内部整合发展

积极推进酒泉—嘉峪关区域经济一体化建设，把握西陇海兰新经济带的区域性中心城市建设的契机，以酒嘉新区建设为重点，强化优势互补，优化空间布局，加强分工合作，加快基础设施和公共服务同城化建设，促进经济集聚和人口集中。借助酒泉—嘉峪关区域经济一体化建设的契机，整合酒泉市内部资源，统筹城乡经济发展，突出发展以酒泉市区为核心的区域性中心城市，发展壮大以敦煌市、玉门市、瓜州县、金塔县为重点的中小城市，着力培育鼎新、柳园、马鬃山、清水等重点建制镇，形成功能区划分清晰、主体功能突出、辐射带动能力强、功能优势互补的区域性中心城市和产业布局合理、服务功能完善、建筑特色鲜明、投资人居两相宜的城镇体系。坚持城乡规划、产业发展、基础设施、劳动就业、公共服务和社会管理“六个一体化”的思路，建立推进体制机制，从要素资源城乡共享、公共产品城乡共建、产业发展城乡联动等方面入手，构建新型的城乡和工农关系，加快公共财政向农村倾斜、基础设施向农村延伸、社会保障向农村覆盖、公共服务向农村侧重、城市文明向农村辐射，形成城乡分工合理、区域特色鲜明、产业融合发展的新格局。

3）抓治理筑屏障，加强生态安全建设

大力推进生态环境建设，加强生态环境综合治理，促进生态修复与保护；加强城乡环境综合治理，大力改善城乡环境面貌和环境质量；实施重点节能降耗措施，加强重点区域、流域污染防治，加快城镇污水集中处理和重点污染企业废水达标治理，强化水源地环境保护；加大工业固体废物综合利用和处理处置辐射、重金属、土壤等新型污染防治力度。

加快生态工程建设，大力改善城市生态环境，建设城市防风林带，构建城市生态综合防护屏障，着力构建生态安全屏障，促进自然生态修复与保护，保护和合理利用资源，发展适合当地生态环境的特色产业，积极推进低碳经济示范区建设，构筑以祁连山冰川与水源涵养生态保护区为主的生态屏障、以敦煌生态环境和文化遗产保护区为主的生态屏障、以肃北—玉门—金塔北部荒漠化自然保护区为主的生态屏障、以农田防护林建设和改善城市环境为主的绿洲保护生态屏障。

4）破体制还市场，实现城镇化通畅发展

当前我国政府某些规制对市场机制和城镇化进程有明显的抑制性，应改革阻碍新型城镇化进程的体制机制，实现城镇化通畅发展。一是改革户籍制度。放宽城市对农村人口迁入的管制，允许具备条件、有较好自我生存和自我发展能力的农村人口自由进城，从事非农产业。城市之间的人口迁徙，也应该进一步放松管制，逐步实现人口的自由流动。消除农村人口进城所产生的就业困难、工资和劳保待遇过低、个人合法权益难以维护等非制度性歧视问题，建立基于市场化的劳动就业市场，更好地承接农村剩余劳动力向城镇的有序汇聚。二是改革土地制度。按照市场原则进行土地制度的改革，逐步取消对集体非农建设用地进入城镇土地使用权交易一级市场的限制，推进土地资源资本化。完善农村土地流转制度，鼓励农村土地规模化、专业化、集约化经营。三是改革社会保障制度。扩大保障面和实行社会化，打破所有制界限和新老城镇居民界限，逐步建立面向城镇所有非农产业就业人员的养老保险、失业保险和医疗保险制度。

10 资源型城市新型城镇化战略的实施[①]

10.1 资源枯竭型城市新型城镇化的一般策略

10.1.1 资源型城市与资源枯竭型城市

1）资源型城市

资源型城市是指依托资源开发而兴建或者发展起来的，且资源型产业在当地经济结构中占有重要地位的城市，它们为我国工业化发展提供了大量的矿物能源和原材料，在全国城市的职能体系中承担着举足轻重的角色[②]。我国资源型城市有 118 个，土地总面积为 96 万平方公里，从城市行政级别构成看，地级城市有 47 个，县级城市有 71 个；从资源类型看，煤炭城市有 63 个，占 50%以上，森工城市有 10 个，占 17%，有色冶金城市有 3 个，石油城市有 8 个，黑色冶金城市有 3 个，分别占 5%、13%和 5%[③]。在我国，资源型城市空间数量分布格局也存在明显的差异，即北方地区多、南方地区少，中西部地区多、东部地区少；从资源型城市规模来看，多以中小城市为主。正是我国资源型城市这种分布广、类型多、空间差异显著等特点，在一定程度上反映出我国资源型城市转型和城镇化道路的复杂性和多样性。

2）资源枯竭型城市

资源枯竭型城市是以矿物能源和原材料开发为主要经济驱动力，同时由于这种资源的过度开发采掘而导致储量减少至预警状态的城市。预警状态是指需要提防的危险发生之前，根据以往的总结规律或观测得到的可能性前兆，此时应向相关部门发出紧急信号，报告危险情况，以避免危害在不知情或准备不足的情况下发生，从而最大限度地减低危害所造成的损失。而资源枯竭型城市预警状态是指随着矿产资源与原材料的减少，以资源开发为主要经济驱动力的城市将面临不可持续发展的困境，此时的经济发展方式必须转变，否则城市未来发展将进入不可挽回的持续衰退状态。

自 1949 年新中国成立以来，资源型城市为我国工业现代化和经济发展做出了巨大的贡献。但同时资源型城市的矿物能源和原材料的这种单向直线型开发模式，使相当一部分资源型城市已经变为或正变为资源型枯竭城市，并面临着环境恶化和经济衰退的困境。为促进资源型城市的可持续发展，国务院于 2007 年 12 月 24 日制定出台了《国务院关于促进资源型城市可持续发展的若干意见》，之后国家发改委于 2008 年 3 月 17 日确定了国家首批资源枯竭型城市，共有 12 座城市被列入。随后，国家发改

---

① 本章由钱宏胜主笔。

② 王青云.资源型城市经济转型研究[M].北京：中国经济出版社，2003：5，6

③ 国家计委宏观经济研究院课题组.我国资源型城市的界定与分类[J].宏观经济研究，2002(11)：37-39

委分别于 2009 年、2011 年确定了第二批资源枯竭型城市 32 座、第三批资源枯竭型城市 25 座，具体名单如表 10-1 所示：

表 10-1　我国资源枯竭型城市名单①

所在省份	首批(12 座)	第二批(32 座)	第三批(25 座)	享有政策城市(9 座)
河北		下花园区、鹰手营子矿区	井陉矿区	
山西		孝义市	霍州市	
内蒙古		阿尔山市	乌海市、石拐区	牙克石市、额尔古纳市、根河市、鄂伦春旗、扎兰屯市
辽宁	阜新市、盘锦市	抚顺市、北票市、弓长岭区、杨家杖子、南票区		
吉林	辽源市、白山市	舒兰市、九台市、敦化市	二道江区、汪清县	
黑龙江	伊春市、大兴安岭地区	七台河市、五大连池市	鹤岗市、双鸭山市	逊克县、瑷辉区、嘉荫县、铁力市
江苏			贾汪区	
安徽		淮北市、铜陵市		
江西	萍乡市	景德镇市	新余市、大余县	
山东		枣庄市	新泰市、淄川区	
河南	焦作市	灵宝市	濮阳市	
湖北	大冶市	黄石市、潜江市、钟祥市	松滋市	
湖南		资兴市、冷水江市、耒阳市	涟源市、常宁市	
广东			韶关市	
广西		合山市	平桂管理区	
海南			昌江县	
重庆		万盛区	南川区	
四川		华蓥市	泸州市	
贵州		万山特区		
云南	个旧市	东川区	易门县	
陕西		铜川市	潼关县	
甘肃	白银市	玉门市	红古区	
宁夏	石嘴山市			

① 国家发展和改革委员会. 全国资源枯竭城市名单[EB/OL]. http://dbzxs.ndrc.gov.cn/ckzl/t20100824_367195.htm

10.1.2 推进资源枯竭型城市的新型城镇化

1）资源型城市传统城镇化

（1）传统城镇化的特点

城镇化进程往往与工业化、地区经济发展相伴随，而工业化与经济发展为城镇化发展提供了主要发展动力，这是我国大多数城镇化的基本规律。然而，比较一般地区城镇化，资源型城市城镇化具有独特特征：

① 城镇化的背景不同。依据资源开采与城市形成的先后顺序，资源型城镇化产生背景有两种情况，一种是"先矿后城式"，如平顶山、大庆、金昌、攀枝花、克拉玛依等；另一种是"先城后矿式"，即在资源开发之前已有城市存在，而资源的开发又加快了城市的发展，如大同、邯郸等。比较一般城市城镇化而言，这两种城市因资源开发在不同程度上更多地受到我国计划政策的影响。

② 城镇化的发展方式不同。我国资源型城市城镇化的经济发展方式比较粗放，集约化发展程度不高，通常是以不同程度地牺牲资源环境为代价的发展，这种发展方式往往会导致城市资源环境恶化，生态环境更加脆弱。在生态环境的后期治理中，资源型城市将付出更大的资金、技术投入。

③ 城镇化的动力不同。虽然我国城镇化的主要动力来自工业化和服务业发展，但是资源型城市城镇化的主要动力则来自于资源相关产业链的发展，资源开发初期主要来自于采掘业，资源开发中后期其动力来源于其资源型产业链延伸的发展。

④ 城镇化的空间拓展模式不同。由于受到资源空间分布分散和开发经济效益的影响，资源型城市空间拓展具有资源导向性。目前，我国已有的资源型城市空间结构大体包括三种模式，即一城多镇的资源型城市、多城镇组合发展的资源型城市和相对集中的资源型城市①，资源型城市在空间结构上具有一定的分散性。

⑤ 城镇化的路径不同。资源型城市城镇化把经济发展作为城市发展的首要目标，采取优先发展工业经济，城市建设围绕着服务城市工业的发展，这种先工业后城市建设的城市发展路径往往会导致城市基础设施建设和公共服务设施投入不足、建设滞后，生态环境十分脆弱。

（2）传统城镇化进程中存在的问题

① 工业化与城镇化的"虚高化"并存。资源开发对区域城镇化演进具有双重影响：一方面，资源开发推动当地经济增长与产业结构演进，进而推动城镇化进程；另一方面，由于对矿产资源开发的高度依赖，资源型区域表现出工业化与城镇化水平的"虚高度化"②。

工业化和城镇化水平的"虚高度化"依赖的是矿产和原材料的资源条件，但产业结构比较单一，第三产业得不到相应的发展。随着资源累计采掘和枯竭，这种工业化和城镇化是不可持续的。大量的半城镇化的"亦工亦农"人口，并不能真正地转化成城镇人口。因而，城镇化水平虽较高，但"高农村人口"构成，又暴露出了低层次的城镇化社

---

① 周敏，陈浩.资源型城市的空间模式、问题与规划对策初探[J].现代城市研究，2011(7)：55-58

② 翟顺河，郭文炯，景普秋.资源型区域城镇化动力、特征与战略取向[J].城市规划，2010(9)：67-72

会特征。

② 城镇空间布局分散，缺乏内在的有机联系。城镇空间布局具有资源导向性的特征，资源型城市空间布局受到资源地理分布和资源开发经济效益的影响，因而资源空间分布存在着分散性，形成布局分散、各自独立的局面，缺乏内在的有机联系。城镇产业同构现象普遍存在，导致基础设施建设重复，城镇之间在资源、市场上竞争激烈，规模效应和区域的协同难以形成。

③ 区域差异明显，空间发展不平衡。资源型城市空间发展具有点—线—面空间时序发展的特征①，点—线(轴)发展地区工业化程度较高，基础设施比较完善；而广大外围地区或"未面"地区经济发展水平较低，城镇规模、基础设施和公共服务设施相对落后。同时，受经济发展阶段和水平的影响，建成区与广大外围村镇地域之间的联系不紧密。

④ 生态环境脆弱，城市景观度不高。资源型城市在发展过程中普遍存在着生态环境问题，如"三废"污染严重、土地占用和被破坏、土地复垦率低、地质灾害及隐患严重、水资源破坏等。据统计②，全国每年工业固体废弃物排放量的85%来自矿山开采，现有废矿堆积物存量高达60亿～70亿吨；矿山生产过程中排放大量废水和废气，仅煤矿排放的废水每年就达26亿吨，废气达1 700亿立方米；矿产资源回收率仅为30%左右，比世界平均水平低20个百分点，形成严重的环境污染和资源浪费；每形成万吨铁生产能力，需占地3.5公顷；每采万吨矿石占土地0.5～1.0公顷；全国因采矿损毁土地累计达40万公顷，复垦率仅为12%，每年采煤区造成的塌陷面积约1.3万公顷。矿山开采对生态环境的破坏，再加上后期治理滞后，往往导致城市景观度不高。

⑤ 基础设施不完善，城中村现象普遍。由于资源较为丰富且开发条件相对有利，造成资源型城市产业结构单一，经济增长方式粗放，经济活动效益低，城市基础建设投入相对不足。随着这种资源开发和城市空间比较粗放的发展，导致了城中村改造步伐缓慢，城中村乱搭乱建的现象普遍存在。

2）资源型城市的新型城镇化战略

资源型城市新型城镇化是以人为本，以资源节约、环境友好、城乡统筹、经济高效、社会和谐为目标，资源科学开发利用和治理为一体，塑造城镇个性特色，实现人地关系协调的城镇化。资源型城市新型城镇化在发展理念或意识、发展方式、发展主体、发展动力方面更加注重城镇化的质量和效率，它包括以下含义：首先，在发展理念和意识上，以人为本，人地关系协调发展。不再依靠扩大发展要素投入来实现规模增长，更加注重城镇内涵式发展和优化，更加注重人居环境的营造。城镇化发展以人为本，统筹兼顾，资源节约，环境友好，实现质量提升。其次，在发展方式上，更加注重结构优化。随着城镇化质量水平的不断提高，避免了单位能耗居高不下、环境质量下降、基础设施不足、社会保障不完善等现象，实现城镇功能优化、地方文化传承、个性特色塑造的发展。再次，在发展主体上，不再是各级政府"自上而下"单一掌控式的发展，而是实现发

---

① 梅林，孙春暖.东北地区煤炭资源型城市空间结构的重构——以辽源市为例[J].经济地理，2006(6)：949-956

② 申玉铭，杨彬彬，张云.资源型城市的生态环境问题与综合整治——以济宁市为例[J].地理研究，2006(3)：430-438

展主体多元化，包括政府、企业、民众等，“自下而上”地助推城镇化。最后，在发展动力上，以依靠信息技术和环保技术，推动新型工业化，带动城镇化的发展，并由此推动现代服务业发展。

10.1.3 资源枯竭型城市新型城镇化的模式选择

新型城镇化是对传统城镇化模式的优化和提升，是传统城镇化的升级模式，包含有开放、包容、全面、协调和可持续的理念。但在新型城镇化的实践中依然要坚持全面统筹、重点突破的原则。对资源型地区城镇化而言，重点突破的方向的选择直接关系着新型城镇化模式的选择。资源型地区重点突破的方向和领域可归纳为以下方面：

1）产业转型。产业发展方向和产业转型的成败直接关系到城市的兴衰，影响着城镇化的根本动力，产业发展是城镇化最基础、最本质的内容。

2）空间整合。大多数资源型城市在城市内部空间结构上都存在着相对分散的特征。城市功能用地间缺乏有机联系，结构相对松散，这些从某种程度上限制了城市功能的提升，并直接影响着城市集约化程度和城镇化的质量。

3）区域分工协作和融合。资源型城市最初依赖于其资源型产业与地区间建立的分工关系，在城镇化发展过程中，随着资源型城市转型发展，这种资源型关系会受到削弱或瓦解。资源型城市在新型城镇化发展过程中需要维持原有分工联系的同时，更要重构新的分工关系，强化多元化联系，推动区域融合，从而形成资源型地区与周边地区融合整体发展。

4）发展方式。传统资源型城市发展方式具有粗放式的特点，由此引发的资源性问题，如资源浪费严重、生态环境遭到破坏、人居环境恶化等，这些长期影响着城镇化的质量。

因此，资源型地区新型城镇化在全面推进的同时，围绕重点领域，采取有效措施解决和避免传统城镇化出现的问题。在此，我们提出在坚持产业转型升级的基础上，走发展方式的集约化、空间整合的集中化、产业和区域融合发展的集群化的“三集”城镇化发展模式。

10.1.4 资源枯竭型城市新型城镇化的一般策略

资源型城市与一般城市城镇化的最大区别是产业发展的差异，由于它长期发展资源依赖性产业，形成了路径依赖，一旦进入“锁定”状态，其转型难度就非常大。资源型城市发展到资源枯竭期或产业衰退期时，不得不面对转型的选择。纵观国内外资源型城市发展的经验，资源型城市转型的发展策略一般有以下三种①：

1）延长产业链，采取产业续接策略

产业续接策略，是指在资源开发的基础上，发展下游加工业，建立起资源深度加工和综合利用的产业集群。采掘业属于中间投入型基础产业，其产业关联特点是前向关联效应大，而后向关联效应小，产业延伸策略利用这一特点向前延伸产业链，其优点是在转型的初期能够充分发挥本地的资源优势，同时上下游产业在生产、管理和技术方

---

① 张飞飞.资源型城市转型模式的战略选择[D].北京：中国科学技术大学，2008

面具有明显的相关性，实施转型的难度较小。

随着下游产业的不断发展壮大，其竞争能力和自我发展能力将逐渐增强，将来即使本地资源逐渐枯竭，也可以从外部输入资源进行加工，维持该城市的持久繁荣。随着产业链的延伸，下游企业和配套服务企业的数量不断增长，大量生产经营相关联的企业在一定空间内的聚集所带来的专业化生产、低运输成本、低交易费用、便捷的沟通和配套服务等都将导致聚集经济。从竞争的角度来看，产业链实质上是一条价值链，资源型城市在这一条价值链的源头已经拥有廉价资源的优势，再加上产业聚集带来的聚集经济，使得这一价值链极具竞争优势，因此整个城市经济也将获得相应的竞争优势。

我国资源型城市产业结构存在的突出问题是过于依赖采掘业，加工业薄弱，对外输出的主要是廉价的初级产品，这不但使资源型城市的产业结构过于单一，也造成了全国产业结构布局的不合理。如大批高耗能工业仍然主要分布在东部地区，这种不合理的工业布局不仅增加了能源交通成本，抬高了东部地区较高的能源价格，而且也削弱了高耗能企业的竞争力。如果在煤炭产区利用本地丰富、廉价的煤炭资源建设坑口电站，集中进行脱硫处理，对外输出电力，或建立起高耗能的加工业，如电解铝、氯碱化工等，不但有利于实现资源型城市的产业转型，对全国的产业布局优化也是极为有利的。

2）产业重构，采取产业替代策略

所谓产业替代策略，是指利用资源开发所积累的资金、技术和人才，或借助外部力量，建立起基本不依赖原有资源的全新产业群，把原来从事资源开发的人员转移到新兴的产业上来。该模式无疑是最彻底的产业转型模式，它摆脱了对原有资源的依赖，但如何在以采掘业为主导的产业基础上，发展有竞争力的替代产业群是该模式面临的最大挑战。这是因为企业在长期的经营活动中会逐渐形成一定的思维习惯和行为方式，即所谓的主导逻辑，当新业务要求的经营模式与企业原有的主导逻辑发生冲突时，容易导致经营活动的失误。

以法国洛林为例，面对已经完全丧失竞争力的煤炭和铁矿开采业，法国政府采取了断然措施，目前铁矿已被关闭，煤矿也正在陆续关闭。为促使替代产业发展，法国采取了一系列措施，如：制定优惠政策，大量吸引外资；建立企业园圃，培育中小企业；加强职业技术培训，促进劳动力转岗就业。在发展汽车产业时，洛林首先引进了雷诺汽车公司在此投资建厂，并促进大量配套企业在当地的发展，进而吸引其他的汽车公司也在这里建厂。经过这种良性循环，洛林的产业转型取得了明显成效，目前，汽车、电子和塑料加工业已经取代了传统的煤炭和铁矿开采业。

3）优化组合，采取产业接替复合策略

产业接替复合策略，是指资源型城市产业转型不是采取以上某种单一的模式，而是采取以上两种模式的复合，即在转型的初期采取产业延伸模式，城市主导产业逐步由采掘业转变为加工业；随着加工业的发展，城市功能逐步完善，新兴产业不断发展，城市逐步演化为综合性城市。

在这种转型模式的初期，城市主导产业逐步由采掘业转变为以资源深加工业为主导的产业群。大量加工企业在一定区域内的聚集除了导致经济的聚集，还有利于企业之间技术的外溢，并促进技术进步和新产业的发展。资源型城市原有的采掘业技术专用性强，从业人员流动性差，生产作业封闭，社会化程度低，主要是因为企业内部自我配套，与其他企业的协作交流少。而加工业要求不同企业相互协作配套，企业间的技术相关性强，和采掘业相比，加工业的技术通用性强，从业人员流动性大，新技术容易在上下游企业以及同行业企业中传播。

随着资源加工产业群的建立和发展，企业间的技术外溢和乘数效应日益加强，为其他产业的发展提供了有利条件。资源型城市要利用这一条件，推动不依赖本地资源的新产业的发展，就要在这一过程中，充分利用国内外重大技术创新和技术创新群的出现所带来的新的投资机会，进行产业升级和产业替代，逐渐降低对资源的依赖程度，实现城市的产业转型。

10.2 河南省灵宝市城镇化现状及主要问题

本节以河南省灵宝市为例，说明县级资源型城市新型城镇化战略实施问题。

10.2.1 灵宝市的基本情况

灵宝市位于河南省西部边缘，豫、陕、晋三省交界处，是河南省的西大门。南依小秦岭、崤山，同洛南县、卢氏县、洛宁县接壤；北临黄河，与芮城县、平陆县隔河相望；东与陕县毗连；西与潼关县为邻。灵宝市现辖 10 镇、5 乡、2 个管委会，总面积为 3 011 平方公里，其中城市建成区面积为 22 平方公里。该境内小秦岭山脉矿产资源丰富，目前发现有金、银、铜、铅、硫铁等 31 种矿产，探明储量 17 种，尤以黄金为最，是全国重要的黄金生产基地之一。灵宝市是闻名全国的黄金之城、苹果之乡、道家之源，先后被确定为河南省改革发展特别试点市、河南省首批扩权市、河南省对外开放重点示范市，被评为全国科技先进市、全国文化先进市、中国优秀旅游城市，被誉为“中国金城”。

灵宝市是我国典型的资源型城市，随着资源的过度开采，灵宝市正面临着资源枯竭的现实。2009 年 3 月，灵宝市被国务院批准为第二批资源枯竭型城市；2010 年 6 月，灵宝市被国土资源部确定为首批试点县(市)。

10.2.2 城镇化现状及存在问题

1) 发展现状

近年来，灵宝市紧紧围绕城市定位，即豫晋陕三省交界地区的商贸中心城市和旅游城市，以发展黄金采掘及加工、食品、医药等工业为主的适宜人居的中等城市，实施了“以城促工，以城兴市”的城镇化战略，经济总量稳步提升，工业经济快速增长，新型有色金属冶炼加工、新型果品生产加工两大新型工业基地不断壮大，产业链条不断拉长，企业效益不断提高，新型工业化实现突破，工业的主导地位更加突出。特色农业持续发展，形成了果、林、菌、烟、牧、菜、芦笋等特色产业体系，服务业得到提升，特色商贸和旅游业成为推动第三产业的生力军。科技推广和技术创新能力进一步增强，教育、医疗基础设施不断完善，文化体育事业取得明显成效。城镇化有序推进，投资环境明显改善，城镇产业结构不断优化，产业竞争力不断增强，人民生活得到明显改善。2012

年，全市完成地区生产总值 449.9 亿元，三次产业结构为 8.5∶73.5∶18.0，地方财政总收入 17.2 亿元，其中公共财政预算收入 13.02 亿元，城乡居民储蓄存款余额 143.3 亿元，城镇居民人均可支配收入 19 242 元，农民人均纯收入 9 150 元。全市总人口达到 75 万人，全镇城镇化率(含城区)为 38.9%。

2）存在的问题

(1) 产业结构单一，城镇化推进动力不足

灵宝市以果食品生产及加工、有色金属冶炼及加工为支柱(特别是后者)的产业结构从大体上看是以资源为导向的，虽然特色鲜明，但产业结构相对单一，总体竞争力相对较弱。据统计，2010 年，灵宝市有色金属采选冶业、有色金属炼加及压延加工业增加值达 1 864 685 万元，占规模以上工业增加值的 81.7%，实现利润 1 053 132 万元，占规模以上工业企业利润总额的 89%，有色金属产业各类从业人员 9 万余人，占全市从业人员的比例超过 60%。长期依赖黄金产业的模式在一定程度上"锁定"了灵宝市经济的发展道路，形成了"路径依赖"，加之经过 40 多年的高强度开发，灵宝市很多矿产资源都呈现出不同程度的枯竭趋势，使得经济运行的成本增加、风险加大，产业结构日趋脆弱，一旦这些资源消耗殆尽，那么在其基础上建立起来的产业结构将面临相当大的困境。同时，经济问题也会渗透到社会生活的方方面面，从而产生一系列的社会问题，如就业、教育等等。

(2) 经济发展较为粗放，集约化程度不高

从总体上看，灵宝市经济增长方式仍具有明显的粗放型特征，主要表现为三个方面：一是产业结构总体层次不够高。农业集约化、产业化的程度较低，农民增收渠道窄、难度大。原材料初加工工业比重较大，高附加值产品占社会总产品的比重小，核心竞争力较弱。服务业发展相对滞后，第三产比重过低，造成低就业、低集聚。二是技术创新能力不强。科技成果转化和技术创新不充分，缺乏核心技术及其应用能力。高新技术产业发展缓慢，拥有自主知识产权的强势产业和企业较少，高层次人才和技术工人短缺。三是经济发展与资源、环境不够协调。高能耗、高污染的第二产业占国民经济的比重偏高，造成资源供给紧张，环境污染加重，直接影响到投资环境和可持续发展。目前，灵宝市正处在经济结构提升、经济发展方式转轨的关键时期，较为粗放的低端生产力构成了其产业可持续发展的一大阻力，亟须调整转移。

(3) 城乡发展差异较大，乡村基础设施水平低

从目前来看，灵宝市村镇发展仍然存在着较大差异。一是乡村基础设施落后，最突出的表现是乡村交通条件差。位于深山区的一些村庄居住极为分散，使得修路建桥难度大、投资大，加之一些农村地区生活条件较差(无生活用水、无百货商店、无卫生所、无文化场所、无学校等)，使得产业发展所带来的收益很难惠及地方百姓。二是乡村政策支持力度尚需加强，表现为现有深山区移民搬迁政策很有可能会造成"移富不移贫"的局面。由于矿产采掘和有色金属加工业在今后很长一段时间内仍将担当大任，位于山区的一些贫困村落将成为重点搬迁对象。但按照现行政策安置，搬迁需要每户家庭支付房价的 85%(约 5 万元)。这意味着，只有相对富裕的家庭才能够实现搬迁愿望，那些贫困家庭即使具有搬迁意愿，财力上也难以承担，也就无法为地方产业的发展提供充足的建设空间，更不可能在教育落后的情况下为经济的运行提供宝贵的

智力支持。

(4) 资源环境约束压力增大

纵观世界各地，但凡矿产资源开发强度较大的地区，都面临着经济发展与环境相协调的问题，灵宝也不例外。在以金矿为主的矿场开采中，伴生的砷、汞、铅等有害重金属离子会通过排水、渗透等途径扩散到周围的土地中，造成水污染和土壤污染，黄金生产工艺中排出的二氧化硫和汞蒸气也会造成一定程度的大气污染。据灵宝市环境监测站多年的检测，境内的阳平河、双桥河、枣香河等主要河流的出境水质均超过地表水功能区划的标准要求，基本丧失了使用功能。另外，境内二氧化硫年平均浓度超过了国家二级标准，日平均浓度超过了国家三级标准。虽然近年来灵宝市加大了对生态环境的整治力度，资源环境条件有了很大的改善，但资源枯竭、环境污染仍然是困扰当地发展的一大问题。据统计，灵宝市生态环境问题造成的经济损失约占地区生产总值的10%。根据生态恢复治理规划，灵宝市基础生态恢复工程预计需要投资达7亿元人民币，而当地2012年的公共财政收入也仅有13.02亿元人民币。因此，如何协调经济发展与资源环境的关系，直接关系到灵宝未来的走向，关系到当代及后代子孙的切身利益，必须加快资源型城市转型的步伐。

10.3 灵宝市新型城镇化的主要目标与策略

10.3.1 新型城镇化的总体目标

灵宝市新型城镇化建设，应遵从"公平共享"、"集约高效"、"可持续"三个原则，调整经济结构、社会结构、城乡结构和拓展发展空间、提升综合竞争力，推动城镇化发展由速度扩展向质量提升"转型"。针对资源型城市城镇化过程中存在的主要问题，并依据新型城镇化的发展要求，灵宝市新型城镇化的总体目标确定，应重点在以下几方面：第一，经济城镇化目标——调整产业结构，提高经济发展效率；产业发展由资源依赖型产业向多元化产业转型，资源利用方式由粗放式利用向集约式利用方式转型。第二，社会城镇化目标——建立完善社会保障体系。第三，城乡一体化——打破城乡二元结构，实现空间组织序列化、城乡基础设施和生态系统一体化。第四，资源环境——实现资源节约集约利用，生态环境得到明显改善，美丽灵宝建设稳步推进。

10.3.2 新型城镇化的主要途径

1) 集约型城镇化

所谓集约型城镇化，是相对于粗放型城镇化而言的，是指通过提高各种城镇化资源要素的质量，并对资源要素进行优化组合和高效利用，突出城市的集聚与辐射功能，实现人类生产和生活方式不断由乡村型向城镇型转化以及城镇发展的历史过程，促进人的全面发展[①]。资源型城镇的传统发展模式是粗放式的，即不惜牺牲资源和环境为代价，实现经济规模的增长，资源利用效率低下，环境不断恶化，是一种不可持续的发展。

① 唐爽，邓正琦，王亚飞. 重庆市实现集约型城镇化的构想[J]. 安徽农业科学，2009，37(23)：56-58

新型城镇化则要求城镇发展实现由粗放型向集约型转变。通过改变传统发展模式，创新发展方式，实现资源的优化配置，推动资金、技术、人才、土地、能源等生产要素的高效利用，走资源节约型、环境友好型发展道路，实现资源型地区城镇化高质量的发展。

2）集中型城镇化

针对资源型城镇空间布局分散、缺乏内在有机联系等问题，资源型城镇在空间优化方向上采取“三个集中”方式，即人口向城镇集中，工业向园区集中，土地向规模经营集中。人口向城镇集中能够节约土地利用空间，提高设施利用水平，推动人口城镇化发展；工业向园区集中有利于工业用地分类，调整产业布局，减少环境污染，实现产业互动和集聚规模效应；土地向规模经营集中有利于土地产业化经营，提高土地利用的技术水平，并提高经济发展效率。

3）集群式城镇化

集群式城镇化是指城镇和城镇产业在分工合作基础上实现空间聚集和关联发展，也即是城镇发展注重地域分工合作，形成区域城镇间的空间聚集和联动发展；城镇产业发展以特定空间为依托向产业集群方向发展，形成不同空间尺度的全球—地方产业网络和地方—地方产业网络关系，产业在本地形成集群化的发展。

10.3.3 新型城镇化的推进策略

1）延长产业链，改造提升传统产业

灵宝市境内有金、银、铜、铅、硫铁等 31 种矿产资源，探明工业储量的有 17 种。特别是黄金的累计探明工业储量达 401 吨，探明储量占河南省的 60%以上。但是黄金产业、铜业和铝业都存在着产业链条不长，精深加工不足，高附加值低等问题。铝业发展精深加工不够，产业链条短，对于精铝产品等有高利润空间的产品开发几乎没有，下游产品亟待开发。铜冶炼加工水平不高，技术上存在障碍。因此，灵宝市加大先进技术的引进和研发，采用先进技术改造提升传统产业，积极向下游深精加工拓展，拉伸产业链条，培养其生命力和成长性。如在黄金资源开采上，以多金属综合利用为方向，按照循环经济模式，扩大多金属综合冶炼加工能力，进行首饰加工、金银精冶、铜箔深加工等；在铝工业深加工产业链延伸上，积极推进铝箔、铝合金轿车轮毂、铝合金整体式转向节等精深加工产品的规模生产，初步形成了铝土矿开采—氧化铝—电解铝—铝深加工产业链。

2）优化产业结构，大力发展接续产业

2012 年，灵宝市三次产业结构比重为 8.5 ∶ 73.5 ∶ 18.0，这表明工业占据绝对优势地位，而最能体现城市现代化发展水平的第三产业比重较小。特别是金融、保险、物流、信息和法律服务等现代服务业规模略小，水平较低，整体发展水平要弱于与灵宝发展水平相近的部分区域。灵宝市应加大产业结构调整力度，大力发展续接产业，如进一步壮大硫铁化工产业，加大扶持石材和板材加工业，大力扶持机械制造业，大力发展生产性服务业，培育提升消费性服务业，重点发展物流、旅游、金融、保险、教育等现代服务业，加快发展房地产、信息服务、社会服务等成长性服务业。

3）拓展产业路径，积极培育战略性新兴产业

在产业转型过程中，灵宝市应拓展产业路径，积极培育具有成长性的战略性新兴

产业，不断寻找新的经济增长点。所谓战略性新兴产业是指关系到国民经济社会发展和产业结构优化升级，具有全局性、长远性、导向性和动态性特征的新兴产业[①]。因此，灵宝市积极拓展产业发展路径，坚持科技先行，制定优惠政策，可培育以下战略性新兴产业：(1) 利用国家退耕还林政策和果药、林药间作的有利条件，不断扩大丹参、黄芩、芍药、栝楼等具有地方特色的中药材种植，鼓励发展中药材种植和加工业，打造“药材种植——医药中间体——高科技新药”的医药产业链，培育生物医药产业。(2) 积极培育电子信息产业。加大信息资源整合力度，促进电信网、互联网、广电网“三网融合”；积极发展电子商务、电子政务，推进社会服务信息化；鼓励和发展信息咨询、中介服务的公司，广开信息源、疏通信息渠道，逐步健全以信息咨询、中介服务为先导，面向政府，面向社会，面向城乡的综合信息咨询服务体系。(3) 建立环境保护领域产学研联动机制，支持开发、应用和推广污染控制、生态保护、风险防范方面的高新技术、关键技术和共性技术，大力发展低碳保护产业。开发推广环境保护技术装备及产品，着重发展环境保护设施社会化运营、环境咨询、工程技术设计、公共检测等环境服务业，培育一批具有自主品牌、核心技术能力强、市场占有率高的优势企业。

4) 做好统筹规划，促进城乡协调发展

破解城乡二元结构是新型城镇化的重要内容。做好城乡统筹规划，推进城乡一体化建设，其主要内容包括：(1) 城乡规划一体化。打破城乡界限，整体规划，从源头上消除城乡二元结构规划，构造城乡一体化发展的决策规划机制。(2) 基础设施建设一体化。统筹安排城乡生产生活、交通流通等基础设施的立项与投入，形成区域性城乡一体的经济社会空间，构造城乡一体化发展的要素流动机制。(3) 产业布局一体化。优化城乡分工与交换体系，按照经济合理原则调整区域产业布局，尽可能把有利于“三农”的产业放置到乡村，构造城乡一体化的要素与产业配置机制。(4) 公共服务一体化。依照公共服务均等化原则，加大财政对乡村投入的力度，建立城乡共享的公共服务体系，构造城乡一体化发展的财政投入机制。(5) 就业一体化。建立城乡统一规范的人力资源市场和就业培训体系，形成城乡劳动者平等就业和公平待遇的制度，构造城乡一体化发展的就业与收入机制。(6) 社会管理一体化。以户籍制度改革为主线，辅之以农民与土地关系的进一步改革，促进城乡人口合理流动和农民变市民，构造城乡一体化发展的人口转移与社会管理机制。

5) 加快生态环境治理，建设美丽灵宝

加大对灵宝市矿区生态环境的治理和修复力度，科学划分生态功能区，因区进行生态保护与管制；做好资源型城市生态环境建设的试验与示范，按照科学发展观的要求，坚持保护优先、开发有序，以控制不合理的资源开发活动为重点，强化对耕地、水源、矿产等自然资源的生态保护；坚持预防为主、综合治理，强化从源头防治污染和保护生态，改变先污染后治理、边治理边污染的状况，促进经济社会与人口、资源、环境的协调发展；在旅游开发的过程中要坚持保护优先，以资源保护为重点，创造良好的生态环境，保证旅游资源能得到永续利用，把环境保护特别是自然生态环境和人文环境的保护放在重要地位。

---

① 刘洪昌，武博. 战略性新兴产业选择原则及培育政策取向[J]. 现代经济探讨，2010(10)：56-59

11 民族地区新型城镇化战略的实施①

11.1 民族地区新型城镇化的一般策略

11.1.1 民族地区及其特点

1）少数民族与民族地区

（1）少数民族及其空间分布

我国自古以来就是一个统一的多民族国家。新中国成立后，通过识别并经中央政府确认的民族共有56个。由于汉族以外的55个民族相对汉族人口较少，习惯上被称为“少数民族”。全国第六次人口普查数据显示，我国总人口为1 370 536 875人，其中大陆31个省、自治区、直辖市和现役军人的人口中，汉族人口为1 225 932 641人，占91.51%；各少数民族人口为1.14亿人，占8.49%。同2000年第五次全国人口普查相比，汉族人口增加6 654千万，增长5.74%；各少数民族人口增加736万人，增长6.92%。

我国各民族的分布具有大杂居、小聚居、相互交错居住的特点，而全国少数民族中约有四分之一的人口都是与汉族居民交错穿插，也即汉族地区有少数民族聚居，少数民族地区有汉族居住。这种分布格局是在历史长期的发展过程中各民族间相互交往、流动而形成的。中国少数民族人口虽少，但分布很广。全国各省、自治区、直辖市都有少数民族居住，绝大部分县级单位都有两个以上的民族。中国的少数民族主要分布在内蒙古、新疆、宁夏、广西、西藏、云南、贵州、青海、四川、甘肃、辽宁、吉林、湖南、湖北、海南、台湾等省、自治区。

（2）民族地区的范围界定

“民族地区”在这里是指少数民族自治地区，具有明确的行政边界，由自治区、自治州和自治县三个层次构成。自治区层次：包括新疆维吾尔自治区、广西壮族自治区、宁夏回族自治区、西藏自治区和内蒙古自治区等5个自治区；自治州层次：除5个自治区以外的自治州，共有25个，其中云南8个、贵州3个、四川3个、甘肃2个、青海6个以及湖南湘西、湖北恩施和吉林延边等自治州；自治县层次：包括除5个自治区、25个自治州辖区之外的自治县，共87个，其中黑龙江1个、吉林3个、辽宁10个、浙江1个、湖北2个、湖南7个、广东3个、海南7个、四川7个、贵州10个、云南20个、甘肃5个、青海5个、河北6个。以上民族地区的面积为614.95万平方公里，约占全国总面积的64.06%②。

---

① 本章由钱宏胜主笔。

② 焦书乾.我国民族地区区域范围刍议[J].中南民族学院(哲学社会科学版)，1996(2)：54-57

2）民族地区的特点

（1）自然环境

我国民族地区大多集中在西部地区，东北地区和中部地区亦有少量分布，且广泛分布于边疆地区。大多数民族地区地广人稀，自然环境差异较大，或树木葱茏、植被茂密，或高山耸峙、沟壑纵横，抑或沙漠无垠、远离交通要道和现代文明，有着丰富的矿产资源和生物资源。

（2）人文特征

少数民族的习俗、服饰、宗教、语言、艺术等方面保持着较为完整的独特性。在漫长的历史长河里，少数民族创造了大量优美动人的神话、传说、史诗、音乐、舞蹈、绘画以及有价值的科学典籍，建造了很多雄伟壮观、绚丽多彩、富有民族特色的建筑。比较其他地区，民族地区相对比较封闭，与外界交流没那么频繁，社会结构演变比较缓慢，民族文化资源具有原生态性和地方性的特点。随着城镇化的发展，这些民族地区的独特的文化资源借助各种传播途径逐渐被大家认知，成为民族地区的一种文化资源优势。

11.1.2 民族地区城镇化的现状

民族地区于我国东北地区、中部地区、西南地区、西北地区等均有分布，由于自然环境、资源基础、文化传统、发展轨迹、区域政策，特别是区位条件和社会环境等影响因素的不同，民族地区的城镇化区域差异十分明显。但我国民族地区大多数集中于西部地区，民族地区的城镇化同时也呈现一些共性的特点。

1）城镇化“三低”现象突出，城镇建设滞后

民族地区的城镇化呈现“三低”现象，即经济发展水平低、城镇化率低、设施水平低。为了进一步说明民族地区城镇化的现状，以我国五个自治区（西藏、新疆、宁夏、内蒙古和广西）为例，2011 年五个自治区的人均国内生产总值、城镇化率分别为 33 301 元、45.68%，而全国平均值分别为 35 181 元、51.27%，均低于全国平均水平。同时，民族地区城镇化滞后，设施水平较低，如五个自治区城市用水普及率、燃气普及率分别为 94.37%、88.26%，较全国平均水平 97.04%、92.41%分别低 2.67、4.15 个百分点；就城市公共绿地建设水平而言，西藏、新疆、宁夏、内蒙古、广西建成区绿化覆盖率分别为 24.1%、36.6%、37.5%、34.1%、37.4%，全国平均水平为 39.2%，五个自治区绿化覆盖率也均低于全国水平。

2）城镇体系不完善，功能结构不合理

从城镇体系的规模结构看，民族地区的城市规模小、中小城市数量相对不足。从五个自治区城镇规模看，市辖区人口 100 万以上的城市有 11 个，50 万～100 万人口的有 8 个，20 万～50 万人口的有 11 个，20 万人口以下的城市只有 1 个。同时，民族地区城市密度也较小，中小城市在区域城镇化过程中承担着中心城市的功能。但从现有城镇体系规模结构看，中小城镇发育不足；从城市的功能结构看，民族地区许多城镇多以行政管理、文化教育、交通、通信为主要功能①，城镇的基本职能有限，对外服务能力

① 妥进荣.甘肃民族地区城镇化进程研究[J].西北民族学院学报(哲学社会科学版)，2002(6)：23-27

不足，使其与周围城镇之间的经济联系较弱。

3）文化教育程度低，教育投入有待进一步加大

民族地区接受高等教育的人口比例偏低，接受专门技能教育的人口更少，而人口专业技术素质较低，直接影响着其在城市中的就业竞争力，从而影响着民族地区的城镇化发展。分析其原因，是因为地区经济发展水平低、地方对教育投入不足等因素，这些都直接导致了民族地区教育设施落后、师资比较匮乏的现状。近年来，国家对民族地区的教育支持力度极为重视，通过给予教育资金支持、鼓励大学毕业生支援西部民族地区、加大重点大学对民族地区的师资培训力度、扩大西部院校建设等措施，十分有力地推动着民族地区的教育发展。但这些投入与民族地区的教育需求相比，还存在着一定的差距。

4）产业结构不合理，农牧业产业化程度低

民族地区产业结构不合理主要表现在三次产业结构不合理。如 2011 年五个自治区三次产业结构比为 13.42∶51.43∶35.15，第一产业比重过大，第三产业发展缓慢。特别是第一产业发展层次较低，传统农牧业发展较为粗放，集中化和产业化程度低。民族地区的农牧民人口主要集中在边远地区，生活生产相对封闭，长期从事传统游牧经济，牧区经济社会发展水平相对落后，生产效率低下，加上农牧民文化素质低、技能差，大量从事传统农牧业中的人口无法解放出来从事非农产业生产。

总之，民族地区城镇化有其自身的特点和发展规律，同一问题对不同民族地区的城镇化作用程度亦有差异。因此，民族地区应充分利用我国的区域政策和民族政策，因地制宜地制定差异化城镇化战略对地区新型城镇化发展显得更为务实和有效。

11.1.3 民族地区新型城镇化的一般策略

1）发挥比较优势，走特色城镇化模式

民族地区资源丰富，不仅具有其民族特色的文化资源，而且具有丰富的矿产和生物资源。结合区位和市场条件，民族地区应充分挖掘资源潜力，发挥比较优势，并实现比较优势创新，选择具有地方特色的城镇化模式是未来民族地区新型城镇化的发展方向。民族地区资源特色禀赋的稀缺性，决定了民族地区的经济发展必须以特色稀缺赢得市场，把潜在的资源及特色要素转化为现实的竞争力。只有有效地发挥民族地区的资源潜力，才能通过资源的开发利用使资源潜力转化为经济实力，进而提升为资源支配力，这也是比较优势创新的过程①。在实施特色城镇化过程中，还要注意两个方面的问题：一方面要突出资源优势，鼓励民族地区实施差异化发展战略，致力于“人无我有、人有我优、人优我特”；另一方面，要树立和落实新的资源观，将资源的合理开发利用与生态环境保护有机结合起来，实现绿色发展。

2）完善城镇体系，优化职能结构

民族地区地域广阔，城镇空间分布较为分散，中小城市在地区经济发展中起到关键作用。然而统计数据显示，民族地区城镇体系整体上呈现 100 万人的特大城市和小城镇数量较多，中小城市数量却相对不足，城镇体系规模结构呈现“哑铃”结构。依据

① 王文长.民族地区经济发展：增强资源支配力，实现比较优势创新[N].中国民族报，2010-05-21(6)

城市经济学家巴顿给出的城市规模的成本效益曲线，对于某一特定的城市，在一定的历史时期内，根据具体条件，城市都存在着一个最佳规模和合理规模范围，城市规模过大或过小都不经济。同时，美国城市经济学家威尔伯·汤普森提出的“城市规模棘轮”理论也表明保持一定城市规模有利于城市稳定性，他认为增长极规模愈小，稳定性愈差，作为增长极的城市人口至少应该保持在25万人口左右[①]。因此，民族地区应统筹区域城镇布局，根据城镇发展基础和潜力，重点发展一批地区中小城市，发挥其地区中心作用，完善城镇体系，做好城镇分工，优化职能结构。具体措施有：一是通过城市的发展加速当地的城镇化进程，带动地区经济发展；二是一部分城市规模扩大后可以改善民族地区的城镇规模体系，平衡城镇区域空间结构，这不仅有利于城镇间分工协作关系的发展，还能提升城市职能，整体提高民族地区的城镇体系的运行效率。

3）加快基础设施建设，全面提高发展保障能力

民族地区大多地处偏远地区，自然地理条件复杂，自然屏障重重，基础设施建设滞后，经济发展的基础设施保障能力明显不足。近年来，随着民族地区的经济发展和西部地区大开发政策的实施，民族地区基础设施建设取得了长足发展，但基础设施建设滞后的现实依然存在。因此，加快以交通通信为重点的基础设施建设是打破封闭、开阔视野、促进与其他地区以及城乡间经济文化交流的重要途径。民族地区应重点完善内外联通、高效便捷、布局合理、城乡统筹的综合交通运输网络体系，加快通信设施建设，提高城乡通信保障能力和信息网络覆盖，完善城镇市政基础设施建设，全面推进城镇道路交通、供气管网、供排水管网、污水处理和公共卫生设施、生态环境等城镇基础设施建设，加快形成功能完善、安全高效、适度超前的现代基础设施体系，全面提高发展保障能力。

4）大力发展教育事业，提高人口综合素质

大力发展民族地区教育等社会事业，把加强民族地区人才资源开发作为促进民族地区经济社会发展的重要手段和途径。首先要实行规划优先、投入优先、建设优先，整合资源，创新机制，加强师资队伍建设，提升教育整体水平，满足群众教育需求，提高人口综合素质，增强教育对经济社会发展的支撑作用；其次，要在进一步支持实施第二轮“民族地区教育十年行动计划”的基础上，强化基础教育，同时要整合职业教育资源，依托各类教育培训和培训机构开展职业教育，形成覆盖城乡的职业教育网络，还要积极推进民族地区高等教育事业发展；第三，要引导并鼓励民族地区高校结合区域特色开展科学研究，实现科研的特色化，使高校更好地服务民族地区经济建设，这对民族地区经济社会发展具有基础性、先导性和全局性的作用。

11.2 新疆地区城镇化现状及主要问题

11.2.1 新疆地区概况

新疆维吾尔自治区，位于中国西北边陲，地处亚欧大陆腹地，陆地边境线5 600千

① 王瑜.增长极理论与实践评析[J].商业研究，2011(4)：33-37

米，周边与俄罗斯、哈萨克斯坦、吉尔吉斯斯坦、塔吉克斯坦、巴基斯坦、蒙古、印度、阿富汗等八个国家接壤，在历史上是古丝绸之路的重要通道，现在又成为第二座“亚欧大陆桥”的必经之地，战略位置十分重要。新疆现有14个地、州、市，88个县(市)，其中33个为边境县(市)；生产建设兵团是新疆的重要组成部分，有174个团场。新疆地区面积166万平方公里，占中国国土总面积的六分之一，是中国面积最大的省级行政区。2010年第六次全国人口普查数据显示，全区21 813 334人，汉族人口占总人口的40.1%，各少数民族占总人口的59.9%。新疆共有47个民族成分，其中世居民族有13个，分别为维吾尔族、汉族、哈萨克族、回族、柯尔克孜族、蒙古族、塔吉克族、锡伯族、满族、乌孜别克族、俄罗斯族、达斡尔族、塔塔尔族。

11.2.2 新疆地区城镇化现状及主要问题

1）城镇化稳步发展，但总体水平低

新疆地区城镇化稳步提高，但城镇化总体水平以及增长速度均低于全国平均水平。数据显示(图11-1)，2002年新疆地区的城镇化率为33.84%，2012年新疆地区城镇人口达到981.8万人，城镇化率达到44.00%，但依然低于全国平均水平52.57%。在过去十年中，新疆地区城镇化率提高了10.16个百分点，平均每年增长1.016个百分点，同样也低于全国平均每年增长速度1.348个百分点。这种现状特征跟新疆地区的城镇化发展阶段，以及经济发展动力不足有关，2012年新疆人均GDP为33 909元，低于全国平均水平38 354元；过去十年中，新疆人均GDP增长速度为14.9%(未扣除物价，下同)，同样低于全国平均增长速度15.1%(图11-2)。

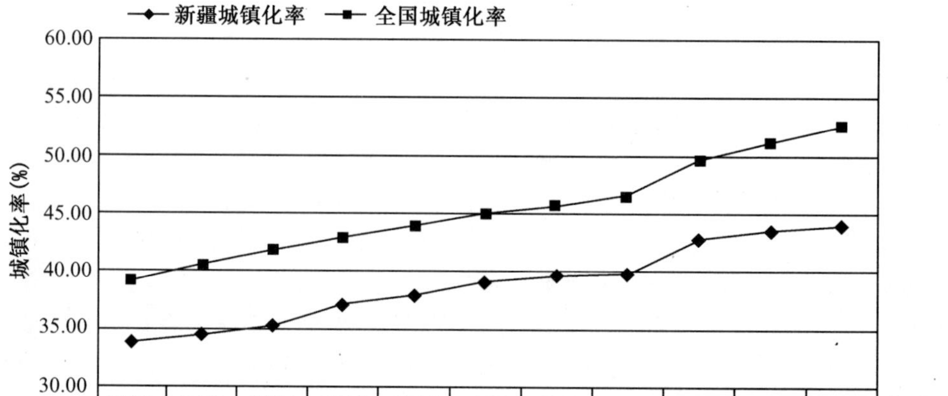

	2002	2003	2004	2005	2006	2007	2008	2009	2010	2011	2012	年份
新疆城镇化率	33.84	34.39	35.15	37.15	37.94	39.15	39.64	39.85	42.79	43.54	44.00	
全国城镇化率	39.09	40.53	41.76	42.99	43.90	44.94	45.68	46.59	49.70	51.27	52.57	

图11-1　2002—2012年新疆与全国城镇化率变化比较

2）城镇体系呈首位分布，但结构欠合理

截至2012年，新疆地区现辖2个地级市、7个地区、5个自治州、11个市辖区、20个县级市、68个县。在这90个城镇中(特指设市城市和县政府所在地城镇)，城镇人口规模在100万以上的有1个，50万～100万的有3个，20万～50万的17个，20万

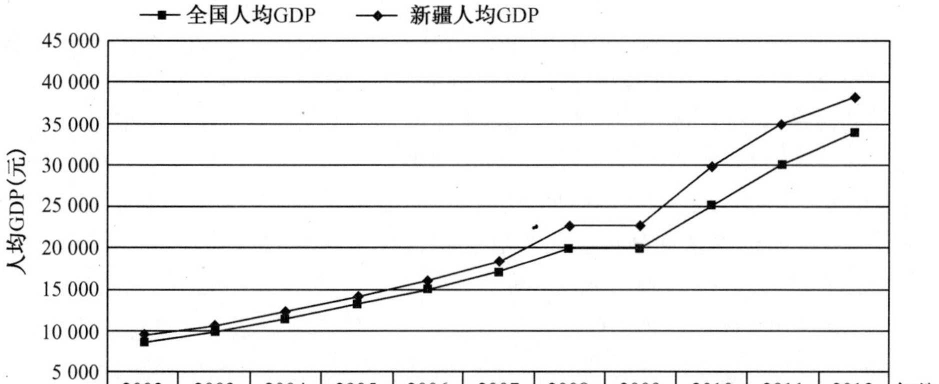

	2002	2003	2004	2005	2006	2007	2008	2009	2010	2011	2012	年份
全国	9 398	10 542	12 336	14 040	15 931	18 268	22 675	22 640	29 748	35 083	38 354	
新疆	8457	9 828	11 337	13 108	15 000	16 999	19 797	19 942	25 034	30 087	33 909	

图 11-2　2002—2012 年新疆、全国人均 GDP 变化

以下的有 69 个，形成了特大城市、大城市、中等城市和小城镇构成的城镇体系。首位城市乌鲁木齐市城镇人口为 240.9 万人，首位度为 3.86，城镇体系呈首位分布。但人口规模 50 万以上的特大城市和大城市主要分布在新疆北部地区，布局不均衡。新疆地域辽阔，城镇数量不仅少，且大中城市数量不足，城镇职能结构较为单一，制约了城市间功能传递机制的发挥，影响了城市间的辐射和带动作用，不利于产生协同效应。

3）城镇布局分散，但局部具有显著的绿洲特征

新疆地区的首位城市乌鲁木齐与其他城市平均距离达 500 千米以上，平均每万平方公里才有 0.12 个建制市，平均每万平方公里有 1.1 个建制镇，极大地低于全国每万平方公里 19 个建制镇。但是，新疆城镇布局也具有显著的绿洲特征，绿洲相对密度高。新疆城镇主要依绿洲而建，主要分布在天山南北麓、昆仑山北麓、阿尔泰山南麓，同时沿铁路和公路、国道形成点、线、带相结合的城市网络骨架。其空间分布密度西部大于东部，北疆大于南疆，经济发达地区多于贫困地区。新疆城市间的平均距离较远，城镇空间总体分布较疏散。

4）生态环境脆弱，结构性缺水问题突出

新疆地区城镇化面临两个十分突出的问题。一是生态环境脆弱。新疆是我国土地荒漠化及沙化面积最大、分布最广、危害最严重的省份，沙化土地面积占 45%以上。绿洲是新疆主要生产生活区，面积仅占 5%，且孤立、分散分布。绿洲被荒漠和戈壁包围、分割，面临风沙侵袭和沙漠扩展的威胁，新疆生态环境极为脆弱；二是结构性缺水问题突出。新疆属于典型的大陆性干旱气候，年均降水量不足全国平均水平的四分之一，且地域分布和季节分布不均衡，蒸发严重。同时，水资源利用效率低，农业用水比例过高，效率低下。相当一部分地区的城镇化发展和工业化发展都面临水资源短缺的制约。

5）文化教育程度低，高层次人才缺乏

新疆地区基础教育发展较快，九年义务教育得到很好的落实。2011 年小学升学率、初中升学率分别为 99.73%、99.47%，都分别高于全国平均水平 98.3%、88.9%。

但高中升学率仅为47.64%，远低于全国平均水平86.5%，而平均每万人在校大学生数仅为117..14人，总体文化教育程度低。新疆地区高层次人才更为缺乏，是长期制约新疆经济社会发展的一个瓶颈问题。改革开放特别是实施西部大开发战略以来，人才培养和引进取得了显著成绩，但与支撑跨越式发展和长治久安的重任相比，仍有很大差距。人才工作的基础比较薄弱，高层次人才特别是经济社会发展急需的高端人才、复合型人才、实用型人才、专业型人才、创新型人才严重匮乏，人才留不住、引进难的问题尤为突出，人才优先发展的理念还没有真正树立，"重物轻人"还很有市场，"不唯学历、不唯资历、不唯职称、不唯身份"的导向还没有真正形成，人才开发手段单一，"论资排辈"、"重引轻用"等现象仍然存在。同时，人才工作机制需进一步创新，特别是新一轮大建设、大开放、大发展使人才需求激增，这就使得人才短缺的问题更为突出。

6）地区城镇发展差距显著，城乡二元结构依然突出

首先，新疆地区城镇化发展水平差距较大，从现辖2个地级市、7个地区、5个自治州的城镇化率看，差距非常明显。城镇化率最高的地区是乌鲁木齐市和克拉玛依市，城镇化率达到90%以上，城镇化率最低的地区为喀什地区和和田地区，城镇化率低于40%。其次，地区经济发展水平差距也十分显著。从地区经济发展水平看，2011年人均GDP最高的地区克拉玛依市是129 105元，人均GDP最低的地区克孜勒苏柯尔克孜自治州只有8 664元，个别县差距更加明显，如和田地区墨玉县人均GDP只有4 100元。

随着民族地区城乡经济发展，城镇家庭居民人均绝对收入由2002年的6 554元增加到2011年的15 514元，农村家庭居民人均收入也相应地由1 863元增长至5 442元。城乡居民收入比不断缩小，即由2002年的3.6∶1缩小到2011年的2.9∶1，但城乡家庭居民收入绝对差距不断拉大，也由2002年的4 691元增加至2011年10 072元，城乡二元结构依然突出。

11.3 新疆地区新型城镇化的主要目标与策略

11.3.1 新疆地区城镇化的主要目标

2020年新疆将全面建成小康社会，实现新疆地区跨越式发展。城镇化发展总体目标为：建立起与资源环境承载力相适应，城镇综合承载力高，与新型工业化和农牧业现代化互动推进，社会稳定，民族和睦和文化繁荣，人民富裕的城镇化发展格局。到2020年，城镇化各项指标基本达到或超过全国平均水平。

首先，城镇化发展速度与质量并进，2020年城镇化率达到60%以上。

其次，打造成新型的城镇体系。优化空间布局，构筑相对均衡的城镇发展格局；优化职能结构，合理分工，形成超大城市、特大城市、大城市、中小城市和小城镇协调发展的城镇体系。把乌鲁木齐都市圈打造成为全国重要的城镇群，把乌鲁木齐市建设成为国家对外开放重要的国际城市、超大城市；培育新疆地区多个增长极；建设一批人口规模在50万以上的大城市，同时，中小城市和小城镇的发展水平也得到不断提升。

再次，城镇综合承载能力与辐射影响力显著提升。居住、交通、教育、文化、卫生和

环境等条件大为改善，社会保障体系基本健全，城镇文化特色得到彰显；城市及县城主要设施指标达到全国平均水平；建立一批国家级生态园林城市；水资源、土地资源、矿产资源、能源的集约节约利用水平有较大提高；高质量完成安居富民和定居兴牧工程，不断缩小城乡差距。

最后，兵团特色城镇化积极推进。努力构建兵团城市、垦区中心城镇、一般团场城镇、中心连队居住区协调发展的新格局。

11.3.2 新疆地区新型城镇化的路径

1）走多元文化共生特色城镇化道路

新疆地区是一个多民族地区，共有47个民族成分，其中有13个世居民族，多民族文化构成了新疆地区多元文化区，走多元文化共生特色城镇化道路是新疆地区发展的必然选择。推动新疆地区多元文化共生向深度和广度发展的动力来源是经济发展基础上的社会现代化，而社会现代化要求建立一种内在紧密关联、彼此具有相互构成性因素的文化，即相互依存的文化，与之相适宜。因此，利用新疆地区的比较优势，推动经济发展，并融合多元民族文化，形成文化整体，实现多元文化共生、经济和民族文化互动发展。同时，要积极探索出一条城乡协调发展、强调双向互补，数量增长与质量提高并重，强调宜居城乡，生产、生活和生态协调发展，资源节约、环境友好、可持续发展，多元文化共生的特色城镇化道路。

2）实现由外源驱动向内外双驱动的动力转变

新疆地区既属于西部地区，又属于我国民族地区，长期以来受国家西部大开发和民族政策的外源驱动得以快速发展。经过西部大开发十年的发展，新疆地区的道路交通等基础设施条件明显改善，生态建设取得较大发展，为西部地区走内生驱动大发展奠定了坚实基础。为实现在2020年前全面建成小康社会的目标，新疆地区应发挥比较优势，培育竞争优势，推动新疆地区由自上而下的国家推动型外源驱动向自上而下和自下而上、外源和内源双驱动的发展动力转变。

11.3.3 新疆地区新型城镇化的一般策略

1）完善城镇规模体系结构，优化空间布局

在城镇体系方面，形成“一主三副，多心多点”的中心城镇体系。1个主中心：乌鲁木齐；3个副中心：库尔勒、喀什、伊宁—霍尔果斯；6个其他区域中心城市（区域）：阿克苏、克拉玛依、奎独乌、石河子、哈密、和田；12个地区性中心城市：吐鲁番、塔城、博乐、阿勒泰、阿图什、昌吉、库车、莎车、奇台、北屯、阿拉尔、五家渠；70个左右一般县市和垦区中心城镇。在空间结构上，按照“开放高效，相对均衡”原则，以中心城市和城市群建设为重点，规划“一圈、多群、三轴、一带”的新疆城镇空间发展总体结构①。“一圈”是指乌鲁木齐经济圈，把乌鲁木齐都市圈建设成为我国面向中亚、西亚、南亚地区的国际性商贸中心、文化交流中心和区域联络中心，我国西北地区重要的能源综合利用基地、新型工业基地、旅游集散中心，新疆区域经济和科技创新中心；“多群”是指构筑喀

① 新疆维吾尔自治区人民政府，中国城市规划设计研究院. 新疆城镇体系规划（2012—2030年）[R]. 2013

什—阿图什、伊犁河谷、库尔勒、克奎乌、阿克苏、库车、麦盖提—莎车—泽普—叶城、和田—墨玉—洛浦、阿勒泰—北屯、博乐—阿拉山口—精河、塔额盆地等绿洲城镇组群，建设成为新型城镇化、新型工业化和农牧业现代化的重要载体；“三轴”是指引导人口和产业向兰新线城镇发展轴、南疆铁路城镇发展轴、喀什—阿图什和田新兴城镇发展轴上的主要城镇集聚，以点带群，由点及线，加强绿洲之间的经济社会联系；“一带”是指大力扶持边境城镇(团场、口岸)发展，打造战略屏障和对外开放前沿。

2）强化产业支撑，提高科技创新能力

多数地区城镇化后劲不足的主要原因在于经济发展缺乏强力的产业支撑。新疆地区经济发展处于欠发达阶段，要实现跨越式发展，必须强化产业支撑，提高科技创新能力：第一，优化产业发展布局。以“一圈、多群、三轴、一带”城镇空间布局为依托，发挥比较优势，合理分工协作，按照大城市发展大产业、大产业支撑大城市的要求，使城镇建设与产业发展相得益彰，形成产城互动。第二，以项目为驱动，做强特色优势产业。大力发展反映新疆产业特点和需求的项目，如汽车制造、硅单晶及抛光片、多晶硅生产，石油及采矿等特种设备制造，智能电网设备、电气成套控制系统设备制造、小型清雪设备制造等。大城市积极培育人才、技术、资本等优势，重点发展附加值高、就业容量大、环境污染小的高新技术产业和现代服务业等绿色产业；中小城市和小城镇应利用土地、劳动力、资源等成本优势，因地制宜发展特色产业和劳动密集型产业，加强与大城市的产业配套，积极承接中东部产业转移。第三，注重人才培养和引进，支持科技创新，提高科技创新能力，培育地区内生增长能力。

3）提高居民文化教育程度，维护社会稳定

新型城镇化应坚持以人为本，实现人的全面发展，其根本在于提高人的综合素质，其中教育是基础。经济发展的动力、社会和谐的基础在于提高居民文化教育程度。针对新疆居民文化教育程度普遍偏低的现状，应加大教育投入，提高师资水平，鼓励学生接受九年义务教育和高等教育，提高全民的文化教育程度。同时，新疆地区的稳定一直以来受“三股势力”①的破坏，“三股势力”是影响新疆健康城镇化的毒瘤，应加大宣传教育，发动全民力量，采取多种办法，全面杜绝“三股势力”的再破坏，用发展的眼光看待问题，用发展的手段解决问题，维护好新疆地区经济、社会的发展大局。

4）统筹城乡发展，完善社会保障制度

第一，实施差别化土地政策，鼓励使用戈壁荒滩等国有未利用土地的政策，推广农业集约化规模经营，提高农业劳动生产率，发展农村经营，增加农民收入；第二，加快改革户籍制度，消除农村富余劳动力进城的门槛，改善农民工在城镇的就业环境，保护农民工的劳动权益，破解城镇化发展体制障碍；第三，改革社会保障制度，建立城乡一体化的社会保障体系。统筹城乡社会保障制度发展进程，扩大城市社会保障覆盖面，完善城市养老保险制度，完善城市医疗卫生保险制度，建立失业保障制度，提高社会保障水平，使城市外来人员享受到城市居民待遇。

---

① “三股势力”是指暴力恐怖势力、民族分裂势力、宗教极端势力。

12 边疆边境地区新型城镇化战略的实施①

12.1 边疆边境地区新型城镇化的一般策略

12.1.1 我国的边疆边境地区

边疆边境地区是指某个民族国家与国界相关联的地区，既包括陆疆边境地区又包括海疆边境地区。本书边疆边境地区特指陆疆边境地区，即沿我国陆地国界内侧有一定宽度的并具有自然、历史、文化诸多方面自身特点的各县级政区，并部分涉及这些所隶属的州市（盟、地区）。我国陆地边界线全长约 2.2 万千米，同朝鲜、俄罗斯、蒙古、哈萨克斯坦、吉尔吉斯斯坦、塔吉克斯坦、巴基斯坦、阿富汗、印度、尼泊尔、不丹、老挝、缅甸和越南 14 个国家接壤，是世界上边界线最长、邻国最多、边界情况最复杂的国家之一。我国有陆地边界的省区共 9 个，即辽宁省、吉林省、黑龙江省、内蒙古自治区、甘肃省、新疆维吾尔自治区、西藏自治区、云南省和广西壮族自治区，其中各边疆省区辖下直接位于边境沿线的县级政区（县、市、旗、区）共有 135 个，合计面积 180 余万平方公里，约占我国陆地国土面积 960 万平方公里的 18.75%②，共同构成了我国广阔的陆地边疆边境地区。

在我国边疆边境地区中，民族地区分布比较集中。全国 2.2 万千米陆地边境线，有 1.9 万千米在民族自治地方；135 个边境县中，有 107 个是民族自治地方；有 30 多个民族与国外同一民族相邻而居。因而，关心和支持边疆边境地区的快速发展，有着特殊而重要的意义。这不但关系到民族团结、边疆稳定和边防巩固，而且关系到全面建设小康社会和构建社会主义和谐社会的进程，更关系到国家的长治久安。

12.1.2 边疆边境地区城镇化现状及问题

我国边疆边境地区多为经济落后且少数民族集中分布的地区。因此，边疆边境地区城镇化也具备民族地区城镇化的一般特征。但因不同边疆边境地区的区位条件、周边发展环境以及民族文化特点的不同，因而其城镇化又表现出区域的差异性。边疆边境地区城镇化的特点主要体现为以下方面：

1）经济发展滞后，城镇化水平不高

我国边疆边境地区甚至所在省份的经济发展相对滞后，如甘肃省、新疆维吾尔自

---

① 本章由钱宏胜主笔。

② 鲁刚，陈为智. 论“边疆社会问题”的基本涵义和特征——基于云南边境地区突出社会问题的探索与思考[J]. 云南师范大学学报（社会科学版），2012(1)：1-7

治区、西藏自治区、云南省和广西壮族自治区，2012 年人均 GDP 为 25 803 元，比全国人均 GDP 少 12 551 元，同年，五省区的城镇化率为 40.9%，低于全国城镇化率 11.67 个百分点。虽然边疆边境地区所在省份内蒙古、黑龙江、吉林和辽宁四省区城镇化率略高于全国平均水平，但边疆边境地区总体上表现为城镇化率水平不高。究其原因，既有历史发展基础的影响，又有现实的客观条件限制，但其主要原因则在于大多地处偏远，交通不便，信息封闭，发展起点低，科技文化滞后，远离经济发达中心区域，且接壤国家或地区经济欠发达。

2）经济结构初级性特征明显，地区间经济联系较弱

边疆边境地区经济结构具有初级性特征，工业化程度普遍不高。从三次产业结构看(表 12-1)，第一产业所占比重较大，第三产业发展缓慢，产业结构现代化程度较低。大多数边疆边境地区依赖于资源优势和区位优势，大力发展采掘、原材料、农畜矿产品加工业等资源密集型产业和旅游业。同时，由于边疆边境地区经济规模小，市场容量不足，辐射能力有限，边疆边境地区与周边经济联系较弱。

表 12-1　2012 年我国部分边疆边境地区所在省区的经济指标比较

地区	人均 GDP(元)	三次产业结构比重	城镇化率(%)
广西	27 943	16.7∶48.6∶34.7	43.53
云南	22 195	16.0∶42.9∶41.1	39.31
西藏	22 936	11.5∶34.5∶54.0	22.73
新疆	33 909	17.5∶47.3∶35.2	43.98
甘肃	22 037	13.8∶46.0∶40.2	38.75
全国	38 354	10.1∶45.3∶44.6	52.57

3）城市规模小，辐射能力弱

我国边疆边境地区多以少数民族为主，人口相对稀少，城市规模小，主要以小城市和小城镇为主，经济总量有限，辐射能力弱。详见表 12-2。

表 12-2　2010 年部分边疆边境地区省会城市与全国省会级副省级城市的对比

城市名称	年末总人口(万人)	地区生产总值(亿元)	客运量(万人)	货运量(万吨)	地方财政预算内收入(万元)	地方财政预算内支出(亿元)	固定资产投资总额(亿元)	社会消费品零售总额(亿元)	货物进出口总额(亿美元)	普通高等学校在校学生数(万人)
南　宁	711	2 211.4	11 170	24 326	186.29	302.31	1 950.86	1 073.15	25.10	29.58
昆　明	544	2 509.6	14 855	25 338	317.69	441.73	2 275.53	1 271.73	120.22	34.13
兰　州	323	1 360	4 389	8 882	86.49	175.48	950.58	639.72	18.79	29.27
乌鲁木齐	249	1 690	4 435	16 540	229.59	238.49	427.62	695.03	90.30	13.12
省会和副省级城市平均	704	5 337	34 082	27 071	614.69	776.46	2 866.58	2 073.39	605.34	39.62

虽然与毗邻国家边境地区在资源、资金、技术和产业结构等方面有很强的互补性，但因自然环境、交通、基础设施和社会文化意识等方面的限制，地区比较优势没有得到很好的发挥。针对此现状，边疆边境地区应利用自身优势，在走特色小城镇道路的同时，应有重点地培育一批中等城市和大城市，走以中等城市为主、大中小城市和特色小城镇协调发展的道路。

4）基础设施水平低，城乡差距大

由于边疆边境地区大多数地处欠发达地区，城镇规模小，自然环境条件恶劣，基础设施建设投入不足，所以基础设施水平较低。近年来，随着国家沿边开放政策以及民族地区政策的实施，边疆边境地区的基础设施建设投入加大，道路、电力、通信、燃气、给排水等基础设施改善明显，但和内陆地区相比较，仍存在着较大差距。

5）非传统因素对地区发展稳定影响较大

地区安全稳定是城镇化发展的基础，没有安全稳定的地区环境，城镇化发展就无从谈起。对于内陆边疆边境地区而言，影响安全稳定的边界争端、军事入侵等传统因素的安全威胁在逐渐下降，而民族问题，宗教渗透问题，跨境贩毒、非法移民、走私等跨境犯罪问题，跨境生态和资源利用问题以及“三股势力”等非传统因素的安全威胁在上升，并逐渐成为影响我国边界及其边境地区安全、稳定、发展的主要威胁。因此，非传统因素对地区安全威胁必须引起高度重视。

12.1.3 边疆边境地区新型城镇化的策略

1）优化产业结构，提升边境地区开发开放水平

针对边疆边境地区产业结构初级性的特征，应优化产业结构，提升产业层次和水平。首先，优化发展第一产业，提高农业现代化水平；其次，通过技术工艺创新和设备更新，改造提升采掘、原材料、农畜矿产品加工等传统工业，培育战略性新兴产业，走新型工业化道路，大力发展深加工工业，降低能耗，提高产品技术含量和附加值，优化产品结构，提高产业核心竞争力；再次，利用边疆边境地区地缘优势和资源优势，加快发展现代服务业和旅游业；最后，通过加大前沿、基地、通道三大区域功能建设力度，建立边境贸易开放平台，实施政策倾斜，全面提升沿边地区的开放水平。

2）提升城市层次，融入区域分工协作

边疆边境地区城市规模小，城市辐射能力有限，区域分工协作层次较低。因此，未来边疆边境地区应有选择地培育一批大中城市，加强区域产业协作配套能力建设和产业分工体系建设，完善基础设施建设，优化城市功能，改善城市制度环境和生态环境，提升城市品位和层次，积极融入区域分工协作。同时，在区域城镇体系背景下，结合毗邻国家边境城镇特点，合理定位中小城市和小城镇，避免城镇产业雷同和重复建设，实现边疆边境城镇体系与区域城镇体系的整体有效对接。

3）发挥比较优势，走特色城镇化道路

新型城镇化要求在坚持以人为本的同时，也强调城镇发展的质量和效率，突出城市个性，走特色城镇化道路。边疆边境地区应避免照搬内陆城镇化发展模式，要根据自身优势和特点，走特色城镇化发展模式。第一，利用边疆边境观光旅游资源和民族文化地方性特点发展旅游业，走特色旅游城镇发展模式；第二，利用边境口岸对外联系

的区位优势，大力发展边境贸易，走边贸型城镇发展模式；第三，利用边境移民和生态移民安置政策，推进移民安置工程，走移民安置型城镇发展模式；第四，利用农牧业发展基础和自然环境条件，大力推广农业产业化和畜牧业基地化，走农牧产业化城镇发展模式。

4）加大安全治理力度，构建和谐社会

边疆边境安全稳定是新型城镇化的基础，加大安全治理力度，构建和谐社会是边疆边境地区新型城镇化的应有内容。第一，全面分析边疆边境地区的安全形势，把握影响地区安全稳定的影响因素，特别是非传统因素对安全威胁的影响，理清安全治理的主体，建立安全稳定预警系统；第二，合理配置非传统安全防卫主体资源，如公安、武警、人民武装等，建立快捷、高效安全防卫执行机制；第三，通过宣传教育，发动民众安全防卫力量；第四，加强边境文化安全建设，倡导尊重不同民族信仰、民族文化、民族习俗等方面的价值，自觉抵制和反对邪教、反对民族分裂主义，促进各族人民间平等友好相处；第五，与接壤国家积极商讨并建立多边安全执法合作的新机制，将安全和警务合作拓展至其他领域，共同打击恐怖主义、制毒贩毒等跨境犯罪活动。

12.2 吉林省延边地区城镇化现状及主要问题

本节以吉林省延边地区为例，探讨边疆边境地区新型城镇化战略推进的具体问题。

12.2.1 吉林省延边地区概况

延边朝鲜族自治州位于吉林省东部，地处中国、俄罗斯、朝鲜三国交界，靠近日本海（图 12-1）。它东与俄罗斯滨海边疆区接壤，中俄边境线 246 千米；南隔图们江与朝鲜咸镜北道、两江道相望，边境线长 522.5 千米；西邻吉林市、白山市；北接黑龙江省牡丹江市。面积为 4.27 万平方公里，约占吉林省总面积的四分之一。总人口 218.6 万，其中，朝鲜族人口 79.8 万，占总人口的 36.5%，是全国唯一的朝鲜族自治州和最大的朝鲜族聚居地。全州下辖延吉、图们、敦化、珲春、龙井、和龙 6 市和汪清、安图 2 县，首府为延吉市。

延边地区交通便利，有 12 个对外开放口岸，年过货能力 610 万吨，过客能力 290 万人次。经过多年的建设，延边已初步形成了公路、铁路、航空、海运相互衔接、沟通内外的立体交通网络。本地区内物产丰饶，资源富集，境内有野生动物 367 种，野生植物 2 460 多种，其中药用植物 800 多种，境内已探明金属、非金属等矿产 90 多种，煤炭、油页岩、石灰石、黄金、铁、钨、钼等储量巨大。

12.2.2 吉林省延边地区城镇化现状及问题

1）城镇化水平较高，但质量很低

2012 年，延边州城镇化率为 67.9%，高于吉林省平均水平 13.6 个百分点，高于全国平均水平 15.77 个百分点，延边城镇化发展的水平具有明显的“超前”特征。但探究延边城镇人口快速增长的主要原因，发现延边作为国家老工业基地之一，其城镇化率高缘于我国重工业优先发展的战略，缘于国家对重点工业项目投资所带来的城镇人口的迅速增加。特别是大批矿山、林场等资源型产业的建设与开发，形成了大量城镇人

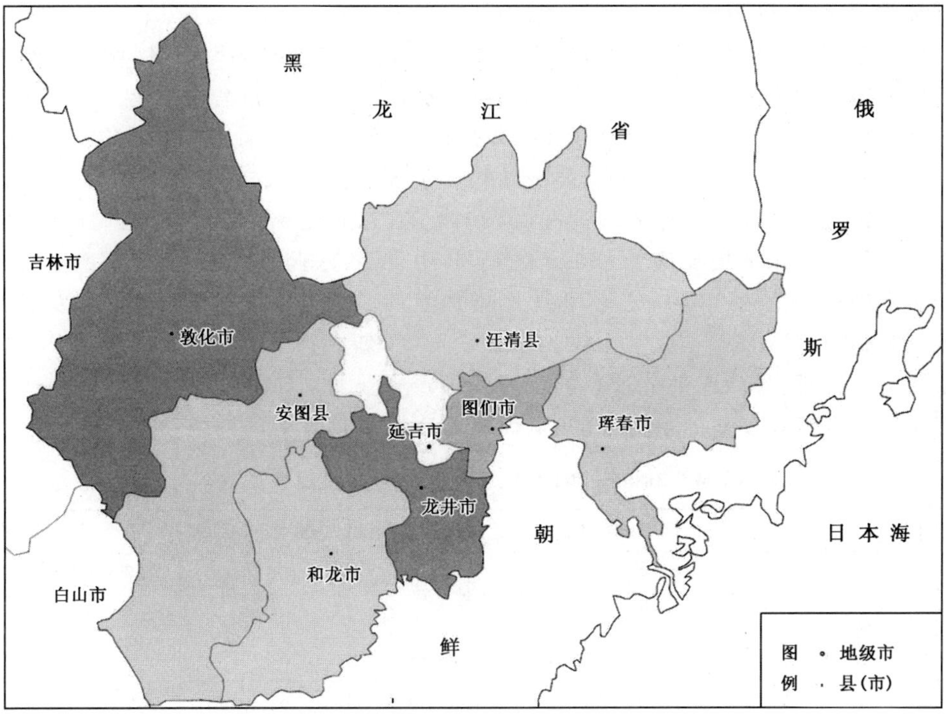

图 12-1　延边朝鲜族自治州行政区划与区位

口，以及在原有城镇人口基数较大基础上的自然增长。加之延边地区的撤县建市、撤乡建镇等行政手段，导致大量农村人口人为地转变成城镇人口，使延边非农人口快速增长，城镇化率超前于全国和吉林省的水平①。但是，在这种高水平人口城镇化率的同时，却存在着低质量，其主要表现为设施水平较低，如延边州下辖的延吉、图们、敦化、珲春、龙井、和龙六市的自来水普及率、人均拥有道路面积、建成区排水管道密度等平均指标均低于全省平均水平(表 12-3)。

表 12-3　2011 年延边州城市设施水平比较

城市名称	自来水普及率(%)	燃气普及率(%)	人均拥有道路面积(m^2)	建成区排水管道密度(km/km^2)	人均公共绿地面积(m^2)	建成区绿化覆盖率(%)
延吉	95.9	96.7	8.86	7.23	8.85	46.5
图们	88.6	93.0	6.57	2.88	10.48	37.6
敦化	95.9	94.1	12.5	4.12	21.75	46.5
珲春	80.2	79.9	15.21	9.33	8.18	38.0
龙井	95.6	97.7	8.13	5.65	11.34	41.2
和龙	97.5	77.0	5.58	4.42	4.97	20.1
平均值	92.3	89.7	9.48	5.61	10.93	38.3
全省	92.7	88.3	11.9	6.45	10.53	34.2

① 李铁. 延边城镇化发展的现状与发展对策[J]. 延边大学学报(社会科学版)，2012(5)：108-112

2）工业结构较为单一，城镇化动力不足

近五年，延边州城镇化年均增长为0.4%，明显低于全国平均水平，城镇化动力明显不足。城镇化产业动力主要来源于非农产业，即第二产业和第三产业。从三次产业结构看（表12-4），2012年第三产业占GDP比重为40.1%，且处于近5年的最低值，因第三产业属于劳动密集型产业，能吸纳较多的城镇就业人口，第三产业发展滞后直接影响城镇化发展。从工业发展情况看，2012年，工业化率仅为46.6%，且增长速度缓慢。同年实现工业增加值为356.9亿元，其中食品、医药、林产和能源矿产业四大支柱产业实现增加值为266.9亿元，占工业增加值的74.78%。但这种经济的发展过于依赖能源、资源的消耗，工业结构较为单一。同时，新兴产业发育迟缓，尚未形成产业规模和产业体系，导致大部分城镇的发展失去产业支撑，无法发挥城镇对生产要素的集聚作用和对产业发展的培育功能，从而使延边城镇化发展的内生动力明显不足。

表12-4　2008—2012年延边州经济发展相关指标对比

年份（年）	GDP（亿元）	工业增加值（亿元）	工业化率（%）	城镇化率（%）	三次产业结构
2008	379.6	142.6	37.6	66.2	12.7∶45.6∶41.7
2009	450.0	174.7	38.8	66.4	10.3∶48.0∶41.7
2010	545.0	233.5	42.8	66.5	9.7∶47.9∶42.4
2011	651.7	292.9	44.9	67.0	9.3∶50.0∶40.7
2012	765.1	356.9	46.6	67.9	8.7∶51.2∶40.1

3）中心城市规模小，辐射能力弱

延边州城市大多属于50万人以下的中小城市，其中20万～50万人的中等城市有2个，即延吉市和敦化市，其他都属于20万人以下的小城市，城市体系结构较为单一。首位城市延吉市城市规模为44.87万人，首位度较低，仅为1.67；同时，经济总体实力不强，地区生产总值为250.66亿元。延边州城市规模小，城市经济联系不强，辐射能力有限（表12-5）。

表12-5　2011年延边州各市县人口规模与城镇化率

市　县	非农业人口（万人）	城镇化率（%）	总人口（万人）	非农产值（亿元）	地区生产总值（亿元）
延吉市	44.87	86	52.00	246.02	250.66
图们市	10.04	79	12.66	31.12	32.58
敦化市	26.73	55	48.36	105.63	130.60
珲春市	16.34	72	22.65	26.98	30.96
龙井市	10.96	62	17.73	95.15	100.09
和龙市	12.13	62	19.50	37.96	42.97
汪清县	14.24	59	24.23	39.52	48.58
安图县	11.24	52	21.46	43.58	50.05
延边州	146.55	67	218.59	625.96	686.49

4）城乡收入差距明显

2011 年，延边州城镇居民家庭人均可支配收入 19 558 元，农民人均纯收入 6 250 元，城乡收入比为 3.13，当年吉林省平均城乡收入比为 2.37，远高于全省平均水平。从时间序列上看，虽然延边州城乡收入比在不断缩小(表 12-6)，即由 2005 年的 3.76 缩小至 2011 年的 3.13，但绝对差距却在不断增大(图 12-2)，即由 2005 年的 7 339.86 元增加到 2011 年的 13 307.71 元。

表 12-6　吉林省各地区城乡收入比

地区	2005 年	2006 年	2007 年	2008 年	2009 年	2010 年	2011 年
吉林省	2.66	2.68	2.69	2.60	2.66	2.47	2.37
长 春	2.89	2.90	2.84	2.83	2.84	2.69	0.26
吉 林	2.68	2.60	2.78	2.65	2.77	2.57	2.46
四 平	2.65	2.69	2.88	2.70	2.78	2.50	2.39
辽 源	2.68	2.72	2.74	2.72	2.84	2.64	2.48
通 化	2.65	2.73	2.83	2.72	2.77	2.54	2.45
白 山	2.59	2.65	2.69	2.71	2.83	2.67	2.52
松 原	2.66	2.69	3.34	2.88	2.97	2.72	2.53
白 城	3.36	3.36	4.05	3.84	4.26	3.53	3.23
延 边	3.76	3.72	3.66	3.41	3.41	3.22	3.13

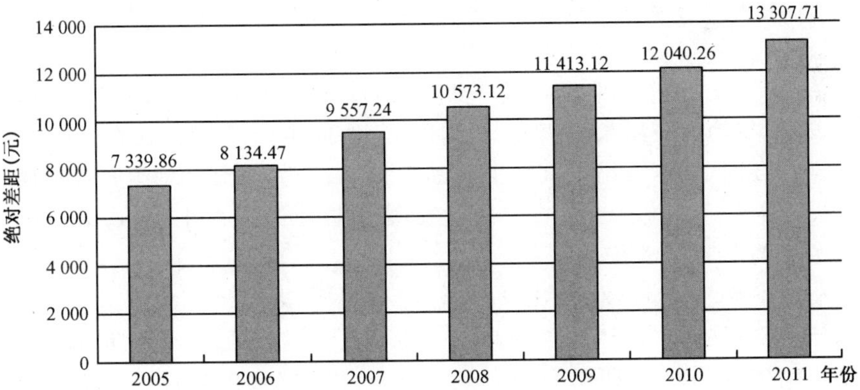

图 12-2　延边州城乡绝对收入差距

5）境内外劳务输出现象突出

延边城镇化的历史路径有别于我国东南沿海地区。就农村劳动力转移的实现方式而言，东南沿海发达省份的农民经历过一两个世纪的从农业向手工业转移的历史，通过大办乡镇企业实现就地转移，而延边地区没有经历这一工业阶段，加上城市辐射力不强，所以“转移”的主要实现形式是外出打工。这种劳务输出方式不仅能够减少社会成本，同时也为延边州实现了原始资本、技术的积累。自 2000 年以来，延边劳动部门在上海、大连、青岛等多个城市建立劳务输出基地，及时掌握和提供各种用工信息；同时，延边州地处中朝俄三国交界，通过建立劳务跨境输出基地、开展境外就业人员培训。相关数据显示，目前，延边州在韩国就业人员已超过10多万人，占全州农村劳动力总数的1/4。“十一五”期间，全州平均每年汇入的外派劳务收入达到8亿美元，2010年创造劳务经济收入50.6亿元。境内外劳务输出是延边州城镇化现阶段的重要现象，如何引导资本和技术劳务人员回乡创业是城镇化进一步发展需要解决的关键问题。

12.3 延边地区城镇化的主要目标与策略

12.3.1 延边地区城镇化的主要目标

1）总体目标

依据延边州“十二五”规划目标及社会经济发展趋势和新型城镇化的战略要求，确定延边地区新型城镇化的总体目标为：经济综合竞争力显著提升，经济结构不断优化，现代产业体系基本形成，城镇体系不断优化，可持续发展能力明显增强；人民生活明显改善，社会保障体系基本完善，公共服务体系更加健全；单位地区生产总值能耗明显下降，主要污染物排放总量得到有效控制；区域合作开发进程不断加快；和谐延边建设取得明显成效。到2020年，城镇化各项指标超过全国平均水平，全面建成小康社会。

2）主要目标

（1）城镇化水平和质量。到2020年，城镇化率达到75%以上，城镇化质量全面提升。

（2）经济发展。三次产业结构进一步优化，产业竞争力明显增强。经济发展方式得到根本改变，年均经济增长速度在10%以上，地区生产总值实现在2010年基础上翻两番。全社会固定资产投资、社会消费品零售额、外贸进出口总额实现全面增长。

（3）城镇体系。首位城市延吉市人口规模达到60万人以上，形成大城市、中小城市和小城镇协调发展的格局。

（4）人居环境。城市承载力建设显著提升，基础设施和公共服务设施进一步完善。生态环境不断改善，森林覆盖率超过85%；城市污水处理率、生活垃圾无害化处理率和工业固体废物综合利用率分别达到80%以上；城市建成区绿化覆盖率达到40%以上，城市人均拥有公共绿地面积12平方米。

12.3.2 延边地区新型城镇化的路径

延边地区新型城镇化建设的路径有内生发展的城镇化路径、区外境内融合发展路径和边境开放的城镇化路径，三者之间相互作用、相互影响，共同推动延边地区新型城镇化的发展。

1）内生发展的路径

内生发展路径是延边地区新型城镇化建设的基本途径，换言之，延边地区新型城镇化建设主要通过自身发展能力建设，发挥比较优势，优化资源配置，提高城镇承载力，推动城镇化发展。内生发展能力具有地方性特点，也是地方特色城镇化建设的依据。内生发展路径的关键在于发展能力建设，其主要内容包括以下方面：一是经济社会发展所必需的基础设施和公共服务设施等硬件环境建设；二是知识、技术、人才、创新能力等软件环境建设；三是体制、机制等制度环境建设；四是自然环境与生态承载力建设。

2）区外境内融合发展路径

区外境内融合发展路径，简称融合发展路径，即通过区外境内资源整合或一体化建设，形成联系紧密、优势互补、互利共赢的地区关系，从而推动城镇化发展。融合发展是整合区域资源，加强区域分工协作，提升城市自身影响力的重要途径。融合发展包括空间融合、产业融合、科技融合、文化融合和制度融合，这些要素在特定空间内形成整体，促成合力，推动城镇化有序发展，其中融合度是反映融合发展程度的重要指标。

3）边境开放的城镇化路径

边境开放的城镇化路径是边境地区城市利用地处边疆边境地区的地缘优势，通过共同构建和谐边境环境，强化边境地区与境外地区或国家之间的合作联系，整合境内外资源，形成优势互补，提升边境开放合作水平和层次，推动城镇化开放发展。延边位于东北亚经济圈和环日本海经济圈的核心地带，这里不但中、朝、俄 3 国陆域相通，而且中、俄、朝、韩、日 5 国水域相连。延边作为中国进入日本海的唯一水上通道，在推动图们江区域开发开放和构建我国与东北亚国家区域合作格局方面，具有得天独厚的区位优势：境内有 11 个对外开放口岸，自治州最东端的珲春防川，距日本海只有 15 千米；以珲春为核心，在直线距离不到 200 千米的周边，分布着俄、朝 10 个优良港口。1992 年，国务院批准珲春为边境开放城市，并相继批准在珲春市设立边境经济合作区、互市贸易区和出口加工区，掀开了延边州开发开放的崭新一页。

12.3.3 延边地区新型城镇化的主要策略

1）调整产业结构，推动产业转型升级

从提升产业层次和技术水平、扩大规模和集聚效应、提高资源节约水平和利用效率入手，推进产业优化升级，加快构建具有较强核心竞争力、三次产业协调发展的现代产业体系。首先，突出支柱产业的龙头带动作用，围绕提升核心竞争力，迅速扩张规模，壮大实力，促进产业升级和产业链延伸，打造具有较强竞争力的食品（卷烟）、能源矿产、林产、旅游和医药等五大支柱产业。其次，加强产业政策引导，积极调整产业结构，大力发展房地产、劳务、装备制造、建材和纺织服装等优势产业，提升核心竞争力，促其做大做强。再次，重点培育信息、现代物流、新材料、新能源、文化和生物产业等新兴产业，使其成为新的经济增长点。第四，坚持工业化、城镇化和农业现代化统筹推进，依托长白山特色资源优势，以农业产业化为主线，以标准化基地建设为依托，突出“标准化、设施化、品牌化、科技化、产业化”建设，大力发展特色、绿色、优质、高效农业，打造具有延边特色的现代农业产业体系。第五，积极营造良好的政策氛围和市场环境，大力发展商贸流通、信息服务、金融保险、中介服务和社区服务业等，构建高增值、强辐射、广就业的现代服务体系，全面提高服务业水平。

2）优化城镇体系，加快延龙图一体化建设

针对延边州城市规模小、规模体系结构单一、经济联系不强、辐射能力有限的现状，应按照“适度规模、完善结构、加强联系、整合发展”的思路，加快中心城市延吉市向大城市发展，培育珲春、敦化向中等城市发展，积极发展具有开放、民俗、生态特色的小城市和小城镇，构筑大城市、中小城市和特色小城镇协调发展的格局。同时，加快延龙图一体化进程，强力推进以延吉市为核心的区域中心城市建设，优先从规划、产业、交通、生态环境、旅游、信息、金融、文化教育等资源实现同城化发展，逐步打破区域行政界限，推动延龙图行政管理一体化，加快延龙图组合城市向大城市发展，提升中心城市的综合实力，提高城市整体效益和带动区域发展能力。

3）加强城镇综合承载能力建设，提高城镇化质量

城镇化的关键是城市综合承载能力。城镇综合承载能力是城镇资源环境承载能力、基础设施承载力、产业就业承载力、公共服务和社会承载力的有机结合体，决定着城镇的规模和质量。首先，继续推进生态文明建设，全面促进资源节约集约利用，加大自然生态系统和环境保护力度，坚持城镇化发展与生态环境建设并举，推进资源节约型和环境友好型社会建设。其次，加强交通、水利、信息、公共安全等基础设施建设，加快构建和完善功能配套、安全高效的现代化基础设施体系，为延边经济社会发展提供有力支撑。再次，优化产业结构，加快发展现代服务业，提高产业就业承载力。第四，加快完善教育、医疗、社会保障、就业和住房保障等领域的基本公共服务体系，改革公共服务方式，完善公共服务网络，保障公共服务供给。

4）加强境内区域分工合作，推动区域融合发展

延边州在城镇化过程中应加强与周边地区展开不同范围和层次的分工协作，强化与周边地区的经济联系，优势互补，主动融入区域发展。第一，积极与长春—吉林走廊对接，实现与长春、吉林两市的错位发展，同时要主动承接长吉地区产业、资金、技术转移和辐射，成为加工贸易产业转移的主要承接地。第二，加强与吉林省中部城市群、东北地区的联系，推进多层次、多领域合作，重点加强经济技术合作，推动交通、物流、旅游、能源资源开发、环境保护和人才方面的合作。第三，加强与长春、吉林及周边地区经济技术合作，积极参与中蒙大通道经济带、东北东部经济带和边境线经济带建设。通过搭建合作平台，健全经济技术合作机制，开展经常性对话协商，制定共同发展政策，促进生产要素自由流动和优势互补，全面融入区域发展。

5）深入实施开放先导战略，全面提升对外开放水平

充分利用地处边境地区的区位优势，依据国务院批复实施的《中国图们江区域合作开发规划纲要——以长吉图为开发开放先导区》要求，全面提升延边开放水平和促进边境少数民族地区发展。首先，加强产业合作。具体表现为：加大合作开发利用朝、俄资源力度；加强与日、韩经济技术合作，建设高新技术产业基地；面向周边国家，建设优质农产品出口加工基地。其次，推进跨境经济合作区建设。要着力探索跨境经济合作新模式，不断提升现有边境经济合作区功能，创造与俄、朝间互利共赢条件，推进进口资源加工区、国际产业合作区、出口加工区、跨境旅游经济合作区等载体建设。再次，提高利用外资水平。应创新利用外资方式，拓宽利用外资领域，吸引外商投资特

色优势产业，同时扩大基础设施、旅游观光、教育卫生、文化体育、生态环境和扶贫项目等领域的开发。最后，大力发展对外贸易。应大力扶持边境贸易，大力发展对俄罗斯、朝鲜等周边国家的贸易。同时，要积极培育贸易主体，建设图们中朝互市贸易区、进出口产品加工区、国际物流仓储区等；要积极扩大外贸出口，加强出口基地建设；要积极培育大宗出口商品，扶持出口骨干企业，扩大出口规模，全面提升延边州产业的外向度。

13 “大城小乡”地区新型城镇化战略的实施[①]

13.1 “大城小乡”地区推进新型城镇化的一般策略

13.1.1 马拉车原理

城市和区域之间的关系，有点像马拉车，城市是区域发展的发动机、火车头，区域发展得好或坏、快或慢，一般情况下都取决于中心城市的带动作用。这样，从城市和区域的相对大小来看，就有可能出现“大马拉大车、大马拉小车、小马拉大车、小马拉小车”等情况。“大城小乡”地区，比如北京市域，就是“大马拉小车”。

此类地区，往往都是经济比较发达的地区。以北京市为例，北京具有很好的工业基础和城市基础条件，农村人口少，发展基础相对较好，在城市化和工业化的驱动下，城市发展向郊区不断扩展，在现有城乡统筹发展的基础上，利用目前有利时机，处理好中心城区、近郊区和远郊区产业发展互补的关系，以公平的目标为重，“大马拉小车”，加强城市对农村的反哺作用，以城带乡，以工促农，以交通加强联系，加快农村发展，在全国范围内率先实现消除城乡差别，经过一段时间的努力是完全有可能的。

1）“大马”——城区积极发挥二、三产业带动作用

北京在解放初期的城乡经济发展时，走的是以农村主导型的发展模式，改革开放开始以来，逐步转为乡镇企业为发展动力，目前，随着城市这匹马的日渐壮大，北京城市主导型的“大马拉小车”模式日益显现，城镇经济对区域的带动性越来越强。中心城区在继续发展传统商贸业的同时，着重发展金融业、交通通信业、现代物流业等新兴服务业，加快都市工业园区建设，发展与城市功能和生态环境相协调的无污染加工制造业，积极完善核心区、中心城市、卫星城市的城市经济圈体系。

2）“小车”——郊区逐步承接城区现代工业，积极发展现代农业

在构建城市经济圈体系的同时，为形成城市反哺带动农村、互动共荣的激励机制，要加快农村工业化发展，加强基础设施建设，打破城乡市场分隔，实现生产要素市场化流动。近郊区应突出工业强区，让近郊的城乡结合部成为城市工业转移和发展聚集地、高新技术产业和现代工业的辐射地、现代都市农业的生产地，远郊区要进一步加强农业的基础地位，加大环保力度，大力发展具有地方特色的农副产品深加工业。

13.1.2 策略要点

“大城小乡”地区，一般都是经济非常发达，城镇化、工业化都进入较高发展阶段的

---

① 本章由吴殿廷、杨春志执笔。

地区。此类地区在推进新型城镇化进程中，不能简单地套用“三化”互动、“四化”互动等模式，工业化、农业现代化等也都不是最主要的对策和措施，而是要把握这样几点：

第一，从城镇化的质量与数量关系来看，提高城镇化质量更为重要。实际上，此类地区，有的已经出现了逆城市化的势头。

第二，城乡之间的关系，已经进入到以城补乡、以非农产业反哺农业的阶段，所以，尽管这样的地区也要靠产业支撑其城镇化进程，但已经不是以一般的工业包括制造业为主导了，服务业，特别是现代生产性服务业将是其主要支撑产业。

第三，此类地区，实际上已经是外向化、国际化程度较高的地区，在世界范围内统筹配置资源，才能维护其自身利益的极大化和可持续发展。

第四，城乡居民人均收入水平都很高，因而对生活质量和宜居环境的要求更高，信息化、智能化、生态化、国际化，是其推进新型城镇化的主要方向。

第五，城乡关系更加紧密，逐渐融为一体，城乡差距更多地表现在基本公共服务均等化方面，因此，推进城乡一体化是其新型城镇化的基本要求。

13.2 北京市城镇化现状及主要问题

下面以北京地区为例，探讨“大城小乡”地区新型战略实施问题。

13.2.1 北京市城镇化进程的简要回顾

改革开放以来，北京市城镇化逐步推进，按常住人口比例计算，从1978年的55%已经达到目前的86%以上，平均每年递增近1个百分点。与此同时，产业非农化也在加强，但工业化率已经大大下降，从1978年的64.5%下降到目前的18%以上，平均每年下降近1.5个百分点(表13-1、图13-1)，已经完全进入到后工业社会。

表13-1 北京市典型年份城镇化率及产业非农化变化(单位:%)

年　份	城镇化率(常住人口)	工业化率	产业非农化
1978	54.96	64.5	94.8
1980	57.62	62.5	95.6
1985	59.73	50.8	93.1
1990	73.48	43.8	91.2
1995	75.63	35.0	95.1
2000	77.54	26.7	97.5
2005	83.62	24.5	98.7
2010	85.96	19.6	99.1
2011	86.23	18.8	99.2
2012	86.20	18.4	99.2

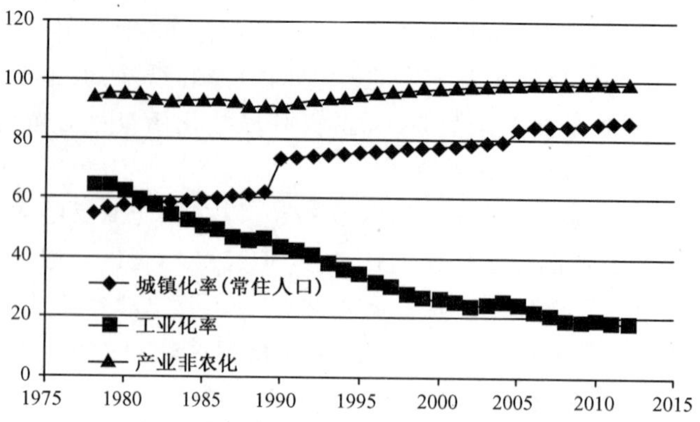

图 13-1　北京市城镇化率及产业非农化变化(1978—2012 年,单位:%)

13.2.2　北京市推进新型城镇化面临的主要挑战

多年来北京水资源短缺、人口膨胀、交通堵塞、环境污染、沙尘暴等不断趋于恶化,特别是近期北京连续遭受毒雾霾侵袭,引发各界担忧和议论。中共前国务院总理朱镕基在河北考察时就曾警告,沙漠化问题难以控制,迟早要迁都。

除了这些一般意义上的挑战之外,北京至少还要面对如下的三大挑战①。

1）城市扩张与限制的矛盾

自上世纪 90 年代以来,北京城市规模快速扩张,建成区面积从 400 多平方公里扩大到现在近 1 200 平方公里,几乎是原来的三倍;人口从近 800 万增加到 2 000 多万,是原来两倍多,其中一半以上人口聚集在主城区,首都功能核心区每平方公里有 22 546 人;机动车则从 60 多万辆增加到 500 多万辆,是原来的 8 倍多。北京城市屡超规划的扩张给城市资源、环境、交通、治安、日常运行和管理带来了巨大的压力。问题是,迄今为止北京还没有找到控制城市继续快速扩张、功能继续增强的比较合理有效的办法:城市规模扩张式建设格局依然在延伸,流入人口以每年 60 万速度在增加,机动车已大大超过了城市的负荷,且使用频率要比其他世界城市高出几倍。显然,如果再按目前这样扩张下去而不加以控制的话,仅过十年以后,静态估计北京的人口就将会接近 3 000 万,机动车 700 万辆,建成区扩充到 1 800 平方公里。而再过三十年,等到 2050 年,北京将会膨胀成什么样?那样的巨无霸在未来将如何生存?这的确是个问题。因此,北京推进新型城镇化,恐怕不能延续简单的扩张式发展路径,而需要采取必要的限制措施;不能听任扩张冲动的主宰,而要规之以发展理性;要在疏解城市功能、增强可持续发展方面走出新路子。一句话:不能只做加法,还要做减法。

因此,如何把北京当前正在进行的城乡结合部地区发展、新城建设、南部地区发展和新机场建设等增量发展纳入首都建设世界城市的长远规划中,进行科学谋划;如何审慎地、理性地、前瞻地规划控制现有中心城区已有的功能和诸多中心,而不是一味地强化;如何适时处理好控制外来人口与实现居住和户籍、教育、医疗、社保平权的关系,

① 余钟夫.把北京建设成为世界城市面临六大挑战[N/OL].北京日报,2010-05-17.http://www.chinanews.com/gn/news/2010/05-17/2285787.shtml

等等，都需要有新的视野。

2）单城突进与区域协调的矛盾

长期以来，北京的发展呈“孤城突进”之势，北京与周边地区发展存在很大落差，环京周边100公里的区域内，存在着大面积贫困带，这些地区多处于半干旱和半湿润过渡气候带，山贫土瘠、沙化严重、盐碱遍地，几百年来一直就是穷困地区，像这样在首都周边存在贫困带的现象在世界上是极为少见的。环京八市石家庄、廊坊、保定、唐山、秦皇岛、张家口、承德、沧州与北京发展水平差距较大，八市经济总量再加上天津，略超北京。而纽约、伦敦、东京、巴黎大都市圈的发展同质化程度很高，大都市圈内的发展水平都很接近，为他们成为世界城市提供了强有力的支撑。国内同类城市上海，其所在的都市圈同质化程度、区域成熟程度也要高于北京都市圈。实际上，作为具有800年建都史的古都，不管是封建时代的京城也好，还是作为社会主义国家的首都，北京城的繁荣从来不局限于京畿圈的供养，而是仰仗于威权治理下的首都经济模式，聚集全国的优质资源，调用各方的要素。如果单凭北京周边地区的资源，是不足以支撑大北京的。但是，这样的超市场、调用资源型、孤岛式的超大发展模式，在未来新的发展背景和发展理念以及承载条件下，要不要持续，能否长期持续，以及如何持续，值得深思和考虑。环视世界，大城市的都市圈化是世界城市发展的趋势，推进新型城镇化，就要努力实现整个都市圈的协调发展。

3）现代城市建设与古都风貌保护的矛盾

北京旧城的构建体现了中国的哲学思想、人文传统、美学观念和营造技术，是中国古老文明的伟大创造，堪称人类古代城市设计的东方典范。

北京是中国历史文化名城之首，是全球拥有世界遗产项目数量最多的城市之一。然而，近年来，反映老北京风貌的旧城传统建筑，以年均减少1平方公里的速度在消亡。在北京约62.5平方公里的旧城里，有关数据显示，旧城四合院传统建筑风貌区以及传统和现代混合区的面积，不到总量的40%；完全现代化风貌的区域已占40%多；道路、现代广场的面积大约占20%。原有的3 000多条胡同，保存至今剩下不足500条。从大约1 200平方公里建成区的大范围来看，北京的旧建筑业已成为零星的散落，整个城市几乎可以看成是一个现代化的城市。大量的新奇建筑出现在北京，许多新建筑找不到中国文化的亲切感，从而使北京城市特征、城市风貌和城市气质模糊化。也许新奇建筑的评价尚有待于历史检验，但是不能承载自身文化的建筑很难说是好建筑，没有历史年轮的城市亦难以成为令世人认同的世界城市。

推进新型城镇化，北京如何能以保护和发展兼具的眼光对传统建筑和旧城风貌实现发展性保护。如何避免资本暴力下的开发商主导、急功近利的大拆大建；如何控制超密度中心区、低俗商业设施的建设，避免随意改变城市肌理的滥权；如何加强旧城改造的统一领导，克服各自为政、肢解政策的局面；如何适当控制新奇建筑试验数量，加强新奇建筑设计的论证、审核和把关，使北京成为面向未来，兼顾传统与现代，中外合璧的高品位、高境界的世界之城，还需努力。

13.2.3　北京城乡统筹发展态势分析

1）城乡收入绝对差距呈扩大趋势，相对差距趋于稳定改革开放初期，北京城乡居民收入差距并不明显，城乡居民生活都处于较低水平，1978 年，城乡居民收入相差 140 元，城乡收入比例为 1.62∶1，政府出台了一系列促进农民增收的政策，乡镇企业得到前所未有的超常规发展，农村经济实力显著加强，一段时期内农民收入增长甚至快于城市居民，1981—1984 年，城乡收入的绝对差值呈迅速缩小趋势，1984 年是北京城乡差距最小年份，为 1.04∶1，是改革开放以来农民收入增长最快的阶段，也是唯一快于城市增长的阶段。

20 世纪 80 年代中期到 90 年代初，北京城乡居民收入都进入了缓慢增长阶段，经济发展的结构性矛盾开始显现，乡镇企业滑坡，农业比较效益下降，城乡差距开始扩大，1994 年达到了城乡收入差距的第一个高峰值 1.95∶1。20 世纪 90 年代起，北京城市建设兴起，经济快速发展，城乡收入差距持续扩大，2004 年城乡收入比出现最高值 2.53∶1，农民收入水平竟相当于城市最低收入居民组的水平，比城市居民落后 8 年。在此期间，北京城乡居民人均收入的绝对差值一直呈增长趋势，随着改革开放的深入发展，差距愈来愈明显，2000 年北京城乡居民收入差值 5 745.1 元，是 1990 年的 12 倍，2009 年差值达到 15 069.9 元，是 1990 年的 31 倍。并且，1993 年以来，北京城乡居民收入差距的绝对值一直高于全国平均值。

虽然北京城乡收入绝对差距不断扩大，但这是在地区生产总值、人均生产总值不断增加的背景之下，因此，城乡收入相对差距变化不大，尽管 1997 年以后，城乡收入比就没有低过 2.0，但总体呈平缓增加趋势，在 2004 年达到历史高峰 2.53 以后，开始呈回落趋势。与我国总体城乡收入比变动趋势相比，北京城乡收入比一直远低于全国平均水平，这是较好地维持社会和谐的重要表现，改革开放初期为追求经济效益增长，城乡收入比短时间内加大，但随着经济社会进一步发展，社会稳定、社会公平的影响力开始显现，在发展经济的同时，切实贯彻统筹城乡协调发展的方针（表 13-2）。

表 13-2　1981—2012 年北京、全国的城市人均可支配收入与农村人均纯收入对比

年份（年）	城镇人均可支配收入（元）		农村居民人均纯收入（元）		城乡收入差（元）		城乡收入比	
	北京	全国	北京	全国	北京	全国	北京	全国
1981	514	463	361	223	153	240	1.42	2.08
1985	908	690	775	355	133	335	1.17	1.94
1990	1 787	1 387	1 297	630	490	757	1.38	2.20
1995	5 868	3 893	3 209	1 578	2 660	2315	1.83	2.47
2000	10 350	6 280	4 605	2 253	5 745	4 027	2.25	2.79
2001	11 578	6 860	5 026	2 366	6 552	4 494	2.30	2.90
2002	12 464	7 703	5 398	2 476	7 065	5 227	2.31	3.11
2003	13 883	8 472	5 602	2 622	8 281	5 850	2.48	3.23
2004	15 638	9 422	6 170	2 936	9 468	6 486	2.53	3.21
2005	17 653	10 493	7 346	3 255	10 307	7 238	2.40	3.22

续表 13-2

年份（年）	城镇人均可支配收入（元）		农村居民人均纯收入（元）		城乡收入差（元）		城乡收入比	
	北京	全国	北京	全国	北京	全国	北京	全国
2006	19 978	11 759	8 275	3 587	11 702	8 172	2.41	3.28
2007	21 989	13 786	9 440	4 140	12 549	9 646	2.33	3.33
2008	24 725	15 781	10 662	4 761	14 063	11 020	2.32	3.31
2009	26 738	17 175	11 669	5 153	15 070	12 022	2.29	3.33
2010	29 073	19 109	13 262	5 919	15 811	13 190	2.19	3.23
2011	32 903	21 810	14 736	6 977	18 167	14 833	2.23	3.13
2012	36 469	21 986	16 476	7 917	19 993	14 069	2.21	2.78

2）城乡居民消费差距逐渐缩小，结构逐步优化

改革开放推进的程度决定了居民收入与消费水平提高的速度，1978 年 80 年代中期是北京城乡居民收入与消费迅速提高、温饱问题得到解决的时期，由于改革率先在农村启动，农民生产生活的积极性首先被调动起来，这阶段农村居民消费水平提高得更快，城乡差距迅速缩小，城乡消费支出比从 1978 年的 1.94 降至 1983 年 1.49，一直到 90 年代初期，城乡消费支出比始终维持在 2 以下，城乡食品消费支出比例都在迅速减小。

1992 年以后我国市场经济体制确立，使得城乡收入与消费增长速度加快，差距开始扩大，城乡人均消费支出比由 1995 年的 2.06 扩大到 2000 年的 2.47，同城乡收入比一样，到 2004 年，城乡消费比也达到了历史最高值 2.5：1，见表 13-3。在此期间，衣食支出比重不断下降，城乡恩格尔系数都降至 32%左右，城乡居民消费项目中的服务消费支出开始攀升，医疗保健、通信等消费增加较快，当然由于国情、物价等原因，我国的恩格尔系数并不能完全表明生活质量水平的高低，2005 年以后城乡消费差距开始逐步缩小，农村消费支出增速加快，2009 年城乡消费比缩小至 1.96，城乡消费结构逐渐优化；但 2012 年该数值略有抬头（表 13-3）。

3）城乡资金投入差距较大

资金是实现区域城乡一体化和完成资源有效配置的重要因素，城乡间资金的合理流动是二元经济向一元经济转变的重要保证，资金流动既包括总量问题，也包括结构问题，我国在经过了过分偏重城市和工业而牺牲农业导致的城乡关系畸形发展以后，开始调整城乡资金流动，加大了农业投入。

北京对城乡固定资产投资额度不断扩大，如表 13-4，90 年代以前，北京农村固定资产投资比重虽维持在 10%左右，但相比众多的农村人口，人均投资额较低。1990 年以后市场机制的确立使得农村固定资产投资比重大幅度下降，城乡人均资产投资额差距也越来越大，1995 年达到了 6.37：1，仅为 4.78%，1997 年农村固定资产投资比重降至最低，仅为 4.22%，之后政府投资倾向开始有所转变，农村固定资产投资比重在波动中增加，2006 年增至 8.46%，2009 年达到 9.88%，城乡人均资产投资额的相对差

距也在逐步缩小，由2000年的4.09降至2005年2.19，再降至2009年的1.61。近10年来，北京对城乡固定资产投资结构比较稳定，虽加大了对农村的投入，但总比重依然较低，在统筹城乡协调发展的过程中，加大农村投资力度依然是关键。

表13-3　北京主要年份城乡居民人均消费水平对比

年份（年）	城镇		农村		城乡人均消费比	城乡恩格尔系数比
	人均消费支出（元）	恩格尔系数（%）	人均消费支出（元）	恩格尔系数（%）		
1978	359.9	58.7	185.4	63.2	1.94	0.93
1985	923.3	50.6	510.0	47.1	1.81	1.07
1990	1 646.1	54.2	980.7	50.7	1.68	1.07
1995	5 019.8	48.5	2 433.0	49.6	2.06	0.98
2000	8 493.5	36.3	3 441.4	36.7	2.47	0.99
2004	12 200.4	32.2	4 886.4	32.6	2.50	0.99
2005	13 244.2	31.8	5 515.0	32.8	2.40	0.97
2006	14 825.0	30.8	6 061.0	32.0	2.45	0.96
2007	15 330.0	32.2	6 828.0	32.1	2.25	1.00
2008	16 460.0	33.8	7 656.0	34.3	2.15	0.99
2009	17 893.0	33.2	9 141.0	32.4	1.96	1.02
2010	19 934.0	32.1	10 109.0	30.9	1.97	1.04
2011	21 984.0	31.4	11 078.0	32.4	1.98	0.97
2012	24 046.0	31.3	11 879.0	33.2	2.02	0.94

4）城乡社会、公共事业差距较为明显

北京城镇居民享受的住房补贴、物价补贴、医疗保险、失业保险、最低收入保障等各种社会保障制度，绝大多数农民依然享受不到，城镇的社会福利制度已比较全面，且在不断完善中，而农村的社会福利制度建设刚刚开始。

教育方面，尽管北京农村人均义务教育投资额（807.6元）与城镇（644.8元）基本持平，但城乡居民受教育程度还是不平等的，农村适龄儿童入学率低于城镇。医疗方面，农村卫生条件远落后于城镇，农村社区建设停滞，每千人拥有医生数（1.5）远低于城镇（10.4）。另外，北京城镇基础设施等公用事业方面在全国处于先进水平，农村基础设施相对落后。

但是，北京农村的社会、公共事业一直在不断改善中，自来水普及率接近100%，卫生厕所普及率达到85%，新型农村合作医疗参合率达到95%，全市1 700余个村庄开始实施“五项基础设施”建设，进行街坊路硬化、污水处理等工程建设，取得初步成效。

表 13-4 北京历年城乡固定资产投资比较

年份(年)	城镇固定资产投资比重(%)	农村固定资产投资比重(%)	城镇人均固定资产投资额(元/人)	农村人均固定资产投资额(元/人)	城乡人均资产投资额比
1981	85.79	14.21	589	135	4.37
1985	82.77	15.53	1 328	370	3.59
1990	88.23	9.71	1 981	604	3.28
1995	94.40	4.78	8 396	1 319	6.37
2000	91.92	6.51	11 279	2 760	4.09
2001	92.59	6.12	13 107	3 083	4.25
2002	93.05	5.65	15 100	3 358	4.5
2003	92.71	6.12	17 371	4 330	4.01
2004	92.28	7.72	19 651	6 393	3.07
2005	91.80	8.20	20 180	9 202	2.19
2006	91.54	8.46	23 148	11 514	2.01
2007	92.19	7.81	26 500	12 244	2.16
2008	92.37	7.63	24 702	11 477	2.15
2009	90.12	9.88	29 348	18 245	1.61
2010	91.06	8.94	29 664	17 819	1.66
2011	92.44	7.56	31 389	16 074	1.95
2012	90.57	9.44	32 814	21 352	1.54

5）城乡人口分布差异明显

北京行政区面积 1.64 万平方公里，人口密度 1 069 人/平方公里，其中，城乡人口密度差距很大，2009 年，北京首都功能核心区以 0.56%的面积容纳了 12%的常住人口，人口密度高达 2.28 万人/平方公里，城八区 8.3%的土地面积容纳了 61.5%的人口，人口密度高达 7 893 人/平方公里，10 个远郊县拥有 91.6%的土地面积，却仅容纳了 38.5%的人口，人口密度仅为 449 人/平方公里。核心区人口密度是远郊县的 51 倍。

作为经济、社会发展在全国具有明显优势的地区，北京的城市化、工业化已经达到相当水平，其统筹城乡协调发展的模式可概括为"大马拉小车"，完全具备统筹城乡协调发展的经济和社会实力。并且农村人口的绝对数量相对较少，农村发展水平与人民生活水平相对较高[①]。

① 姜晔. 我国统筹城乡协调发展的区域模式研究[D]. 北京：北京师范大学，2011

13.3 北京市新型城镇化的主要目标与策略

13.3.1 以“三个北京”为着力点推进北京新型城镇化进程

“人文北京、科技北京、绿色北京”三大发展战略是科学发展的有机整体，也是北京推进新型城镇化的最主要目标。“绿色奥运、科技奥运、人文奥运”是北京奥运会留给我们独特的遗产和财富，把“三个奥运”转化为“三个北京”，是继承奥运财富最直接最有效的体现，也是北京推进新型城镇化的重要内容。其中，“人文”是可持续发展的目的，“科技”是推动可持续发展的手段，“绿色”是推动可持续发展的保障。

1）北京建设世界城市是政治、经济、文化、社会、生态文明建设“五位一体”高度统一的整体

纵观世界城市发展规律，大多面临两大挑战，一是社会分化，二是生态环境恶化。实际上，城市的形成过程必然伴随着社会分化、社会对立、资源过度消耗、环境破坏等问题。而大城市作为一个强有力的集聚全球要素与能量的节点，它更有可能成为一个加剧社会乃至政治危机的催化剂，参与者人群和边缘化人群无可避免地导致社会割裂。因此，在城市的建设过程中要对社会治理问题给予关注。在构建世界城市的过程中，一些城市政府更热衷于世界城市的金融功能和商业功能建设，而相对忽视社会方面的建设，导致了宗教、种族和其他社会分化，这已成为世界城市在发展建设过程中面临的重大挑战。同时，世界城市中的巨量空间流动也给城市的环境与安全带来极大的压力，城市的可持续性受到很大制约。为此，建设世界城市不仅仅是一个融入全球化进而掌握国际主导权的过程，它同时还是一个处理社会割裂、谋求共享世界城市红利的考验。

中国建设世界城市要在社会主义制度框架下，不能机械地照搬西方模式，不能重走“先分化后治理”和“先污染后治理”的老路，促进社会和谐、保持生态友好与建成世界城市同样重要。北京建设世界城市，必须走经济、社会、资源、人口、环境相互友好的道路。应该积极探索一种与城市发展高端化、优质化、集约化、低碳化、多元化相适应的发展模式，全面推进政治、经济、文化、社会、生态文明“五位一体”的高度统一，解决好居民就业、居住、教育、卫生、文化等方面的需求，不断增加人民的福祉。这既是中国实现科学发展的内在要求，也是中国以全球思维推进国际化，并以独立自主的大国姿态参与全球化的内在要求。只有这样才能体现社会主义的本质属性，才能为人类文明发展做出中国自己的贡献。

2）“以人为本、文化繁荣、开放包容”为核心的人文理念是北京建设世界城市的灵魂

工业、技术和环境都是21世纪城市发展的重点，但仅靠这些还不够，要真正达到一个先进的世界城市高度，还必须有其文化的延伸和影响。城市具有推动艺术、技术和文化前进的功能，城市永远是文化黄金时代的中心。

在“人文北京”理念中，以人为本是内核。追求人文精神的过程，就是坚持以人

为本的过程，就是尊重人、发展人、成就人的过程。而作为“人文北京”理念的最基本体现，文化的繁荣不仅在于城市的文化底蕴深厚，还在于城市文化生活的丰富多彩，以及文化形态、形式的多元化。然而，“人文北京”的高境界还在于开放包容的精神，这也正是衡量世界城市建设水平的一个非常重要的指标。没有开放包容的精神，就没有和谐的人居环境，就没有文化的丰富和涵养，也就不可能实现文化繁荣。

北京作为历史文化名城，在世界城市建设过程中要坚持加强保护与合理开发并重、生态环境保护与文态环境保护并进的原则，继承和发扬首都文化内涵与人文精神，把首都建设成中华民族伟大复兴的灯塔、维系全体中国人的精神纽带和中国走向世界的窗口，成为具有创造力、创新力的熔炉，在新的起点上参与国际竞争，并致力于打造以人为本促和谐、文化繁荣促发展、开放包容促团结的宜居性世界城市。

3）“自主创新、现代高端、品牌带动”为宗旨的科技理念是北京世界城市建设的关键

拥有以国际金融、现代服务为主的产业集群是世界城市特定的高端产业体系，是世界城市的核心功能，也是世界城市获得对世界经济领导力、影响力和控制力的根本要素。经过多年的发展，北京的高新技术产业、金融业、商务服务业和文化创意产业等高端产业已经具备了较为雄厚的发展基础。以六大高端产业功能区发展为支撑，进一步扩大开放，不断提高国际化水平，吸引国际化的资本流、信息流、人才流，加快以企业为主体的自主创新体系建设，发挥品牌带动效应，形成以总部经济集聚和服务经济为主体的高端产业结构，进而促进城市功能及发展模式的转型，是北京世界城市建设的必由之路。

在城市功能国际化进程中，全球化和信息化两股潮流的交汇，使得不同等级的城市联系在一起，并且通过知识、资源、要素在全球范围内的流转，最终形成多极点、多层次世界城市网络体系。世界城市就是全球城市网络中的主要节点，是对全球经济政治具有影响力和控制力的城市。

世界城市的本质属性，更多地表现为在全球化中的连通性。一个城市是否具有世界城市的功能，关键在于其融入各类世界网络体系的程度。因此，北京应充分发挥国际机构集聚和国际交往枢纽功能优势，打造高科技、高质量、高效率的数字化、网络化交流平台，建立健全信息通讯、交通、物流等网络化运行体系，将“数字北京”建设推向更高的层面和高度，致力于不断加快信息化发展水平，为建设成为全球重要的信息枢纽和网络节点奠定坚实的基础。

此外，智能化与节能性同样是新型城镇化进程中关注的焦点问题。金融危机后，全球贸易地缘格局与贸易结构发生新的变化，其中涉及应对气候变化的绿色节能商品与服务贸易会有大的发展。以日本为例，由于日本产品具有节能、环保和生产自动化等优势，在国际市场极具竞争力，这为日本赢得了巨大的贸易盈余，金融储备因此大量增加，从而提升了东京在国际金融和相关事务中的地位，并为东京发展为世界城市打下了坚实基础。北京同样需要在智能和节能方面下功夫，进一步加大高科技产品研发力度，探索将智能交通、智能建筑、人工智能等更多的应用于城市发展和人民生活。同

时，始终坚持节能环保理念，推广使用节能电器、节能设备、节能建筑等，为迎接低碳时代的到来贡献一份力量。

4）“低碳路线、生态安全、持续发展”为目标的绿色理念是北京世界城市建设的保障

发展低碳经济既是顺应世界经济发展趋势的需要，也是一个大国应该肩负的社会历史使命。实践证明，高碳路线不可持续，走低碳路线才是城市提高环境承载力的必由之路。然而，低碳城市概念的提出，可以说是对世界城市的一个极大的颠覆性冲击，前者讲生态效益，后者讲经济效益。因此，世界城市建设首先要面临如何在世界城市建设与低碳城市发展之间搭建一个桥梁的问题。

北京推进新型城镇化，首先应充分体现低碳理念，从规划源头推动包括低碳经济、低碳城市、低碳社区、低碳建筑以及城市新能源等领域的发展。积极探索应用碳中和等高科技手段降低能耗、减轻污染、提高效能，实现绿色经济发展模式。其次要以生态环境整治为先导，搞好区域生态环境保护和生态环境建设两大系统工程，确保北京地区的生态安全。包括建设生态屏障；建立生态功能分区，因地制宜解决不同分区生态环境问题；加强区域内部综合整治，建立稳定的生态网络；搞好水土保持生态系统建设，实现区域水资源可持续利用等等。最后，要注重在适时评价基础上不断提升环境承载力。环境承载力是评价区域开发强度是否与资源环境承载力相协调的重要依据和方法。研究和分析环境承载力问题，归根结底是要解决区域经济社会与资源环境协调、可持续发展的问题，北京世界城市需在最大限度地维系生态环境格局的基础上建设和发展，并不断寻求发展与生存矛盾的缓解，以及城市化与环境协调机制的优化。

13.3.2 在世界范围内统筹配置资源，建设世界城市

1）北京建设世界城市的必要性、可行性和特殊性

北京建设世界城市是大国崛起的国家战略。既要积极争取国家层面的政策支持，也要承担起国家赋予的历史责任；既要服从和服务于国家战略，促进国家战略的实施，也要提振国家战略、引领国家战略，发挥首都城市的特殊作用。

（1）中国的和平崛起与全球战略的实施需要有自己的世界城市

中国和平崛起是一个正在进行的过程，在这个过程中必须建设自己的世界城市。从目前来看，建设世界城市是我们利用全球资源、全球市场加快中国发展方式转变的需要，中国的和平发展需要走一条参与全球分工，为世界做出贡献，从而实现中国和世界双赢的和平发展之路。建设世界城市是提升我国在全球治理中地位的需要。建设世界城市我们就可以迎来更多的国际组织，同时也会有更多的跨国公司总部聚集到这里，从而有力地提升中国在全球治理中的地位。

建设世界城市也是中国和平发展的重要支撑。在世界城市的建设过程中，逐渐地建设国际金融中心，有利于推动人民币的国际化，有利于扩大和增强中国在全球金融体系中的影响力。同时，世界城市也将会大大增强对跨国公司总部的吸引力，这就使得中国透过这个世界城市，通过这些跨国公司总部影响和控制全球生产价值链的关键环节和高附加环节，从而支撑中国的和平发展。

要从首都客观实际出发，努力将北京打造成国际活动聚集之都、世界高端企业总部聚集之都、世界高端人才聚集之都、中国特色社会主义先进文化之都、和谐宜居之都。

(2) 北京面临的国际环境和在全球产业分工中的地位与作用

日本战后的复兴、亚洲四小龙的崛起和中国的持续高速发展，形成了21世纪是亚洲世纪的世界格局。亚洲的重心在哪里，不在东南亚，而在东北亚，日本、俄罗斯、韩国、朝鲜、中国共同形成的东北亚区域是亚洲繁荣和稳定的重中之重。东北亚的重中之重在东北和环渤海地区。如果京津合作，并在环渤海区域互相作用，那么，以京津为核心的环渤海的世界城市区域体系就得以形成和发展，从而推动环渤海地区繁荣，成为影响东北亚的重要力量。北京建设世界城市，对手不是纽约、伦敦，而是东京，或者说，在未来20～30年内能否替代东京的地位，是北京建设世界城市的关键。

世界经济政治格局变化和世界经济重心东移的趋势，为北京建设世界城市提供了良好的历史机遇。特别是国际金融危机以来，以"金砖四国"为代表的新兴市场经济体在世界经济格局中的影响和实力加速上升，并在后危机时代占有更大的发展先机和空间。世界金融体系正在重建，世界经济政治格局正在重新洗牌，中国有理由成为国际金融新秩序中的主角之一，并逐步走向世界舞台发挥其大国作用。大国崛起中的中国城市有条件，也有必要承担全球经济引领者的职能，从而释放大国的影响力和控制力。与此同时，金融危机也将催生新一轮技术革命和带来世界经济新一轮高速增长期，在这个过程中，新的经济增长中心所在区域的城市化不断加快，必然出现若干片城市群，而实力最强的城市群中又会崛起一批世界城市，这为发展中国家建设世界城市提供了可能和机会。北京应当抓住这一难得的机遇建设具有国际影响力的世界城市。

(3) 北京所处的国内环境和在国内经济分工中的地位及作用

① 三大都市圈的竞争力比较

中国经济崛起从珠三角到长三角，再到环渤海。北京建设世界城市是国家战略布局的必然要求，有利于推动环渤海都市圈的加速崛起。中国有条件建设世界城市的是香港、上海和北京，从而带动珠三角、长三角、环渤海三大都市圈的加速崛起，这是国家的战略布局。曾经出台的《粤港合作框架协议》，更加明确了以香港为龙头，带动珠三角地区繁荣，从而辐射和影响东南亚区域发展。上海作为长三角的龙头，面向太平洋地区，影响亚洲。而在环渤海地区，龙头自然是北京。但光北京还不够，还必须加上天津。北京和天津的同城化，形成京津大都会，才能成为名副其实的环渤海都市圈的龙头城市，从而带动环渤海，辐射和影响东北亚。

全世界只有三个世界城市，中国一下就搞出三个，可能吗？中国的版图是日本的20多倍，中国的人口是日本的10倍多，从国家战略布局上讲，中国有条件建设三个世界城市跟东京竞争，至于谁来取代东京，是北京、上海，还是香港，这是国家的战略布局。从这个意义上讲，北京建设世界城市是国家战略，其意义更加重大而深远(表13-5、表13-6)。

表 13-5　2006 年香港、上海和北京在全国城市竞争力总的比较

城市	竞争力指数							排名
	综合	效益	结构	质量	增长	规模	效率	
香港	0.848	0.813	0.883	1.000	0.204	1.000	1.000	1
上海	0.709	0.371	1.000	0.366	0.667	0.788	0.382	2
北京	0.646	0.366	0.659	0.347	0.661	0.668	0.282	4

表 13-6　香港、上海、北京在全国城市竞争力中优劣势比较

竞争力指标	香港		上海		北京	
	指数	排名	指数	排名	指数	排名
人才竞争力	1.000	1	0.735	4	0.785	3
资本竞争力	0.880	3	1.000	1	0.982	2
科技竞争力	0.481	5	0.742	2	1.000	1
结构竞争力	1.000	1	0.919	2	0.916	3
基础设施竞争力	0.927	3	1.000	1	0.968	2
区位竞争力	1.000	1	0.841	3	0.806	6
环境竞争力	0.924	8	0.803	31	0.872	16
文化竞争力	0.981	8	0.884	23	0.959	9
制度竞争力	0.787	11	0.647	32	0.853	56
政府管理竞争力	1.000	1	0.976	2	0.658	3
企业管理竞争力	0.853	23	0.807	24	0.756	37
开放竞争力	0.808	8	0.699	21	0.718	18

从表 13-5、13-6 可以看出，对于 2006 年我国最具有竞争力的城市香港来讲，除了在制度竞争力和企业管理竞争力排名相对靠后外，其他的各项指标均在全国排名前 10，特别是在人才竞争力、结构竞争力、区位竞争力以及政府管理竞争力四个方面位居全国榜首。而上海在资本竞争力、基础设施竞争力以及政府管理竞争力方面的竞争优势明显。

与香港、上海相比，北京的综合竞争能力处于弱势。在科学技术竞争力方面北京位居第一，这在很大程度上与位于北京的中关村科技园区有密切关系。在资本竞争和基础设施竞争方面，2006 年北京位居第二，仅次于上海。在北京成功举办的 2008 年奥运会，使北京的基础设施建设有了很大程度的完善，北京在国际舞台中的影响力进一步增强。与 2006 年的情况相比，北京在这两个方面的竞争力都有明显的增强。

在结构竞争力和政府管理竞争力方面，香港、上海、北京的排名分别是第一、第二和第三，也就是说北京在这两方面相对具有竞争优势，但是优势不明显，特别是与竞争力较强的香港和上海相比还有一定的差距。在文化竞争力、环境竞争力和开放竞争力方面，北京与香港、上海相比竞争优势与差距都不是十分明显。

北京竞争力的劣势主要表现在制度竞争力和企业管理竞争力方面，二者在全国城市竞争力的排名中分别位于第 56 位和第 37 位，与香港和上海都有较大的差距。

凭借奥运会契机，近年北京的竞争力大幅提高，详见表 13-7，2011 年综合竞争力已经跃升为国内第一，北京最有可能替代东京成为东半球的世界城市。

表 13-7　2011 年中国城市竞争力前 20 名

名次	综合	经济	文化	社会	生态环境	名次	综合	经济	文化	社会	生态环境
1	北京	上海	北京	北京	黄山	11	无锡	杭州	成都	扬州	九江
2	上海	香港	南京	南京	桂林	12	佛山	大连	武汉	宁波	林芝
3	香港	深圳	上海	香港	三亚	13	重庆	南京	澳门	桂林	赣州
4	深圳	北京	台北	上海	张家界	14	宁波	佛山	大连	常州	南平
5	广州	广州	香港	苏州	阿坝州	15	杭州	重庆	青岛	济南	丽江
6	台北	台北	西安	台北	伊利	16	成都	成都	重庆	潍坊	杭州
7	南京	苏州	杭州	无锡	海口	17	武汉	天津	绍兴	镇江	台中
8	大连	青岛	广州	青岛	威海	18	澳门	澳门	天津	烟台	黔南
9	苏州	宁波	沈阳	杭州	舟山	19	天津	武汉	厦门	泰州	拉萨
10	青岛	无锡	苏州	威海	大理	20	沈阳	厦门	深圳	湖州	宜昌

② 北京建设世界城市所面临的挑战

从上述分析可以看出，即便是和国内城市相比，北京的经济实力也急需提高，生态治理急需改善。除此之外，北京也有一些软肋，包括没有天然海港、不是国家金融交易中心、腹地经济不够发达等。

世界城市作为一种先进的发展方式，它要求经济社会发展必须是高端的、低碳的、优质的、集约的和多元的。从纽约、伦敦、东京这些城市的演变过程中看，世界城市面临两大挑战：一是社会分化；二是生态环境恶化。这种“先分化后治理”、“先恶化后治理”的老路子北京不能重复走了。北京的经济结构、产业结构也存在很大的问题，土地资本依赖程度过高，金融资本、知识资本、消费资本要素市场还没有形成完整的支撑体系。北京在人口、产业、空间、资源、生态方面还存在一些深层次矛盾。特别是空间结构方面，行政区划就存在一定缺陷，导致城市功能不强、资源要素配置性较差，这些问题已严重影响到世界城市功能的发挥，必须下决心彻底解决。大兴和亦庄正在进行整合，但不彻底，真正需要整合的是大兴、亦庄和通州；海淀、昌平、石景山也必须整合，成立中关村科技新区，这是必然趋势。上海有浦东新区，天津有滨海新区，面积都在一两千平方公里，重庆正在申报的两江新区，也有 1 200 多平方公里，一个海淀区只有不足 500 平方公里的空间，建立国家自主创新示范区没有空间不行。东城、西城、崇文、宣武在合并前，四区精力集中在 GDP 上，搞恶性竞争，教训深刻。推动首都城市战略转型，需要在空间上实施四大战略：一是大区协同战略，二是新城崛起战略，三是城乡联动战略，四是区域一体战略，包括京津同城化和京津冀一体化。

(4) 北京建设中国特色的世界城市“特”在哪儿?

助推我国和平崛起、维护公正的世界秩序、保障中国合理利益、传播中国文化并使其与其他民族文化融合,在世界普适价值追求的基础上打造更适合人类居住的空间,这是北京建设世界城市的主要目标。

① 富含中国元素的文化之都

集自然、社会、经济、政治文化的独特优势于一身,北京要走出一条中国特色世界城市的道路。北京建成世界城市的中国元素厚重充盈,具备特有的历史遗产、文化遗产,在人口的数量、空间、规模,经济强度、社会成熟度、全球化程度、国际知名度和地缘领导水平方面都有它雄厚的背景。从整体上讲,我们只有在理解中国元素:平衡、和谐、进取、慈爱、大同的前提下,世界城市的规划设计建设目标才能得到完美的表达。

② 低碳环保、和谐温馨的后现代之都

中国特色世界城市“特”在发展阶段不同:北京是在中国尚未完成工业化和尚未实现城市化的情况下建设世界城市的。“特”在发展路径不同:现在世界城市本质上是掌控资本、主导全球资源和市场配置。而北京提出要提升资源和市场配置的能力,走出一条以民生为本,面向未来、低碳、绿色和环保的新型世界城市之路。“特”在资源优势不同:与现有世界城市相比,北京最大的特点是背靠中国几千年的古老文化,并拥有独特、丰富的地域文化遗产。北京可以走出一条既拥有城市经济功能,又不单纯依赖经济功能,依托文化功能又放大文化功能的中国特色的文化与经济双向互动的世界城市发展之路。

北京还“特”在理想境界不同。北京建设世界城市追求的不是满足垄断资本集团的私有利益,不是形成两极分化、社会矛盾加剧的畸形城市格局,而是促进社会和谐、鼓励公民全面发展的新型世界城市,是追求大多数民众得到公平和更多实惠的城市品质的提升。

北京建立中国特色世界城市要体现公平元素。主要是指社会和谐、公平正义、共同富裕以及对于贫富差距的克服程度,这些构成了北京世界城市的公平表征。这个表征体现为财富分配与公共服务的人际公平,又体现为资源共享和自然遗产的代际公平,当然,也体现在供给公平与多元互补的区际公平,还要体现中国特色的东方文明和世界文明之间的共享的国际公平,没有这些公平元素的体现,作为一个世界城市是不完备的。

中国建设世界城市和现有的世界城市是不一样的,它是新一代的世界城市。华尔街的摩天大楼是工业革命后的一个工业化时代的结果,室内环境完全靠空调调解。北京建设的是新一代世界城市,它反映的应该是时代发展的潮流,应该是引领未来世界城市发展的潮流,它应该是一个低碳的、绿色的、人文的、信息化的城市,它和工业革命时代的遗产,和以往的这些世界城市,有延续但是一定也会有更多新的元素。

③ 令人向往、宜居宜业的创意之都

中国特色世界城市应该是更加强调“受人爱戴的城市”——不仅仅应该是一个开放的城市,同时还要能够让世界性的人才、信息技术、资金都自发地汇聚于此。北京要建成一个未来的世界城市,一座大家向往、宜居宜业的城市。

建设有中国特色的世界城市,北京最大的优势就是有深厚的文化。在当代条件下新的创意使原有的文化和今天的文化都融会在一起创造了新的北京文化。现在的文化创意产业已经成为位居北京 GDP 前列的产业，所以创意之都应该成为我们未来发展中国特色世界城市的重要方面。

2）北京建设世界城市的功能目标

(1) 世界城市传统功能与适合中国国情的新发展方向

一般的世界城市，都是一定意义上的经济中心、信息中心、金融中心、科技文化中心。北京建设世界城市，虽然也要达到这些要求，但在内涵上要有自己的特点，也必须有自己的特点。北京中国特色的世界城市，不是经济学意义上的世界城市，不是以金融及其相关产业为核心的世界城市，不是一个仅仅依赖于技术和其他设施设备的、单纯的硬实力最高的现代化城市！而是一个软实力和硬实力结合、综合影响力极强的城市；是一个融政治决策、战略管控、文化价值与经济协调能力于一体的世界顶尖城市；是倾全国之力建设的国家城市，承担着很多国家责任的功能性城市；是大国崛起的战略支点、品质与魅力的凝结点，是国家进而也是世界（当中国崛起、赶超美国之时）的信息中心！

(2) 全力建设五大中心

加快建设国际政治中心。在世界政治经济多极化的格局下，以国际组织为主体的第三方力量对国际政治的影响力将不断扩大。集聚这种第三方力量，凸显大国首都的国际政治功能，集中释放国际影响力，是北京世界城市建设的重中之重。

加快建设国际文化中心。北京建设世界城市，要充分施展历史文化古都魅力，切实保护好历史文化街区、城市文化遗产，不断提炼和弘扬城市核心价值，提升城市文化品位，增强文化软实力。更为重要的是，挖掘和传承奥运文化遗产，积极实践“人文北京、科技北京、绿色北京”三大战略，不断加强中外文化交流，形成世界文明融合与多元文化中心。

加快建设国际科技中心。以中关村国家自主创新示范区建设为切入点，加快建设具有全球影响力的科技创新中心。要转化一批国际领先的科技成果，培养和聚集一批优秀创新人才，特别是产业领军人才，做强做大一批具有全球竞争力的国际化企业，培育一批国际知名品牌。积极探索海淀、昌平、石景山行政资源整合，推动设立中关村科技新区。加快构建产学研相结合的科技创新体系、知识产权体系和国际科技创新综合配套改革政策体系。

加快建设国际金融中心。金融是全球经济政治的核心元素，也是区域经济发展的动力。紧紧抓住资本和市场两个要素，实现资源在全球范围的优化配置，不断发挥国际金融中心的辐射力和影响力，提升国家金融决策功能和国际金融服务功能，从而形成对京津冀、环渤海、东北亚区域发展的强大支撑。国际金融中心是北京建设世界城市的核心。必须以更加开放、更加国际化的视野，从更高层次上谋划国际金融中心的空间布局、服务功能和支撑体系。特别是以 CBD 作为北京国际金融中心主要承载区，统筹规划、优化布局、提升功能，形成金融功能区与金融后台服务区布局合理、功能互补的一体化格局。避免功能同质、各自为政、多头发展、恶性竞争的局面。北京建设国际金融中心，不一定局限在金融交易等传统领域，更要在金融监管、价值评判、国际结算、外汇交易等方面，发挥世界中心的作用。

加快建设国际航运中心。当今世界正在经历一个临空时代、高铁时代和远洋时代。建立一种国际化的、立体化的交通体系，才能对战略性资源、战略性通道实现有效影响和控制。北京经济实力雄厚，国际资源流量与交易巨大，但是在国际航运方面也有薄弱环节，如机场能力不足、缺乏港口功能等。弥补这些缺陷，一方面是加强与天津的合作，特别是利用天津机场、天津港口优势形成功能互补、市场互联的一体化机制，共同推动和建设北京国际航运中心。另一方面，则是加快建设北京第二机场。

(3) 努力争取成为世界金融管控中心

国际金融中心是世界城市实现国际控制力的重要载体，任何一座城市要想建设成世界城市，都离不开金融业的扶持。以目前公认的三大世界城市——伦敦、纽约和东京为例，伦敦在三大国际金融中心中历史最悠久，纽约靠金融在二战以后迅速崛起，而东京的金融实力则在20世纪80年代快速锻造。

世界城市的本质是对全球经济的影响力和控制力，金融则是现代经济的核心，世界城市的国际经济控制力是对资本和市场的控制和影响。北京要想建好世界城市，就必须首先将金融业建立起来。

建设国际金融管控中心，一方面可以通过巨量的金融资本和资产运作，对世界经济产生重大的影响；另一方面，国际金融中心也可以通过发挥资本集聚和辐射功能，通过资金融资、资本运营来实现资源在全球范围的优化配置，从而控制和影响全球市场。

金融中心对于世界城市建设至关重要，这是北京目前的软肋。中国已经在上海和深圳建立了金融证券交易所，不大可能再于北京建立新的金融交易所——因此，北京不宜建设一般意义上的金融交易中心，即使在未来，北京也不可能建立起普通的金融交易中心以取代上海、深圳或香港的地位，这不符合国家金融产业的布局要求。而中国也不大可能建设真正意义上的2个或3个世界城市。所以，北京不要追求作为一般意义的国际金融中心，但可以建设金融管理决策中心、结算中心、储备中心、保险中心……随着人民币的升值，作为中央银行所在地的北京，其在世界金融产业中的地位也是会逐渐提高的。北京的出路，也是北京市建设世界城市的突破点，就是做世界金融管理、决策、监管中心，评估中心，结算中心……当中国实现崛起、人民币成为世界硬通货到来之日，就是北京成为世界金融管控中心之时。这是北京世界城市建设的目标追求和特色所在。

3) 城市功能的国际化与城市固有功能的相互促进

北京既是北京人民的北京，也是全国的北京、世界的北京。所以，北京的发展和建设，既要考虑到生活和工作在北京市域范围内的2 000万人的要求，也要为全国的振兴与崛起服务，还要兼顾到未来应该承担的国际责任。这是明确北京发展方向、定位北京未来功能的必要前提。

人民北京人民建，建好北京为人民。只有最大限度地相信人民、依靠人民，才能把北京的事情办好。因此，要坚定不移地进行政治体制改革，建设科学决策与民主决策相结合的决策机制，加快经济发展，提高居民收入水平；完善交通基础设施，改善生态环境，建设宜居环境；要充分发挥人才集聚效应，吸引更多的海内外人才集聚北京。

国家首都国家建，建好首都为国家。用足用好国家首都的各项优惠政策和有利条件，加大对外宣传力度，树立首都北京形象，为国内企业搭建走出去平台；要大力加强文化设施建设，在北京建设一批有世界影响力的重要文化场所，组织优秀文化“走出去”，提高中华文化的国际影响力。

世界城市世界建，建好北京为全球。借助于国家崛起的有利条件，在世界范围内统筹配置资源要素，为跨国企业搭建进入中国和亚洲的地区平台，吸引更多的非政府组织和政府组织落户北京，把北京建设成为世界活动中心、全球资源要素协调控制中心、世界文明交汇中心。

依据城市发展的“基本—非基本原理”，上述三个方面是协调统一的：只有强练内功，发展经济，改善环境，提高效率，才能维持北京的持续发展；只有在国家层面上发挥好首都的作用，才能承担好历史赋予北京的责任，北京也只有承担好这个责任才能立于不败之地；中国的崛起催生中国的世界城市，中国世界城市的加快发展才能助推中国崛起战略的顺利实施。

13.3.3 统筹城乡协调发展，推进城乡一体化

1）做好城乡发展的中长期规划

科学制定和贯彻城乡空间发展一体化战略和规划，调整空间发展布局，优化郊区发展环境，形成中心城与郊区相互交融的格局，以政治文化功能区、工商业发展功能区、生活娱乐功能区、生态涵养功能区等类型设定各自发展的阶段性目标。考虑制定北京城市边缘区城乡一体化相关规划，对边缘区人口、经济、社会、生态等问题统一规划。

2）大力推进基础设施一体化

北京 13 个区县基础设施一体化整体水平一直在提高，差距在不断缩小，但发展潜力还很大，应继续加强城乡基础设施的统筹规划，向农村延伸，以交通、信息网络为重点，积极推进城乡交通一体化、生活设施一体化、信息基础设施一体化、环境基础设施一体化。

3）完善城乡教育、卫生、社会保障体系

在教育文化、医疗卫生、就业公共服务、社会保障等方面提高城乡一体化水平。北京 13 区县整体城乡教育文化水平仍有较大差距，人才储备与劳动者素质不高已成为首都郊区农村经济发展的瓶颈之一，要努力实施好培养郊区新型农民的计划，培养专门技术人才和高素质劳动者，构建新型农民职业教育体系。继续加强城乡医疗卫生一体化发展，加大投入，完善医疗卫生改革政策，整合医疗资源、调整医疗布局，加强综合医院、专科医院和社区卫生机构的协作，完善双向和多边转诊制度。不断开发就业渠道，发挥城乡就业手拉手的协作机制，扩大农村劳动力跨地区转移就业规模。以构建和谐社会首善之区的战略方针，积极探索适合北京城乡可衔接的城乡一体化保障体系、城乡养老保险、城乡最低生活保障、城乡医疗保障、城乡失业保障、城乡五保对象保障等项目，健全覆盖城乡的社会保障体系。

4）完善城乡一体化建设的制度系统

继续深化农村产权改革，完善推动宅基地市场化和承包地转让的土地新政策，改革农村土地征用制度，保护农民利益，深化土地使用制度创新，加强土地市场化改革。加强教育管理体制创新、劳动就业制度创新、户籍管理制度创新、社会保障制度创新、

财政税收体制创新、农村金融体制创新和行政管理体制创新，构建农村公共物品供给新体制和城乡互动社会激励结构制度。农村征地制度改革方面，要引入市场机制和立法，切实解决好农民就业和生活问题，可从土地出让金中提取一定份额，建立农业发展和风险基金。户籍制度改革方面，要逐步放宽农民工进城落户的条件，长期来看要实行统一居民身份证管理，允许农民自由流动和自主选择身份，有利于解决城乡居民就业和待遇不平等问题。就业制度体系方面改革，要完善和规范劳动力市场管理，清理农民进城务工的不合理限制政策和乱收费做法，切实解决拖欠农民工工资、农民工劳动条件恶劣等问题，将农民工及其家属的计划生育、劳动就业、子女教育等工作列入有关部门的管理范围。

5）发展都市农业，加强特色产业集群

以中心城、卫星城、县城为载体，从特色产品生产入手，发展农特产品加工业，突出“名、特、优、新”等特点，以特色经济区域为载体，围绕特色产品展开研发生产与服务①。构建现代城郊农业生产体系，发展绿色农产品加工业、创汇农业、旅游农业等产业以延长产业链，同时完善农民专业性合作经济组织②。

① 黄序．法国的城市化与城乡一体化及启迪[J]．城市问题，1997(5)：46-49

② 姜晔．我国统筹城乡协调发展的区域模式研究[D]．北京：北京师范大学，2011

14 “小城大乡”地区新型城镇化战略的实施[①]

14.1 “小城大乡”地区新型城镇化的一般策略

14.1.1 “小城大乡”地区及其城镇化特点

“小城大乡”地区是相对于“大城小乡”地区而言的特定范围地区。我国比较典型的“大城小乡”地区有北京市、上海市、天津市、重庆市等直辖市，它们共同的特点是中心城市规模大，经济相对比较发达，辐射能力较强。而“小城大乡”地区，一般而言，是指在特定行政区范围内中心城市规模小、辐射能力较弱，而隶属其下的行政区腹地数量多，分布范围较广的发展地区或欠发达地区。我国比较典型的“小城大乡”地区既有省级行政区，如安徽省、云南省等，又有地级市行政区，如河南省的信阳市、驻马店市、周口市、商丘市等。

从“小城大乡”地区城镇化现状特征看，“小城大乡”地区通常具备以下特征：

第一，城镇化、工业化水平总体较低，经济发展相对滞后。城镇化水平低与其经济发展水平具有很高的关联性，通常，“小城大乡”地区的农业在国民经济中占有举足轻重的地位，而以工业为主的城镇经济则不发达，城镇化发展的动力不足。

第二，在地区城镇体系中，中心城市（或首位城市）规模不大，城市首位度低，能级不足，辐射能力有限。

第三，城镇数量多，分布范围广，县域土地面积和人口通常占该地区相应指标总量的 60%以上，如安徽省共有 22 个市和 56 个县，其中县域土地面积占 72.8%，人口占 66%。

从“小城大乡”地区历史发展的影响因素来看，其形成与其自然基础、行政区划调整、城镇化发展战略取向等有关。因此，“小城大乡”地区经过不断发展，在一定情况下可以转化为“大城小乡”地区。

14.1.2 “小城大乡”地区新型城镇化的一般策略

1）加快中心城市建设，提升城市辐射能力

在我国，中心城市是指对较大地域范围具有强大吸引力和辐射力的综合性职能的大中城市。从某种意义上讲，一个区域的地位正是由中心城市的地位所决定的。从中心城市发展效率讲，每一个城市在一定的发展时期内都有其合理规模和最佳规模，规模过小或过大，都会使城市发展不经济，而“小城大乡”地区的特点是中心城市规模小，

---

① 本章由钱宏胜主笔。

城市综合承载力较低。因此，加快中心城市建设，提高城市综合承载力、提升辐射能力是“小城大乡”地区新型城镇化发展的政策取向，可通过以下措施来提高：首先，通过拉大城市框架，适度城市外延，并与周边城市实现有效对接，畅通区域要素自由流动和聚集，增加城市的凝聚力；其次，强化城市产业支撑，完善城市综合服务功能，提高城市综合承载能力，充实城市内涵，增强城市的裂变力；第三，提升城市品位，增强城市的号召力；第四，塑造城市品牌，增加城市的影响力。

2）强化产业支撑，增强城镇化发展动力

产业支撑是新型城镇化发展的动力保障，同时也是城市承载力的重要组成部分。“小城大乡”地区城镇化水平不高的重要原因是非农化发展滞后，特别是工业化发展滞后，在长期城镇化过程中城镇经济发展缺乏动力，吸纳就业人口能力有限，大量农村剩余劳动力转向经济较为发达地区的城市寻找就业机会，但他们在劳动报酬、子女教育、社会保障、住房等方面并不能与城市居民享有同等待遇，不能真正融入城市社会，因而呈现半城镇化状态。因此，优化产业结构，强化产业支撑，是从根本上解决城镇化发展乏力问题的关键。

首先，加强要素聚集与辐射，壮大城镇经济。“小城大乡”地区要抓住我国经济转型升级的有利时机，发挥比较优势，积极争取在新一轮产业分工中的有利地位，全面提高城镇经济发展的规模效应和聚集效应。

其次，加快工业化进程。优化工业内部结构，改造升级传统工业，以信息化带动工业化，以工业化促进信息化，推进工业化和信息化融合，走新型工业化道路，使现代产业体系的形成建立在强大的工业体系支撑之上。

再次，培育战略性新兴产业。以新兴产业促进“小城大乡”地区产业结构转型升级，为实现产业结构高级化、产业竞争力高端化奠定基础。

最后，加快发展现代服务业。突出高科技含量与技术密集型的特点，发挥服务业吸纳就业人口的劳动密集型产业优势，提升城镇化的质量。

3）加强分区引导，统筹区域协调发展

应充分尊重不同地区资源禀赋、发展条件和发展潜力，充分遵循各片区特点和发展规律，实现全省分区差别化城镇化路径。首先，要因地制宜，确定城镇化分区，合理引导人口和产业向各分区不同程度的聚集，走分区差异化的城镇化道路；其次，利用区位优势和资源优势，发挥市场机制，加快引导人口和产业向中心城市和重点城镇聚集，有序引导人口和产业向一般城镇聚集；第三，对限制发展区，采取大集中和小分散相结合的城镇化路径，提高城镇的规模效益和聚集效益；第四，加强各分区间城镇联系，统筹区域协调发展。

14.2 安徽省城镇化现状及主要问题

下面以安徽省为例，探讨“小城大乡”地区新型城镇化战略推进问题。

14.2.1 安徽省概况

安徽省现辖 16 个地级市、62 个县（市）、43 个县级区和 1 522 个乡镇、街道办事处，土地面积13.94万平方公里，占全国的1.45%。2012年，全省户籍人口6 902万人，常住人口5 988万人，其中城镇人口为2 784.4万人，是继四川、河南之后的我国第三大劳务输出大省。2012年，地区生产总值为17 212.1亿元，居中部地区第四位，三次产业结构比为12.7∶54.6∶32.7，初步形成了以电子信息和家用电器、汽车和装备制造、材料和新材料、能源和新能源、食品医药、轻工纺织、现代服务业及文化产业为主导产业的产业体系。

14.2.2 安徽省城镇化现状及主要问题

1）城镇化增速明显，但整体水平较低

安徽省城镇化率由2007年的38.7%提高到2012年的46.5%，年均增长1.56%，高出全国平均增长速度，与全国城镇化水平的差距由2007年的6.24%缩小到2012年的6.1%。但安徽省城镇化整体水平仍然较低，低于全国平均水平，差距依然很明显；与中部地区比较（表14-1），2012年城镇化水平仅高于河南省，分别低于湖北、山西、江西、湖南各省7%、4.76%、1%、0.15%。同时，比较人口流动情况发现，2012年安徽省跨乡镇流动人口1 500多万，有超过2/3在省外流动，而且这种人口流向省外的人数有进一步扩大的趋势（表14-2），半城镇化现象十分突出。

表14-1 2007—2012年安徽省与中部地区其他省份城镇化率比较（单位：%）

年份	2007	2008	2009	2010	2011	2012
安徽	38.7	40.5	42.1	43.2	44.8	46.5
河南	34.3	36.0	37.7	39.5	40.57	42.43
江西	39.8	41.0	43.18	44.2	45.7	47.5
湖南	42.15	43.2	44.4	43.5	44.7	46.65
湖北	44.0	45.2	46.0	47.0	51.5	53.5
山西	45.11	45.99	47.5	48.3	49.68	51.26
全国	44.94	45.68	46.59	49.7	51.3	52.6

表14-2 2007—2012年安徽省城镇化与人口流向外省情况变化

年份	户籍人口		常住人口		流向省外半年以上人数（万人）
	总数（万人）	非农业人口比重（%）	总数（万人）	城镇人口比重（%）	
2007	6 676	21.98	6 118	38.7	1 005
2008	6 741	22.23	6 135	40.5	954
2009	6 795	22.33	6 131	42.1	992
2010	6 827	22.71	5 957	43.2	1 038
2011	6 876	22.93	5 968	44.8	1 199
2012	6 902	—	5 988	46.5	—

2）城镇化发展呈现明显区域差异性和经济发展空间指向性

城镇化水平较高的区域是合芜蚌试验区和皖江示范区，其次是皖南地区，较低的是皖北地区，2012 年上述区城镇化率分别为 60.3%、54%、46.3%和 40.8%[①]。从各市对比看，铜陵、合肥、马鞍山、淮南等 9 市高于全省平均水平，其中铜陵、合肥、淮南和马鞍山 4 市城镇化率均超过 60%；城镇化率最高的铜陵市为 76.3%，城镇化率最低的亳州市为 33%，两者绝对差距为 43.3%。

考察城镇化与经济发展关系发现，安徽省城镇化水平具有明显的经济发展空间指向性（表 14-3），这也进一步验证了城镇化水平是区域经济发展程度的重要标志。合芜蚌试验区和皖江示范区这两个城镇化率较高的区域恰是安徽省经济要素比较集中，发展水平较高的地区。同时，城镇化率超过 60%的铜陵、合肥、马鞍山、淮南 4 市人均 GDP 分别为 84 877 元、55 186 元、53 946 元、33 489 元，而城镇化率相对较低的亳州、阜阳 2 市人均 GDP 分别为 14 642 元、12 616 元。

表 14-3　2012 年安徽省各地市城镇化率与人均 GDP 比较

地区名称	城镇化率（%）	人均 GDP（元）	地区名称	城镇化率（%）	人均 GDP（元）
全　省	46.5	28 792	六安市	38.9	16 248
合肥市	66.4	55 186	马鞍山市	61.2	53 946
淮北市	57.2	29 278	芜湖市	58.0	48 742
亳州市	33.0	14 642	宣城市	46.7	29 636
宿州市	34.8	17 038	铜陵市	76.3	84 877
蚌埠市	48.3	27 999	池州市	47.5	29 471
阜阳市	34.9	12 616	安庆市	39.6	21 231
淮南市	65.3	33 489	黄山市	44.4	31 452
滁州市	45.1	24 650			

3）中心城市规模较小，空间布局失衡

安徽省现设 16 个地级市、6 个县级市、56 个县、914 个镇。其中在 22 个县级以上城市中，人口规模在 200 万人的城市有 2 个，100 万～200 万人的城市有 6 个，50 万～100 万人的城市有 11 个，20 万～50 万人的城市有 3 个，初步形成了特大城市、大城市、中等城市、小城市和小城镇协调发展的格局，同时也形成了皖江城市带、合肥经济圈和沿淮城市群竞相发展的城镇化战略格局。但城市首位度较低，仅为 1.04，首位城市合肥市辖区人口 218.3 万人，地区生产总值为 2 380.2 亿元，与中部地区其他省会城市比较，城市规模较小，且人口超过 200 万以上的合肥市、阜阳市都集中在皖北地区，而皖南地区城市规模小，都不超过 100 万人，城市能级不足，辐射能力有限，缺少有集聚力、带动力、辐射力和影响力的区域中心城市。同时也呈现出人口分布与区域资

---

① 李方启. 对我省城镇化发展的分析与建议[EB/OL].（2013-04-08）. http://www.ahtjj.gov.cn/news/open.asp? id=37869

源环境承载力不相适应的特征，如承载力较弱的皖北地区人口分布过于集中、资源环境压力过大，而经济较为发达的皖南地区却吸纳人口较少。

4）城市综合承载力逐步提高，但城镇化发展质量不高

城市基础设施状况是城市发展水平和文明程度的重要标准，也是城市综合承载力的重要组成部分。近年来，安徽省围绕基础设施建设的薄弱环节，加快城市路网、燃气供水、污水处理、园林绿化等基础设施的建设，使城市基础设施承载力有了较大提高（表 14-4）。但和全国水平相比，依然呈现相对不足的局面。

表 14-4 2000 年、2008 年、2011 年安徽省城镇基础设施建设情况比较

年 份	2000	2008	2011
建成区面积（km^2）	886	1 311	1 418
供水管道长度（km）	6 236	11 062	17 031
供水总量（万 m^3）	200 918	195 543	158 039
道路长度（km）	5 954	9 271.4	10 854.5
道路面积（万 m^2）	6 862	16 276	22 721.5
排水管道（km）	4 120	9 836	16 380.45
污水处理量（万 m^3）	40 660	89 353	100 490
燃气普及率（%）	76.95	87.60	93.35
每万人拥有公共汽车（标台）	7.60	9.18	10.6
人均道路面积（m^2）	9.62	14.15	18
用水普及率（%）	95.76	95.11	96.55
建成区绿地面积（ha）	19 325	41 989	94 063
人均公园绿地面积（m^2）	—	9	11.88

同时，安徽省城镇化质量仍然较低，表现在人口城镇化滞后于人口非农化，城镇化滞后于工业化，人口城镇化滞后于土地城镇化。2012 年安徽省三次产业结构为 12.7∶54.6∶32.7，第一产业比重过大，第三产业发展相对滞后（表 14-5）。城镇之间产业结构的雷同、城镇建设模式相似、城市文化特色缺失成为普遍现象。这些在一定程度上影响着安徽省城镇化的质量。

表 14-5 1995—2012 年安徽省经济发展变化（单位：亿元）

年份	GDP	工业	第三产业
1995	1 810.66	562.44	566.45
2000	2 902.09	885.10	1 103.54
2005	5 350.17	1 837.36	2 137.77
2010	12 359.33	5 407.40	4 193.68
2011	15 300.65	7 062.00	4 975.95
2012	17 212.10	8 025.80	5 629.40

总之，中心城市规模小，能级不足，辐射带动力不强，人口分布与区域资源环境承载力不相匹配，城镇化产业承载力和就业能力不足，城市功能单一，基础设施和公共服务设施配套不足，城镇化发展方式粗放，以及城镇特色不鲜明，建设标准较低，文化建设滞后等问题，将是安徽未来城镇化建设中应着重解决的主要问题。

14.3 安徽省新型城镇化的主要目标与策略

14.3.1 安徽省新型城镇化目标

为实现全面建成小康社会目标，依据《安徽省“十二五”城镇化发展规划》、安徽省《关于加快新型城镇化进程的意见》及社会经济发展趋势，确定安徽省新型城镇化的总体目标为：城镇集聚经济和人口的能力显著提高，制约城镇化的体制障碍得到有效破解，使城镇化带动城乡一体化取得明显成效；到 2020 年，城镇化率达到 60%以上，城镇化各项指标达到全国平均水平。打造“一带一圈一群”，即皖江城市带、合肥经济圈和沿淮城市群的城镇化战略格局基本形成，实现城市联动发展，皖江城市带和合肥经济圈成为全国有较大影响的城市群品牌，沿淮城市群较快发展，合肥、芜湖、安庆、蚌埠、阜阳、黄山六大区域中心城市发展壮大，辐射能力进一步增强。具体目标是：

(1) 现代城镇体系进一步完善。以区域中心城市为核心，其他设区市为节点，县城和中心镇为基础的现代城镇体系得到完善。“一带一圈一群”城镇化战略格局基本形成，实现城市联动发展，并成为安徽省城镇化发展的引擎。合肥市辖区人口达到 350 万以上，芜湖市辖区人口达到 200 万以上，形成人口分布与区域资源环境相适宜，大中小城市合理分布格局。

(2) 经济实力显著增强。产业结构进一步优化，工业实力显著增强，现代服务业取得快速发展，第三产业占 GDP 比重达到 45%以上，形成具有国际竞争力的主导产业或若干特色产业集群，同时，城镇还要提供较强的岗位就业能力。

(3) 城镇基础设施进一步改善。城市交通、信息、水电气供应、防灾减灾等现代化基础设施体系要进一步完善，主要指标达到全国平均水平。到 2020 年，城市人均道路面积达到 20 平方米，城市用水普及率达到 100%。

(4) 城镇低碳建设取得明显成效。城镇资源综合利用不断推进，土地、水、能源等资源利用效率不断提高，工业、建筑、交通、公共机构等重点领域节能减排深入推进，低碳生活方式和消费模式逐步普及，城镇生态环境显著改善。

(5) 城镇居民生活质量显著提高。城镇居民人均可支配收入力争达到全国平均水平，教育、文化、卫生、体育等社会事业蓬勃发展，市民文化素质和文明程度显著提高，社区管理和服务体制更加健全，消费更加便利安全，居民住房条件和居住环境不断改善。

14.3.2 安徽省新型城镇化路径

针对城镇化发展中的主要问题，结合未来城镇化发展的趋势，为实现上述新型城镇化的目标，安徽省城镇化应整合资源实现内生发展，抓住机遇实现借力发展，采取分区发展、联动发展、融合发展和人本发展的城镇化发展路径。

1）分区发展路径

分区发展路径是指在尊重区域整体性和次区域差异性的基础上，根据自然基础、区位条件、经济基础和城镇化发展的已有基础，发挥比较优势，抓住未来的有利机遇，采取错位发展的路径。这种发展路径既维护了区域整体性，又更好地利用了次区域差异性，是一种因地制宜、科学思维的城镇化发展思路。

依据《安徽省城镇体系规划（2012—2030）》，将安徽省划分为五大片区，即皖北片区、皖中片区、沿江片区、皖西片区、皖南片区。

（1）空间集聚形态的分区发展。皖中片区以经济圈为带动，实现全区空间的中心集聚发展；沿江片区以经济圈带动为主导，城市组群和都市区共同带动空间集聚形态；皖北片区以增长极带动为主导，城市组群、都市区和县城共同带动空间集聚发展；皖南片区以增长极带动为主导，实现全区的小集聚大分散的空间集聚发展；皖西地区则以点状发展为主，据点适度集聚。

（2）产业发展类型的分区引导。皖中、沿江片区以先进制造业为主导，加快高新技术产业的发展，逐步扩展生产性服务业、休闲消费等现代服务业；皖北片区以劳动密集型产业、能源产业为主导，并强化农业的基础依托；皖南片区以国际化旅游和休闲产业为主导；皖西片区以红色和生态旅游为主导。

（3）社会文化的分区特色发展。皖北以中原文化为主导，强化淮河流域各城市在中原地区的地位和启西功能；皖中、沿江地区以长江文化为主导，强化其与长江下游各城市如南京等地的交流与对接，促进沿江发展的一体化进程；皖西以红色文化为主导，突出革命老区山区生态旅游等发展；皖南以新安江文化为主导，突出徽文化特色，强化其在民居、城镇肌理、乡村等方面的特有徽派要素，加强与浙西等地的联系，增强其文化影响和辐射力。

2）联动发展路径

联动发展路径，也称区域内部整合发展路径，是指相关各级城市为实现优势互补、提升综合竞争力、促进城市—区域整体发展，借助经过相关政府协商或上级政府主导建立的合作平台，整合资源和发展要素、分工协作，在更高层面上实现联动发展。联动发展路径是当前我国区域经济发展中最常采用的整合发展方式。一方面，有利于改变各城市各自为政、单打独斗、就城市而论城市的局面，有效地避免城市产业结构雷同、恶性竞争和重复建设等问题；另一方面，有利于提高城市发展效率，获得因区域城市整体发展而创造的发展机会。目前，安徽省正积极推动皖江城市带、合肥经济圈和沿淮城市群的城镇化战略，是实施区域内部联动发展的重要举措。未来应扩大发展要素的全面整合，加强城市间联系，提升皖江城市带、合肥经济圈和沿淮城市群的能级和辐射能力，积极推动皖江城市带进入国家战略层面，实现更高层次的联动发展。

3）融合发展路径

融合发展路径，在这里是特指城市在联动发展的基础上，充分利用地理邻近的区位优势，发挥比较优势，从而积极融入省外周边的城市群而获得进一步发展。该路径的意义在于，相关城市在通过参与省外城市群的建设中，不仅提高了自身的城镇化建设水平，而且接受了周边城市群和经济区的经济辐射，因而能够获得更多的外部发展机会。

首先，要加强与长三角地区的对接融合。一方面不但可以加强安徽省与长三角地区生产要素的自由流动，而且可以加速东部产业向安徽省的转移；另一方面，安徽省也将成为发达地区的腹地和支撑，成为未来长三角产业转移的重心，进而参与到区域产业分工与调整中，加速经济转移，推动结构升级。未来安徽省在合肥、马鞍山两市加盟长三角的基础上，抓住长三角地区下一次扩容的机会，使更多城市参与到长三角地区的经济合作中，从而加速深度融合，推动安徽与泛长三角地区一体化的发展。

其次，向西推动以安庆为中心的皖西地区与长江中游城市群的融合发展。

最后，向北推动皖北地区与中原经济区的深度融合。在国务院批复的《关于中原经济区规划(2012—2020年)》中，安徽省的宿州、亳州、淮北、阜阳、蚌埠五市以及淮南的凤台县、潘集区五市一县一区已经正式纳入规划范围，使得皖北地区有了第一个国家级规划。在此背景下，安徽省应以沿淮经济带、现代产业园区和美好乡村建设为载体，建设皖北“三化”协调发展先行区。

4) 人本发展路径

人本发展路径，也称以人为本的城镇化路径，是指在坚持以人为中心的理念下，推进城镇化质量建设，优化城镇功能，提高人居环境，完善制度建设。过去那种单纯追求数量、快速、粗放的城镇化发展方式，不符合以人为本的发展理念，应该在新型城镇化推动的过程中予以解决。首先，要坚持城乡统筹，加快推进城市基本公共服务向基层乡镇延伸和拓展，不断完善交通路网、供水供电、污水处理等基础设施和文化娱乐、医疗卫生、教育生活等公共服务配套，进一步提升城镇公共服务的承载能力和水平；其次，要坚持走集约、智能、绿色、低碳的新型城镇化道路，不应以牺牲环境为代价，在促进产业发展的同时保护好生态环境，为城镇居民提供良好的生产和生活环境；第三，积极探索和突破户籍、土地、住房、教育、社保等方面的体制机制，破除制度障碍，为城镇化发展和人民安居乐业创造公平的制度环境。

14.3.3 安徽省新型城镇化策略

1) 加快区域中心城市建设

中心城市是社会经济发展的重要载体，在区域经济发展中占据核心地位，它不仅对区域经济发展具有重要的导向、支撑和辐射作用，而且在区域经济开发、开放中具有十分明显的龙头和纽带作用。因此，加快中心城市建设对安徽省城镇化发展有着极其重要的战略意义。

(1) 加快省会城市合肥市建设。《安徽省城镇体系规划(2012—2030)》将合肥市定位为全国有较大影响力的区域性特大城市。根据上述分析，该发展定位既符合安徽省区域经济发展要求，又具备将来成为全国有较大影响力的区域性特大城市的潜力。但目前合肥城市规模过小，辐射能力弱，区域中心城市的作用尚不明显。因此，把提升合肥市能级作为推进城镇化的首要任务。第一，应适度拉大城市框架，拓展城市空间，充实城市内涵，走城市外延发展和内涵建设相结合的城市空间发展模式；第二，培育具有比较优势的电子信息、新能源、新能源汽车、新材料、节能环保、高端装备制造、生物、公共安全等战略性新兴产业，做强做大家用电器、汽车及零部件、装备制造等先进制造业，加快发展全国区域性金融、物流、会展、商贸、旅游、信息服务等现代服务业中心；第三，完善城镇城市基础设施和公共服务设施建设，优化城市生态环境，提高城市综合承载力；第四，进一步完善城市社会事业，加快推动城市创新能力建设。

（2）加快区域性中心城市建设。除了加快省会城市合肥市的建设外，还要强化芜湖、安庆、蚌埠、阜阳、黄山等区域中心城市在安徽城镇化发展中的龙头作用，显著提升城市综合竞争力，充分发挥辐射带动作用。该五大中心城市的打造目标如下：强化芜湖在皖江开发开放中的龙头地位，建成长江流域具有重要影响力的现代化滨江大城市；强化黄山在皖南国际旅游文化示范区的核心地位，加快建设成为特色鲜明的现代国际旅游城市；把安庆打造成为带动皖西南、辐射皖赣鄂的区域性中心城市；把蚌埠建设成为皖北区域中心城市，带动皖北崛起的增长极；把阜阳建设成为带动皖西北发展的区域中心城市。

2）优化城镇体系

（1）完善城镇体系。应加快发展特大城市，发展壮大中等城市，支持县城提质扩容，做强做大中心镇，积极培育特色镇；积极构建以区域中心城市和城市群建设为核心、中小城市和小城镇为基础的现代城镇体系，推进各类城镇合理布局、彰显特色、协调发展。

（2）优化城镇空间布局。积极打造以合肥经济圈、芜马经济圈、皖江城市带、沿淮城市群为重点，以皖北片区、皖中片区、沿江片区、皖西片区和皖南片区为腹地支撑的城镇发展格局，构建“二圈一带一群五区”的城镇空间布局结构，推动城镇向集聚式发展。

3）强化城镇化的产业支撑能力

优化产业结构，提升产业结构层次，着力推进传统产业新型化和新兴产业规模化，加快形成结构优化、技术先进、清洁安全、附加值高、吸纳就业能力强的现代产业体系，强化城镇化的产业支撑能力。第一，壮大汽车、家电、装备制造等先进制造产业，改造提升煤炭、冶金、非金属材料、化工等能源原材料产业，积极发展农副产品加工、纺织服装等劳动密集型产业，促进产业转型升级；第二，培育电子信息、新能源、新材料、生物医药、高端装备制造、新材料、新能源汽车、节能环保、公共安全等新兴产业，加快形成先导性、支柱性产业；第三，大力发展生产性服务业、生活性服务业、现代物流业和旅游业，加快发展金融服务业，提升商贸服务业，积极发展科技研发、工业设计、文化创意、服务外包、中介服务、总部经济和会展经济等新兴服务业。

4）提高城镇综合承载力

城镇综合承载力是新型城镇化建设的核心，决定着城镇的规模和质量。针对安徽省城镇化水平整体较低的现实，并在2020年前实现全面建成小康社会的目标，安徽省应着力城镇综合承载力建设。第一，提高基础设施承载力，以道路交通、水电、通信为重点，积极实施城市路网工程、清洁能源普及工程、大中城市供水设施提质改造工程等，加强电力、信息、人防、防灾、污水垃圾处理等设施建设，构建系统化、立体化的城市基础设施网络；第二，提高公共服务承载力，配套完善面向大众的教育、医疗卫生、文化、体育等公共服务设施，加强城市公共安全和应急救援体系建设，积极关注城镇弱势群体；第三，提高资源环境承载力，加强城镇规划设计，优化城市功能分区，实施集约推进城市综合体建设；第四，加强城镇历史文化资源和森林、湿地、水体生态系统保护，适度扩大城市绿地面积，改善城市人文环境。

5）创新城镇化的体制机制

（1）推动户籍制度改革。逐步放宽户口迁移政策和农民工的落户条件，应考虑实行以具有稳定就业和住所为基本条件的户口迁移准入制度；按照全面放开小城镇和小城市落户限制，有序放开中等城市落户限制，逐步放宽大城市落户条件，合理设定特大城市落户条件，逐步把符合条件的农业转移人口转为城镇居民。

（2）加强社会管理配套制度改革。进一步剥离附着在户口上的不公平福利制度，逐步将农民工统一纳入本地各项社会管理，促进住房、医疗、就业、子女教育、社会保障等基本公共服务均等化。

图片来源

图 1-1 源自:牛文元.中国新型城市化报告[M].北京:科学出版社,2012

图 3-1 源自:汪仕豪.中国风景园林网.http://www.chla.com.cn/html/c138/2010-11/68511p4.html

图 3-2 源自:方创琳,刘晓丽,蔺雪芹.中国城市化发展阶段的修正及规律分析[J].干旱区地理,2008(4):51-3

图 3-3 源自:贺传皎,王旭,邹兵.由“产城互促”到“产城融合”——深圳市产业布局规划的思路与方法[J].城市规划学刊,2012(5)

图 3-4 源自:巫细波,杨再高.智慧城市理念与未来城市发展[J].城市发展研究,2010(11)

图 4-1 源自:国务院发展研究总新课题组,2010,转引自尚娟.中国特色城市化道路[M].北京:科学出版社,2013:98

图 4-2 源自:转引自北京大学首都发展研究院“河南省灵宝市综合发展战略规划研究”,2012 年

图 5-1 至图 5-5 源自:http:/news.cnhubei.com/xw/gn/201306/W020130603249931121926.jpg

图 6-1、图 6-2 源自:宁波市规划设计研究院.宁波市城市体系规划(2004—2020)

图 7-1 源自:钱宏胜绘制

图 13-1 源自:北京市统计年鉴,2013 年

注:未提及序号处为作者自行编制。

表格来源

表 1-1 源自:中国统计年鉴(有关年份)

表 1-2 源自:牛文元.中国新型城市化报告[M].北京:科学出版社,2012

表 2-1 源自:戴为民.国内外城市化问题研究综述[J].特区经济,2007(5):266-268

表 2-2 源自:姜斌,李雪铭.世界城市化模式及其对中国的启示[J].世界地理研究,2007(3):40-45

表 2-3 源自:Estimated from US Census Bureau and US Department of Agriculture Data. The Statistical Abstract of United States,2002

表 2-4 源自:笔者自行总结提炼

表 3-1 源自:钱纳里,赛尔昆.发展的型式 1950—1970.经济科学出版社,1988:31-32. http://www.zlunwen.com/jingjixue/difang/38628_2.htm

表 5-1 源自:国家统计局,2011-03-01

表 5-2 源自:总人口数据转引自刘勇.我国城镇化战略的演进轨迹和操作取向[J].改革,2012(9):18-30,其他数据为笔者推断

表 5-3 源自:新浪调查,http://survey.finance.sina.com.cn/result/75613.html? f=1,2013-09-02

表 5-4 源自:龚勤林,陈说.论产业园区与城市互动发展的时空关系及其路径[C].中国区域科学协会,2013

表 5-5 源自:笔者自行归纳提炼

表 5-6 源自:中国统计年鉴(各有关年份)

表 5-10 源自:中国统计年鉴(各有关年份)

表 6-1 源自:中国统计年鉴,2012 年;人口和人均 GDP 按常住人口计算

表 6-2 源自:根据重点区域大气污染防治"十二五"规划整理

表 7-1 源自:根据《中国统计年鉴 2001》、《辽宁统计年鉴 2001》、《2010 年第六次全国人口普查主要数据公报》,整理而得

表 7-2 源自:辽宁统计年鉴 2006—2012 年

表 8-1 源自:中国统计年鉴,2002 年、2012 年

表 8-2 源自:武汉市统计年鉴,2012 年

表 9-1 源自:中国统计年鉴,2001 年、2012 年

表 9-2 源自:中国统计年鉴,2008 年、2012 年

表 9-4 源自:2011 年中国城市统计年鉴,根据各地区居民消费水平和城乡人口数据,经历整理而得

表 9-5、表 9-6 源自:甘肃省信息统计网

表 9-7 源自：甘肃省统计年鉴，2011 年

表 10-1 源自：国家发改委东北振兴司网站

表 12-1 源自：广西、云南、西藏、新疆、甘肃和国家国民经济和社会发展统计公报，2012 年

表 12-2 源自：中国统计年鉴，2012 年

表 12-3 源自：吉林省统计年鉴，2012 年

表 12-4 源自：延边州国民经济与社会发展统计公报，2008—2012 年

表 12-5、表 12-6 源自：吉林省统计年鉴，2012 年

表 13-1 源自：北京市统计年鉴，2013 年

表 13-2 源自：中国统计年鉴、北京统计年鉴，1983—2013 年

表 13-3、表 13-4 源自：北京统计年鉴，2013 年

表 13-5、表 13-6 源自：根据倪鹏飞主编的《中国城市竞争力报告 NO. 5》的统计整理

表 13-7 源自：http://wenku. baidu. com/view/0bd8921cc281e53a5802 ... 2011-05-20

表 14-1 源自：依据 2007—2012 中部地区各省和全国国民经济与社会发展统计公报城乡人口数据整理而得

表 14-2 源自：2008—2012 年安徽省统计年鉴和 2012 年安徽省国民经济与社会发展统计公报

表 14-3 源自：根据 2012 年安徽省各地区国民经济与社会发展统计公报相关数据整理而得

表 14-4 源自：安徽省统计年鉴(2001 年、2009 年、2012 年)

表 14-5 源自：2012 年安徽省统计年鉴和 2012 年安徽省国民经济与社会发展统计公报

注：未提及序号处为作者自行编制。